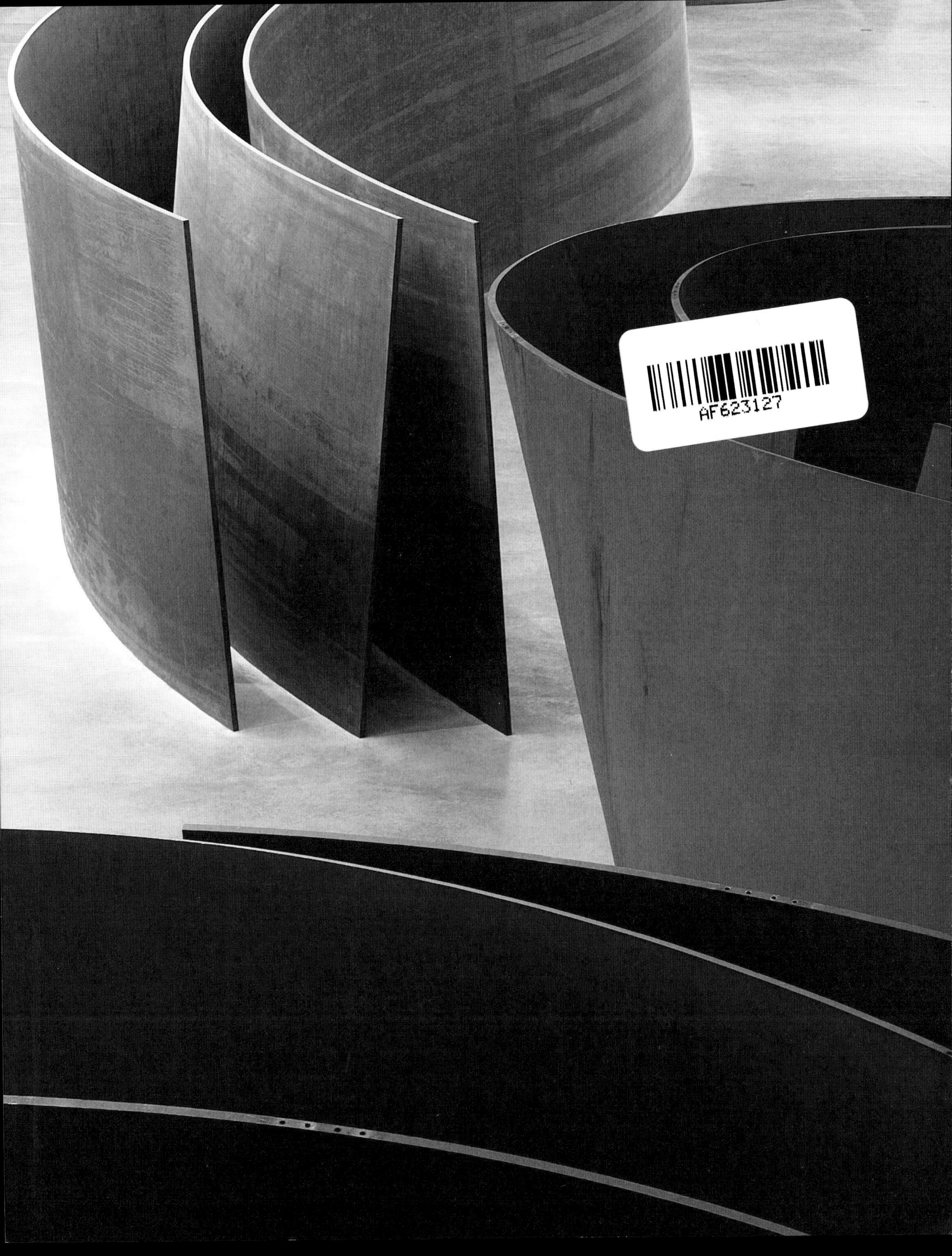

DIE PARKETT-REIHE MIT GEGENWARTSKÜNSTLERN / THE PARKETT SERIES WITH CONTEMPORARY ARTISTS

Book Series with contemporary artists in English and German, published three times a year. Each volume is created in collaboration with artists, who contribute an original work specially made for the readers of Parkett. The works are reproduced in the regular edition and available in a limited and signed Special Edition.

Buchreihe mit Gegenwartskünstlern in deutscher und englischer Sprache, erscheint dreimal im Jahr. Jeder Band entsteht mit Künstlern oder Künstlerinnen, die eigens für die Leser von Parkett einen Originalbeitrag gestalten. Diese Werke sind in der gesamten Auflage abgebildet und zusätzlich in einer limitierten und signierten Vorzugsausgabe erhältlich.

PARKETT NR. 75 ENTSTEHT IN COLLABORATION MIT • **KAI ALTHOFF, GLENN BROWN, DANA SCHUTZ** • WILL BE COLLABORATING ON PARKETT NO. 75

JAHRESABONNEMENT (DREI NUMMERN) / ANNUAL SUBSCRIPTION (THREE ISSUES) SFR. 116.– (SCHWEIZ), € 78 (D), € 82 (ÜBRIGES EUROPA), US$ 80 (USA AND CANADA ONLY)

ZWEI- UND DREIJAHRESABONNEMENTPREISE SIEHE GELBE BESTELLKARTE IM HEFT / FOR TWO & THREE YEAR RATES, PLEASE CONSULT YELLOW ORDER FORM.

Zürichsee Druckereien AG (Stäfa) Satz, Litho, Druck / Copy, Printing, Color Separations

PARKETT-VERLAG AG ZÜRICH SEPTEMBER 2005 PRINTED IN SWITZERLAND ISBN 3-907582-34-9 ISSN 0256-0917

HEFTRÜCKEN / SPINE 73–75: CARSTEN NICOLAI

Cover / Umschlag: RICHARD SERRA, DOUBLE TORQUED ELLIPSE, 2003-2004, Guggenheim Bilbao, weatherproof steel / wetterfester Stahl. (PHOTO: ROBERT POLIDORI)

Cover flap / Umschlagklappe: BERNARD FRIZE, ODEON, 1999, acrylic and resin on canvas / Acryl und Kunstharz auf Leinwand.

Inner cover flap (left): BERNARD FRIZE, ADAD, 1996, acrylic and resin on canvas / Acryl und Kunstharz auf Leinwand.

Cover flap (right): KATHARINA GROSSE, IF MUSIC NO GOOD I NO DANCE, 2004, Viafarini, Milan, acrylic on pvc carpeting, wall, window, bed and clothes / Acryl auf PVC Boden, Wände, Fenster, Bett und Kleidung. (PHOTO: ROSSANA LO RUSSO)

Page / Seite 1: RICHARD SERRA, THE MATTER OF TIME, 2001–2005, Guggenheim Bilbao. (PHOTO: PEPPE AVALLONE)

Back cover / Rückseite: KATHARINA GROSSE, UNTITLED, Düsseldorf, 2004, acrylic on wall, floor and various objects / OHNE TITEL, Acryl auf Wand, Boden und verschiedenen Gegenständen. (PHOTO: NIC TENWIGGENHORN)

(All images slightly cropped / Alle Bilder leicht beschnitten.)

PARKETT Zürich New York

Bice Curiger Chefredaktorin / Editor-in-Chief; **Jacqueline Burckhardt** Redaktorin / Senior Editor; **Cay Sophie Rabinowitz** Redaktorin USA / Senior Editor US; **Mark Welzel** Textredaktion und Produktion / Editing and Production; **Hanna Koller · Simone Eggstein** Graphik / Design, **Trix Wetter** Graphisches Konzept / Founding Designer (–2001); **Catherine Schelbert** Englisches Lektorat / Editorial Assistant for English; **Claudia Meneghini Nevzadi** Korrektorat / Proof Reading

Beatrice Fässler Vorzugsausgaben, Inserate / Special Editions, Advertising; **Nicole Stotzer** Buchvertrieb, Administration / Distribution, Administration; **Mathias Arnold** Abonnemente / Subscriptions; **Jeremy Sigler** Redaktionsassistenz USA / Assistant Editor US; **Monika Condrea** Vorzugsausgaben, Inserate und Abonnemente USA / Special Editions, Advertising, and Subscriptions US

Jacqueline Burckhardt – Bice Curiger – Dieter von Graffenried Herausgeber / Parkett Board;
Jacqueline Burckhardt – Bice Curiger – Dieter von Graffenried – Walter Keller – Peter Blum Gründer / Founders

Dieter von Graffenried Verleger / Publisher

www.parkettart.com

PARKETT-VERLAG AG, QUELLENSTRASSE 27, CH-8031 ZÜRICH, TEL. 41-44-271 81 40, FAX 41-44-272 43 01
PARKETT, NEW YORK, 155 AV. OF THE AMERICAS, N.Y. 10013, PHONE (212) 673-2660, FAX (212) 271-0704

AUSGREIFEND

EDITORIAL

Die Kunst in dieser Parkett-Ausgabe ist ausgreifend. Sie dehnt sich physisch und geistig aus, besetzt neue Territorien, entfaltet sich in Form von materialisiertem Selbstverständnis (Richard Serra), formiert sich als nachvollziehbarer Prozess zu einem abstrakt-konkreten Bild- und Farbraum (Bernard Frize) oder ergiesst sich leicht und flutartig in und über reale, möblierte Räume (Katharina Grosse). Es versteht sich von selbst: Begriffe, Vorstellungen und Konventionen werden neu abgewogen oder einer Transformation unterworfen.

Es ist eine Kunst, welche die Seherfahrung erweitert und den Betrachter in Bewegung hält. Eine Kunst, die daran erinnert, dass der ganze Körper am Sehen beteiligt ist. Kate D. Nesin beschreibt diese Erfahrung in ihrem Text «Gehen und Schauen», einer Auseinandersetzung mit Richard Serras AFANGAR - einem Werk von 1990, das sich über eine isländische Landschaft verteilt (S. 49).

Bei Bernard Frize hingegen tritt schon beim Malen ein Kollektiv in Erscheinung: Wie im Tanz interpretiert es eine von Frize bereitgestellte Partitur, das «Diagramm», und spricht sich zwecks Pinselübergabe ab. «So wird jedes Bild zur Performance oder zum Happening», schreibt Patricia Falguières (S. 107).

Wie bei Bernard Frize kommt auch bei Katharina Grosse das Publikum erst nachträglich dazu, wenn die «Action» vorbei ist. Gregory Volk bezeichnet den spürbar gemachten Gegensatz von (im Schutzanzug und Maske vollzogenem) «intimem» Malakt und dem invasiven Resultat als «ungehemmtes Denken im öffentlichen Raum». Dieser Gegensatz ergibt auch ein Doppelbild: «Der bestehende Raum koexistiert mit dem Raum in seiner unerhört verwandelten Form» (S. 123). Eine Charakterisierung, die sich in den Abbildungen zu Grosses Interventionen im internationalen Flughafen von Toronto oder dem Pariser Palais de Tokyo besonders gut nachvollziehen lässt.

So suggestiv sich die Bilder zu Richard Serras neuster Präsentation von acht gigantischen begehbaren Stahlskulpturen im Guggenheim Museum von Bilbao ausnehmen, im Zentrum steht die reale körperliche Erfahrung, das Durchschreiten der Raumvolumen im spezifischen Erleben von Zeit. «A Matter of Time», wie der Werkkomplex sprechend heisst, findet in den Ausführungen von Hal Foster (S.36) und Kenneth Baker (S. 63) eine Würdigung auch als eine Art Summe von Serras Schaffen.

So verschieden die hier vorgestellten Künstler sind, alle verweisen sie auf grundsätzliche Tätigkeiten, Elemente, Materialien und auf ein soziales Moment: Denn sie schaffen Werke, die, statt zur Kontemplation, dazu einladen, sich als Publikum auf Entgrenztes aktiv einzulassen.

FAR-REACHING

EDITORIAL

The art in this issue of Parkett is far-reaching. It reaches out physically and mentally; it occupies new territories and makes startlingly self-evident use of materials (Richard Serra); it leaves a traceable trail and takes permanent shape in abstract-concrete pictorial spaces and expanses of color (Bernard Frize); it moves lightly and in torrents, flooding into and over real, furnished rooms (Katharina Grosse). The result is not unexpected: concepts, ideas, and conventions are not only recalibrated, they are at times subjected to radical transformation.

This is art that expands the act of seeing and keeps viewers on the move; it is art that reminds us just how much the entire body participates in seeing. Kate D. Nesin describes that experience in her study of AFANGAR, a work of 1990 that Serra has spread across the landscape of Iceland. Her title: "Walking and Looking" (p. 44).

In the work of Bernard Frize, the collective is already involved in the act of painting: as in dance, it interprets a score provided by Frize, a "diagram," with its members mutually agreeing on when to hand over the brush. "Each painting, therefore, is a performance, or a happening" (Patricia Falguières, p. 101).

The public joins both Bernard Frize and Katharina Grosse only after the fact, when the action is over. Gregory Volk calls the tangible contrast between Grosse's "intimate" act of painting (executed in a protective suit and mask) and the invasive result of "uninhibited thinking in public space." The contrast yields a dual focus inasmuch as "the space, as it is, coexists with how it has been outrageously transformed" (p. 117), an especially apt observation as shown in the reproductions of the artist's interventions at Toronto's International Airport and the Palais de Tokyo in Paris.

As suggestive as the pictures of Richard Serra's eight gigantic, enterable steel sculptures at the Guggenheim Museum in Bilbao may be, the key to "seeing" this recent work is undoubtedly the physical experience of walking through the space of the sculptures and specifically sensing time. The group, tellingly titled "A Matter of Time," is fittingly honored as the sum of Serra's oeuvre in the discerning analyses of Hal Foster (p. 28) and Kenneth Baker (p. 56).

As different as these three artists appear on the surface, they all explore fundamental activities, elements, and materials—and they reach out into the social sphere for, instead of inviting contemplation, the works they create call upon viewers to take active part in the mental task of undoing boundaries.

Bice Curiger

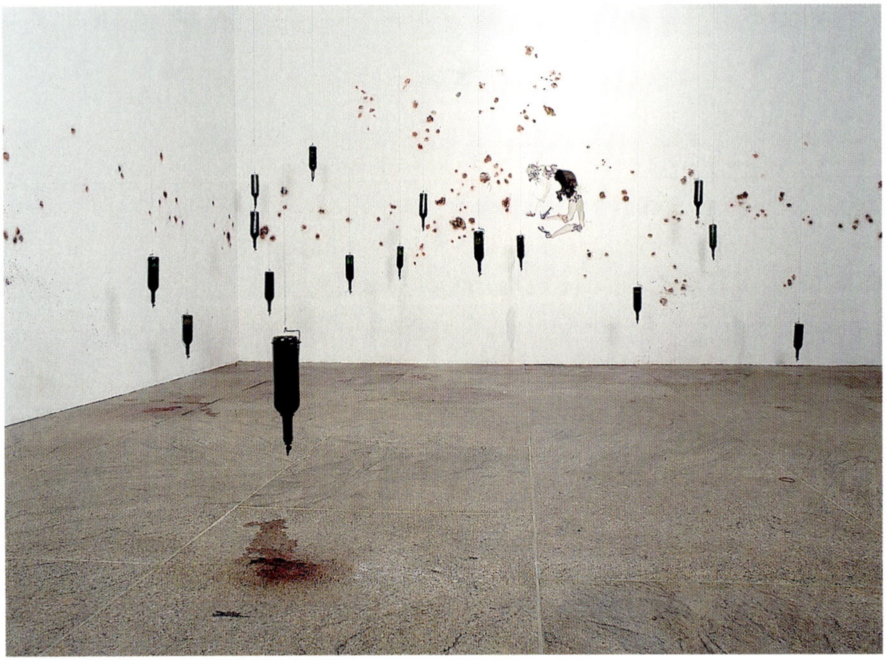

WANGECHI MUTU, HANGIN' IN, 2004, mixed media installation / ÜBERLEBEN, Installation, verschiedene Materialien. (ALL PHOTOS: BRENT SIKKEMA, NEW YORK)

WANGECHI MUTU:
RE-IMAGINING THE WORLD

ISOLDE BRIELMAIER

For her recent installation and wall piece entitled, HANGING IN (2004), artist Wangechi Mutu drew inspiration from the identity of Texas. She is fascinated by the state's history of carnage and execution and its mentality of frontier justice, which she sees in the historical relationship between Texas and Mexico, as well as in the broader world. This particular work combined her figurative paintings with collage elements—fur, magazine images, and glitter—and was shown alongside an installation of hanging wine bottles. The result was a large-scale wall piece that lingered behind a haunting "curtain" of glass bottles suspended at varying lengths from the ceiling. Each container slowly dripped a rich, burgundy-colored wine and emanated a stench of bitter berries and alcohol. Mutu showed her drawings of mutilated and distorted female forms on the walls directly facing the gallery entrance. In front of her wall-mounted works, her bottle installation hung like vines in a forest, beckoning viewers to carefully sift through and consider the significance of place, the gestures, poses, and actions of her figures, and the meaning of the circumstance woven into her artificial environment.

Mutu's HANGING IN was presented as a part of the group exhibition, "Fight or Flight," at the Whitney Museum at Altria in late 2004. The exhibition's

ISOLDE BRIELMAIER is a New York-based curator and writer and Visiting Assistant Professor of Art at Vassar College.

theme was derived from society's fear and anxiety about the state of the world, and the idea that living beings often have involuntary physical and visceral reactions to sudden and impending threats. Mutu's art transformed the gallery space and it demanded visual and physical engagement. She created a setting aimed at heightening the viewer's sense of how humanity's fragility, mortality, and aggression are often inscribed upon the female body. HANGING IN, with its traumatized wall surface that resembled self-inflicted wounds, quite literally hung in the corner of the room where the gallery walls and Mutu's images converged to forge a crossroads: alluding to crises of the past and present as well as the looming uncertainty of the future.

This work, in many ways, encapsulates the visual progression and socio-political content of Mutu's art. Among her many aesthetic and conceptual concerns, she has focused on re-imagining the world, the transformative and transgressive power of the female body, and the fluidity and performance of this body, which re-inscribes and undermines authority. Mutu describes life's contrasting, yet interdependent, dualities of both empowering moments and periods of insecurity. She speaks openly, in life and in her art, about the state of the world, the lives of women, and her experience of traversing and blurring boundaries as a Kenyan, a woman, and an artist who now lives and works in the United States. So it comes as no surprise that this tension—the contradiction between life's eloquent splendor and potential and its grotesque aggression and futility—is precisely what makes up Mutu's creative vision.

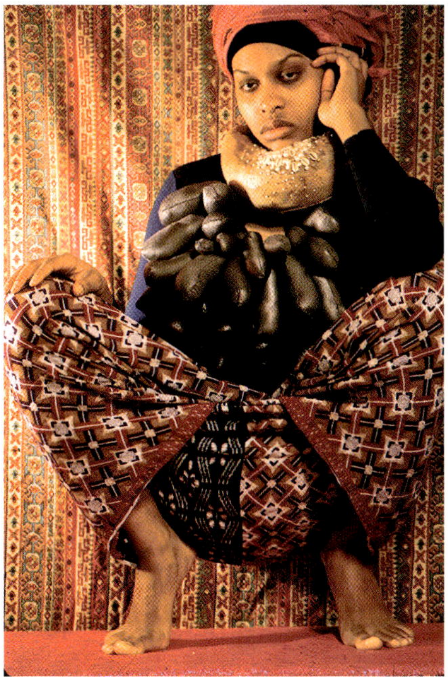

WANGECHI MUTU, UNTITLED, 1997 (FROM THE ETHNOGRAPHIC JEWELRY SERIES), mixed media performance / OHNE TITEL (AUS DER SERIE ZU ETHNOGRAPHISCHEM SCHMUCK), Performance, verschiedene Medien.

Mutu's early "ethnographic jewelry" works of 1998 were inspired by her interest in the way Kenya has been imagined, exoticized, and consumed: the ways in which her country figures prominently in the psychology and fantasies of the U.S. public, as well as on walls, bodies, and coffee tables, in the form of artifacts, glossy picture books, and "ethnic-inspired" fashion. Her large necklaces and bracelets—unique pieces made of leather, fiber, horn, shell, and bone—were designed to be worn so that their volume and contorting qualities could be examined, drawing attention to the physical form of the wearer. The adorned body, in turn, became a loaded object onto which projections of ethnicity, race, gender, and desire were posited. Similarly, in Mutu's *Pin-Up* series (2001), each drawing presents ethereal figures with distended and traumatized bodies, many of which engage the viewer directly. Mutu describes these elegant forms as "masquerading across the paper, embodying what people both desire and detest,"[1)] and in this way, they are involved in a process of becoming, of changing, and surviving.

To date, most readings of Mutu's art appropriately frame these collages, drawings, and installations within critiques and discussions of race, politics, gender, beauty, consumption, and identity. These aspects can undoubtedly be culled from her work, for they exist both overtly and subtly in the lines, shapes, pigments, and images that comprise Mutu's canvases. Yet, the quality of otherworldliness also urges us to delve deeper. What are we to make of the additional interpretations that linger at the contrasting edges of one of her cut and torn collages, and under the delicate, layered, and overlapping surface of her mutated painted figures and ink drawings? Here, interest and curiosity are piqued. It is in these "otherworlds" that Mutu situates her art and generates a new space for herself where she can entice and guide her viewers through meandering forms that are both familiar and fantastical.

Mutu's work, such as RIDING DEATH IN MY SLEEP (2001), brings to mind Mikhail Bakhtin's comments on the nature of the carnival that likewise centers on the body in all of its ubiquity and excess and that signifies the symbolic break down of authority. The carnival, as Bakhtin envisioned it, allows for an alternate space and time of freedom, release, and renewal, while, at the same time, co-opting dominant cultural and social structures through the re-invention of the body and through the processes of inversion, subversion, and appropriation. Mutu's art conveys this contradiction and ambiguity. It inhabits, appropriates, and expresses the signs of both domination and subordination that are integral to our social systems and, therefore, to the very social experiences and ideas that Mutu visually engages and critiques. In RIDING DEATH IN MY SLEEP, she brings disparate and opposing parts together—a curvaceous female form, fake leopard skin, bird parts, and a carpet of mushrooms—to create a whole: an altered body, which she positions crouching upon another planet in order to critique this world and to imagine a new one.

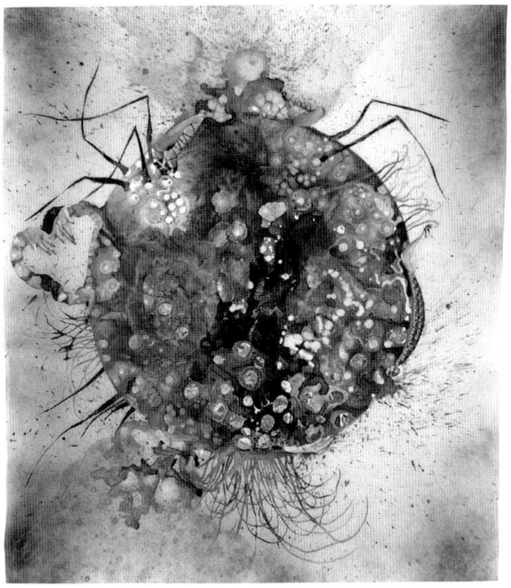

WANGECHI MUTU, UNTITLED, 2004 (FROM TUMORS), ink, paint, collage, on Mylar, 42 x 37" / OHNE TITEL (AUS TUMOREN), Tinte, Farbe, Collage auf Mylar, 106,7 x 94 cm.

As in this work, Mutu's figures are almost always in motion. They are jumping, looking, hiding, and revealing, as they stretch and contort across the picture plane. They are engaged in an expressive performance of culture, history, and ideas. These corporeal conditions are the alternate "stories" narrated by Mutu's figures and they are articulated in her use and layering of lines, shapes, edges, fragmentation, and alteration. The figure in RIDING DEATH TO MY SLEEP establishes another realm by insisting upon a kind of theatrical presence, a clear and intentional manipulation of the materials that comprise its active form—color, texture, paint, and ink in murky conversation with images torn from *National Geographic* and fashion magazines, sprinkled with glitter, sequins, and other materials.

Within this world, Mutu frequently and subversively inscribes meaning upon the female form, which becomes the conundrum of representation that affords her the opposition and ambivalence she craves. And yet, she is very specific in her visual language. "I'm fascinated by certain things that don't make complete sense together, that don't seem to 'belong' with one another. It doesn't matter that punk rock music, African-derived things, political issues or fashion aren't seen as elements that go with one another... I'm able to pull them on top of one another and make images that have a discernible wholeness, images that are visually potent." By being intentional with the symbols she includes on, and in, her bodies, Mutu imaginatively produces multiple layers of meaning, which at the same time mock, comment upon, re-configure, and, ultimately, destabilize the presumed superiority of "official culture" and the oft-presumed invincibility of humanity. On the mylar of Mutu's painting are hints of seductiveness, strength, and agency, as well as reminders of fragility and violence. The female body in her art is confrontational, playful, delicate, and susceptible. It em-

WANGECHI MUTU, PIN-UP, 2001, mixed media on paper, 13 x 10" / PIN-UP, verschiedene Materialien auf Papier, 33 x 25,4 cm.

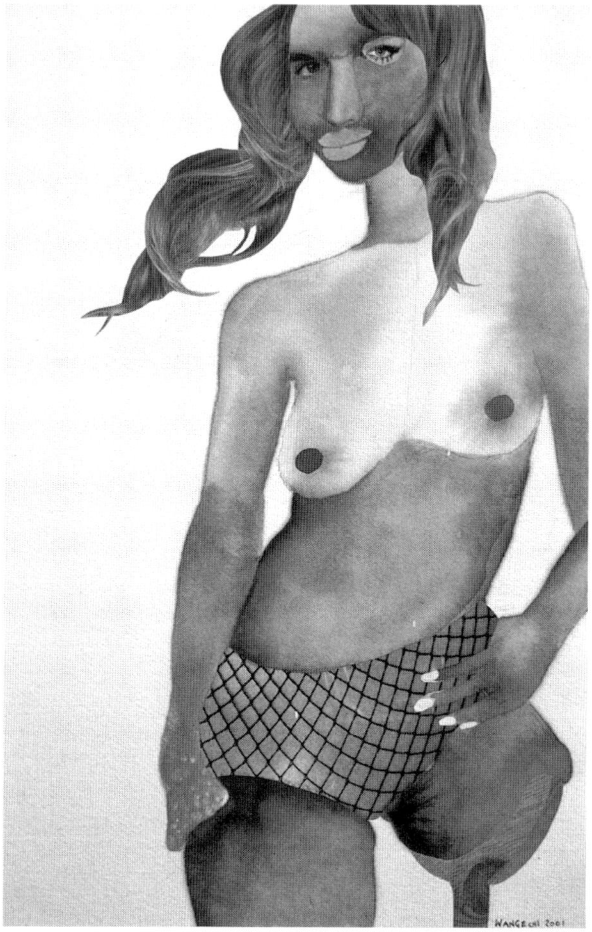

phasizes the rigidity of dominant culture—its shortcomings, its distinctions between high and low, its inconsistency and unpredictability, its lack of space for the common person, for concern and consensus.

Change and uncertainty are central to Mutu's work; so these visions of alternate space, these assertions of renewal, these moments of release are also fleeting, for she always hints at the downfall of humanity and her hope that the end, or demise, might also signal a beginning, a time to usher in the new.

In a recent exhibition, Mutu's video work entitled CUTTING (2004) seemed unexpected, given her affinity for collage. But it also made sense. In CUTTING, Mutu uses her own body as a central site for investigating history and culture. Her figure is seen against a vast rural landscape repetitiously hacking away at a large pile of wood and debris with a machete. Exhausted after breaking down the pile into a mass of rubble, she leaves her machete stuck upright in the wooden bits—its handle forming a strong, foreboding vertical against the horizon—and turns to walk up a hill.

When asked why she had now decided to work with video, Mutu explained, "The world—and perhaps by extension people—is in a period of self-destruction. It exists in a constant state of pain that is in many ways self-inflicted. This work conveys immediacy and highlights this anxiety. I also wanted to draw on a sore connection between the idea of a rural space and the fear of elimination and infestation as well as the idea that tools used for providing and creating can so easily be transformed into weapons for murder." Mutu created videos back in the late 1990s, so in some sense she wanted to move back to where she started. "Nothing is clear cut. Issues shift. Video allows me the capability of creating yet another world and putting myself in the middle of it because I am part of it...the problems and the solutions. Video, for me, is a means by which to dramatize urgent issues, to invent and re-invent." Mutu sees the medium as being very much linked to her love of assemblage, to the acts of cutting, splicing, and combining elements. It expands her repertoire. She then has more to work with as she creatively and continually reworks her bodies, builds her environments, and re-imagines her art and the world.

1) All quotes derived from conversations with the artist on Dec. 29, 2004 and Feb. 2, 2005.

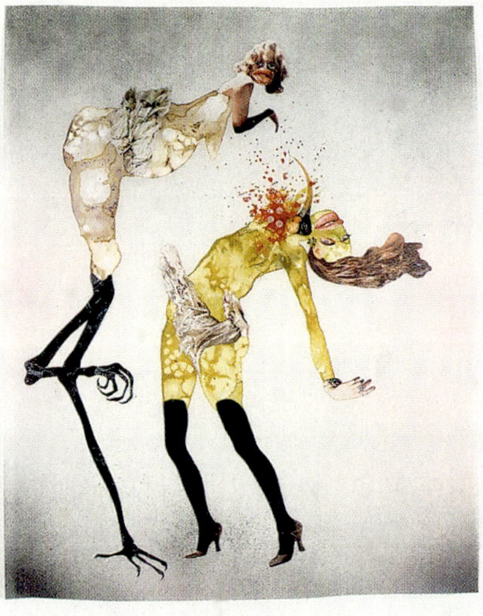

WANGECHI MUTU, UNTITLED, 2004, ink, collage, spray paint on Mylar, 28 x 23" / OHNE TITEL, Tinte, Collage, Spritztechnik auf Mylar, 71 x 58,5 cm.

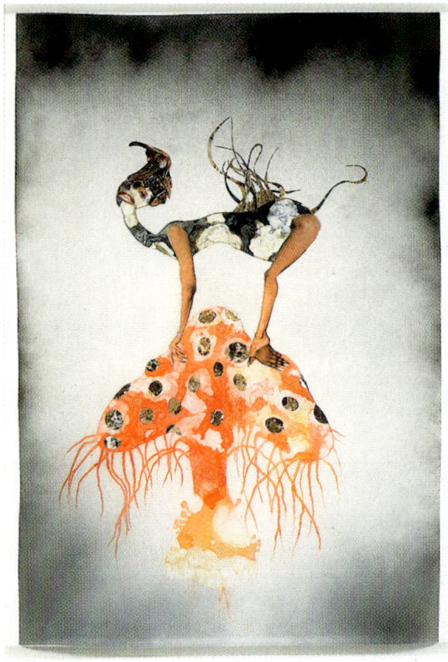

WANGECHI MUTU, UNTITLED (FROM LADYBUGS), 2004, ink, acrylic, collage, contact paper on Mylar, 34 x 23" / OHNE TITEL (AUS MARIENKÄFER), Tinte, Acryl, Collage, Klebefolie auf Mylar, 86,4 x 58,5 cm.

WANGECHI MUTU –
DIE WELT NEU DENKEN

ISOLDE BRIELMAIER

Bei ihrer Installation und Wandarbeit HANGING IN (2004) liess sich die Künstlerin Wangechi Mutu vom spezifischen Charakter von Texas inspirieren. Sie war fasziniert von der durch Blutvergiessen und Hinrichtungen geprägten Geschichte des Bundesstaates und der Mentalität einer Wildwestjustiz, die sie in der historischen Beziehung zwischen Texas und Mexico als auch in einem allgemeineren Kontext ausmachte. Diese Arbeit vereinigt ihre gegenständlichen Bilder mit Collage-Elementen – Pelz, Bilder aus Zeitschriften und Flitter – und wurde zusammen mit einer Installation aus hängenden Weinflaschen gezeigt. Das Ergebnis war eine grossformatige Wandarbeit hinter einem «Vorhang» aus Glasflaschen, die in unterschiedlicher Höhe von der Decke hingen. Aus den Flaschen tropfte langsam ein schwerer, burgunderroter Wein, der einen stinkenden Geruch nach bitteren Trauben und Alkohol verströmte. Mutus Zeichnungen von verstümmelten und verzerrt dargestellten Frauengestalten befanden sich an der Wand direkt gegenüber dem Galerieeingang. Davor hing die Flascheninstallation, die wie Ranken in einem Wald anmutete, der die Betrachter dazu verlockte, ihn vorsichtig zu durchforsten und über die Bedeutung des Ortes, die Gesten, Haltungen und Handlungen der Figuren sowie die äusseren Umstände nachzudenken, die in diese künstliche Umgebung eingeflossen waren.

Mutus HANGING IN war Teil der Gruppenausstellung «Fight or Flight», die Ende 2004 im Whitney Museum in Altria zu sehen war. Das Ausstellungs-

ISOLDE BRIELMAIER lebt in New York. Sie ist Kuratorin, Publizistin und Gastdozentin für Kunst am Vassar College.

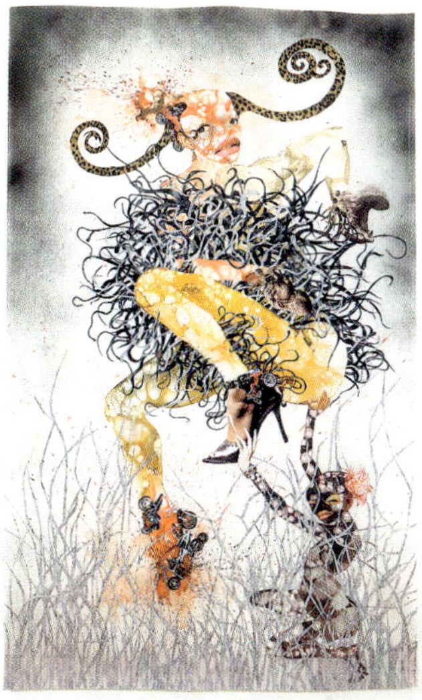

WANGECHI MUTU, ONE HUNDRED LAVISH MONTHS OF BUSHWHACK, 2004, paint, ink, collage, mixed media on Mylar, 42 x 70" / HUNDERT FEUDALE MONATE IM GUERILLAKAMPF, Farbe, Tinte, Collage, verschiedene Materialien auf Mylar, 107 x 178 cm.

thema nahm Bezug auf die in unserer Gesellschaft verbreitete Angst und Besorgnis um den Zustand der Welt und die Tatsache, dass Lebewesen oft mit unwillkürlichen körperlichen und emotionalen Reaktionen auf plötzliche oder sich abzeichnende Bedrohungen reagieren. Mutus Werk verwandelte den Galerieraum und machte eine visuelle und physische Auseinandersetzung nötig. Sie hatte ein Setting geschaffen, das darauf abzielte, den Betrachter dafür zu sensibilisieren, wie sich die Spuren der menschlichen Zerbrechlichkeit, Sterblichkeit und Aggressivität auf dem weiblichen Körper niederschlagen. HANGING IN mit seiner traumatisch anmutenden Wandfläche, die an selbst zugefügte Verletzungen erinnerte, hing tatsächlich in einer Ecke des Raums, in der die Wände und Mutus Bilder zusammentrafen, anspielend sowohl auf Krisen der Vergangenheit und Gegenwart als auch auf die drohende Ungewissheit der Zukunft.

Dieses Werk verkörpert in vielerlei Hinsicht die visuelle Entwicklung und den soziopolitischen Gehalt von Mutus Kunst. Als eines ihrer zahlreichen ästhetischen und konzeptuellen Anliegen hat sie sich darauf konzentriert, die Welt neu zu visualisieren, und damit auch auf die Verwandlungs- und Umsturzkraft des weiblichen Körpers, dessen Wandelbarkeit und Ausdrucksfähigkeit hinzuweisen, welcher Autorität untergraben und neu prägen kann. Mutu beschreibt die gegensätzlichen und doch voneinander abhängigen Dualitäten des Lebens – aufbauende Momente und Phasen der Unsicherheit. Sie spricht im Alltag und in ihrer Kunst offen über den Zustand der Welt, das Leben der Frauen und über die Erfahrung, als Kenianerin, als Frau und als Künstlerin, die jetzt in den Vereinigten Staaten lebt und arbeitet, Grenzen zu überschreiten und zu verwischen. Es überrascht daher nicht, dass ebendiese Spannung – der Widerspruch zwischen all den Herrlichkeiten und Möglichkeiten, die das Leben bietet, und seiner grotesken Aggressivität und Sinnlosigkeit – Mutus schöpferische Phantasie ausmacht.

Anlass für Mutus frühe «Ethnoschmuck»-Arbeiten (1998) war ihr Interesse daran, welches Bild man sich in den USA von Kenia machte, wie das Land exotisiert und zum Konsumgut gemacht wurde. Sie wollte die Art und Weise erkunden, in der ihr Land in der Psyche und Vorstellungswelt der amerikanischen Öffentlichkeit sowie auf Wänden, Körpern und Couchtischen vertreten war, in Form von Artefakten, Hochglanzbildbänden und «ethnisch inspirierter» Mode. Mutus dicke Halsketten und Armbänder, alles aus Leder, Fasern, Horn, Muschelschalen und Knochen gefertigte Einzelstücke, waren zum Tragen bestimmt, so dass die Grösse und die ungewöhnlichen Proportionen der Schmuckstücke ersichtlich wurden, welche die Aufmerksamkeit auf die Körperformen der Trägerin lenkten. Der geschmückte Körper wiederum wurde zum Objekt, auf den sich Projektionen bezüglich Ethnie, Rasse, Geschlecht und Begierde richteten. Ebenso sind auf den Zeichnungen von Mutus *Pin-Up*-Serie (2001) ätherische Gestalten mit aufgeblähten, traumatisierten Körpern zu sehen, die den Betrachter meist direkt in ihren Bann ziehen. Mutu beschreibt diese eleganten Formen als «Maskeraden auf Papier, die etwas verkörpern, was die Leute sowohl ersehnen als auch verabscheuen»[1)] und sich derart in einem Prozess des Werdens, des Wandels und des Überlebens befinden.

In den meisten Interpretationen von Mutus Werken werden diese Collagen, Zeichnungen und Installationen zutreffenderweise mit Kritik und Diskursen in Sachen Rasse, Politik, Geschlecht, Schönheit, Konsum und Identität in Zusammenhang gebracht. Diese Aspekte lassen sich zweifellos aus ihren Werken herausschälen, zeigen sie sich doch offenkundig, aber auch subtil in den Linien, Formen, Pigmenten und Bildern, aus denen Mutus Gemälde bestehen. Doch da ist auch etwas «Überirdisches», das uns zu einer eingehenden Beschäftigung drängt. Was ist von den weiteren Interpretationen zu halten, die angeregt werden durch die kontrastierenden Ränder der zerschnittenen und zerrissenen Collagen und die zarte, vielschichtige Oberfläche der verstümmelten Gestalten in Gemälden und Tuschzeichnungen? Interesse und Neugierde erreichen hier ihren Höhepunkt. Mutu situiert ihr Schaffen in diesen «überirdischen Welten» und schafft so einen neuen Raum, in den sie ihr Publikum locken kann, das sie dann durch mäandernde Formen führt, die zugleich vertraut und phantastisch sind.

Widersprüchlichkeit und Ambiguität zeigt sich auch in Mutus Schaffen. Es bemächtigt sich der Zeichen von Dominanz und Unterordnung, die unseren Gesellschaftssystemen und somit den gesellschaftlichen Erfahrungen und Vorstellungen innewohnen, die Mutu bildlich aufgreift und kritisiert, und bringt sie zum Ausdruck. In RIDING DEATH IN MY SLEEP fügt die Künstlerin grundverschiedene, gegensätzliche Elemente – eine üppige weibliche Gestalt, falsches Leopardenfell, Vogelteile und einen Teppich aus Pilzen – zu einem Ganzen zusammen: einem veränderten Körper, den sie kauernd auf einen anderen Planeten setzt, um unsere Welt zu kritisieren und sich eine neue vorzustellen.

Nicht nur in diesem Werk sind Mutus Gestalten fast ständig in Bewegung. Die Figuren, die sich zum Teil verzerrt über die Bildebene erstrecken, springen, schauen, verstecken und zeigen sich. Sie sind

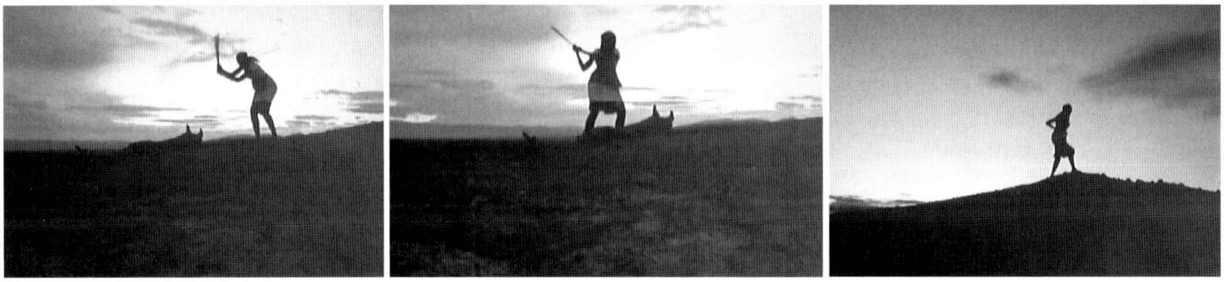

WANGECHI MUTU, CUTTING, 2004, DVD projection / SCHNEIDEN, DVD-Projektion.

Mutus Werke, insbesondere RIDING DEATH IN MY SLEEP (2001), lassen an Michail Bachtins Ausführungen zum Wesen des Karnevals denken, bei dem ebenfalls der Körper in all seiner Allgegenwärtigkeit und Exzessivität im Mittelpunkt steht und der Zusammenbruch der Autorität symbolisiert wird. Bachtin zufolge bietet der Karneval einen Raum und eine Zeit der Freiheit, Entspannung und Erneuerung, während er gleichzeitig durch die Neuerschaffung des Körpers und die Prozesse der Umkehrung, Subversion und Aneignung die vorherrschenden kulturellen und sozialen Strukturen integriert. Diese dabei, eine ausdrucksstarke Performance darzubieten, bei der es um Kultur, Geschichte und Ideen geht. Diese körperlichen Zustände sind andersartige «Geschichten», erzählt durch Mutus Gestalten, und zwar durch die Art, wie die Künstlerin mit Linien, Formen, Rändern, Fragmentierung und Veränderung umgeht. Die Figur in RIDING DEATH IN MY SLEEP erschafft eine neue Welt, indem sie auf einer theatralischen Präsenz beharrt, auf einer klaren und bewussten Manipulation der Materialien, aus denen sie besteht – Textur, Farbe und Tusche in undurchsichtiger Kommunikation mit Bildern, die aus dem

National Geographic und aus Modezeitschriften gerissen sind, übersät mit Flitter, Pailletten und anderem Material.

Innerhalb dieser Welt lädt Mutu den weiblichen Körper häufig und subversiv mit Bedeutungen auf, so entsteht durch die Mittel der Darstellung das rätselhafte Spiel, das ihr die ersehnte Auflehnung und Ambivalenz ermöglicht. Dennoch ist ihre Bildsprache sehr klar. «Mich faszinieren Dinge, die zusammen nicht eindeutig einen Sinn ergeben, die nicht zueinander zu ‹gehören› scheinen. Dass Punkrock, afrikanische Bezüge, politische Themen oder Mode nicht unbedingt als zusammenpassend empfunden werden, spielt keine Rolle... Ich kann sie aufeinander schichten und Bilder schaffen, die eine erkennbare Ganzheit, eine visuelle Kraft besitzen.» Durch die absichtsvolle Verwendung von Symbolen, die sie in ihre Figuren einarbeitet oder auf ihnen anbringt, stellt Mutu auf einfallsreiche Art vielschichtige Bedeutungsebenen her, welche die vermeintliche Überlegenheit der «offiziellen Kultur» und Unbezwingbarkeit der Menschheit lächerlich machen, kommentieren, neu darstellen und letztlich destabilisieren. In Mutus Gemälden finden sich Andeutungen von Verführungskunst, Stärke und Tatkraft ebenso wie Hinweise auf Fragilität und Gewalt. Der weibliche Körper erscheint in ihren Werken als provokativ, verspielt, zart und beeinflussbar. Er betont die Dominanz der vorherrschenden Kultur – ihre Unzulänglichkeiten, ihre Unterscheidung zwischen «high» und «low», ihre Unbeständigkeit und Unberechenbarkeit, die Tatsache, dass darin kein Platz ist für die gewöhnlichen Leute, für Anteilnahme und Verbundenheit.

Veränderung und Ungewissheit sind für Mutus Schaffen zentral; daher sind die Visionen eines alternativen Raums, die Durchsetzung von Neuerungen, die Momente der Entspannung auch eine flüchtige Angelegenheit. Denn die Künstlerin spielt stets auf den Untergang der Menschheit an und auf ihre Hoffnung, dass das Ende auch einen Anfang bedeuten könnte, eine Zeit, die etwas Neues einleitet.

Die vor kurzem in einer Ausstellung gezeigte Videoarbeit CUTTING (2004) erschien angesichts von Mutus Affinität für Collagen etwas überraschend. Doch sie war auch folgerichtig. Mutu verwendet darin ihren eigenen Körper als wichtiges Terrain, in dem sie geschichtliche und kulturelle Erkundungen anstellt. Man sieht ihre Gestalt in einer weiten, ländlichen Landschaft mit einer Machete mechanisch auf einen grossen Holz- und Schutthaufen einhacken. Nach getaner Arbeit steckt sie die Machete erschöpft in das Kleinholz – der Griff zeichnet sich als starke, unheilverkündende Vertikale vor dem Horizont ab –, dreht sich um und geht einen Hügel hinauf.

Auf die Frage, weshalb sie jetzt mit Video arbeite, antwortete Mutu: «Die Welt – und vielleicht im weiteren Sinne die Menschheit – befindet sich in einer selbstzerstörerischen Phase. Da ist ein ständiger Schmerz, der in vielerlei Hinsicht selbst zugefügt ist. Dieses Werk drückt Unmittelbarkeit aus und betont die vorhandene Besorgnis. Ich wollte auch auf die heikle Verbindung zwischen der Vorstellung eines ländlichen Raums und der Angst vor Auslöschung und Verseuchung zurückgreifen und ebenso auf die Idee, dass Werkzeuge, die der Versorgung und Erschaffung dienen, sehr leicht in tödliche Waffen verwandelt werden können.» Da Mutu bereits Ende der 90er Jahre Videos drehte, wollte sie gewissermassen zu ihren Anfängen zurückkehren. «Nichts ist eindeutig. Die Themen verschieben sich. Video gibt mir die Möglichkeit, immer wieder neue Welten zu schaffen und mich mitten hinein zu versetzen, weil ich Teil davon bin ... Teil der Probleme und der Lösungen. Video ist für mich ein Mittel, mit dem ich brisante Fragen dramatisch umsetzen und Situationen immer wieder neu erfinden kann.» Nach Mutus Einschätzung passt das Medium ausgezeichnet zu ihrer Vorliebe für Assemblagen – zum Vorgang des Zerschneidens, Zusammenfügens und Kombinierens verschiedener Elemente. Es erweitert ihr Repertoire. Sie hat also mehr, worauf sie zurückgreifen kann, wenn sie in schöpferischer und unermüdlicher Weise an ihren Körpern arbeitet, ihre Environments gestaltet und ihre Kunst und die Welt neu gestaltet.

(Übersetzung: Irene Aeberli)

1) Alle Zitate stammen aus Gesprächen mit der Künstlerin am 29. Dezember 2004 und 2. Februar 2005.

Orgies of Modernization:

NORDSTRÖM'S EXEMPLARY WORLD

LYTLE SHAW

Jockum Nordström's drawings and collages are usually understood to combine an implausible range of influences (folk and outsider art, surrealism, art brut, modernist architecture, children's book illustration) into a highly personal fantasy world. Part of Nordström's success—though arguably not the most compelling way to frame his importance—might be accounted for by the increasing centrality of the concept of the personal world. Fabricated often out of heterogeneous cultural materials, "worlds" have become successful endpoints of MFA programs and thus beginnings of careers. Understood in this way, worlds are a kind of harmless private commodity that can be fabricated spontaneously in infinite proliferation—the only raw materials necessary being the good old psyche and a sharp thrift store taste for deals in underused art historical periods and styles. These two raw materials then come together into a neat economy, since it is the function of the personal world to preserve and mildly entertain the alienated creator during the picturesque psychological storms and fits of ennui that authenticate him as an artist.

LYTLE SHAW'S books of poetry include *Cable Factory 20* (Atelos, 1999) and *The Lobe* (Roof, 2002). His forthcoming *Frank O'Hara: The Poetics of Coterie* will be published by Iowa Press. Shaw is Assistant Professor of English at NYU and curator of the Line Reading Series at The Drawing Center.

Nordström's reception thus far has mostly involved this kind of reading, as for instance when Mårten Castenfors describes Nordström's "world full of daydreams, keeping the demons at bay." [1)]

But despite their nineteenth-century dandy top hats or sixties leisure slacks, Nordström's demons are not purely daydreams. Though his world (like any world worth taking seriously) contains elements of fantasy deployed with playfulness and ambiguity, understanding this world entirely within the category of the personal quarantines its references and conventions, cutting them off from their substantive interactions with the history of culture. Consider DOWN IN THE LION'S DEN (2002). Like many of Nordström's drawings, this piece employs a split composition familiar to architectural renderings, in which macro views of the context of a project (in this case sixties-style, modern, two-story and three-story houses with sloping roofs and skylights) are coupled with an interior picture of what might occur inside a particular room. Here a recreation room (pool table in its center) contains various cut-out collage figures partly disrobed and uncoupled from the sex acts into which they would appear seamlessly to fit, as well as several dandies awkwardly arranged around the table. The same convention is at work in THEIR VERY OWN AND GOLDEN CITY (2002) where, below a gray field of modernist apartment blocks, the exemplary space now becomes a den with a topless, stockinged woman hovering horizontally above a modish man in a ruffled shirt on a couch, while nearby on the floor a boy plays with a large model of an apartment building. Though obviously playful and extreme, these drawings operate in the way that all architectural renderings do in suggesting the pleasures available within newly designed worlds. By treating his figures, too, as cut-outs that clearly fit into other contexts (the same pantless, kneeling humper from the pool room, for instance, appears in THE ARCHITECT, 2001, now joined to a woman below a model of a *Siedlung* or modernist village), he extends this exemplarity to the human subjects that inhabit his interiors. That Nordström appropriates these architectural conventions of exemplarity—shifted from the elegant, suited strollers or view-appreciators of the classic renderings to his own awkward orgy-goers and hipster musicians—is one of the crucial components of his world.

Given this, we might pay particular attention to the reappearance of architectural icons—from Mies van der Rohe's Dessau Bauhaus (the most common icon), to various Le Corbusier buildings, to more generic modernist apartment projects. These images, we must remember, were not just instances of, but also polemics for, the revolutionary potential of modernist architecture—its purported ability to reshape the world, and thus the social order, from the ground up. Such a world is coming off the drawing boards of Nordström's THE DRAWING OFFICE (2001), where the eager draftsmen in the studio look out the window to the kinds of buildings they seem to

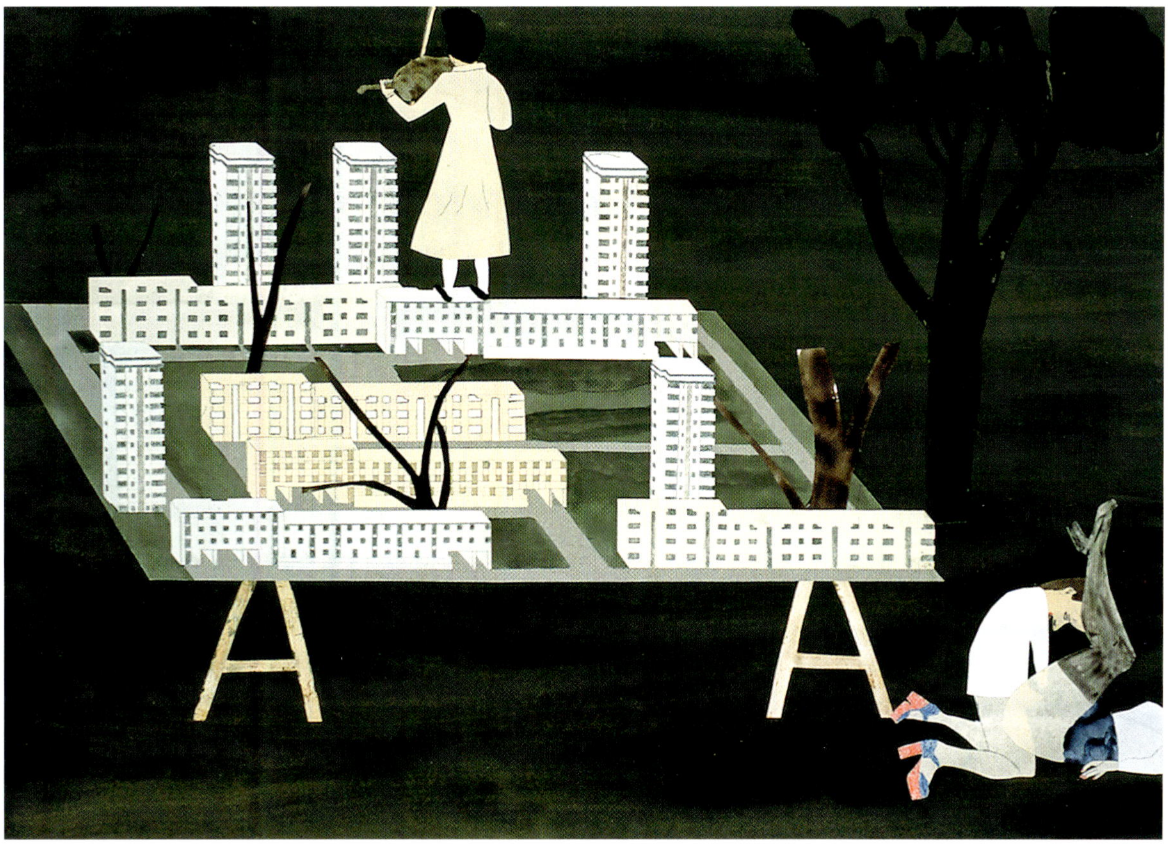

JOCKUM NORDSTRÖM, THE ARCHITECTS, 2001, mixed media and collage, 19 3/4 x 27 1/2" / DIE ARCHITEKTEN, verschiedene Materialien und Collage, 50,2 x 69,9 cm.
(ALL PHOTOS: DAVID ZWIRNER, NEW YORK AND MAGNUS KARLSSON, STOCKHOLM)

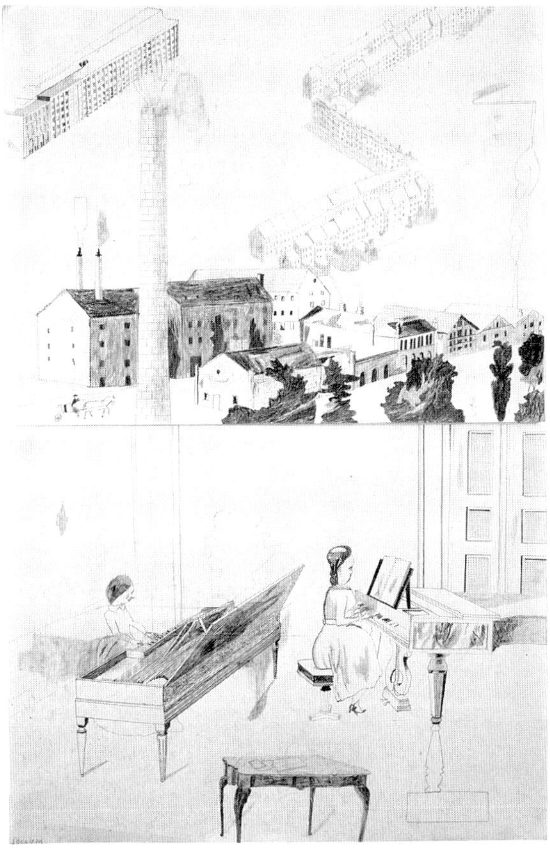

JOCKUM NORDSTRÖM, THE PIANO FACTORY, 2002, diptych, graphite on paper, 23 1/2 x 15 3/4" / DIE KLAVIERFABRIK, Diptychon, Graphit auf Papier, 59,7 x 40 cm.

be designing, perspective renderings of Mies and Corbusier buildings on their foregrounded drafting boards.

What difference then does it make, we might ask, that Nordström is Scandinavian (he lives in Stockholm), which may be the one small section of the globe where, as the twentieth century proceeded, modernism's promise did not simply become a parody of itself, and where a version of modernism in its socialist guise still provides much of the infrastructure for the built and lived-in world? Do we turn him into a quaint, regional allegorist—a kind of updated Nils Nilsson Skum (one of Nordström's favorite artists, whose herds of reindeer throb through bleak Lapland valleys)—if we see Nordström's "world of daydreams" in some kind of dialogue with the basic promises of modernism as filtered through Scandinavia? Perhaps this association would please Nordström. Though variously engrossed, his musicians, copulators, bird-watchers, and dancers do seem part of a larger attempt to design a world of pleasure and leisure from the ground up.

This brings us again to his characters: why, if we want to entertain the above possibility, are so many dressed in nineteenth-century garb? There is obviously an element of self-conscious anachronism or carefully calculated awkwardness to Nordström's work. And yet this may not be unrelated to the concerns of the collages. Take THE PIANO FACTORY (2002). Like those collages, this drawing, too, gives us a wide view of a town (nineteenth-century row houses, warehouses, and factories) with an interior below—a domestic scene of two women in long dresses playing pianos. Not only is the town undergoing industrialization (smokestacks figure prominently and the housing is crunched together), but the warehouses also may be morphing into modernist apartment blocks: clearly this form of insulated leisure will not last. The guidelines of the central chimney extend into the living room, where the intent piano playing operates as a kind of embattled privacy. This is a scene of transformation, of modernization, as is ABIDE WITH ME (THE FURNITURE FACTORY (2000), where the new housing has definitely broken through into the nineteenth-century town, the children have started to smoke, and the old hand-crafted furniture cannot be long for this world. The modernist buildings on the drafting boards and displayed in the living rooms as exemplary models elsewhere in Nordström's work seem to solicit the consent of precisely these piano players, top-hatted nature lovers, equestrians, and buggy riders. These are the subjects who must be won over, whose desires must be captured by the new ways of arraying a built world.

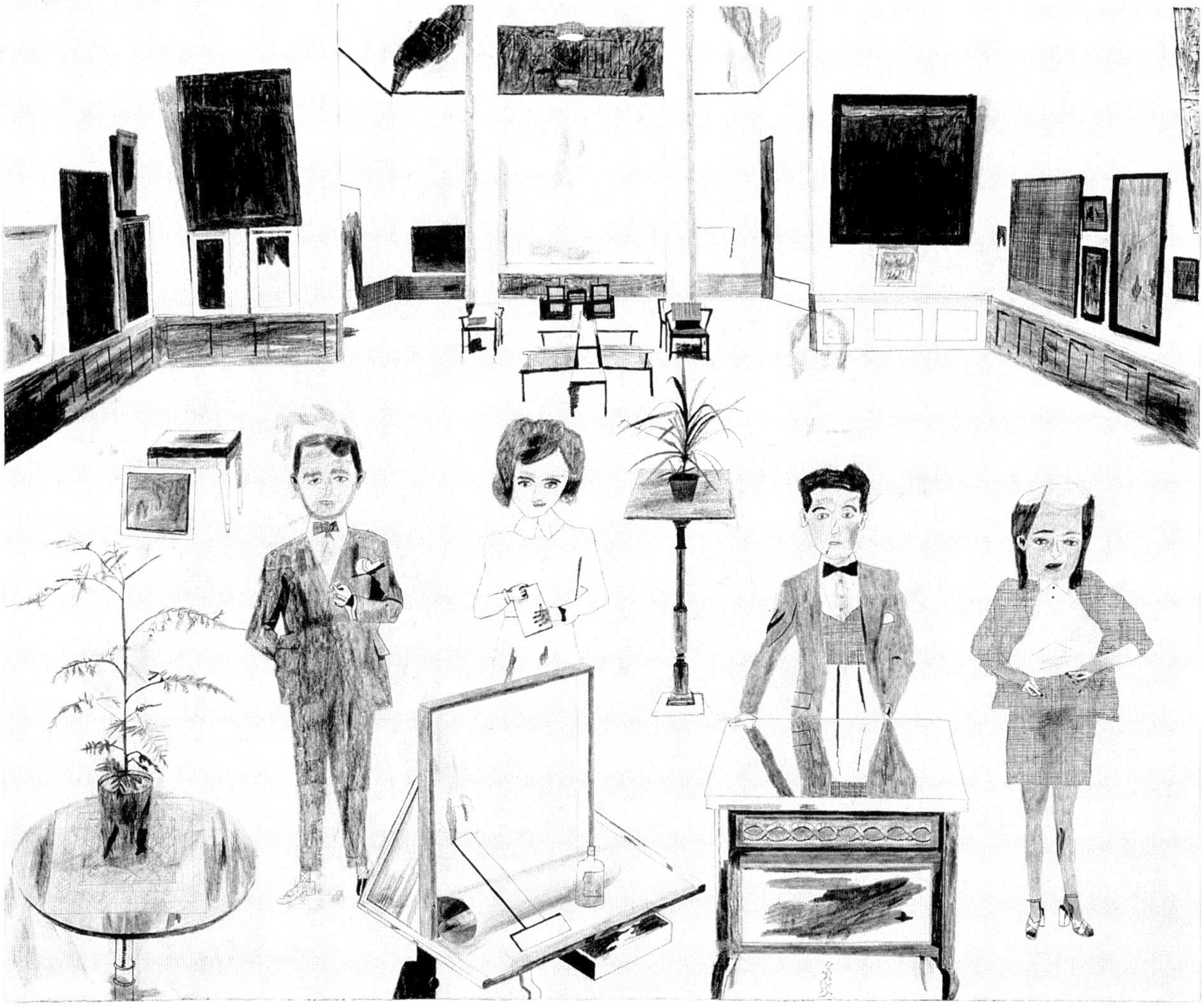

JOCKUM NORDSTRÖM, BACK TO WORK, 2003, graphite on paper, 22 x 27 1/8" / ZURÜCK ZUR ARBEIT, Graphit auf Papier, 56 x 69 cm.

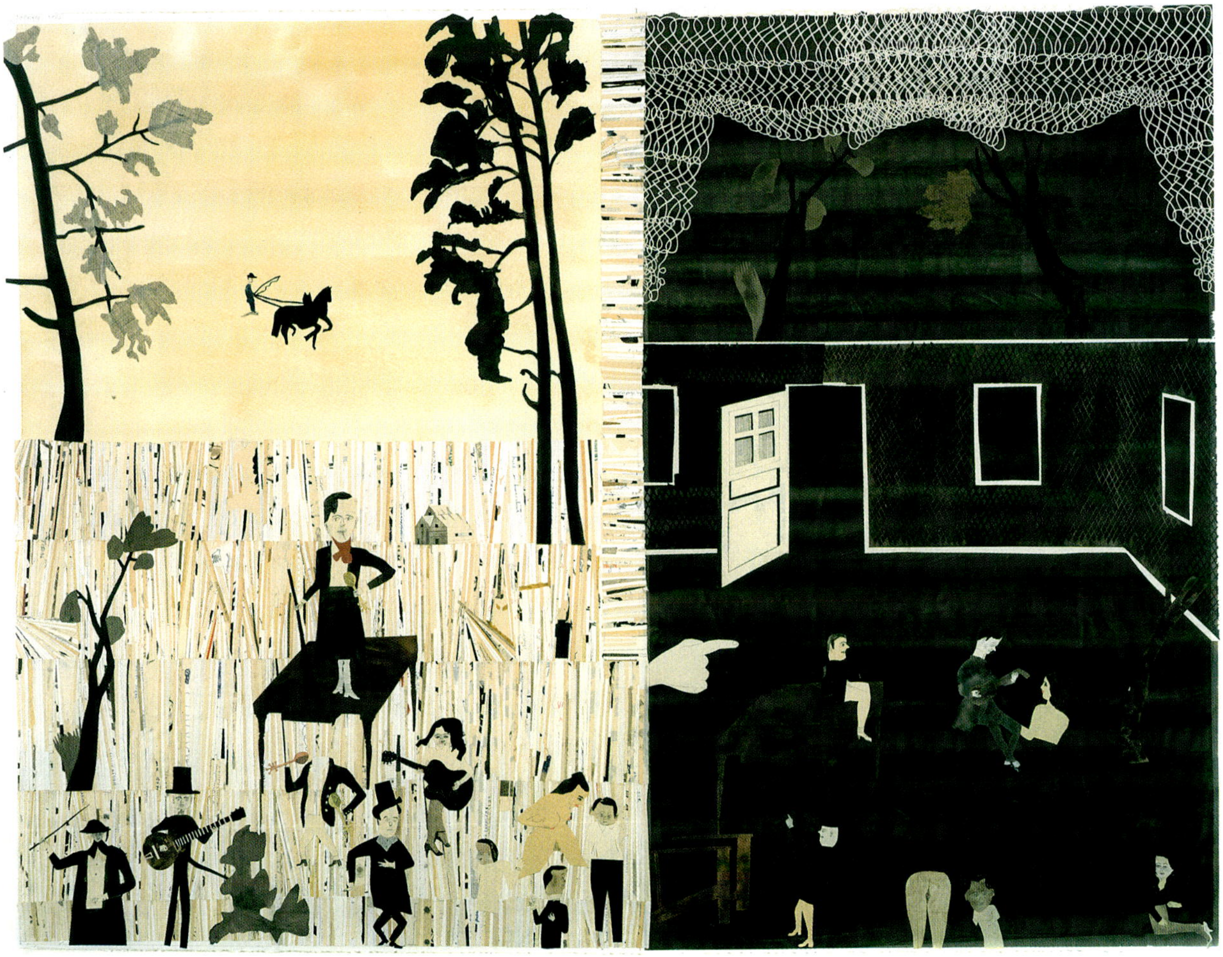

JOCKUM NORDSTRÖM, THE BACHELOR'S ARGUMENTS, 2003, diptych, mixed media on paper, 44 1/2 x 59 1/4" / DIE THESEN DES JUNGGESELLEN, verschiedene Materialien auf Papier, 113 x 150,5 cm.

At the same time, Nordström's own drawing technique holds out against standardization; it is as if each object within the drawing suggests its own treatment. In his interiors especially, we see ghosted and erased forms, varying line weights and textures, smudges, revisions, and wonderful shifts between sharp focus, surprising detail, and looser, cartoony, sometimes child-like indications. Birds loom to the front of his pastoral compositions, impossibly huge—as though a fantasy gratification of our desire, when on nature walks, were to appropriate and apprehend nature. In his nautical drawings, waves are often indicated by swirling parallel lines that "float" on top of the sea's surface—as oversized fish fly out of the waves and up against the rocky coasts. Though both of these genres (like his equestrian drawings) may seem to bear a less direct relationship to modernization (and they tend not to use the bi-partite or tri-partite architectural compositions), we might still see them as implicitly linked to the larger world of these other works. As instances of its promised leisure, they are no longer contained within rooms but let loose in the landscape. Like the nineteenth-century town drawings, however, many of these seem to explore vanishing and outmoded forms of leisure—the world that will be replaced if the drafting boards have their way.

What is interestingly outmoded about these drawings, though, is not just their subject matter but also their method. Given Nordström's refusal to standardize representational conventions, given the way his objects seem to generate their own treatment, we might say that these drawings are also about the vast amounts of time, energy, and freedom required to make them—about the artist being able to decide to move a flying fish and a frigate from above a steamship, or shift a piano's profile in a staid living room.

One might wonder what motivates Nordström's move away from drawing toward the more standardized, possibly less time-consuming, process of collage. While an awareness of time might seem to generate his re-deployable and humorous cut-out figures, ultimately Nordström works against the logic of efficiency. He forms his collage backgrounds from tiny strips of various papers, as though in imitation of shaker drawings or quilts. In FOLK-DANCE (2002), he extends his interiors into sustaining hallucinatory landscapes that collapse the distinction between inside and outside—it seems as though the mod band in this collage, simply through its music, could call such atmospheres into being. Nordström's world, as a whole, evokes the efficient and streamlined moment of early modernism only to propose a deeper, more anarchistic world of pleasures in and between its spaces.

1) "Jockum Nordström—A Sensualist in the Making" in: *Jockum Nordström: Between the Table and the Legs* (Stockholm: Karlsson/Zwirner, 2003), p. 6.

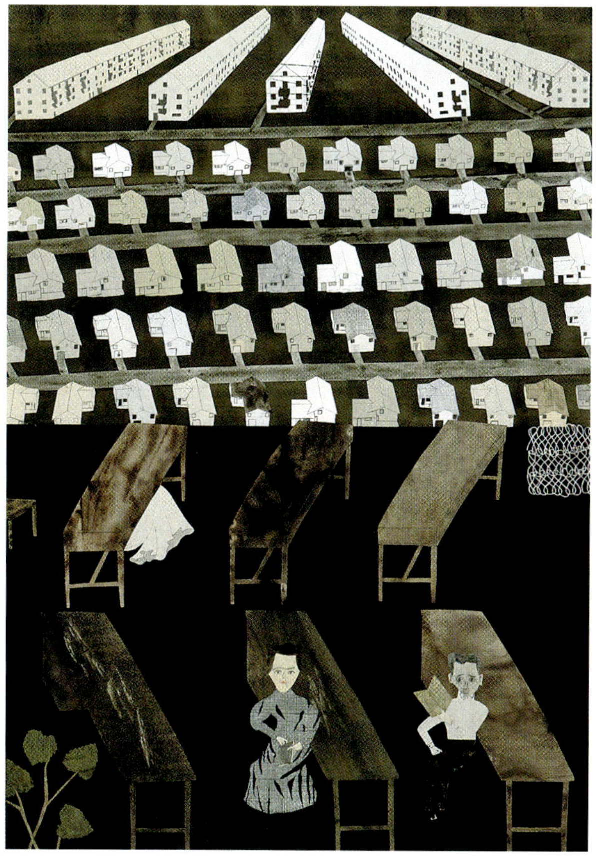

JOCKUM NORDSTRÖM, THE READERS, 2003, mixed media on paper, 39 x 27 1/2" / DIE LESER, verschiedene Materialien auf Papier, 99 x 70 cm.

Orgien der Modernisierung

JOCKUM NORDSTRÖMS MODELLWELT

LYTLE SHAW

Von Nordströms Zeichnungen und Collagen sagt man im Allgemeinen, dass sie eine unwahrscheinliche Bandbreite von Einflüssen (Volks- und Aussenseiterkunst, Surrealismus, Art brut, moderne Architektur, Kinderbuchillustrationen) zu einer sehr persönlichen Phantasiewelt zusammenfügen. Ein Teil von Nordströms Erfolg liesse sich vielleicht durch die zunehmend zentrale Stellung des Begriffs der privaten Welten erklären – wenn dies, so möchte ich behaupten, auch nicht der beste Weg ist, um seine Bedeutung ins rechte Licht zu rücken. Zusammengebastelt aus oft heterogenen kulturellen Materialien sind «Welten» zum erfolgreichen Endzweck von M.F.A.-Kursprogrammen und damit zum Beginn von Karrieren avanciert.[1] So verstanden sind Welten eine Art harmloses Privatgut, das spontan und in unendlicher Zahl fabriziert werden kann; die gute alte Psyche und ein alerter Sinn für das Recycling von unterverwendeten kunsthistorischen Stilen und Perioden sind alles, was es dazu braucht. Diese beiden Rohstoffe fügen sich dann schön ökonomisch

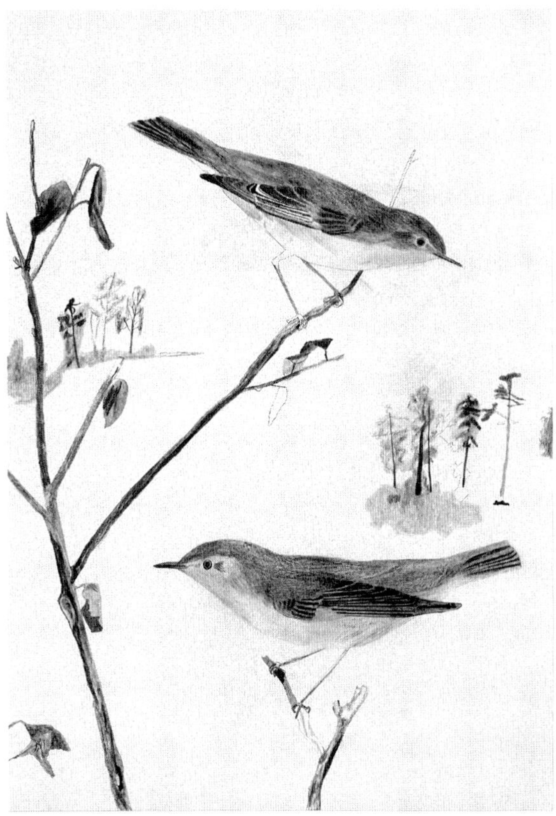

JOCKUM NORDSTRÖM, SPRING, 2003, graphite on paper, $14^1/_8$ x 19" / FRÜHLING, Graphit auf Papier, 36 x 48 cm.

LYTLE SHAW hat unter anderem die Gedichtbände *Cable Factory 20* (Atelos, 1999) und *The Lobe* (Roof Books, 2002) publiziert. Der Band *Frank O'Hara: The Poetics of Coterie* erscheint bei der University of Iowa Press. Er ist Assistenzprofessor für Englisch an der New York University und Kurator der *Line Reading Series* bei The Drawing Center, New York.

zusammen, da es die Funktion der privaten Welt ist, den verunsicherten Schöpfer, während seiner malerischen seelischen Gewitterstürme und Anfälle von Langeweile, die ihn als authentischen Künstler auszeichnen, zu erhalten und auch ein bisschen zu unterhalten. Nordströms Rezeption hat sich bisher zumeist auf diese Lesart beschränkt, etwa wenn Mårten Castenfors Nordströms Welt als eine «voller Tagträume, welche die Dämonen in Schach halten» beschreibt.[2)]

Doch trotz ihrer dandyhaften Zylinder aus dem neunzehnten Jahrhundert oder den Freizeitschlappen aus den 60er Jahren sind Nordströms Dämonen keine blossen Tagträume. Zwar enthält seine Welt (wie jede Welt, die es wert ist, ernst genommen zu werden) phantastische Elemente, die spielerisch und doppelsinnig eingesetzt werden; erfasst man diese Welt jedoch ausschliesslich unter der Kategorie des Privaten, so isoliert man ihre Referenzen und Regeln und schneidet diese von den entscheidenden Bezugnahmen auf die Kulturgeschichte ab. Man denke etwa an DOWN IN THE LION'S DEN (Drunten, in der Löwengrube, 2002). Wie viele von Nordströms Zeichnungen beruht auch diese auf einer zweigeteilten Komposition, wie man sie von architektonischen Abbildungen kennt, in denen Grossansichten des Projektumfeldes (in diesem Fall moderne zwei- und dreistöckige Häuser im Stil der 60er Jahre mit schräg abfallenden Dächern und Oberlichtern) mit einer Innenansicht kombiniert sind, die zeigt, was sich in einem spezifischen Raum abspielen könnte; hier ist es ein Freizeitraum mit einem Billardtisch in der Mitte und verschiedene ausgeschnittene Collage-Figuren, teilweise entkleidet und dem Kontext der Sexszenen entrissen, in die sie perfekt passen würden, ferner mehrere Dandys die unbeholfen um den Tisch herum verteilt sind. Dieselbe formale Konvention ist auch bei THEIR VERY OWN AND GOLDEN CITY (Ihre ureigene und goldene Stadt, 2002) im Spiel: Unterhalb eines grauen Bereichs mit modernen Wohnblöcken wird der Modellraum nun zur Bude, in der eine Frau in Strümpfen und oben ohne horizontal über einem modisch gekleideten Mann schwebt, der mit zerknittertem Hemd auf einer Couch liegt, während daneben ein Junge am Boden mit dem grossen Modell eines Wohnblocks spielt. Auch wenn diese Zeichnungen offensichtlich spielerisch und ausgefallen sind, funktionieren sie doch genau wie alle architektonischen Skizzen: Sie beschwören die Freuden, die die neu entworfenen Welten in sich bergen. Indem der Künstler auch seine Figuren wie ausgeschnittene Elemente aus offensichtlich ganz anderen Kontexten behandelt – derselbe hosenlose Bumser aus dem Billardraum erscheint beispielsweise auch in THE ARCHITECT (Der Architekt, 2001), diesmal zusammen mit einer Frau unterhalb einer Modellsiedlung, der modernen Form des Dorfes –, dehnt er den Modellcharakter auch auf die menschlichen Subjekte aus, die seine Innenräume bevölkern. Dass Nordström den Konventionen der Architekturdarstellung folgt – dabei allerdings von den eleganten Spaziergängern im Anzug oder den Bewunderern der Aussichten klassischer Skizzen abweicht und sie durch seine eigenen unbeholfenen Orgienfuzzis und Jazzmusiker ersetzt –, ist ein entscheidendes Element seiner Welt.

In Anbetracht dessen können wir unser besonderes Augenmerk auf das wiederholte Auftreten architektonischer Ikonen richten – von Mies van der Rohes Bauhaus in Dessau (das am häufigsten vorkommt) über diverse Bauten von Le Corbusier, bis zu weniger ausgefallenen modernen Wohnbauprojekten. Diese Bilder, das sollten wir im Auge behalten, waren nicht nur Beispiele für das revolutionäre Potenzial der modernen Architektur, sondern auch polemische Parteinahmen für diese und ihre angebliche Fähigkeit, die Welt und damit auch die Gesellschaftsordnung von Grund auf neu zu gestalten. Eine solche Welt tritt uns auf den Reissbrettern in Nordströms THE DRAWING OFFICE (Das Zeichenbüro, 2001) entgegen, wo die eifrigen Zeichner im Atelier durchs Fenster auf genau die Art von Gebäuden blicken, die sie auf ihren eigenen Reissbrettern im Vordergrund zu entwerfen scheinen: perspektivische Wiedergaben der Bauten von Mies van der Rohe und Le Corbusier.

Was macht es also für einen Unterschied, könnten wir uns fragen, dass Nordström aus Skandinavien ist (er lebt in Stockholm), vielleicht die einzige kleine Stelle auf dem Globus, wo dieses Versprechen im Lauf des zwanzigsten Jahrhunderts nicht nur zu einer Parodie seiner selbst verkommen ist und wo eine sozialistische Variante des Modernismus zum grossen Teil noch immer die Infrastruktur der Architektur und der Lebenswelt prägt? Machen wir einen kuriosen regionalen Allegoriker aus ihm – eine Art zeitgenössischen Nils Nilsson Skum (einer von Nordströms Lieblingskünstlern, dessen Rentierherden durch karge Lapplandtäler donnern) –, wenn wir seine «Welt voller Tagträume» im Dialog mit den elementaren Verheissungen der Moderne, gefiltert durch das spezifisch Skandinavische, begreifen? Vielleicht gefiele Nordström diese Verbindung. Denn auch wenn sie auf je ganz unterschiedliche Art beschäftigt sind, scheinen seine Musiker, Beischläfer, Vogelfreunde und Tänzer doch Teil eines umfassenderen Versuchs zu sein, eine völlig neue Welt lustvollen Freizeitgenusses zu entwerfen.

Das bringt uns wieder zu seinen Protagonisten: Warum, wenn wir die oben erwähnte Möglichkeit weiterverfolgen wollen, treten so viele von ihnen in Klamotten des neunzehnten Jahrhunderts auf? In Nordströms Arbeiten steckt offensichtlich ein bewusst anachronistisches Element oder eine sorgfältig kalkulierte Unbeholfenheit. Und dies könnte durchaus mit den Themen der beschriebenen Collagen zusammenhängen. Nehmen wir, zum Beispiel, THE PIANO FACTORY (Die Klavierfabrik, 2002). Wie die erwähnten Collagen zeigt auch diese Zeichnung eine Überblicksansicht einer Stadt (aber diesmal bestehend aus Reihenhäusern, Lagerhallen und Fabriken aus dem neunzehnten Jahrhundert) und darunter ein Interieur: eine häusliche Szene mit zwei Frauen in langen Kleidern, die Klavier spielen. Die Stadt erlebt nicht nur eine Industrialisierung (die Schornsteine sind unübersehbar und die Wohnhäuser stehen eng gedrängt), die Lagerhäuser könnten auch zu modernen Wohnblocks mutieren: Das isolierte Freizeitvergnügen kann also nicht von Dauer sein. Die senkrechten Hauptlinien des zentralen Schornsteins ragen bis ins Wohnzimmer hinein, so dass das eifrige Klavierspielen wie eine Art Verteidigung der Privatsphäre wirkt. Das Ganze ist ein Schauplatz des Wandels, der Modernisierung, genau wie ABIDE WITH ME (THE FURNITURE FACTORY) – Bleib bei mir (Die Möbelfabrik), 2000 –, wo die neuen Wohnbauten endgültig ins Innere der Stadt aus dem neunzehnten Jahrhundert vorgestossen sind, wo die Kinder zu rauchen begonnen haben und die Tage der alten handgefertigten Möbel offensichtlich gezählt sind. Die moderne Architektur auf den Reissbrettern und die modernen Wohnräume, die in anderen Arbeiten Nordströms modellhaft Verwendung finden, scheinen die Zustimmung genau dieser Klavierspielerinnen und dieser Naturfreunde, Reiter und Kutschenfahrer mit ihren Zylindern zu suchen. Sie sind die Subjekte, die es zu überzeugen gilt und deren Wünsche in die Gestaltungspläne einer neu zu bauenden Welt einfliessen müssen.

Gleichzeitig widersetzt sich Nordströms eigene Zeichentechnik jeder Standardisierung: Es ist, als ob jeder Gegenstand nach seiner eigenen spezifischen Behandlung riefe. Besonders in seinen Interieurs begegnen wir nachgezogenen und ausradierten Formen, verschiedenen Strichstärken und Texturen, Schmierflecken, Korrekturen und wunderbaren Wechseln zwischen exakter Klarheit, überraschender Detailgenauigkeit und freieren, cartoonartigen, manchmal kindlichen Andeutungen. In seinen ländlichen Darstellungen drängen sich Vögel bedrohlich in den Vordergrund, unmöglich gross – wie wenn auf einem Naturspaziergang die Phantasie unsere Wünsche vorweg befriedigen und sich die Natur aneignen, sie begreifen wollte. In den Seefahrerzeichnungen sind die Wellen oft durch Wirbel paralleler Linien angedeutet, die auf der Oberfläche des Meeres «schwimmen» – während übergrosse Fische aus den Fluten und gegen die felsigen Küsten emporspringen. Auch wenn diese beiden Genres (wie seine Ross-und-Reiter-Bilder) weniger direkt mit Modernisierungsprozessen zusammenzuhängen scheinen (sie treten auch weniger in der Form der zwei- oder dreigeteilten Architekturzeichnung auf), so könnte man sie doch als implizit mit der umfassenderen Welt jener anderen Werke verbunden betrachten: als Beispiele der dort versprochenen Freizeit, aber nicht länger in Räumen eingeschlossen, sondern in die freie Landschaft entlassen. Doch wie die Zeichnungen der Städte aus dem neunzehnten Jahrhundert scheinen viele dieser Naturszenerien ebenfalls verschwindende und altmodische Formen und Stile des Freizeitgenusses zu erforschen: eine Welt, die ersetzt werden wird, wenn man den Reissbrettern glauben darf.

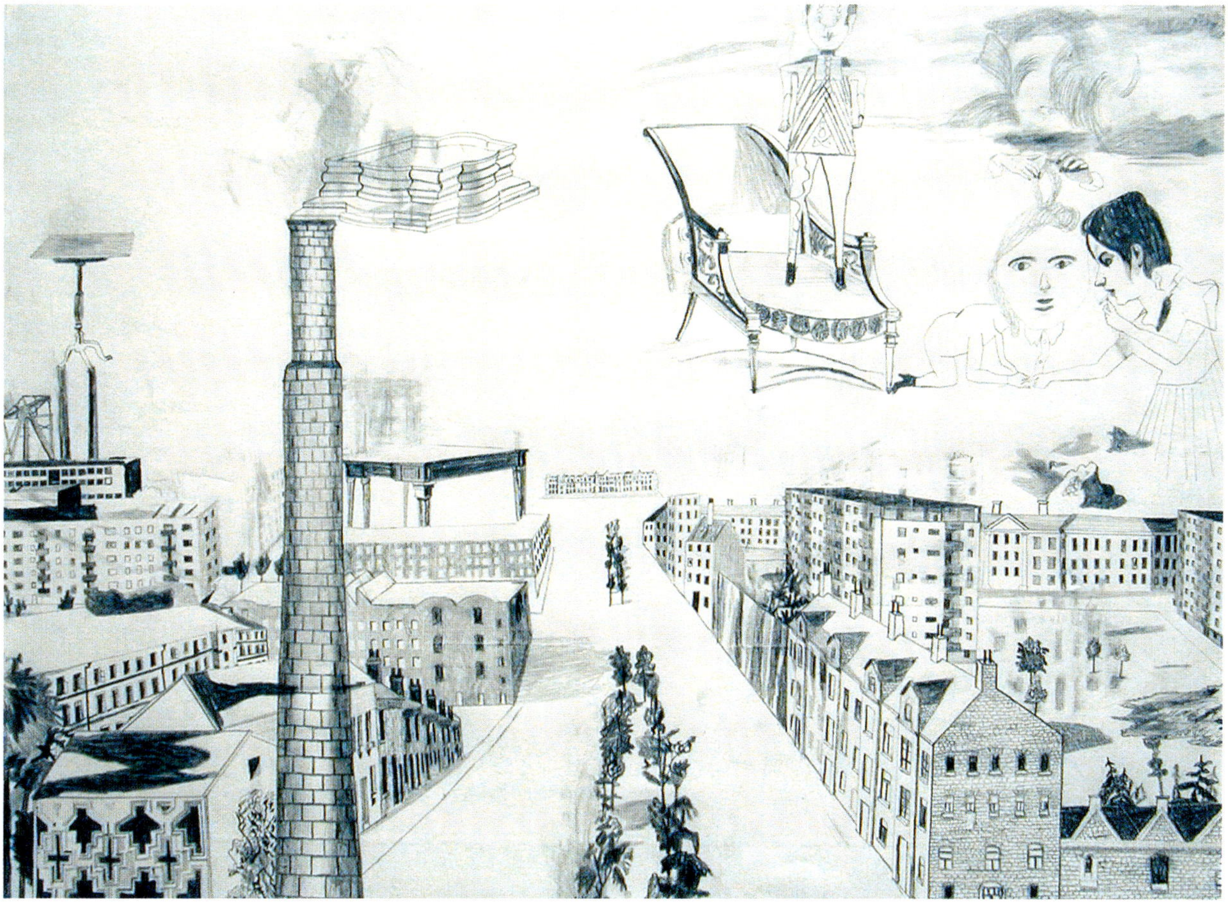

JOCKUM NORDSTRÖM, ABIDE WITH ME (THE FURNITURE FACTORY), 2000, graphite on paper, 17 ¾ x 24 ⅜" / BLEIB BEI MIR (DIE MÖBELFABRIK), Graphit auf Papier, 45 x 62 cm.

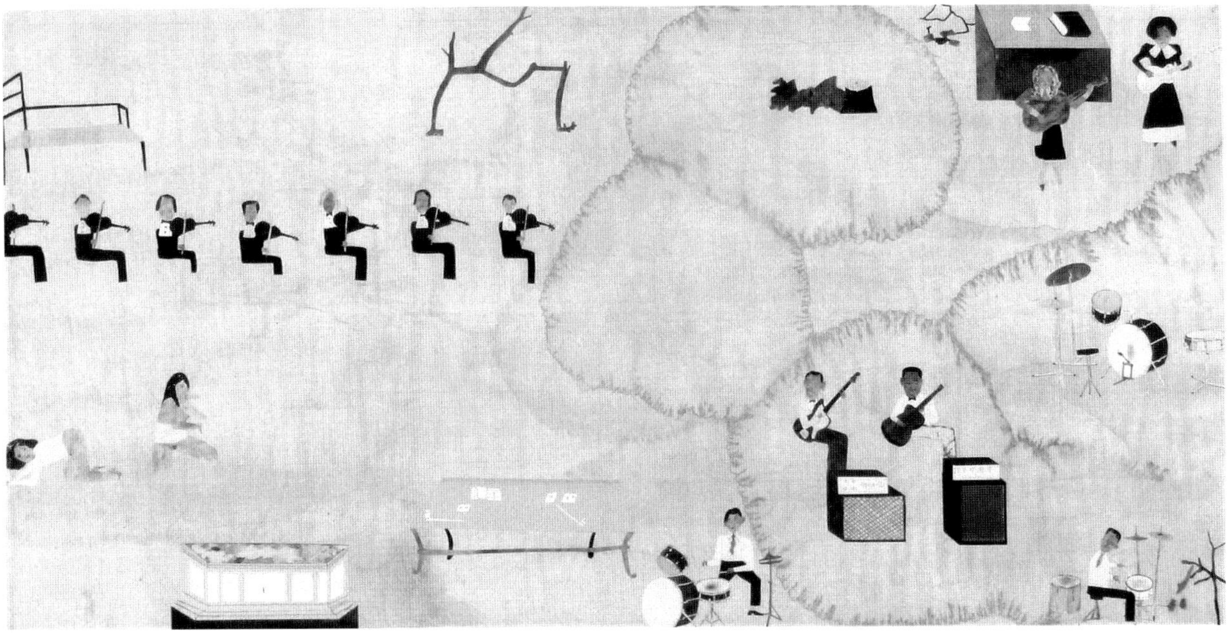

JOCKUM NORDSTRÖM, A STICK IN THE WOOD, 2005, collage, watercolor, ink on paper, 38 13/16 x 76 7/8" / EIN STOCK IM WALD, Collage, Aquarellfarben, Tinte auf Papier, 98,6 x 195,3 cm.

Es sind jedoch nicht nur die Inhalte, die diese Zeichnungen auf interessante Weise altmodisch wirken lassen, sondern auch die Art, wie sie gemacht sind. Angesichts von Nordströms Weigerung, sich auf irgendwelche Standardregeln der Darstellung einzulassen, und angesichts seiner unausgesprochenen Theorie, dass jeder Gegenstand seine eigene Behandlung mit sich bringt, könnte man sagen, dass diese Zeichnungen auch von der immensen Zeit, Energie und Freiheit handeln, die ihre Herstellung erfordert – und vom Künstler selbst, der seine Meinung jederzeit dahingehend ändern kann, einen fliegenden Fisch und einen Fregattvogel über einem Dampfschiff zu entfernen, oder den Umriss eines Klaviers in einem faden Wohnzimmer zu verschieben.

Wir können uns fragen, was Nordström allmählich dazu verleitet hat, von der Zeichnung abzurücken zugunsten der eher standardisierten, möglicherweise weniger zeitraubenden Technik der Collage? Während ein gewisses Zeitbewusstsein zu den mehrmals verwendbaren witzigen ausgeschnittenen Figuren geführt haben mag, arbeitet Nordström letztlich entgegen jeglicher Logik der Effizienz. Er gestaltet die Hintergründe seiner Collagen aus winzigen Streifen unterschiedlichen Papiers, als wolle er eine Shaker-Zeichnung oder einen Quilt nachahmen. In FOLK-DANCE (Volkstanz, 2002) erweitert er seine Interieurs zu selbständigen halluzinativen Landschaften, in denen der Unterschied zwischen innen und aussen aufgehoben ist; es sieht aus, als ob die Mod-Band in dieser Collage allein schon durch ihre Musik eine solche Atmosphäre erzeugen könnte. Insgesamt beschwört Nordströms Welt das auf Effizienz und Stromlinienförmigkeit bedachte Moment der frühen Moderne nur herauf, um für eine tiefer liegende, anarchistischere Welt der Freuden in ihren Räumen und Zwischenräumen zu plädieren.

(Übersetzung: Suzanne Schmidt)

1) MFA (engl.) oder M.F.A. (dt.): Master of Fine Arts, akad. Abschluss.

2) «Jockum Nordström—A Sensualist in the Making», in: *Jockum Nordström: Between the Table and the Legs*, Ausstellungskatalog, Magnus Karlsson/David Zwirner, Stockholm 2003, S. 6.

RICHARD SERRA

born 1939 in San Francisco, lives and works in New York City.

geboren 1939 in San Francisco, lebt und arbeitet in New York City.

BERNARD FRIZE

born 1949 in Saint-Mandé, France, lives and works in Berlin and Paris.

geboren 1949 in Saint-Mandé, Frankreich, lebt und arbeitet in Berlin und Paris.

KATHARINA GROSSE

born 1961 in Freiburg im Breisgau, lives and works in Düsseldorf und Berlin.

geboren 1961 in Freiburg im Breisgau, lebt und arbeitet in Düsseldorf und Berlin.

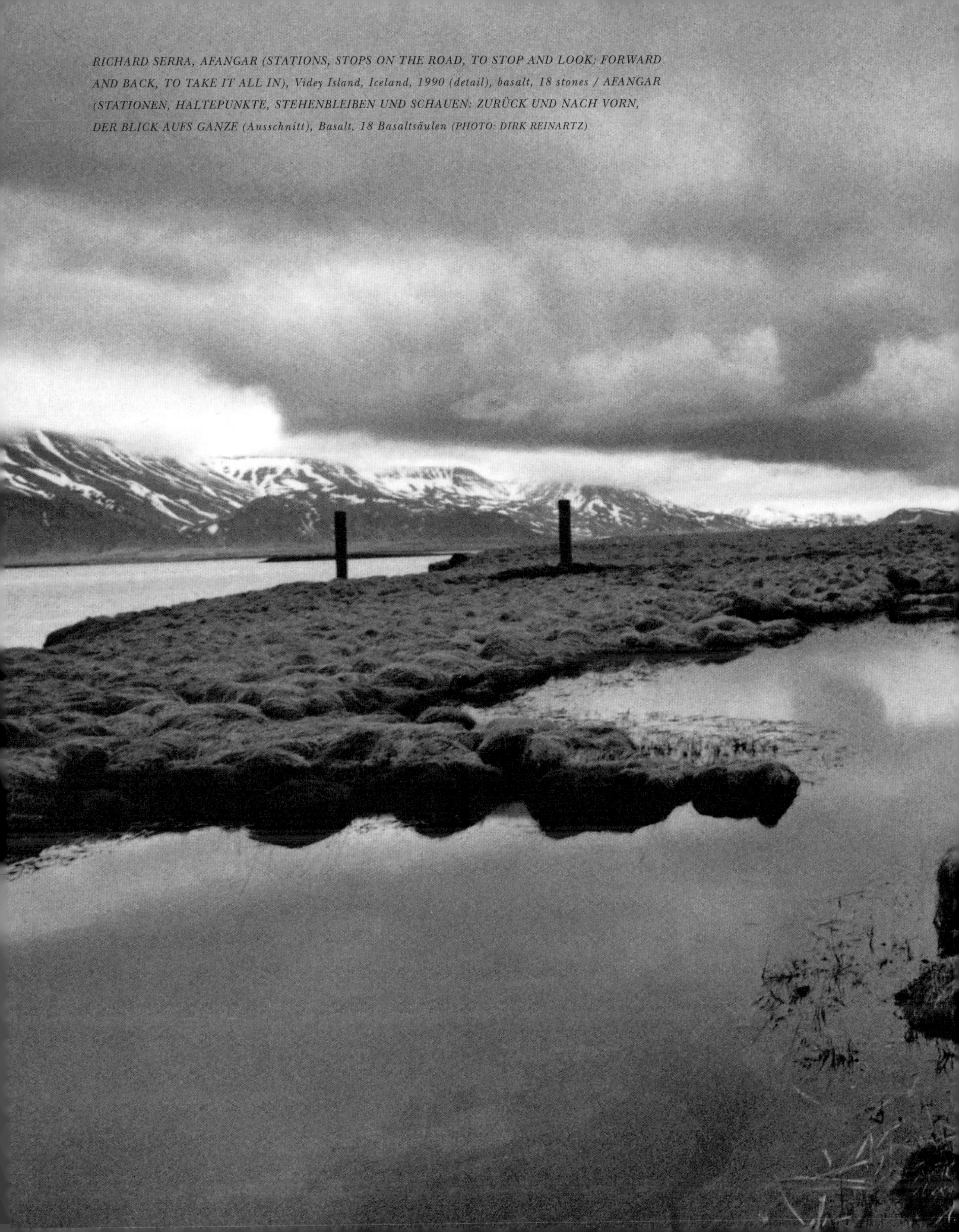

RICHARD SERRA, AFANGAR (STATIONS, STOPS ON THE ROAD, TO STOP AND LOOK: FORWARD AND BACK, TO TAKE IT ALL IN), Videy Island, Iceland, 1990 (detail), basalt, 18 stones / AFANGAR (STATIONEN, HALTEPUNKTE, STEHENBLEIBEN UND SCHAUEN: ZURÜCK UND NACH VORN, DER BLICK AUFS GANZE (Ausschnitt), Basalt, 18 Basaltsäulen (PHOTO: DIRK REINARTZ)

RICHARD SERRA

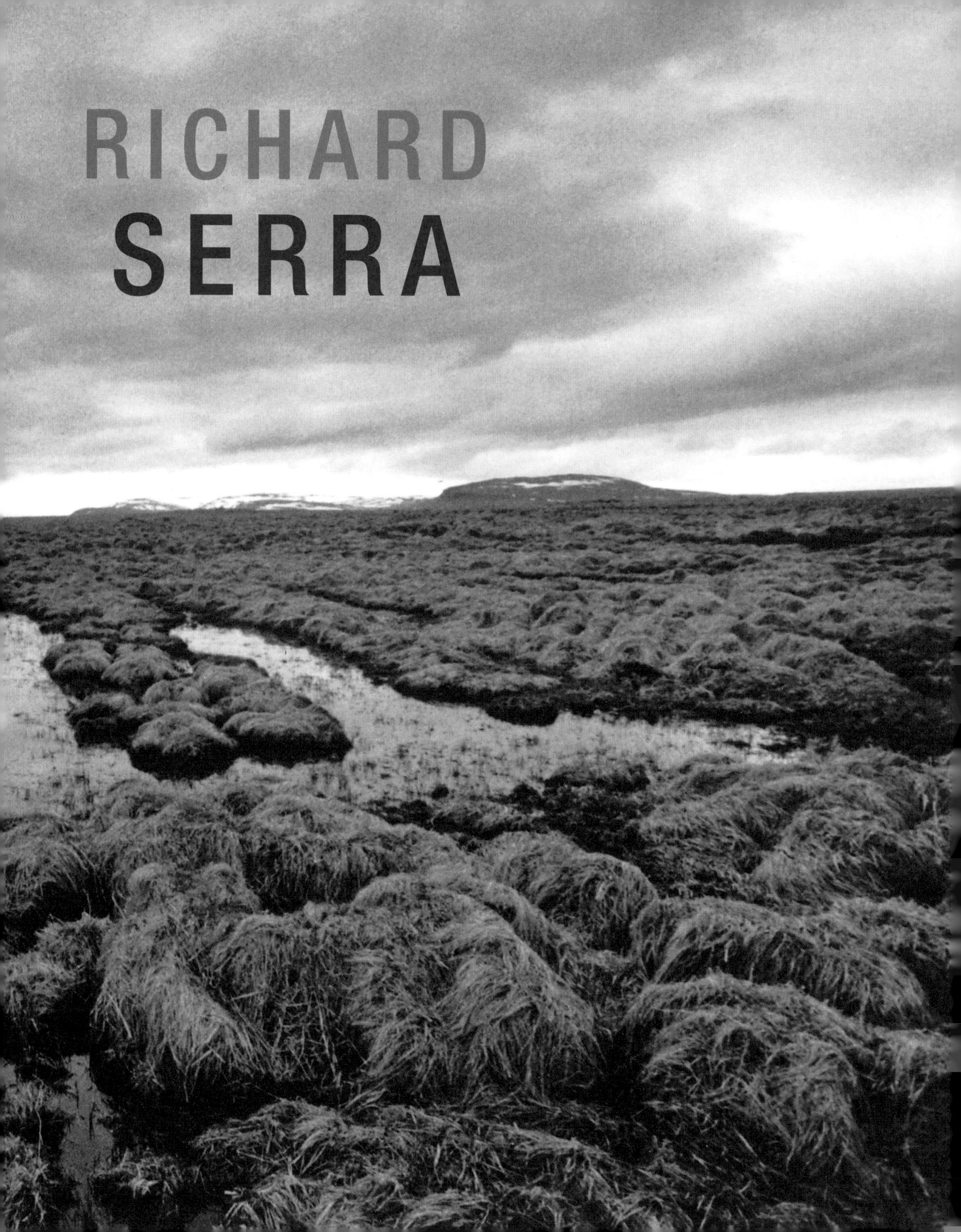

Richard Serra *in Bilbao*

HAL FOSTER

Over his career Richard Serra has produced several works that open up new lines of investigation and new orders of experience. "They are certainly the most didactic in terms of the history of my evolution," Serra says of such pieces, which, after the art historian George Kubler, he calls "prime objects": "They present each problem in its greatest simplicity."[1] HOUSE OF CARDS (1969), four four-foot square sheets of lead that support one another, is a prime object for all "prop" pieces that rise from the floor; STRIKE (1969–1971), a single plate of steel, eight feet high, that juts out twenty-four feet from its bisected corner, is a prime object for all angles and arcs that cut boldly into space; and there are others as well. Yet, perhaps none is as rich as the first "torqued ellipse," the progenitor of a body of work that, inaugurated in 1996, continues to evolve in extraordinary fashion, at once rigorously logical and quite unexpected.

In part Serra refers his discovery of the form to a momentary misrecognition inside the San Carlo alle Quattro Fontane, the Baroque masterpiece by Borromini in Rome. One day in 1991, he entered the nave from the side and mistook the ellipses of the dome and the floor to be somehow offset in relation to one another. If you imagine a continuous surface made between two such turned ovals realized in steel (it was indeed difficult for Serra to find a machine that could bend plates in this way), you have the gist of a torqued ellipse, plus, of course, an opening for the viewer to pass through—though "viewer" is too limited a term for the experiential subject of these works.

In 1999, within the vast "fish gallery" at the Guggenheim Bilbao, Serra presented five single torqued ellipses and three doubles (that is: one ellipse set within another), as well as a piece titled SNAKE (1996) whose three walls and two passages sway and undulate for one hundred and four feet. This last piece has remained in the middle of the gallery, and for his new installation (which is permanent), it is joined by seven other pieces, most fourteen feet high, all different in length. Five derive from the prime torqued ellipse: a single ellipse, a double, and three torqued spirals ("the spirals," Serra explains, "differ somewhat [from the ellipses] in that there is no center—the center drifts"). Especially with the spirals, the plates open and close, run parallel, and lean toward you and away from you as you walk through them. In fact, all the pieces change at every step, and so (it seems) does your gait, with the result that you never know quite what to expect, certainly not as far as the interior voids are

---

HAL FOSTER is Townsend Martin Professor at Princeton University and author, most recently, of *Prosthetic Gods* (MIT) and co-author of *Art Since 1900* (Thames & Hudson).

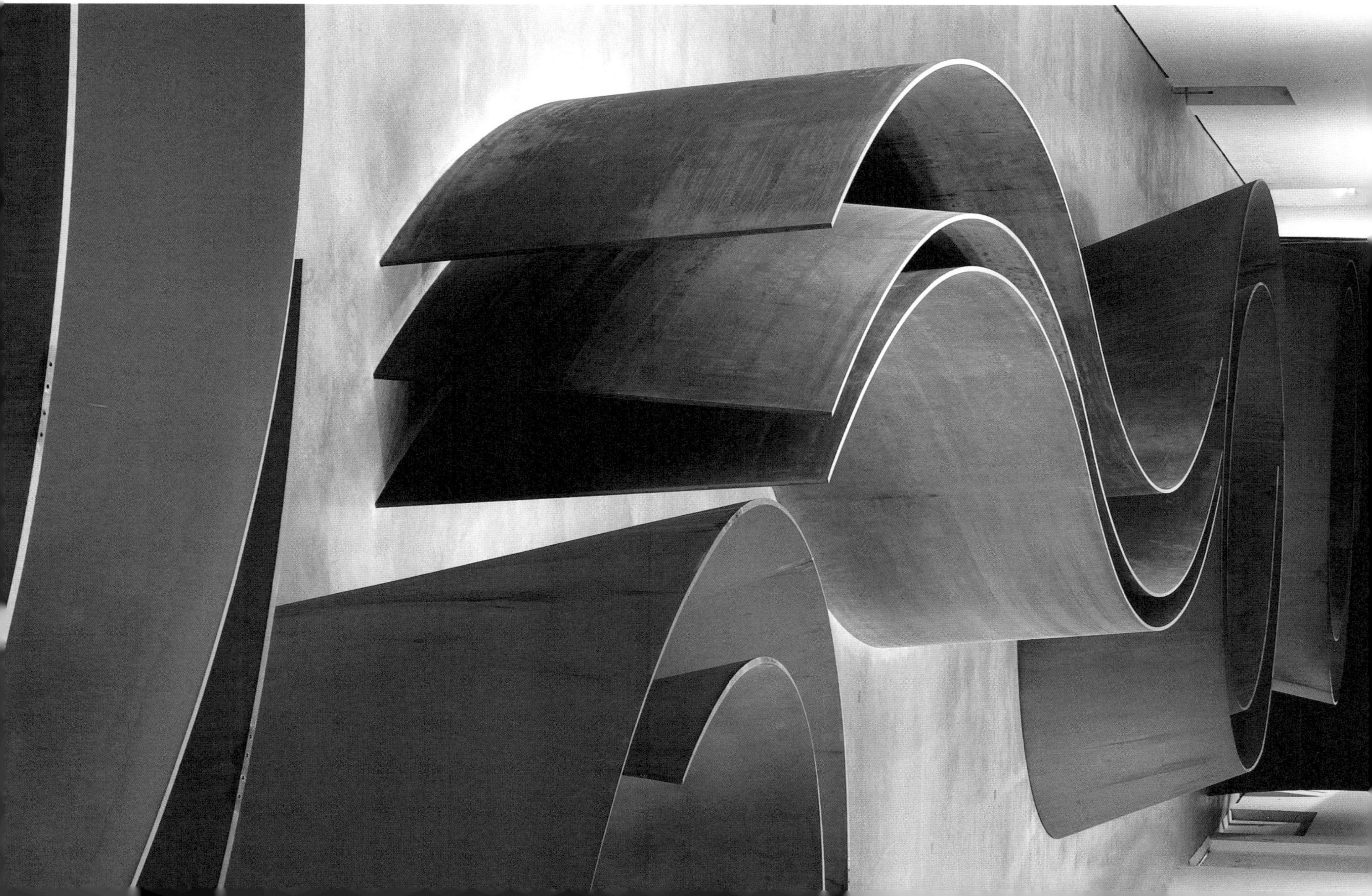

RICHARD SERRA, "The Matter of Time," Guggenheim Museum Bilbao, 2005, with (front to back) / mit (von vorn nach hinten): TORQUED SPIRAL (CLOSED OPEN CLOSED OPEN CLOSED), 2003; DOUBLE TORQUED ELLIPSE, 2003-2004; SNAKE, 1994-1997; TORQUED SPIRAL (RIGHT LEFT), 2003-2004; TORQUED SPIRAL (OPEN LEFT CLOSED RIGHTS), 2003-2004; BETWEEN THE TORUS AND THE SPHERE 2003-2005. (PHOTO: PEPPE AVALLONE)

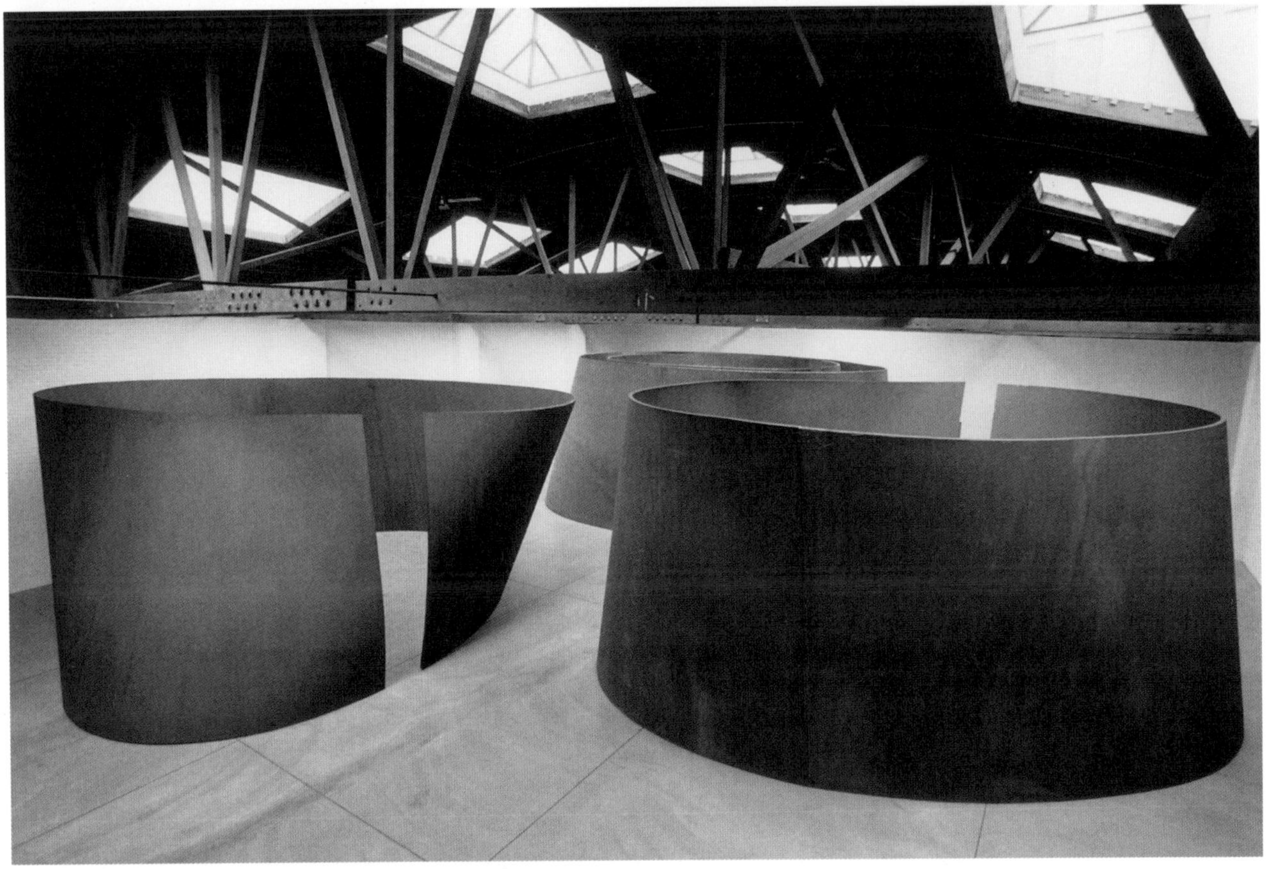

RICHARD SERRA, TORQUED ELLIPSES INSTALLATION, Dia Center for the Arts, New York, September 25, 1997 - June 14, 1998 (PHOTO: DIRK REINARTZ)

concerned, which, even after repeated trips, come as a surprise. Here your memory is tested as much, and at the same time, as your anticipation.

The two final pieces in the installation derive from opposite sections of a single shape, a torus. Think, for the first section, of the inside of the doughnut and, for the second, the outside, which is also part of a sphere. Related as they are, the two sections can be joined, as they were in a 2001 piece titled UNION OF THE TORUS AND THE SPHERE (2001). But this union produced a closed object, which troubled Serra somewhat; so in the two new pieces, he opens up the sections and orients them in different ways. BETWEEN THE TORUS AND THE SPHERE (2005) has eight such sections—of a sphere, a torus, two spheres, a turned torus, a turned sphere, and finally two turned toruses—set in rows fifty feet long that create seven different corridors between them. "There is a lot of tension in the space of the passages," Serra remarks. "The way the steel is coiled puts a stress on the steel that you register as part of the form-making process; that wouldn't be true of any other material.... Matter imposes form on form." BLIND SPOT REVERSED (2003–2005), whose exterior wall and interior void are both pointed ovals, consists of six such sections, here linked in such a way as to produce a zigzag passage that leads you past four "blind spots" before you enter the tight inner sanctum. Once again, as in the other pieces, you cannot know what to expect, yet you always sense that each plate has its structural integrity, each interior its spatial necessity, each work its formal logic.

What you *can* expect is the installation to be thoroughly considered, and to invite your own thorough consideration: as is typical of Serra, experiential complexity is balanced by structural transparency. Although the eight pieces are various in shape and color (from rust orange to deep gray), they make a clear group in terms of formal language and spatial articulation, and a balcony above the gallery allows you to grasp this family resemblance readily. Yet, Serra cautions, "I am still not interested in image. When you look at the pieces from overhead you can read their plan and better understand their structure, but their elevation is always partially masked."

The installation begins with the longest of the torqued spirals (with seven plates, it makes one more turn than other spirals to date, which have five plates); the balcony allows you to gaze down almost directly into this piece and to gauge its complex structure. By contrast, a single ellipse appears to the left; simple but acute it stands as a touchstone for all the pieces. "From the balcony," Serra remarks, "you see that the oval delineated on the ground and the oval at the top are exactly the same. The oval is not twisted: it continuously turns as it rises; the radius never changes. The continuous turn makes the steel walls lean inward and outward and parallel. The form is constructed through the void. That hadn't been done before; it's not in nature and not in architecture." To the right of this paradigmatic single is a fine double, and together they establish for the present installation the language of this entire body of work.

SNAKE comes next and serves as an entr'acte: after the loops of the ellipses and the spiral, you move fast through its curvy passages that lead to the final three works, which, as the gallery narrows here, are presented one after the other. "The spirals are significantly different from one another," Serra comments. "One is simple: it leans all the way to the right until you get half way around, then it leans all the way to the left. This spiral creates a broad horizontal interior enclosure. The other spiral is more vertical, moving in and out, compressing you, turning you, releasing you. It's not as elongated, so your stride is not as quick, and the space changes more radically as it unfolds." From row to row, BETWEEN THE TORUS AND THE SPHERE wrings further variations on this theme of pressure and relief, gravity and grace. Yet, lest you be seduced by the lush sense of space often produced by the ellipses, spirals, and open torus-and-spheres, the installation concludes, smartly, with BLIND SPOT REVERSED, which, as a sequence of blinds, feels intractable: you seem at once lost in a labyrinth and compelled to follow a single path, as if Serra wanted to remind you that space (both as you live it and as you imagine it) can also be severe, even carceral, in its effects.

Serra titles the installation "The Matter of Time," which plays on "matter" both as "question" and as "substance": the question here, then, is how a substance—steel—can be manipulated to create not only different surfaces and spaces but also different rhythms and times. This concern runs back at least to his encounter, during a 1970 trip to Japan, with Zen gardens. "The gardens open up a perceptual field," Serra remarks. "Most important is the *time* of the field and your movement through it: it's a *physical* time. It's compressed or protracted, but always articulated; sometimes it narrows to details, but you are always returned to the field in its entirety." And so it is in this installation. Serra again: "Everything on both sides of you—right and left, up and down—changes as you walk, and that either condenses the time or protracts it, making you anxious or relaxed, as you anticipate what will

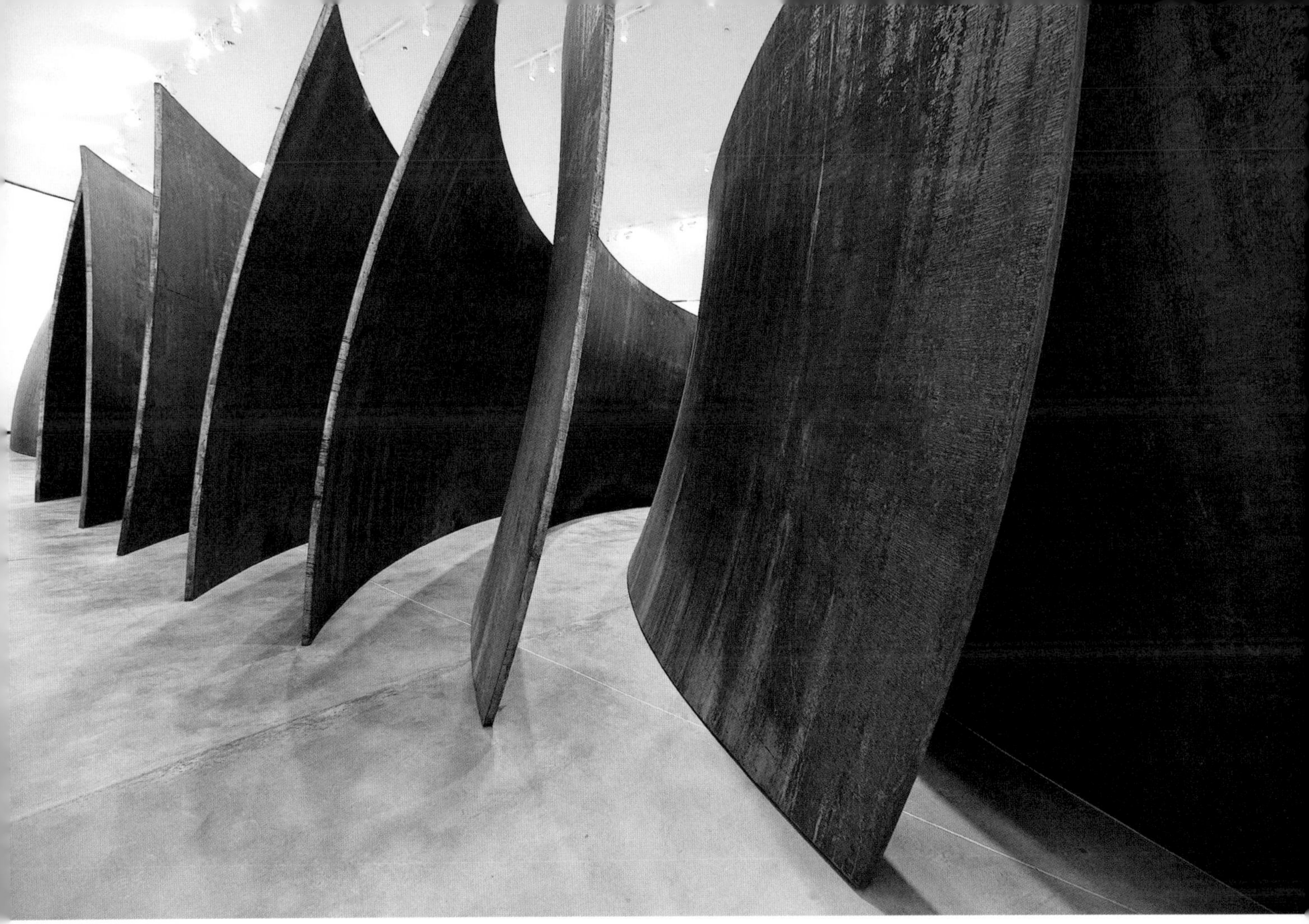

RICHARD SERRA, BETWEEN THE TORUS AND THE SPHERE, 2003–2005 (detail), Guggenheim Museum Bilbao, weatherproof steel, 4 torus and 4 spherical sections, each section 14 x 50', overall 14 x 50 x 53' 11 3/8", plate thickness 2" / (Ausschnitt), wetterfester Stahl, 4 Tori und 4 sphärische Elemente, je 426,7 x 1524 cm; insgesamt 426,7 x 1524 x 1644,4 cm, Plattenstärke 5,1 cm. (PHOTO: PEPPE AVALLONE)

happen next or remember what just did." Just as matter can feel heavy (as the plates loom over you) or light (as they appear to run ahead of you), so too space—inside, outside, and around the pieces—seems to condense here and to expand there, with the result that time appears to slow and to quicken as well. As usual with Serra, these sculptures thus produce a phenomenological sensitivity in the viewer, but they also open onto a psychological dimension (the time in play, for example, is not "time on the clock, not literal time"). According to Serra, this dimension is present in all his mature work. Perhaps so, but it is more pronounced here than ever before.

This body of work is a kind of *summa* for Serra, for it recalls and extends several key moves in his evolution. For example, the catalogue opens with two prime objects that are also drawn upon here: TO LIFT (1967), an important piece in process art in which this action, performed on a sheet of rubber, first raised the question of surface typology for Serra; and TO ENCIRCLE BASE PLATE HEXAGRAM, RIGHT ANGLES INVERTED (1970), a steel circle, twenty-six feet in diameter, embedded in a derelict street in the Bronx, which first established physical site and social context as fundamental to his practice. Moreover, all the Bilbao pieces combine the tectonic self-sufficiency of the props with the spatial intervention of the angles and the arcs. So, too, they register a distinctive understanding of the relation of drawing to sculpture that Serra developed from Constantin Brancusi above all—"drawing has a lot to do with how a volume hits an edge, and how you scan the space as it configures: volume in relation to solid, in relation to context"—as well as an innovative notion of sculpture as a field vectored by movement in time that Serra elaborated from such disparate figures as Jackson Pollock, Henri Michaux, the psychoanalytic art critic Anton Ehrenzweig, Claes Oldenburg, Dan Flavin, and, again, the masters of Zen gardens. On both counts, his relation to his earthwork peers, Robert Smithson and Michael Heizer, is instructive: "For the most part," Serra comments, "earthworks are about a graphic idea of landscape, and I was more interested in a penetration into the land that would open the field and bring you into it bodily, and not just draw you into it visually. How do you make walking and looking the content?" All these concerns are evident in the Guggenheim installation, as are some of his catalytic encounters with architects, not only with Borromini in Rome but also with Le Corbusier at Ronchamp, which Serra visited in 1991. "The solid and the void really are one there," he remarks of this celebrated church. "You understand that the space is holding the walls and vice versa, that it's one field; you're in a volume unlike any you've been in before, and it affects you physiologically and psychologically in a way that nothing else has. I thought if architecture could do that, so could sculpture." And so it does in Bilbao.

"I'm still interested in the skin turning into the volume, in the skin returning you to the space of the void," Serra says of his current work. "I want to hold the field by using the speed of the skin. I still want to have the weight, but not as the first manifestation of the piece." He pauses, then sums up: "You can say that's a return to an old notion of the Baroque; but whatever it is, it takes you into the field, into the interstices between the pieces, and allows for flow and movement, and it doesn't reduce to any imagistic awareness or gestalt; you never know the configuration. That's where I am now." There is much more to say about this "where I am now"—about its critical relation to the Frank Gehry building, with its arbitrary shapes and disconnected skins, as well as about its sympathetic relation to the old city of Bilbao, with its industrial past and touristic present. But words and photographs can only do so much; you must go there to experience this great work.

1) All quotations are from: Hal Foster, "Richard Serra in Conversation with Hal Foster," Carmen Gimenez, ed., *The Matter of Time* (New York: Guggenheim Museum, 2005). For additional critical texts see Hal Foster, ed., *Richard Serra* (Cambridge: MIT Press, 2000).

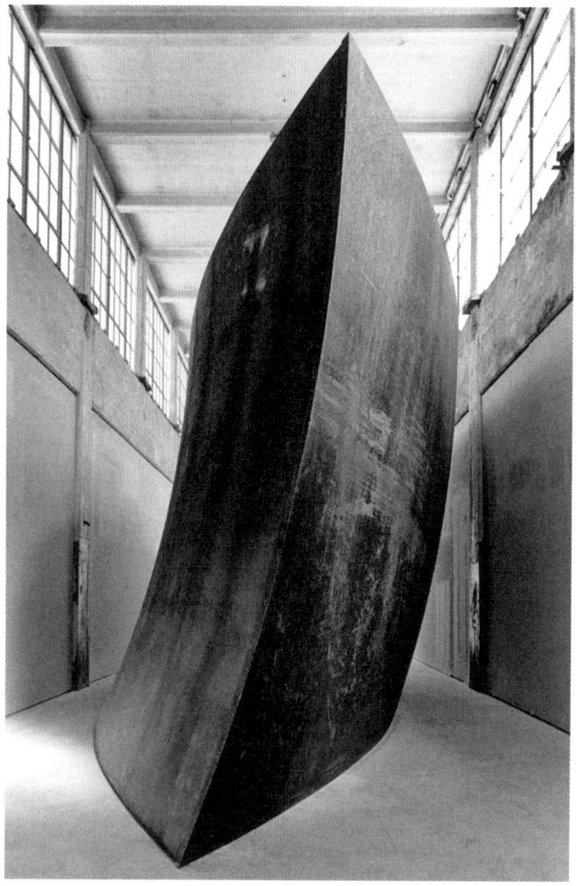

RICHARD SERRA, UNION OF THE TORUS AND THE SPHERE, 2001, weatherproof steel, one torus section 11' 10" x 37' 6", one spherical section 11' 10" x 37' 9", overall 11' 10" x 37' 9" x 10' 5", plate thickness 2" / wetterfester Stahl, ein Toruselement 361 x 1143 cm, ein sphärisches Element 361 x 1151 cm, insgesamt 361 x 1151 x 317,5cm, Plattenstärke 5,1 cm. (PHOTO: DIRK REINARTZ)

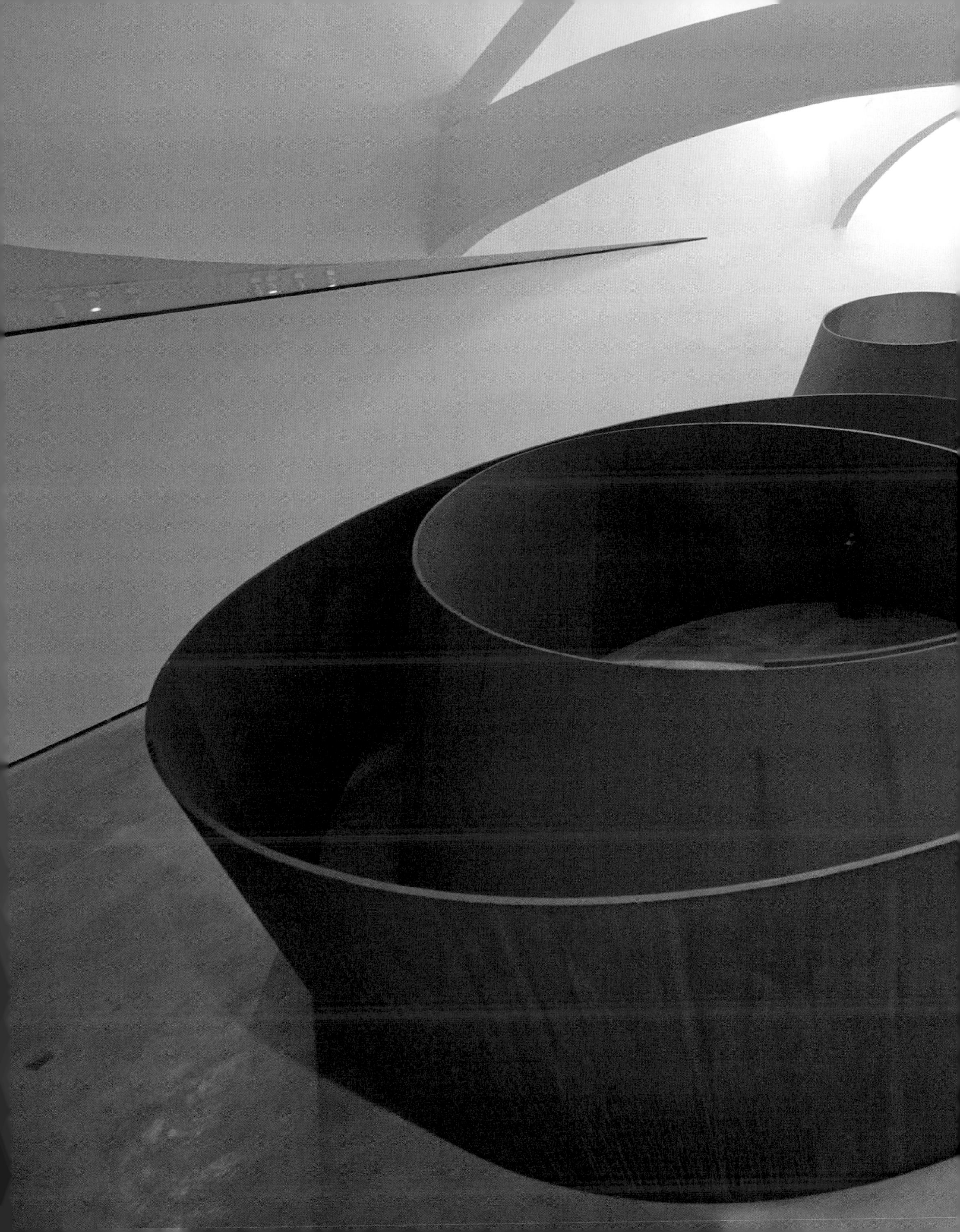

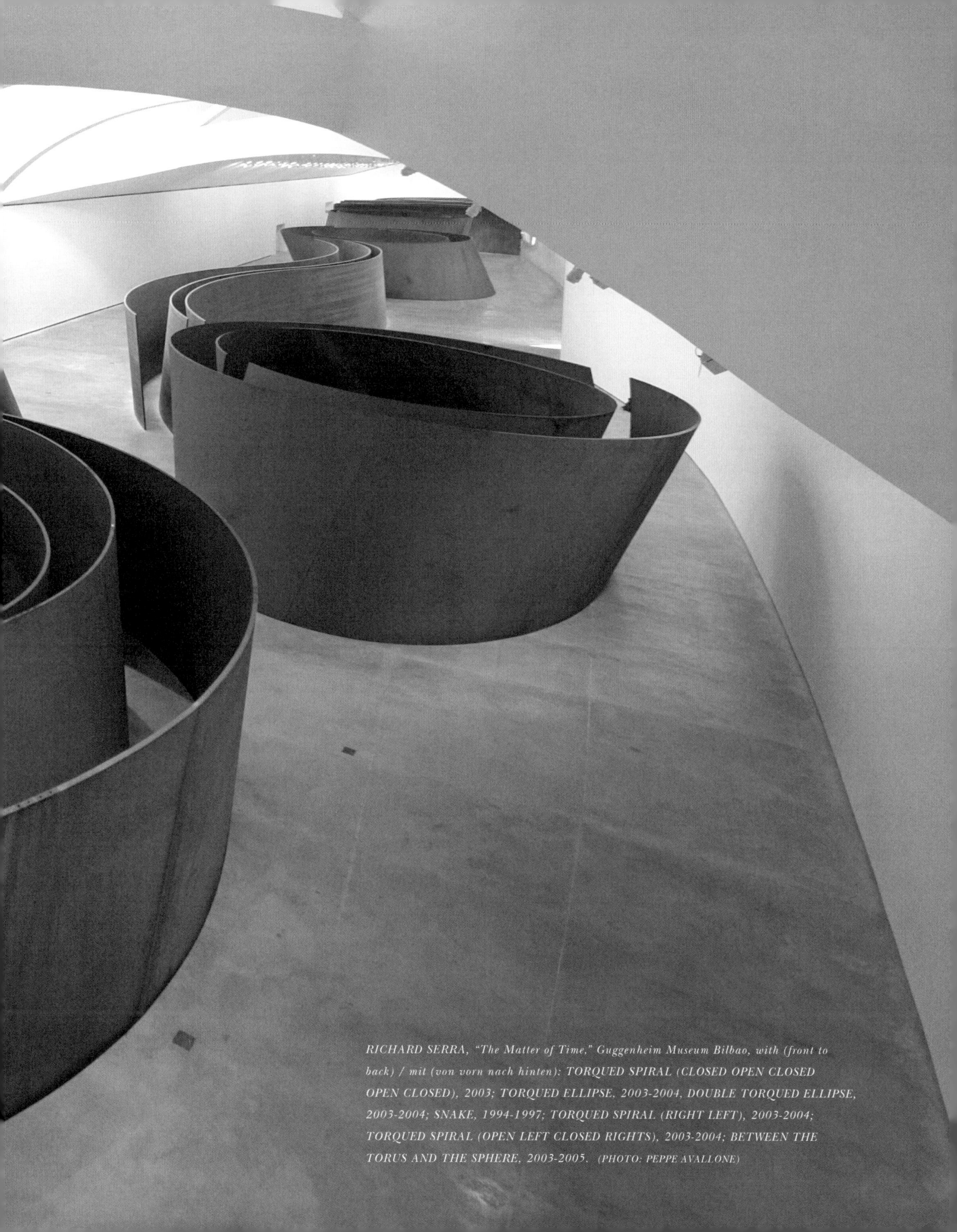

RICHARD SERRA, "The Matter of Time," Guggenheim Museum Bilbao, with (front to back) / mit (von vorn nach hinten): TORQUED SPIRAL (CLOSED OPEN CLOSED OPEN CLOSED), 2003; TORQUED ELLIPSE, 2003-2004, DOUBLE TORQUED ELLIPSE, 2003-2004; SNAKE, 1994-1997; TORQUED SPIRAL (RIGHT LEFT), 2003-2004; TORQUED SPIRAL (OPEN LEFT CLOSED RIGHTS), 2003-2004; BETWEEN THE TORUS AND THE SPHERE, 2003-2005. (PHOTO: PEPPE AVALLONE)

Richard Serra *in Bilbao*

HAL FOSTER

Im Laufe seiner Karriere hat Richard Serra immer wieder Werke geschaffen, die neue Fragestellungen und neue Formen der Erfahrung ermöglichten. «Es sind sicher die didaktischsten Arbeiten mit Blick auf meine eigene Entwicklungsgeschichte», sagt Serra von diesen, die er nach dem Kunsthistoriker George Kubler «Primärobjekte» nennt; «Sie stellen jedes Problem in seiner einfachsten Form dar.»[1] HOUSE OF CARDS (Kartenhaus, 1969), vier quadratische Bleiplatten von 1,2 Meter Seitenlänge, die einander gegenseitig stützen, ist solch ein «Primärobjekt» für alle seine szenischen Arbeiten, die sich vom Boden erheben; STRIKE (Schlag, 1969–1971), eine einzelne, knapp 2,5 Meter hohe Stahlplatte, die über sieben Meter weit aus ihrer zweigeteilten Raumecke hervorragt, ist das «Primärobjekt» für alle Winkel und Bögen, die kühn in den Raum vorstossen; und es gibt noch weitere. Aber vielleicht ist keines so ergiebig wie die erste TORQUED ELLIPSE (Verdrehte Ellipse), die Vorläuferin eines Werkkomplexes, der 1996 seinen Anfang nahm und sich noch immer unerhört lebendig weiterentwickelt, streng logisch und zugleich vollkommen überraschend.

Zum Teil führt Serra seine Entdeckung dieser Form zurück auf einen ersten, falsch gewonnen, Eindruck in San Carlo alle Quattro Fontane, Borrominis barockem Meisterwerk in Rom: Eines Tages 1991 betrat er das Kirchenschiff von der Seite her und glaubte, die Ellipsen der Kuppel und des Bodens seien im Verhältnis zueinander irgendwie verschoben. Stellt man sich eine unendliche Fläche zwischen zwei solchen verdrehten Ovalen in Stahl umgesetzt vor (tatsächlich hatte Serra einige Schwierigkeiten, eine Maschine zu finden, die Stahlplatten derart zu verbiegen vermochte), so hat man im Wesentlichen eine «verdrehte Ellipse» und natürlich eine Öffnung, durch die der Betrachter gehen kann – obwohl «Betrachter» ein allzu begrenzter Ausdruck ist, um das erfahrende Subjekt dieser Arbeiten zu beschreiben.

1999 präsentierte Serra in der grossen *Fish Gallery* des Guggenheim Museums in Bilbao fünf einzelne verdrehte Ellipsen und drei doppelte (also eine Ellipse jeweils innerhalb einer anderen) sowie eine Arbeit mit dem Titel SNAKE (Schlange, 1996), deren drei Wände und zwei Gänge sich über fast 32 Meter schwankend dahinschlängeln. Letztere blieb in der Mitte des Ausstellungsraums stehen, und für seine neue, permanente Installation kamen sieben weitere Arbeiten hinzu, die meisten gut vier Meter hoch und alle unterschiedlich lang. Fünf sind von der primären verdrehten Ellipse abgeleitet: eine einzelne Ellipse, eine doppelte und drei verdrehte Spiralen. («Spiralen», erläutert Serra, «sind etwas anders [als Ellipsen],

---

HAL FOSTER ist Townsend-Martin-Professor an der Princeton University und Autor des kürzlich erschienenen *Prosthetic Gods* (MIT) und Co-Autor von *Art Since 1900* (Thames & Hudson).

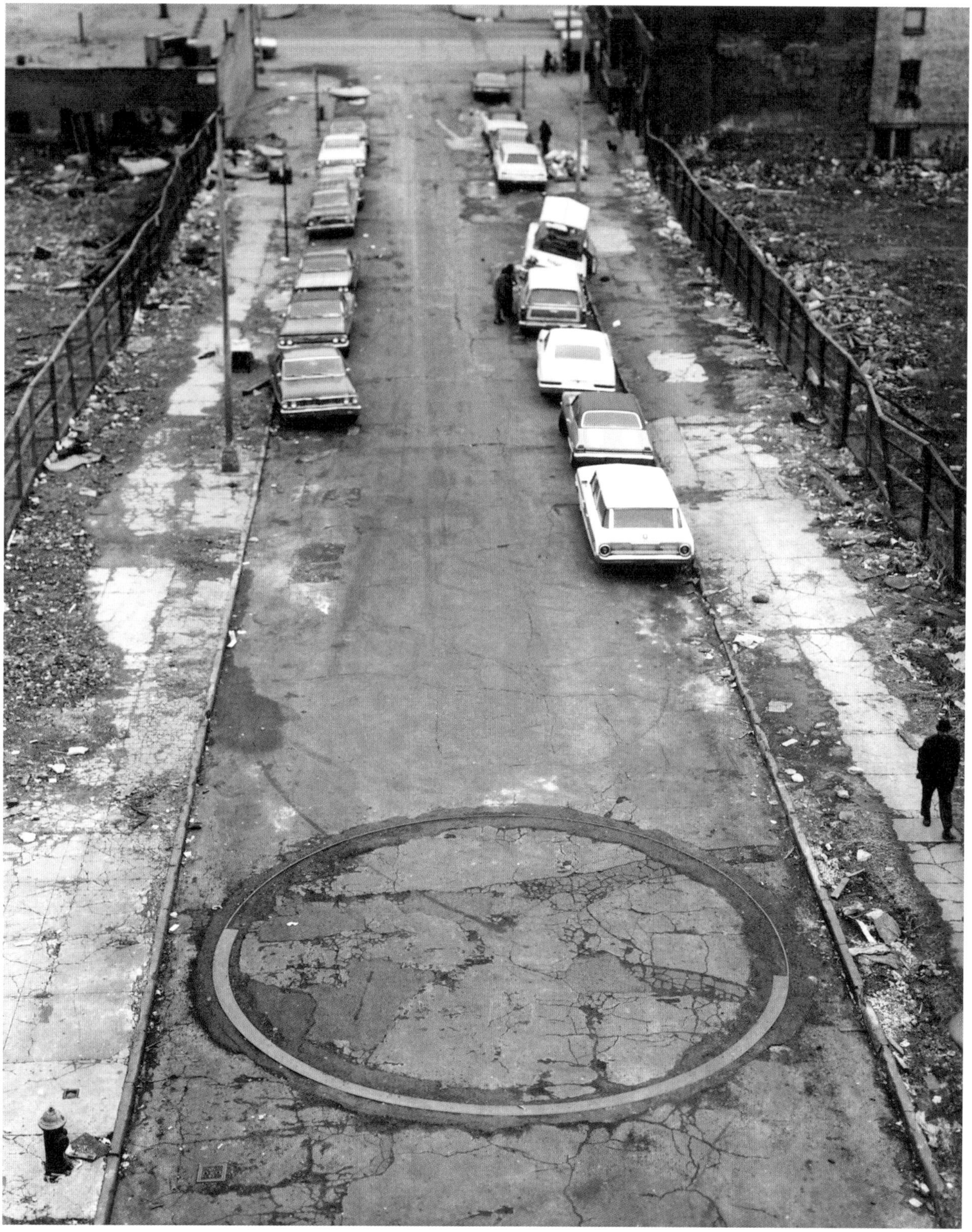

RICHARD SERRA, TO ENCIRCLE BASE PLATE HEXAGRAM, RIGHT ANGLES INVERTED, 1970, steel, rim, 1 x 8" x 26' diameter, installed 1970-72 at 183rd Street and Webster Avenue, the Bronx, New York / Stahlband 2,5 x 20,3 x 792 cm (Durchmesser). (PHOTO: GIANFRANCO GORGONI)

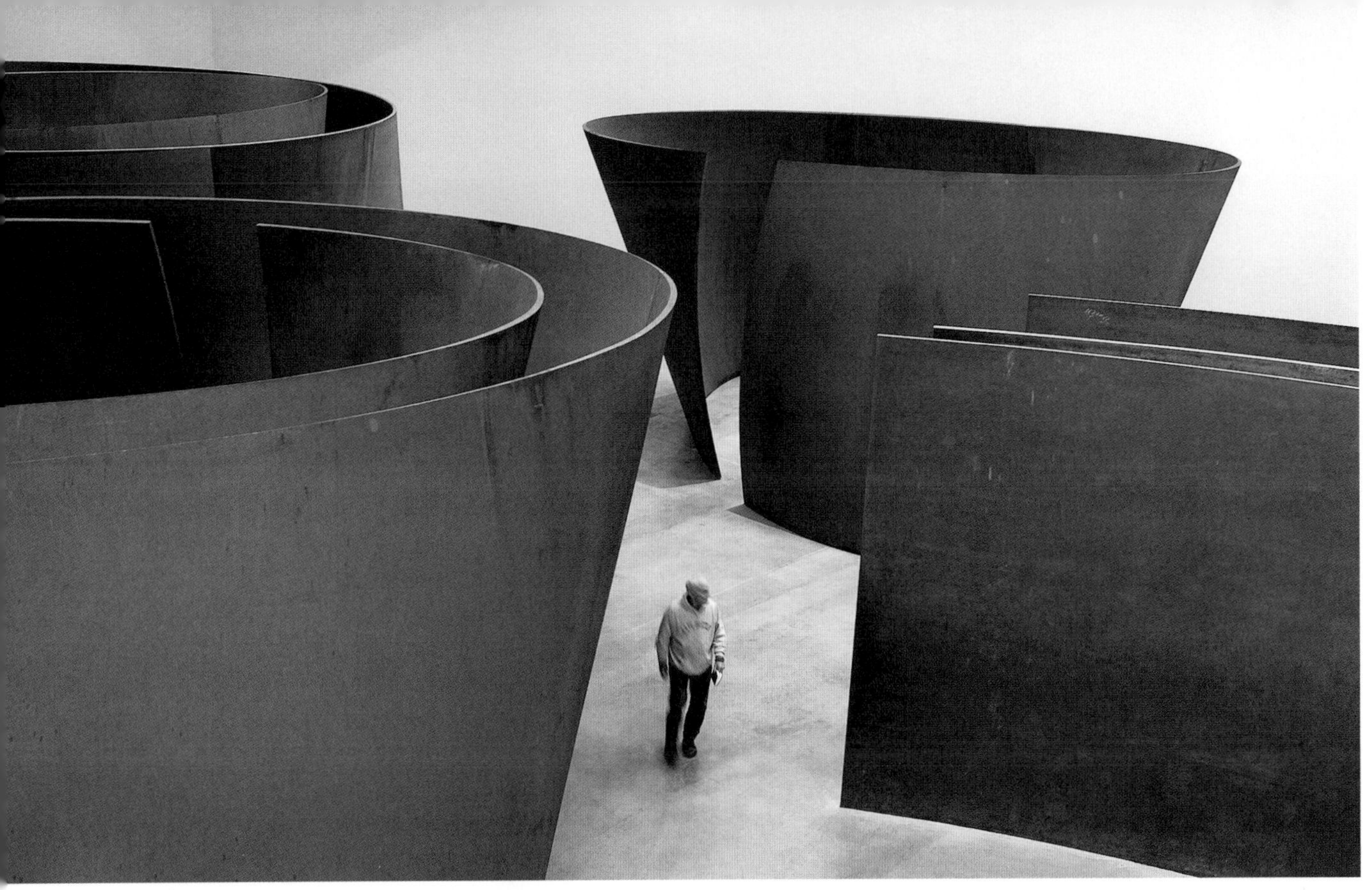

Richard Serra, amid / inmitten, "The Matter of Time," 2005, Guggenheim Museum Bilbao. (PHOTO: PEPPE AVALLONE)

da sie keinen festen Mittelpunkt haben – der Mittelpunkt driftet.») Besonders im Fall der Spiralen öffnen und schliessen sich die Platten laufend, sie verlaufen parallel, neigen sich, während man durch sie hindurch wandert, einmal zu einem hin, dann wieder von einem weg. Tatsächlich verändern sich alle Arbeiten mit jedem Schritt, und dasselbe gilt für unsere Gangart; deshalb weiss man nie genau, was einem bevorsteht, ganz sicher nicht, was die inneren Hohlräume betrifft, die einen selbst nach mehrmaligem Durchgehen immer wieder überraschen. Dabei wird unser Erinnerungsvermögen ebenso einer Prüfung unterworfen wie unsere Fähigkeit zu antizipieren – und zwar beides gleichzeitig.

Die beiden letzten Arbeiten der Installation sind von gegenüberliegenden Abschnitten ein und derselben Form abgeleitet: von einem Torus. Man denke für den ersten Abschnitt an die Innenseite eines Doughnut und für den zweiten an die Aussenseite, die auch Teil einer Kugel ist. Da sie miteinander verwandt sind, können die beiden Teile zusammengefügt werden, wie das in einer Arbeit aus dem Jahr 2001 der Fall war: THE UNION OF THE TORUS AND THE SPHERE (Die Vereinigung von Torus und Kugel). Doch diese Vereinigung brachte ein geschlossenes Objekt hervor, was Serra etwas beunruhigte; also öffnet er in den beiden neuen Arbeiten die Form und richtet die beiden Teilformen unterschiedlich aus. In BETWEEN THE TORUS AND THE SPHERE (Zwischen dem Torus und der Kugel, 2005) gibt es acht solche Teilformen – von einer Kugel, einem Torus, zwei Kugeln, einem umgedrehten Torus, einer umgedrehten Kugel und schliesslich zwei umgedrehten Tori –, die in gut fünfzehn Meter langen Reihen angeordnet sind, zwischen denen sieben verschiedene Durchgänge entstehen. «Im Raum der Durchgänge entstehen zahlreiche Spannungen», bemerkt

Serra. «Die Art, wie der Stahl gebogen wird, übt einen Druck auf das Material aus, den man als Teil des Formungsprozesses wahrnimmt; das wäre bei jedem anderen Material nicht so … Die Materie zwingt der Form ihre Form auf.» BLIND SPOT REVERSED (Umgekehrter toter Winkel, 2003–2005), bei dem sowohl äussere Wand wie Innenraum zugespitzte Ovale sind, besteht aus sechs Teilformen, die so miteinander verbunden sind, dass ein zickzackförmiger Gang entsteht, der einen über vier «tote Winkel» schliesslich zum engen innersten Heiligtum führt. Wie schon bei den anderen Arbeiten weiss man auch hier nicht, was einen erwartet, aber man spürt unentwegt, dass jede Stahlplatte sicher auf dem Boden steht, dass jeder Innenraum einer räumlichen Notwendigkeit gehorcht und dass jede Arbeit ihre eigenen formalen Gesetze hat.

Was man dagegen erwarten k a n n , ist, dass jede Installation wohl durchdacht ist und uns selbst zum gründlichen Nachdenken herausfordert: Dabei ist es typisch für Serra, dass die Komplexität der Erfahrung durch die strukturelle Transparenz aufgefangen wird. Obwohl die acht Arbeiten in Form und Farbe verschieden sind (von Rostorange bis Dunkelgrau), bilden sie eindeutig eine Gruppe, was Formensprache und Raumgliederung angeht, und eine Galerie über dem Ausstellungsraum erlaubt dem Betrachter auch diese Familienähnlichkeit ohne weiteres zu erkennen. Doch Serra warnt: «Ich interessiere mich nach wie vor nicht für das Bild. Betrachtet man die Arbeiten von oben, so kann man zwar ihren Grundriss erkennen und ihre Struktur besser verstehen, aber der Aufriss bleibt immer ein Stück weit verborgen.»

Die Installation beginnt mit der längsten der verdrehten Spiralen (mit sieben Platten macht sie eine Windung mehr als die bisherigen Spiralen, die aus fünf Platten bestehen); die Galerie erlaubt einem, fast genau senkrecht hinunter in die Arbeit hineinzuschauen und ihre komplexe Struktur zu ermessen. In starkem Kontrast dazu sieht man links davon eine einfache Ellipse – einfach aber intensiv: Sie wird zum Prüfstein für alle anderen Arbeiten. «Von der Galerie aus», bemerkt Serra, «sieht man, dass das Oval, das sich am Boden abzeichnet, identisch ist mit dem Oval am oberen Rand. Das Oval ist nicht verdreht: Es dreht kontinuierlich im Aufstieg; der Radius bleibt sich immer gleich. Die fortwährende Drehung bewirkt, dass die Stahlwände sich neigen, nach innen, nach aussen und parallel. Die Form ergibt sich aus dem leeren Raum. Das hat man vorher noch nie gemacht; das gibt es weder in der Natur noch in der Architektur.» Rechts von dieser beispielhaften Einzelform befindet sich eine schöne Doppelform, und zusammen legen sie die Sprache für den gesamten Werkkomplex dieser Installation fest.

SNAKE kommt als nächstes Werk, es dient als Zwischenspiel: Nach den Schlaufen der Ellipsen und der Spirale bewegt man sich rasch durch seine geschwungenen Gänge, die zu den letzten drei Arbeiten führen, die, der Ausstellungsraum ist hier enger, nacheinander präsentiert werden. «Die Spiralen sind vollkommen verschieden voneinander», meint Serra dazu. «Eine ist einfach: Sie neigt sich die ganze Zeit nach rechts, bis man halb durch ist, danach ist sie nach links geneigt. Sie erzeugt einen weiten horizontalen Innenraum. Die andere Spirale ist eher vertikal, sie bewegt sich nach innen und nach aussen, sie engt ein, führt uns durch Windungen und lässt uns wieder frei. Sie ist nicht so lang, also geht man nicht so schnell, aber der Raum verändert sich umso radikaler.» Von Reihe zu Reihe nötigt BETWEEN THE TORUS AND THE SPHERE diesem Thema von Druck und Loslassen, Gravität und Anmut neue Variationen ab. Und doch, damit man sich von dem grossartigen Raumgefühl nicht verführen lässt, welches die Ellipsen, Spiralen und offenen Torus-Kugel-Kombinationen immer wieder erzeugen, schliesst die Installation elegant mit BLIND SPOT REVERSED, das sich durch die Aneinanderreihung von toten Winkeln beziehungsweise Sackgassen als eher widerspenstig erweist: Man scheint sich zugleich in einem Labyrinth verirrt zu haben und kann doch nur einem einzigen Weg folgen, als ob Serra uns daran erinnern wollte, dass der Raum (sowohl als erlebter wie als vorgestellter) auch streng wie ein Kerker sein kann.

Serra nennt die Installation «The Matter of Time» und spielt dabei mit den verschiedenen Bedeutungen von *matter*, nämlich «Frage» und «Stoff, Substanz, Material»: Die Frage ist hier also, wie ein Material, Stahl, so bearbeitet werden kann, dass nicht nur verschiedene Oberflächen und Räume entstehen, sondern auch verschiedene Rhythmen und Zeiten. Dieses Interesse reicht weit zurück, mindestens bis zu seiner Begegnung mit den Zen-Gärten auf einer Japanreise im Jahr 1970. «Die Gärten eröffnen ein Feld der Wahrnehmung», sagt Serra. «Entscheidend ist die Z e i t dieses Feldes und unsere Bewegung durch es hindurch: Es ist eine p h y s i s c h e Zeit. Sie ist verdichtet oder verlängert, aber immer gegliedert; manchmal verengt sie sich auf Einzelheiten, aber man wird immer wieder in das Feld als Ganzes entlassen.» Und so ist es auch in dieser Installation. Dazu wiederum Serra: «Alles auf beiden Seiten von uns – rechts und links, oben und unten – verändert sich beim Gehen, und dies verdichtet entweder die Zeit oder dehnt sie, es beunruhigt oder entspannt uns, während wir erahnen, was als Nächstes geschehen wird, oder uns erinnern, was eben geschah.» Genauso wie das Material sich schwer anfühlen kann (wenn etwa die Platten einen drohend überragen) oder leicht (wenn sie uns vorauszueilen scheinen), so scheint auch der Raum – im Innern und ausserhalb der Arbeiten oder um sie herum – sich einmal zu verdichten, dann wieder auszudehnen, mit dem Resultat, dass die Zeit sich ebenfalls zu verlangsamen und zu beschleunigen scheint. Wie wir es von Serra gewohnt sind, erzeugen diese Skulpturen eine phänomenologische Sensibilität im Betrachter, eröffnen aber auch eine psychologische Dimension (so ist die Zeit beim Spielen beispielsweise nicht gleich der «mit der Uhr gemessenen Zeit», ist «nicht buchstäbliche Zeit»). Laut Serra ist diese Dimension in all seinen reifen Werken gegenwärtig. Das mag zutreffen, aber hier wird es deutlicher als je zuvor.

Der Werkkomplex stellt eine Art Summe von Serras Schaffen dar, denn er ruft einige entscheidende Schritte in seiner Entwicklung in Erinnerung und führt diese weiter. So beginnt der Katalog mit zwei Primärobjekten, auf die bei diesen Arbeiten ebenfalls zurückgegriffen wurde: TO LIFT (In die Höhe heben, 1967), ein wichtiges Beispiel der Prozesskunst, eine Aktion, ausgeführt auf einem Gummituch, bei der sich für Serra zum ersten Mal die Frage nach einer Typologie der Oberflächen stellte; und TO ENCIRCLE BASE PLATE HEXAGRAM, RIGHT ANGLES INVERTED (Grundplattenhexagramm umschreiben, rechte Winkel verkehrt, 1970), einem Stahlkreis mit knapp acht Metern Durchmesser, der in einer heruntergekommenen Strasse in der Bronx eingelassen war und bei welchem sich zum ersten Mal zeigte, wie grundlegend physischer Ort und sozialer Kontext für Serras Praxis werden sollten. Ausserdem vereinen sämtliche Arbeiten in Bilbao die tektonische Eigenständigkeit der verwendeten Elemente mit der räumlichen Intervention der Winkel und Bögen. Also halten sie auch eine besondere Auffassung des Verhältnisses von Zeichnung und Skulptur fest, das Serra vor allem ausgehend von Constantin Brancusi entwickelt hat – «Zeichnen hat eine Menge damit zu tun, wie ein Volumen auf eine Kante trifft und wie man den Raum liest, während er entsteht: das Volumen im Verhältnis zum festen Körper, im Verhältnis zum Kontext» –, und ebenso eine neue Auffassung der Skulptur als vektorielles Feld, das von Bewegungen in der Zeit durchmessen wird, und zu welcher Serra ausgehend von so unterschiedlichen Figuren wie Jackson Pollock, Henri Michaux, dem psychoanalytischen Kunstkritiker Anton Ehrenzweig, Claes Oldenburg, Dan Flavin und – auch hier wieder – den Meistern der Zen-Gärten

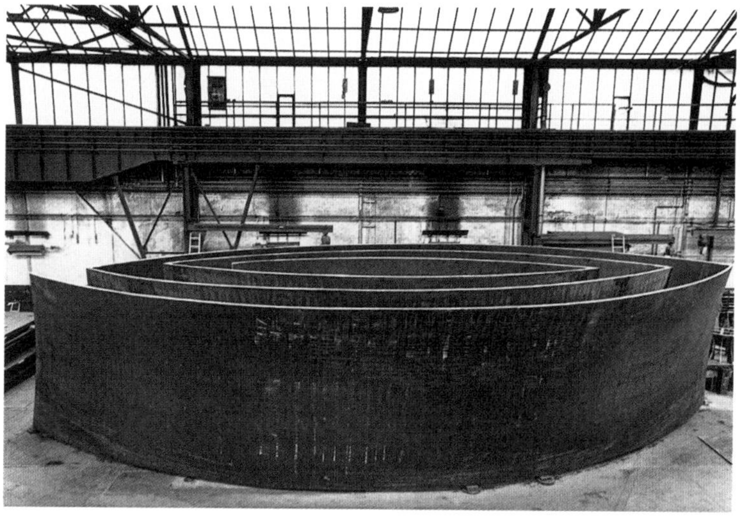

RICHARD SERRA, BLINDSPOT, 2002 - 2003, weatherproof steel, 3 torus plates, 3 spherical plates, overall 13' 1 $^1/_2$" x 60' x 29 $^3/_4$' plate thickness 2" / wetterfester Stahl, 3 Toruselemente, 3 sphärische Elemente, insgesamt 400 x 1904 x 907 cm, Plattenstärke 5,1 cm.
(PHOTO: DIRK REINARTZ)

gelangte. Für beides ist Serras Beziehung zu seinen Vorläufern im Bereich der Land-Art, Robert Smithson und Michael Heizer, aufschlussreich: «Meistens», so Serra, «geht es in den *Earthworks* um eine graphische Vorstellung der Landschaft, mich interessierte aber mehr ein Eindringen in die Landschaft, welches das Feld öffnen und einen körperlich hineinversetzt, statt einen nur visuell hineinzuziehen… Wie macht man das Gehen und Schauen zum Inhalt?» All diese Fragen liegen in der Guggenheim-Installation offen zutage, ebenso wie einige seiner entscheidenden Begegnungen mit Architekten, nicht nur mit Borromini in Rom, sondern auch mit Le Corbusier in Ronchamp, das Serra 1991 besuchte. «Das Feste und der Raum sind dort wirklich eins», sagt Serra von diesem berühmten Sakralbau. «Man begreift, dass der Raum die Wände hält und umgekehrt, dass es ein einziger Bereich ist; man ist in einem Raumvolumen, wie man noch keines gekannt hat, und es berührt einen physisch und psychisch wie nichts anderes je zuvor. Ich dachte, wenn die Architektur das schaffe, könne die Skulptur das auch.» Und Bilbao liefert den besten Beweis dafür.

«Ich interessiere mich noch immer für die Verwandlung der Haut in Volumen, dafür, dass die Haut einen auf den leeren Raum zurückwirft», sagt Serra über seine aktuelle Arbeit. «Ich will ein Feld offen halten, indem ich die Geschwindigkeit der Haut einsetze. Ich will noch immer das Gewicht, aber nicht als erste Manifestation eines Werks.» Er hält inne und meint dann zusammenfassend: «Man könnte sagen, dies sei die Rückkehr zu einer alten Idee des Barock; aber was immer es ist, es bringt einen in den entscheidenden Bereich hinein, in die Zwischenräume zwischen den Arbeiten, es sorgt für Fluss und Bewegung und es reduziert nichts auf irgendeinen Bild- oder Gestaltbegriff; es ist nie so, dass man die Struktur kennt. Da stehe ich jetzt.» Es gäbe noch viel mehr zu sagen über dieses «wo ich jetzt stehe»: über sein kritisches Verhältnis zum Bau von Frank O. Gehry mit seinen willkürlichen Formen und abgehobenen Häuten, oder auch über die Sympathie zur Altstadt von Bilbao mit ihrer industriellen Vergangenheit und touristischen Gegenwart. Doch Worte und Photographien vermögen nicht alles; man muss selbst hingehen und dieses grossartige Werk erleben.

(Übersetzung: Suzanne Schmidt)

1) Alle Zitate stammen aus Hal Foster, «Richard Serra in Conversation with Hal Foster», in: *Richard Serra: The Matter of Time*, hg. v. Carmen Gimenez, Guggenheim Museum, New York 2005. Für weiterführende kritische Texte vgl. auch Hal Foster (Hg.), *Richard Serra*, MIT Press, Cambridge/MA 2000.

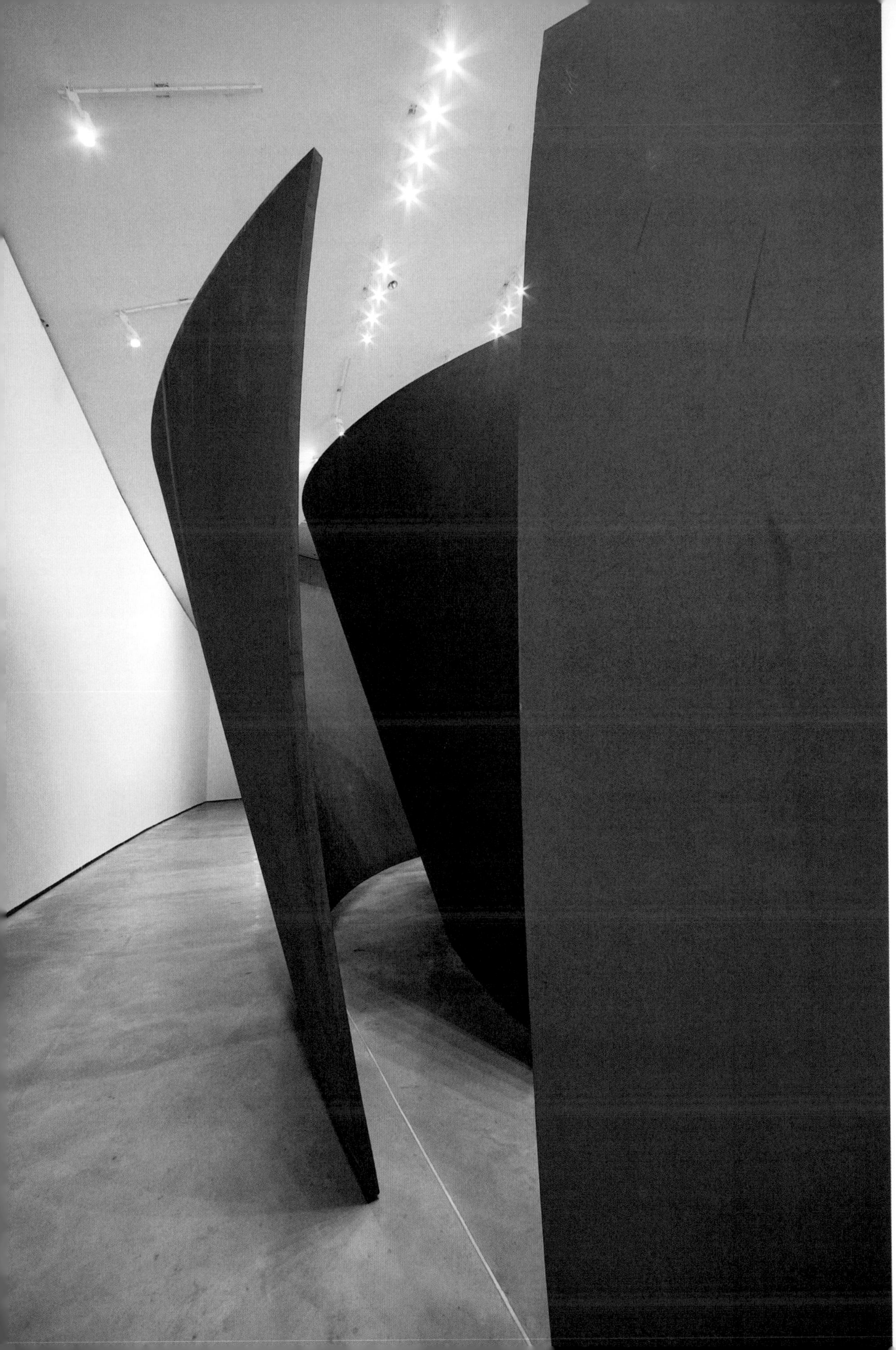

RICHARD SERRA, DOUBLE TORQUED ELLIPSE, 2003-2004, Guggenheim Museum Bilbao, weatherproof steel, outer ellipse, 14' x 37' 5" x 40', inner ellipse, 14' x 20'4" x 32' plate thickness 2"/ wetterfester Stahl, äussere Ellipse, 426,7 x 1140,7 x 1219 cm, innere Ellipse 426,7 x 619,8 x 975,4 cm, Plattenstärke 5,1 cm. (PHOTO: PEPPE AVALLONE)

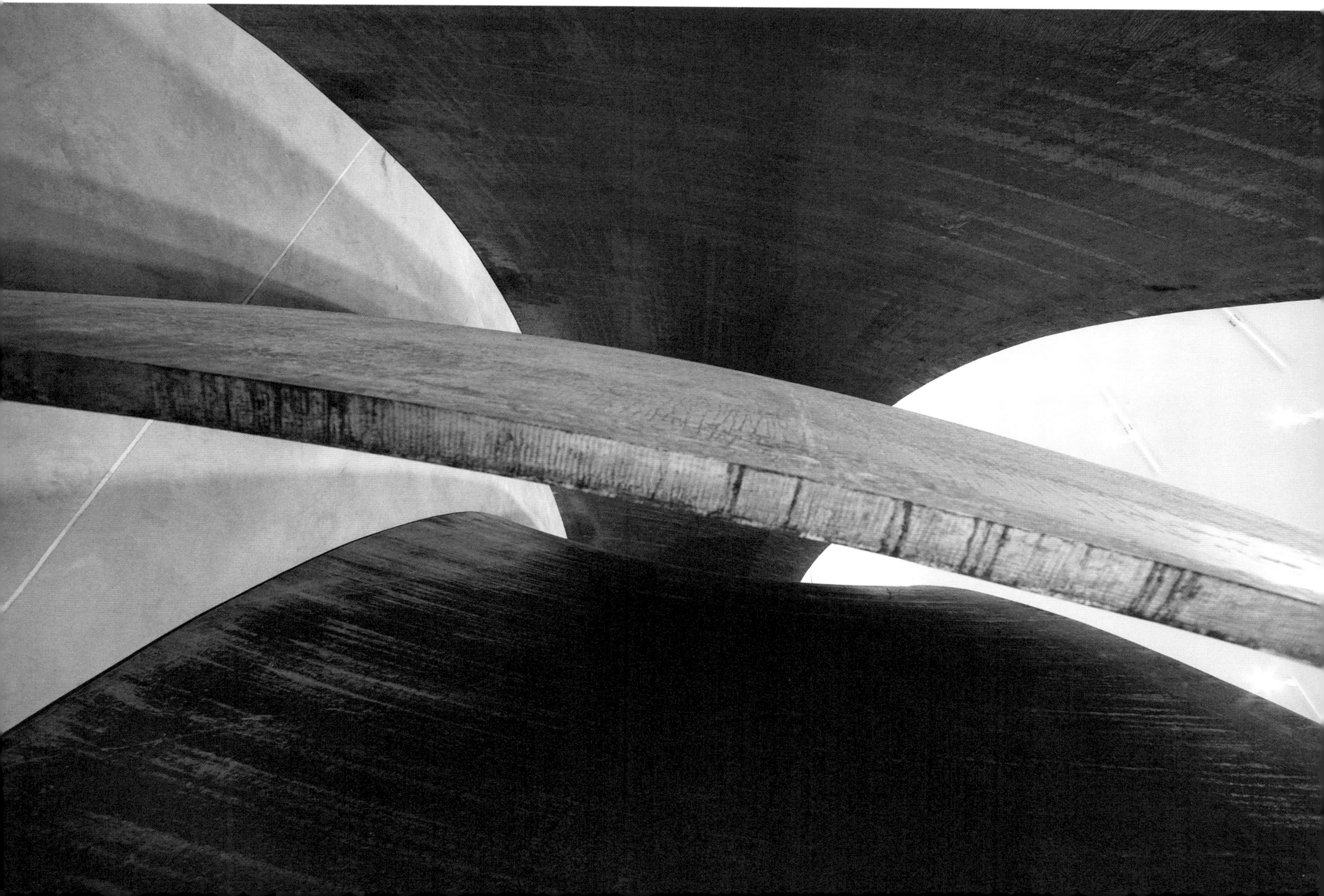

RICHARD SERRA, BETWEEN THE TORUS AND THE SPHERE, 2003–2005 (detail), Guggenheim Museum Bilbao, weatherproof steel, 4 torus and 4 spherical sections, each section 14 x 50', overall 14 x 50 x 53' 11 3/8", plate thickness 2" / (Ausschnitt), wetterfester Stahl, 4 Tori und 4 sphärische Elemente, je 426,7 x 1524 cm; insgesamt 426,7 x 1524 x 1644,4 cm, Plattenstärke 5,1 cm. (PHOTO: PEPPE AVALLONE)

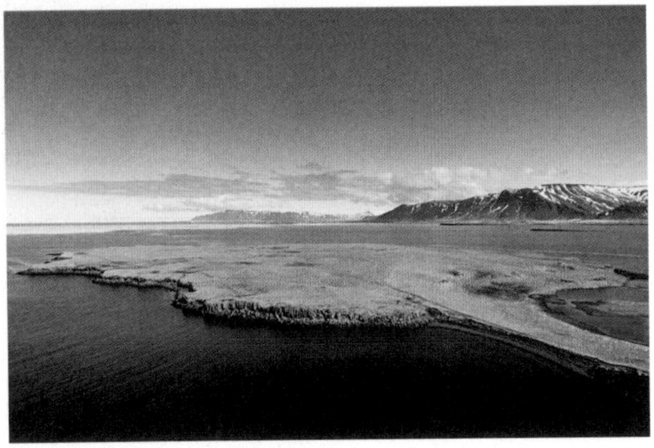

WALKING AND LOOKING ON VIDEY ISLAND

KATE D. NESIN

"In general: the closer we approach an object, the more alive our language becomes. The more vital our feeling for an object from afar, the more we sense the weight of the space that intervenes and the way everything in us surges forward to meet it."
—Johann Gottfried Herder in *Sculpture: Some Observations on Shape and Form from Pygmalion's Creative Dream*

Anticipation

Richard Serra's customary attention to site specificity may require as well an awareness of material specificity. I have long been familiar with Serra's Cor-Ten steel, lead, paintstick, and rubber; his stones, however, when I first came across images of them, were a surprise. I had studied images and words, in fact, for months before engaging with the stones in person—at once primed for the experience and entirely unprepared.

AFANGAR (STATIONS, STOPS ON THE ROAD, TO STOP AND LOOK: FORWARD AND BACK, TO TAKE IT ALL IN), 1990, consists of nine pairs of basalt columns distributed around the periphery of Vesturey, the northwestern peninsula of Videy Island which lies in Reykjavík Harbor in Iceland. The stones of each pair are sited at an elevation above sea level nine and ten meters, respectively; all of the columns at the greater elevation measure three meters in height, while all stones at the lesser elevation measure four meters in height, so that each stone rises level with the next. To assume this consistency of heights, the stones in each pair are variously closer together or farther apart according to Vesturey's ankle-twisting topography.

Serra was offered the commission in 1988 jointly by the National Gallery of Iceland and the country's union of sculptors, who requested a piece in time for the 1990 Reykjavík Arts Festival. When Serra traveled to Iceland in 1988, he responded instantly to its peculiar landscape: low and mossy, water- and sky-logged, full of rich grays and a seductive roughness. He has said of this visit:

Piles of lava strata extend to the horizon. There are no trees. Continuous glacial erosion and volcanic eruptions make for a diversity of geological formations: craters, fissures, fjords, and tabletop plateaus as well as U-shaped ele-

KATE D. NESIN is an art history student living in Princeton, New Jersey.

vations. I was completely taken by the strangeness of the land, that which was underfoot I had never seen before.[1]

Serra wanted to work in that radical landscape rather than in the spaces of the museum or city, and Videy Island, only a short ferry ride away, was soon offered. Once Serra set foot upon Videy, he knew he would not import his favored steel.

Initially, Serra wanted to use the basalt columns that formed naturally on one of Videy's cliff faces but was directed instead to a southern quarry. As Serra has described it, "Basalt stones are not cut from the vertical walls of a traditional quarry, nor are they carved. Basalt is an igneous rock that is found in modular form and shape.... I simply had to select the stones which were then cut to the required lengths of three and four meters."[2] In essence, the basalt columns were pulled from their original situations, unaltered but for length, and planted—uncarved, unsmoothed, unmodeled—at designated elevations around the periphery of Videy's modest peninsula. Installation was begun in the winter of 1989, and the nine pairs were in place by late April 1990. Serra recalls a significant moment from those months: "As I was laying the piece out I explained how [it] could be understood. Valgardur Egilsson, a doctor and poet, pointed out to me that the Icelandic word 'afangar,' which happens to be the title of one of the most cherished Icelandic poems, translates as 'stations, stops on the road, to stop and look: forward and back, to take it all in.' It was obvious that Afangar ought to be the title of the sculpture."[3] Public response to AFANGAR was remarkably positive, despite

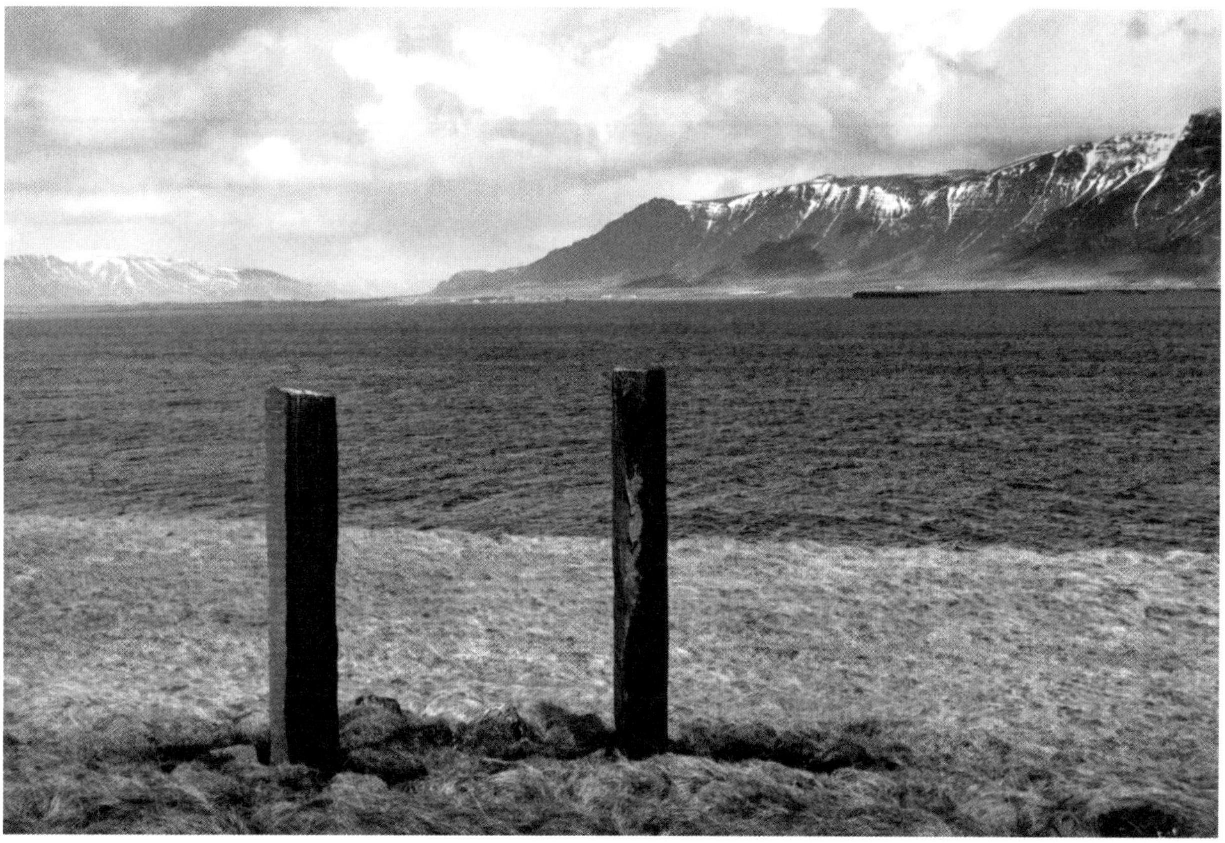

RICHARD SERRA, AFANGAR (STATIONS, STOPS ON THE ROAD, TO STOP AND LOOK: FORWARD AND BACK, TO TAKE IT ALL IN), *Videy Island, Iceland, 1990 (detail), basalt, 18 stones* / AFANGAR (STATIONEN, HALTEPUNKTE, STEHENBLEIBEN UND SCHAUEN: ZURÜCK UND NACH VORN, DER BLICK AUFS GANZE *(Ausschnitt), Basalt, 18 Basaltsäulen* (PHOTOS: DIRK REINARTZ)

the sculpture's situation in a landscape that, as Serra himself observed, is treated with "reverence" by its inhabitants—for AFANGAR seems not a disruption of space but instead a set of lenses (or portals, more properly) through which the space can be topographically mapped and thereby re-seen and reevaluated. Returning to Serra's words:

[The pairs] can be read as portals and passageways as well as demarcations in the open field. The rise and fall of Videy Island and the surrounding landscape is seen against the fixed measure of the standing stones.... Grey-black basalt, a stone indigenous to Videy, was chosen to structure the island in sculptural terms. The modular regularity and pronounced verticality of the basalt column qualify this stone as an elevational measure and demarcation point. The selection of basalt connects the sculptural elements to the geological time of the island.[4)]

Serra's stones seem to extend backward, without end, into an astonishingly decelerated past and forward, without end, into a future that unfurls at a similarly inching but inevitable rate. The real time of walking and looking on Videy cannot be separated from one's sense of this vaster, denser kind of time.

Basalt, Iceland

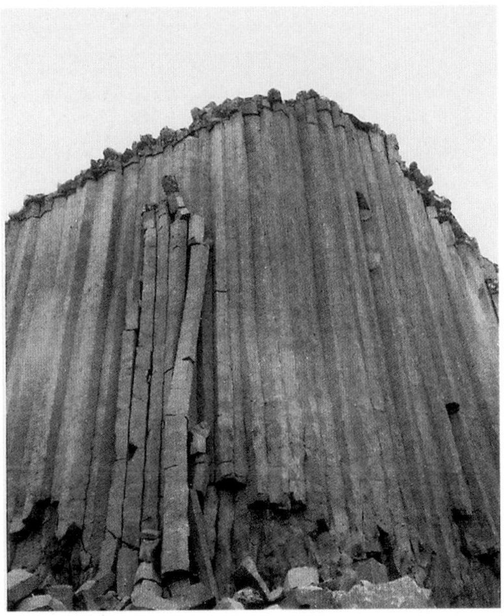

What we have is not a finite life span but a distinctly expanded life span, the life span of a work made of stone.

Nor is there any use denying the filmic romance of Videy, windblown and wind-smoothed, the skies above it changeable, the hummocked land itself surrounded on all sides by dark, glassy water, with views to Reykjavík, a stretching yellow countryside, and the snow-streaked cliff faces of the mountain, Esja. Of course, it is not simply Serra's choice of site that invokes such atmosphere but the basalt itself. In another explicit reference to the time of stones, Serra had been musing not on AFANGAR but on Brancusi, in an interview from 1975:

The selection of material determines the aesthetic possibilities and limitations.... One has to realize that stones have a certain life of their own, that they're not just a lower order of entropy.

Stone seems to bring into play an opposite quality of time. Stone, unlike man-made materials, is a primary material; therefore, it seems to exist not in a bracketed temporality but in a time that implies the infinite. Stone seems to have an otherworldly quality to it. [5)]

How are we to experience the "infinite," the "otherworldly," the separate life of stones in a real-time sculptural passage? We are enabled by Serra's ability to conflate (or at least put to use) both real time and, frankly, an atemporal, atmospheric, or aesthetic time—his ability to acknowledge and allow for a multiplicity of times beyond the experiential, physical, and external "real" of walking and looking, and within the psychological, emotional, and internal "real" of anticipation and reflection. My own period of reflection began while still on Videy, perched overlooking the water above the cliff face of basalt, a few feet from one of the pairs. I found it difficult, in fact, to remove myself from the time and place of the site by my solitary afternoon's end.

Observation as Reflection

A steep hill rises from the ferry dock on Videy and to climb it, one must turn one's back on the sweet, low skyline of Reykjavík. Multiple wooden signs spike from posts at the hill's foot and crown, though I could find no words that looked to me like Afangar. I knew to turn left along one of the gravel paths, hav-

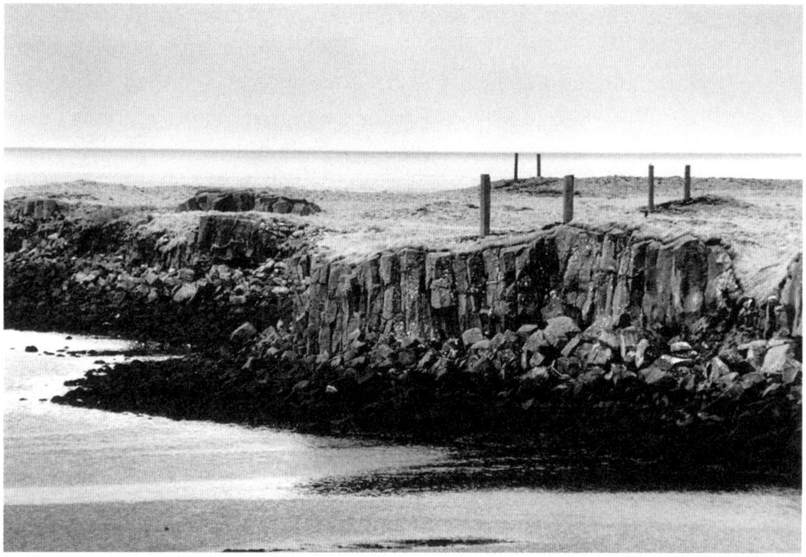

RICHARD SERRA, AFANGAR (STATIONS, STOPS ON THE ROAD, TO STOP AND LOOK: FORWARD AND BACK, TO TAKE IT ALL IN), *Videy Island, Iceland, 1990 (detail), basalt, 18 stones* / AFANGAR (STATIONEN, HALTEPUNKTE, STEHENBLEIBEN UND SCHAUEN: ZURÜCK UND NACH VORN, DER BLICK AUFS GANZE *(Ausschnitt), Basalt, 18 Basaltsäulen* (PHOTO: DIRK REINARTZ)

ing, during the brief boat trip, caught sight of an area of higher, flatter land that seemed, at that distance, to be sparely and delicately poled. It was then a substantial walk toward the causeway to reach this smaller peninsula of Vesturey. The stone pairs, occasionally visible as the road bobbed, could have been slim, human couples; there was nothing remarkable about their size when viewed against the openness of the sky and the steepness of that initial rise.

The pebbles of the paths were pockmarked, like small ovoid fossils, and every step was loose. Over an unthreatening wire fence and up a swift climb, I was abruptly there, a little out of breath, able, after a few moments, to identify a sense of eerie confusion, even an unquiet disappointment—the basalt columns were larger now for me than at any point in my journey toward them, yet they were unquestionably dwarfed by the scenery beyond.

There was nothing then to do but move. I knew that the stones roughly ring the peninsula, but standing at this outer point, it was impossible to make out the various distances and elevations of all nine pairs at once. The rock path was inconvenient for tracing a way from one stone pair to another and so one unevenness was abandoned for another. The ground here was built up of grassy knobs, the grass itself wickedly long and flattened by continuous winds. I caught the faintest slap of water coming from a bit below, but otherwise there were only the pocked stones, my feet and breath, stiff wind making way, stiff grasses giving way, orange flies, rust-colored swallows rising without sound, larger and louder white-and-brown birds startled by my passage.

Even as I moved nearer to the stones of AFANGAR, the thin blue of the sky, the snowy cliffs farther out in the harbor, the sun over motley Reykjavík, the chill color of the water, all overwhelmed whatever initial affect I had expected Serra's piece to have. Most of the pairs are amusingly complicated to access. No paths lead directly to the bases of the stones; the slippery tufts of grass lie in sweeps like mud after a hard rain, disguising the rockiness of the soil. The most effort—physical, psychological, and perceptual—is in getting close to the stones at all. Nonetheless, despite my initial discouragement, despite the encompassing scenery beyond Vesturey's modest coastline and across the darkening water, I was there on Videy in order to observe the stones closely—to be as close to them as possible.

In fact, as I approached the water, recognizing, once and for all, the impossibility of crossing into more distant vistas, the stones of AFANGAR became, quite suddenly, present. I was upon them or they upon me. Once the boundary between myself and all spaces not on this island was firmly established by a cliff's edge and a pebble beach below, the stones served as appropriate destination, as meaningful rest stop, as great material deposit.

The stone itself was not striking in the bright sun: concrete gray, specked with small rounds of mustard-colored and lime-green mosses. Each pillar seemed five- or six-sided, as if it were gently fluted. I lingered for a minute between those first two columns, squinting out toward the city, before renewing my clockwise route around the peninsula. Between the second and third pairs, as I grew more certain of my footing and able to watch the horizon more than the ground, I noticed that the distances between each basalt column in a pair did not seem to change substantially, as I moved toward or away—until I was within reach of a pair and had thus brought its "between-space" into my own scalar frame of reference rather than Vesturey's. (Put another way, my sense of parallax seemed on a delayed register.) The pillars, once reached, appeared like tree trunks, there for the leaning upon, for bodily aid, or at least upright companionship. Yet, at the third pair, I was surprised to find I could not wrap my arms around either one. They loomed elegantly, not solemn or somber, but quiet, disappearing at their bases into a narrow ring of ground still devoid of grasses. Only when I put my hand to them, did I note how wide and obdurate they also were.

Given time, it is the strange interrelationship of the two stones in each pair that becomes remarkable. There's a steadfastness to the way they occupy their precarious patches of space. They, in turn, steady the viewer, who has arrived, as if just in time, over difficult ground. Approached from across a distance, they seem to grow ever thicker but neither taller nor farther apart until one is almost upon them. To arrive, then, is to recognize their height and the ampleness of their interstice suddenly. This sudden "there-ness" becomes a ballast: flanked by two stones, looking out to the view they also flank, one develops a comfortable sense of them. The most effective pairs are those that compete only with the ocean (and echo the vertically notched cliffside below) rather than those that are backed across the water by landforms far taller, broader, and more tonally varied. However, as one or two sides of each stone were lost in afternoon shadow, the pillars were gradually, minute by minute, visually promoted as more significant, modeled landscape elements. Indeed, as my time with the piece lengthened (it took me about an hour to visit all of the pairs, barred only from one set of columns by menacing sheep), AFANGAR rose to fill its title and its definition. I stationed myself variously where the stone pairs were stationed; I stopped at each; I looked and looked at them and well beyond them; I moved forward with painstaking slowness and found myself back again, each pair differently situated in relation to the landscape and to each other, but not in relation to me; I took as much in as that sunny afternoon would allow.

My memories of AFANGAR, now three years old, are as fragmented as they come. Each basalt pair appears as a distinct visual memory, and yet the memory of each pair is additionally fragmented, cinematically intercut with patches of stone detail, ground, sky, water, and the ultimate view beyond. Then, too, the mood of Videy's landscape lends itself to the peculiar fragmentation of vivid reflection, to the literal "out-of-time-ness" of visual memory. To experience Serra's work within that landscape (and that landscape *through* Serra's work), one must also begin "in" real time, walking and looking, which are the sculptor's two constant imperatives. Yet, temporality in a Serra work is always multifold. The physical encounter in real time makes experience and memory simultaneously. We walk and look and the stone is present; it discloses itself. This "presencing" sustains other times, such as felt or perceived time, the time or duration of the object itself and of the site it inhabits. Most unusually, it sustains the realm of extended aesthetic time we necessarily engage when we experience one of Serra's sculptures mentally, in anticipation of it, and in complicated memory of it.

1) Richard Serra, "Richard Serra: An Interview by Mark Rosenthal," *Richard Serra: Drawings and Etchings from Iceland* (New York: Matthew Marks Gallery, 1992), p. 2.
2) Ibid., p. 3.
3) Ibid., p. 2.
4) Serra, *Richard Serra: Sculpture 1985–1998* (Los Angeles: Los Angeles Museum of Contemporary Art, 1998), p. 103.
5) Serra, interview by Friedrich Teja Bach (14 March 1975), *Writings Interviews* (Chicago: University of Chicago Press, 1994), p. 31.

GEHEN UND SCHAUEN AUF DER INSEL VIDEY

KATE D. NESIN

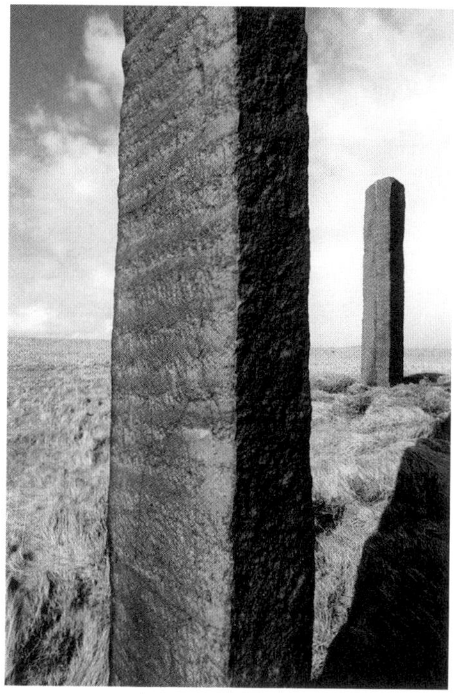

AFANGAR (STATIONS, STOPS ON THE ROAD, TO STOP AND LOOK: FORWARD AND BACK, TO TAKE IT ALL IN), *Videy Island, Iceland, 1990 (detail), basalt, 18 stones* / AFANGAR (STATIONEN, HALTEPUNKTE, STEHENBLEIBEN UND SCHAUEN: ZURÜCK UND NACH VORN, DER BLICK AUFS GANZE *(Ausschnitt), Basalt, 18 Basaltsäulen* (PHOTO: DIRK REINARTZ)

Überhaupt, je näher wir einem Gegenstande kommen, desto lebendiger wird unsre Sprache, und je lebendiger wir ihn von fern her fühlen, desto beschwerlicher wird uns der trennende Raum, desto mehr wollen wir zu ihm.[1)]

Vorgreifendes Erahnen

Die bei Richard Serra übliche Aufmerksamkeit für das Ortsspezifische verlangt von uns ein vielleicht nicht weniger scharfes Augenmerk für das Materialgerechte. Serras Cor-Ten-Stahl, Blei, seine Farbstäbe und sein Gummi sind mir schon lange vertraut; aber als ich zum ersten Mal Bilder von seinen Steinen sah, war das eine Überraschung. Tatsächlich habe ich die Bilder und Texte monatelang studiert, bevor ich es mit den Steinen in natura aufnahm – wohl gerüstet für diese Erfahrung und dennoch total unvorbereitet.

AFANGAR (STATIONS, STOPS ON THE ROAD, TO STOP AND LOOK: FORWARD AND BACK, TO TAKE IT ALL IN) – Afangar (Stationen, Zwischenhalte, Innehalten und Schauen: vorwärts und zurück, alles in sich aufnehmen), 1990 – besteht aus neun Basaltsäulenpaaren, die dem Ufer von Vesturey entlang verteilt sind, der nordwestlichen Halbinsel der isländischen Insel Videy unmittelbar vor dem Hafen von Reykjavík. Die beiden Steine jedes Säulenpaares befinden sich auf einer Anhöhe von jeweils neun und zehn Metern über dem Meeresspiegel; alle höher gelegenen Säulen sind drei Meter hoch, während die niedriger gelegenen Steine vier Meter hoch sind, so dass jeder Stein gleich hoch aufragt wie sein Nachbar. Um diese beständig gleiche Höhe zu gewährleisten, stehen die einzelnen Steine jedes Paares nah beisammen oder weiter auseinander, entsprechend der (zwar nicht hals-, aber) knöchelbrecherischen Topographie Vestureys.

Serra erhielt den Auftrag 1988 von der Nationalgalerie Islands und der isländischen Bildhauervereinigung, die ein Werk für das Kunstfestival 1990 in Reykjavík wollten. Als Serra im selben Jahr nach Island reiste, reagierte er sofort auf dessen eigentümliche Landschaft: flach und bemoost, viel Wasser und Himmel, reich an satten Grautönen und berückend rau. Über seinen Besuch meinte er:

Aufgetürmte Lavaschichten erstrecken sich bis zum Horizont. Es gibt keine Bäume. Die fortwährende Erosion durch Gletscher und die Vulkanausbrüche sorgen für eine Vielzahl geologischer Formen: Krater, Spalten, Fjorde und

---

KATE D. NESIN ist Studentin der Kunstgeschichte und lebt in Princeton, New Jersey.

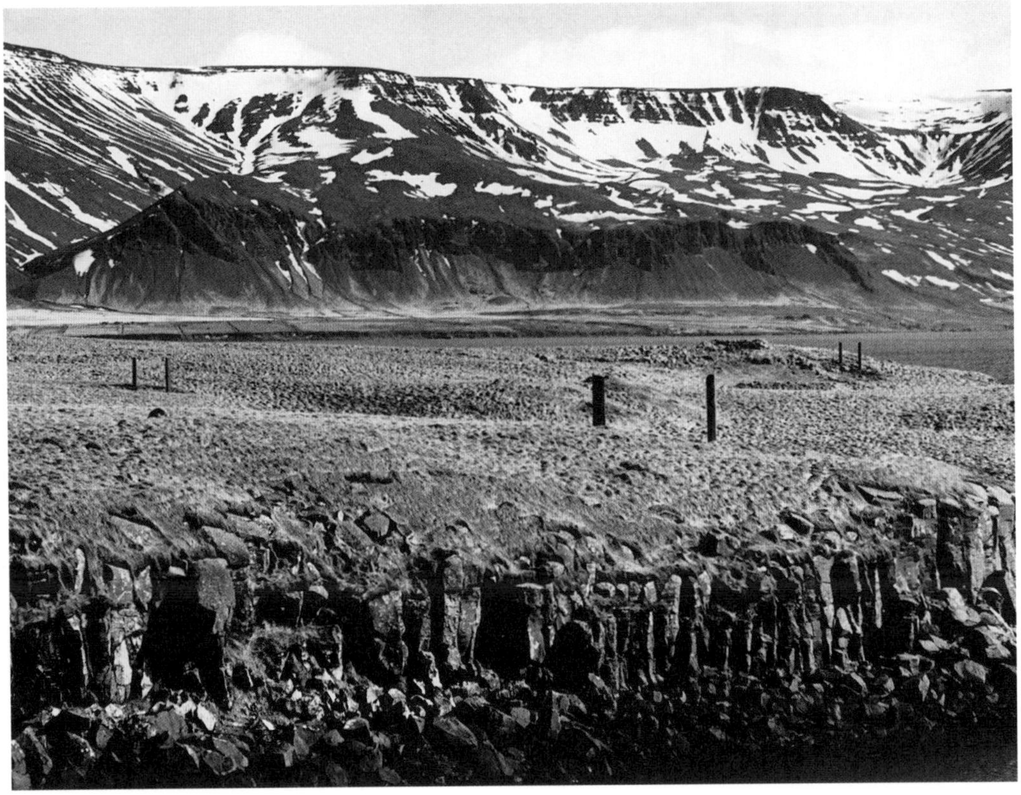

RICHARD SERRA, AFANGAR (STATIONS, STOPS ON THE ROAD, TO STOP AND LOOK: FORWARD AND BACK, TO TAKE IT ALL IN), *Videy Island, Iceland, 1990 (detail), basalt, 18 stones* / AFANGAR (STATIONEN, HALTEPUNKTE, STEHENBLEIBEN UND SCHAUEN: ZURÜCK UND NACH VORN, DER BLICK AUFS GANZE *(Ausschnitt), Basalt, 18 Basaltsäulen* (PHOTO: DIRK REINARTZ)

tischförmige Plateaus, aber auch U-förmige Hochtäler. Ich war gefesselt von der Fremdartigkeit des Landes, was ich da unter den Füssen spürte, hatte ich noch nie zuvor gesehen.[2)]

Serra wollte lieber in dieser radikalen Landschaft arbeiten als in den Räumen des Museums oder der Stadt, und so bot man ihm die nur eine kurze Fährstrecke entfernte Insel Videy an. Sobald Serra seinen Fuss auf Videy setzte, wusste er, dass er seinen geliebten Stahl nicht hierher bringen würde.

Ursprünglich wollte Serra die natürlichen Basaltsäulen einer Felswand auf Videy verwenden, wurde jedoch auf einen Steinbruch im Süden verwiesen. Wie Serra beschrieben hat, wird «Basaltstein nicht wie in einem herkömmlichen Steinbruch aus der vertikalen Felswand gesprengt und er wird auch nicht zersägt. Basalt ist ein vulkanisches Gestein, das man in modulartigen Formen vorfindet... Ich musste nur die passenden Steine auswählen, die dann auf die erforderliche Länge von drei und vier Metern zugeschnitten wurden.»[3)] Im Prinzip wurden die Basaltsäulen aus ihrer ursprünglichen Lage geholt und abgesehen von der Länge unverändert – unbehauen, ungeglättet, ungeformt – auf die angegebenen Erhöhungen rund um die kleine Halbinsel von Videy gesetzt. Die Installationsarbeiten begannen im Winter 1989 und vor Ende April 1990 hatten die neun Säulenpaare ihren Platz gefunden. Serra erinnert sich an einen wichtigen Moment im Lauf dieser Monate: «Als ich die Anordnung der Arbeit bestimmte, erklärte ich, wie sie verstanden werden könnte. Valgardur Egilsson, ein Arzt und Poet, wies mich darauf hin, dass das isländische Wort ‹afangar›, das zufällig der Titel eines der beliebtesten isländischen Gedichte ist, so viel heisse wie ‹Stationen, Zwischenhalte, Innehalten und Schauen: vorwärts und zurück, alles in sich aufnehmen›. Es war offensichtlich, dass der Titel der Skulptur AFANGAR lauten musste.»[4] Die Reaktion des Publikums auf AFANGAR war erstaunlich positiv, obwohl die Skulptur in einer Landschaft platziert war, die von den Einheimischen, wie Serra selbst bemerkt, mit grossem «Respekt» behandelt wird. Aber AFANGAR wirkt nicht als Störung im Raum, sondern vielmehr wie eine Reihe Portale, die den Raum topographisch unterteilen, wodurch er neu gesehen und beurteilt werden kann.

[Die Paare] können als Portale und Durchgänge oder auch als Grenzsteine im offenen Gelände verstanden werden. Das Auf und Ab der Insel Videy und der umgebenden Landschaft zeichnet sich vor der festen Grösse der aufrecht stehenden Steine ab… Grauschwarzer Basalt, ein auf Videy heimisches Gestein, wurde gewählt, um der Insel eine skulpturale Struktur zu verleihen. Das modulartig Regelmässige und das betont Vertikale der Basaltsäulen machen diesen Stein zu einem idealen Höhenmass und Grenzpunkt. Die Wahl des Basalts verbindet das skulpturale Element mit dem geologischen Alter der Insel.[5]

Serras Steine scheinen endlos rückwärts, in eine erstaunlich langsam verflossene Vergangenheit hineinzureichen und ebenso endlos vorwärts, in eine Zukunft, die sich genauso kriechend, aber unaufhaltsam entfaltet. Die reale Zeit des Herumgehens und Schauens auf Videy lässt sich nicht trennen vom Spüren dieser weiter gefassten, dichteren Art von Zeit. Was wir hier vorfinden, ist nicht eine endliche Lebensdauer, sondern eine deutlich verlängerte Lebensdauer, die Lebensdauer einer Arbeit aus Stein.

Es hat auch keinen Sinn, die äusserst filmtaugliche Romantik von Videy zu leugnen, unter seinem vom Wind gebeutelten und geglätteten, wechselhaften Himmel, der dichte Landhügel selbst auf allen Seiten von dunklem, glasigem Wasser umgeben, mit Blick auf Reykjavík, einer langgezogenen gelben Landschaft, und auf die mit Schneestreifen durchzogenen Felswände des Berges Esja. Natürlich ist nicht nur Serras Ortswahl Auslöser dieser Atmosphäre, sondern der Basalt selbst. In einem anderen ausdrücklichen Verweis auf die Steinzeit hat Serra nicht über AFANGAR nachgedacht, sondern über Brancusi, und zwar in einem Interview aus dem Jahr 1975:

Die Wahl des Materials bestimmt die ästhetischen Möglichkeiten und Grenzen… Man muss bedenken, dass Steine ein gewisses Eigenleben haben, dass sie nicht bloss einer geringeren entropischen Kategorie angehören.
Stein scheint eine andersartige Zeitqualität ins Spiel zu bringen. Stein ist, anders als vom Menschen hergestellte Materialien, ein ursprüngliches Material; deshalb scheint er nicht einer begrenzten Zeitlichkeit anzugehören, sondern einer Zeit, die das Unendliche mit einschliesst. Dem Stein scheint eine jenseitige Qualität anzuhaften.[6]

Wie können wir aber das «unendliche», das «jenseitige», das andersartige Leben der Steine bei einer realzeitlichen Skulpturbegehung erfahren? Es wird möglich durch Serras Fähigkeit der Verschmelzung (oder zumindest Anwendung) von realer Zeit und offen atemporaler, atmosphärischer oder ästhetischer Zeit – durch seine Fähigkeit eine Vielfalt von Zeiten anzuerkennen und zuzulassen, Zeiten jenseits der empirischen, physischen und äusserlichen «Realität» des Gehens und Schauens, aber innerhalb der psychologischen, emotionalen und innerlichen «Realität» der Ahnung und Reflexion. Meine eigene Zeitspanne der Reflexion begann, als ich noch immer auf Videy war, wenige Meter von einem der Säulenpaare entfernt über der Basaltwand sitzend, mit Blick aufs Wasser. Es fiel mir tatsächlich schwer, mich noch vor Ende meines einsamen Nachmittags von Zeit und Ort dieses besonderen Platzes loszureissen.

Reflektierende Betrachtung

Steil steigt der Hang über dem Fährhafen von Videy empor und um ihn zu erklimmen muss man der sanften, flachen Skyline von Reykjavík den Rücken zukehren. Zahlreiche Holzwegweiser sind auf Pfosten am Fuss und an der Krete des Hügels angebracht, obwohl ich keinen Schriftzug entdecken konnte, der auch nur annähernd wie «Afangar» ausgesehen hätte. Ich wusste, dass ich mich nach links wenden und einem der Schotterpfade folgen musste, da ich während der kurzen Überfahrt einen Blick auf einen höher gelegenen, flacheren Landstrich erhascht hatte, der mir aus der Entfernung spar- und sorgsam mit Pfählen versehen zu sein schien. Es war dann ein beachtlicher Marsch bis zu dem erhöhten Fussweg, der zu der kleinen Halbinsel Vesturey führte. Die Steinpaare, die je nach Auf und Ab des Weges

von Zeit zu Zeit sichtbar wurden, hätten schlanke menschliche Paare sein können; im Verhältnis zur Weite des Himmels und zur Steilheit des ersten Anstiegs wirkten sie nicht auffallend gross.
Die Kiesel auf den Wegen waren mit Narben übersät wie kleine eiförmige Fossilien und man rutschte bei jedem Schritt. Nach dem Überwinden eines harmlosen Drahtzauns und einer leichten Steigung war ich plötzlich dort, etwas ausser Atem und erst nach einigen Momenten in der Lage, ein unheimliches Gefühl der Verwirrung auszumachen, ja sogar eine unverhohlene Enttäuschung – die Basaltsäulen ragten nun zwar höher vor mir auf als an irgendeinem Punkt zuvor auf dem Weg hierher, aber sie erschienen fraglos zwergenhaft vor der Szenerie, die sich hinter ihnen auftat.

Ich konnte nichts anderes tun als mich zu bewegen. Ich wusste, dass die Steine die Halbinsel mehr oder weniger umringten, aber an diesem äusseren Standpunkt war es nicht möglich, alle neun Paare gleichzeitig in ihren unterschiedlichen Abständen und Höhen zu erkennen. Der Felsweg war ungeeignet um vom einen Steinpaar zum anderen zu gelangen und so vertauschte ich eine Art der Unebenheit mit einer anderen. Der Boden bestand hier aus Grasbuckeln, das Gras selbst war tückisch lang und wurde durch den ewigen Wind zu Boden gedrückt. Ganz schwach konnte ich von etwas weiter unten das Aufschlagen von Wasser auf Fels vernehmen, aber sonst waren da nur die vernarbten Steine, meine Füsse und mein Atem, ein steif wehender Wind, steife Grashalme, die nachgaben, Fliegen, rostrote, lautlos aufsteigende Schwalben und grössere, weniger stille, weissbraune Vögel, die ich aufgeschreckt hatte.

Selbst als ich den Steinen von AFANGAR näher kam, wirkten das dünne Blau des Himmels, die verschneiten Felswände weiter draussen im Hafen, die Sonne über dem buntscheckigen Reykjavík und der kühle Farbton des Wassers stärker auf mich als jeder erste Eindruck, den ich mir von Serras Arbeit versprochen haben mochte. Die meisten Säulenpaare sind erstaunlich schwer zugänglich. Es gibt keine Wege, die direkt zu den Standpunkten der einzelnen Steine führen; die schlüpfrigen Grasbüschel liegen darnieder wie Schlammhaufen nach einem heftigen Regen und verbergen den steinigen Boden. Die grösste Anstrengung – physisch, psychisch und wahrnehmungsmässig – ist notwendig, um überhaupt in die Nähe der Steine zu gelangen. Aber trotz meiner anfänglichen Entmutigung, trotz des grandiosen Panoramas jenseits von Vestureys bescheidener Küste und jenseits des immer dunkler wirkenden Wassers, war ich auf Videy, um die Steine genau zu betrachten und ihnen so nah wie möglich zu sein.

Tatsächlich erkannte ich, sobald ich mich dem Wasser näherte, sofort und ein für allemal, dass es unmöglich war, weiter entfernt sichtbare Punkte zu erreichen, und plötzlich waren die Steine von AFANGAR da, ganz gegenwärtig. Ich war bei ihnen oder sie bei mir. Sobald die Trennlinie zwischen mir und allen Räumen, die nicht auf dieser Insel lagen, durch eine Felswand und den Kiesstrand an ihrem Fusse deutlich feststand, wurden die Steine zu einem angemessenen Ziel, einem sinnvollen Rastplatz, einer grossartigen Lagerstätte.

Der Stein selbst war in der hellen Sonne nicht besonders auffällig: Asphaltgrau, übersät mit kleinen senfgelben und hellgrünen Moosflecken. Jede Säule schien fünf- oder sechseckig zu sein, als wäre sie andeutungsweise kanneliert. Ich verweilte kurz zwischen den ersten beiden Säulen und schaute mit zusammengekniffenen Lidern auf die Stadt hinüber, bevor ich meinen Weg im Uhrzeigersinn rund um die Halbinsel wieder aufnahm. Zwischen dem zweiten und dritten Paar, als ich mich auf diesem Grund bereits etwas sicherer bewegte und den Blick mehr auf den Horizont als auf den Boden richten konnte, bemerkte ich, dass die Entfernungen zwischen den Basaltsäulen eines Paares parallaktisch nicht wesentlich zu variieren schienen, während ich mich auf sie zu oder von ihnen weg bewegte – bis zu dem Punkt, an dem ich so nahe war, dass ich den Zwischenraum im Verhältnis zu meiner eigenen Grösse sah und nicht mehr im Verhältnis zur Landschaft Vestureys. (Anders formuliert, meine Wahrnehmung der parallaktischen Abweichung schien hier verlangsamt zu funktionieren.) Sobald ich die Säulen erreichte, erschienen sie mir wie Baumstrünke, ideal zum Anlehnen, als Körperstütze oder zumindest als aufrechte Gesellschaft. Doch beim dritten Paar stellte ich verblüfft fest, dass ich keine der beiden mit meinen Armen zu umfassen vermochte. Elegant ragten sie auf, nicht feierlich oder düster, aber still, und am Boden verschwanden sie in einem schmalen Erdring, auf dem noch kein Gras wuchs. Erst als ich sie mit der Hand berührte, merkte ich, wie gross und hart sie waren.

Hat man genügend Zeit, so fällt die merkwürdige gegenseitige Beziehung zwischen den beiden Steinen jedes Paares auf. In der Art, wie sie an ihren jeweiligen exponierten Plätzen stehen, liegt etwas Unerschütterliches. Und sie geben auch dem Besucher Halt, der über schwieriges Gelände hergefunden hat, wie wenn er gerade noch rechtzeitig angekommen wäre. Geht man aus der Entfernung auf ein Paar zu, so scheinen die Steine immer dicker zu werden, aber weder sie selbst noch ihr Abstand wird grösser, bevor man fast unmittelbar vor ihnen steht. Ist man schliesslich da, erkennt man plötzlich ihre Höhe und die Weite ihres Zwischenraumes. Dieses plötzliche Dasein wird zum Ballast: Flankiert von zwei Steinen die Aussicht betrachtend, die sie ebenfalls flankieren, fühlt man sich wohl in ihrer Gesellschaft. Am stärksten wirken jene Paare, die nur mit dem Meer konkurrieren (und die dazwischen liegende vertikal gekerbte Felsküste reflektieren), weniger stark dagegen jene, die weiter vom Wasser zurückversetzt und von diesem durch höhere, breitere und farblich stärker variierende Landschaftselemente getrennt sind. Wie dem auch sei, als eine oder zwei Seiten jedes Steines sich allmählich im Nachmittagsschatten zu verlieren begannen, wirkten die Säulen von Minute zu Minute bedeutender und traten stärker als Bestandteile der Landschaft hervor. Je länger ich bei den Säulen verweilte – ich brauchte etwa eine Stunde um alle Paare zu besuchen, nur zu einem Säulenpaar blieb mir der Zugang durch Furcht erregende Schafe verwehrt –, desto mehr schickte sich AFANGAR an, seinem Titel und seiner Bestimmung gerecht zu werden. Ich stellte mich abwechselnd dorthin, wo die Steinpaare standen; ich hielt bei jedem inne; ich schaute und schaute sie an und weit über sie hinaus; ich bewegte mich peinlich langsam vorwärts und fand mich am selben Ort wieder, da jedes Paar zwar im Verhältnis zur Landschaft und zueinander anders liegt, aber nicht im Verhältnis zu mir; und ich habe so viel in mich aufgenommen, wie jener sonnige Nachmittag erlaubte. 'Meine mittlerweile drei Jahre alte Erinnerung an AFANGAR ist so bruchstückhaft, wie Erinnerungen eben sind. Jedes Basaltpaar hat sich dem Gedächtnis als deutliches Bild eingeprägt, aber gleichzeitig ist die Erinnerung an jedes Paar auch fragmentarisch und wird wie im Film von Detailansichten des Steins überblendet, von Bildern des Bodens, des Himmels, des Wassers und schliesslich des gesamten dahinter liegenden Panoramas. Ausserdem fördert die landschaftliche Atmosphäre von Videy dieses seltsam Fragmenthafte, das jedes lebhafte Reflektieren auszeichnet, und das buchstäbliche Aus-der-Zeit-Fallen des visuellen Gedächtnisses. Um Serras Arbeit in dieser Landschaft (und diese Landschaft d u r c h Serras Arbeit) zu erleben, muss man auch in der realen Zeit beginnen mit dem Herumgehen und Schauen, diesen beiden konstanten Forderungen an jeden Bildhauer. Doch die Zeit ist bei einem Werk von Serra immer mehrschichtig. Die physische Begegnung in der realen Zeit macht Erfahrung und Erinnerung zu etwas Gleichzeitigem. Wir gehen herum und schauen und der Stein ist anwesend; er zeigt sich selbst. Dieses B e h a r r e n i m G e g e n w ä r t i g e n macht auch andere Zeiten stärker, etwa die gefühlte oder wahrgenommene Zeit, die Zeit des Bestehens des Objektes selbst sowie des Ortes, an dem es sich befindet. Höchst ungewöhnlich ist jedoch, dass dadurch auch der Bereich jener erweiterten ästhetischen Zeit gestärkt wird, auf die wir angewiesen sind, wenn wir eine von Serras Skulpturen geistig erkunden wollen, in vorgreifender Erahnung wie komplexer Erinnerung an sie.

(Übersetzung: Suzanne Schmidt)

1) Johann Gottfried Herder, *Plastik: Einige Wahrnehmungen über Form und Gestalt aus Pygmalions bildendem Traume* (Abs. I, 4), in: *Herder, Werke in zehn Bänden,* Bd. 4 (Schriften zu Philosophie, Literatur, Kunst und Altertum 1774–1787), hg. v. Jürgen Brummack und Martin Bollacher, Deutscher Klassiker Verlag, Frankfurt am Main 1994, S. 255.
2) Richard Serra, «Richard Serra: An Interview by Mark Rosenthal», in: *Richard Serra: Drawings and Etchings from Iceland,* Matthew Marks Gallery, New York 1992, S. 2.
3) Ebenda, S. 3.
4) Ebenda, S. 2.
5) Richard Serra, *Richard Serra: Sculpture 1985–1998,* Los Angeles Museum of Contemporary Art, Los Angeles 1998, S. 103.
6) Richard Serra im Interview mit Friedrich Teja Bach vom 14. März 1975, in: *Writings, Interviews,* University of Chicago Press, Chicago 1994, S. 31.

Richard Serra

RICHARD SERRAS LISTE DER TÄTIGKEITEN

THEODORA VISCHER

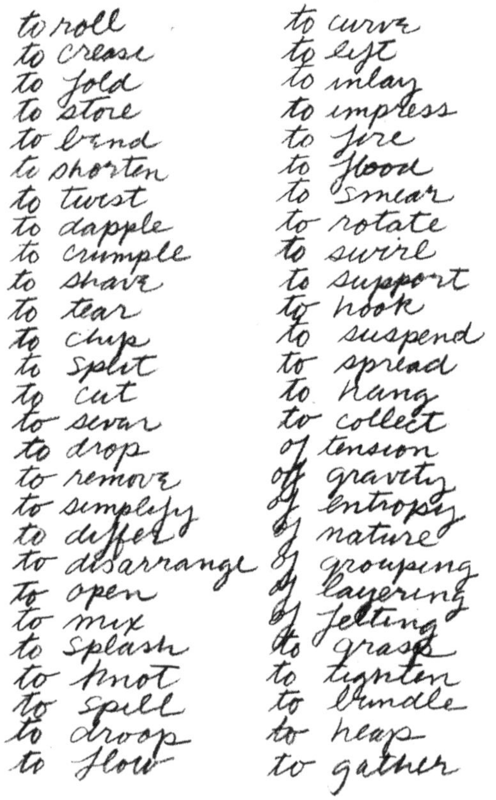
to roll
to crease
to fold
to store
to bend
to shorten
to twist
to dapple
to crumple
to shave
to tear
to chip
to split
to cut
to sever
to drop
to remove
to simplify
to differ
to disarrange
to open
to mix
to splash
to knot
to spill
to droop
to flow
to curve
to lift
to inlay
to impress
to fire
to flood
to smear
to rotate
to swirl
to support
to hook
to suspend
to spread
to hang
to collect
of tension
of gravity
of entropy
of nature
of grouping
of layering
of felting
to grasp
to tighten
to bundle
to heap
to gather

RICHARD SERRA, VERB LIST 1967-1968, first published in The New Avant-Garde, Issues for the Art of the Seventies. Text by Gregoire Müller.

Richard Serra hat 1967/1968 eine Liste mit Verben und Substantiven aufgeschrieben.

Ein simples Blatt, ein Nichts – und doch präzisester Ausdruck einer neuen Haltung, die sich im Rückblick als eigentlicher Paradigmenwechsel erwies, ebenso wie souveränes Programm eines individuellen Œuvres, das sich gerade erst zu artikulieren begann.

Die Wörterliste in Verbindung mit Serras Schaffen hat mein Verständnis der künstlerischen Haltung dieser Zeit geprägt. Die Ruhelosigkeit und die Lust zum Experiment mit offenem Ausgang, die nicht nur in den Worten zum Ausdruck kommen, sondern auch in der ephemer wirkenden Notiz selber, die man in die Tasche stecken und immer mit sich tragen könnte. Der bisher unvereinbare, hier aber ganz klar sich bedingende Kontrast zwischen dem Prozesshaften, Vorläufigen dieses Blattes und den ungewohnt schweren und schwerfälligen Materialien, aus denen die Skulpturen gemacht werden.

Wenige Jahre später hat Rosalind Krauss die Folgen dieses Aufbruchs für eine neue Lektüre der Skulptur des 20. Jahrhunderts fruchtbar gemacht. 1977 publizierte sie *Passages in Modern Sculpture*[1)], den folgenreichen Entwurf einer Geschichte der Skulptur von Rodin bis Smithson aus zeitgenössischer Perspektive. Auch Serras Wortliste ist in diesem Entwurf kommentiert: «Betrachtet man diese Aneinanderreihung transitiver Verben, von denen jedes eine spezifische Handlung beschreibt, die an einem nicht näher bestimmten Material auszuführen ist, so spürt man die konzeptuelle Distanz, die diese Aufzeichnungen von dem unterscheidet, was man normalerweise im Notizbuch eines Bildhauers vorzufinden erwartet. An die Stelle eines Formeninventars hat Serra eine Liste von Verhaltensweisen gesetzt. Dennoch wird einem bewusst, dass diese Verben selbst Kunstformen erzeugen können: Sie sind wie Maschinen, die, einmal in Bewegung gesetzt, imstande sind ein Werk herzustellen.»

Theodora Vischer ist Direktorin des Schaulager in Basel.

1) Rosalind E. Krauss, *Passages in Modern Sculpture* (Cambridge, Massachusetts: MIT Press, 1977), broschierte Ausgabe 1981, S. 276.

RICHARD SERRA'S LIST OF VERBS

THEODORA VISCHER

In 1967/68 Richard Serra made a list of verbs and a few nouns.

A simple piece of paper, a nothing—and yet the most precise expression conceivable of a new attitude, which has proved in retrospect to be both a change of paradigm as well as the masterful quintessence of an individual oeuvre that was just beginning to take shape.

In combination with Serra's work, the word list decisively influenced my understanding of his artistic agenda at the time. A restlessness and a delight in open-ended experimentation, expressed not only by the words but also by the ephemeral quality of the note itself, which could be tucked in a pocket and always taken along. It points to the hitherto irreconcilable and now unquestionably fruitful contrast between the fluid potential of this casual piece of paper and the unusually heavy and cumbersome materials out of which the sculptures are made.

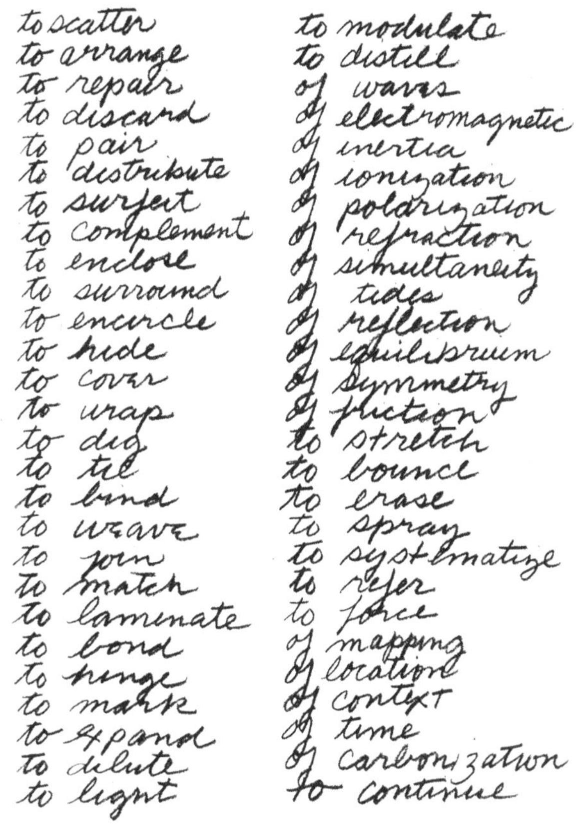

to scatter	to modulate
to arrange	to distill
to repair	of waves
to discard	of electromagnetic
to pair	of inertia
to distribute	of ionization
to surfeit	of polarization
to complement	of refraction
to enclose	of simultaneity
to surround	of tides
to encircle	of reflection
to hide	of equilibrium
to cover	of symmetry
to wrap	of friction
to dig	to stretch
to tie	to bounce
to bind	to erase
to weave	to spray
to join	to systematize
to match	to refer
to laminate	to force
to bond	of mapping
to hinge	of location
to mark	of context
to expand	of time
to dilute	of carbonization
to light	to continue

A few years later Rosalind Krauss explored the seminal impact of this turning point, suggesting a new reading of sculpture in the twentieth century. In 1977 she published *Passages in Modern Sculpture,*[1] her profoundly influential model for a history of sculpture from Rodin to Smithson, as seen from a contemporary perspective. Serra's list of words is mentioned there as well: "Contemplating that chain of transitive verbs, each one specifying a particular action to be performed on an unspecified material, one senses the conceptual distance that separates this from what one would normally expect to find in a sculptor's notebook. In place of an inventory of forms, Serra has substituted a list of behavioral attitudes. Yet one realizes that those verbs are themselves the generators of art forms: they are like machines which, set into motion, are capable of constructing a work."

(Translation: Catherine Schelbert)

Theodora Vischer, director of the Schaulager Basel.

1) Rosalind E. Krauss, *Passages in Modern Sculpture* (Cambridge, Massachusetts: MIT Press, 1977), paperback edition 1981, p. 276.

THE MIND'S MOBILITY

KENNETH BAKER

Richard Serra and several other American artists of his generation found in walking a source of articulation, meaning, and viewer involvement overlooked by nearly all of their modern predecessors.

Bruce Nauman stylized walks around his studio in the early video pieces SLOW ANGLE WALK (BECKETT WALK) 1967–1968 and WALKING IN AN EXAGGERATED MANNER AROUND THE PERIMETER OF A SQUARE (1968). Several of his live-feed video installations and "corridor" pieces of the late sixties call for the viewer to walk around or slink through them.

Carl Andre invited viewers to walk upon his floor arrays of elemental metal squares, to awaken to the perceptual input of their own weight and tread, and by entering his work physically, to corroborate its barrenness of internal mystery.

Vito Acconci pursued and photographed randomly chosen strangers walking through Lower Manhattan streets in a famous late sixties performance work (FOLLOWING PIECE, 1969).

Robert Smithson, Walter De Maria, and Michael Heizer all realized works of land art to which travel by air and road were merely a preparation for essential explorations on foot.

KENNETH BAKER is art critic for the *San Francisco Chronicle* and the author of *Minimalism: Art of Circumstance* (Abbeville Press, 1988).

In Serra's art the significance of walking has evolved from a search for the most informative viewpoints on an object, or within a site, to the mobilization of a defining technique of self-knowledge. This evolution culminates in "The Matter of Time," the ensemble of large works Serra unveiled in June 2005, which will remain installed for at least twenty-five years in the Guggenheim Museum Bilbao. Seven new works have joined SNAKE (1994–1997), which has been in place since the Guggenheim Bilbao's opening in 1997.

Serra's "prop" pieces of the late sixties evoke a standing more than a walking spectator.

The four lead-antimony plates of ONE TON PROP (HOUSE OF CARDS), 1969, for example, form a loose box. Its sides are placed to lean together at their top corners. In TWO PLATE PROP (1969), a pair of square plates stays upright, one leaning sideways against a vertical edge of the other.

The perceptible danger of collapse in these works discourages movement on the viewer's part. (Nowadays institutions frequently exhibit them behind ropes or boundaries marked by paint or half-round on the floor.) In their presence, and even in reproductions (though much less vividly), one understands viscerally their precarious dependence on gravity. They stand parallel to the rudimentary task of human self-constitution: to retain one's upright-

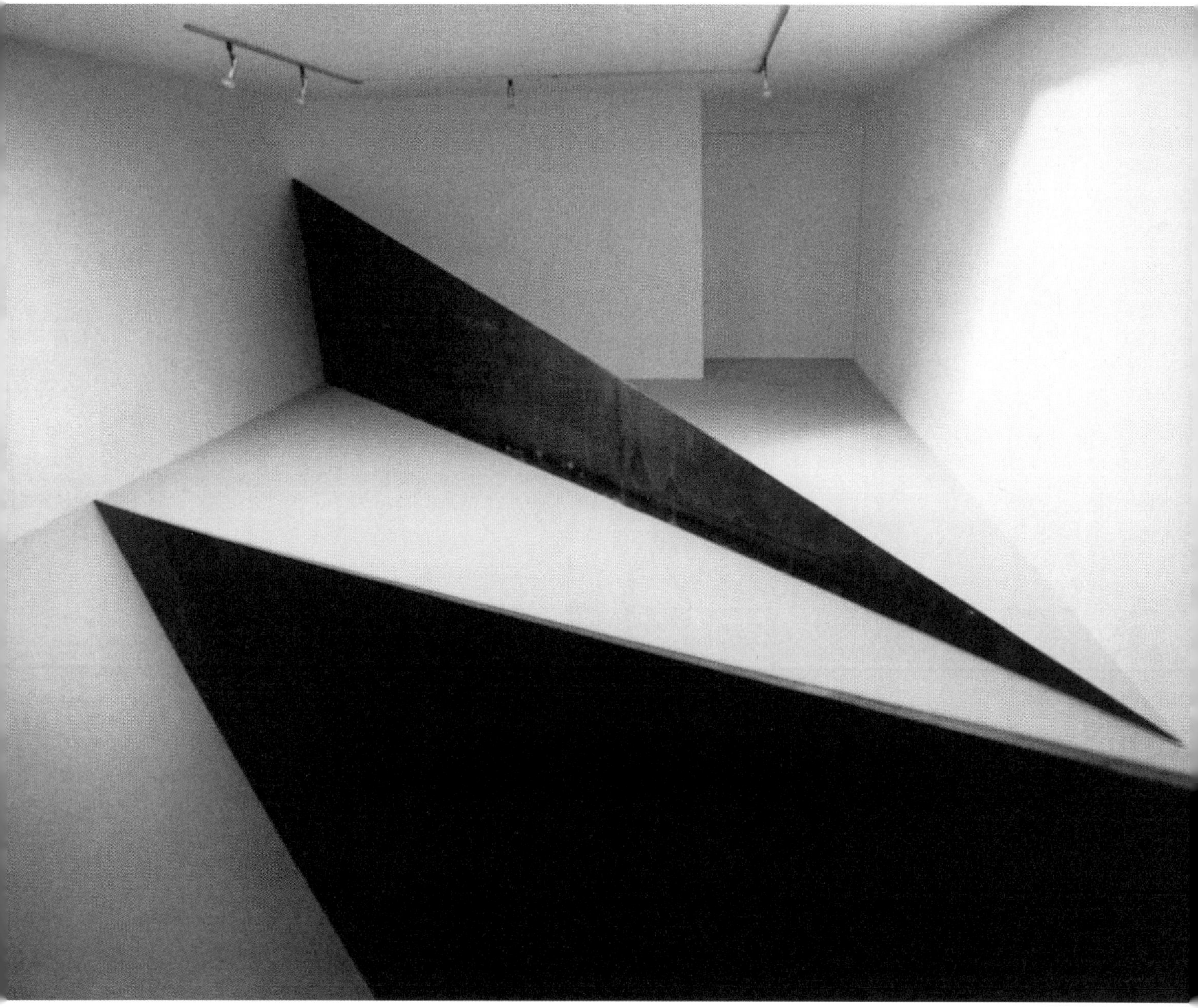

RICHARD SERRA, TWINS (TO TONY AND MARY EDNA) 1972, hot rolled steel, 2 plates, each 8 x 42' x 1½" / heiss gewalzter Stahl, 2 Platten je 244 x 1289 x 3,8 cm. (PHOTO: PETER MOORE)

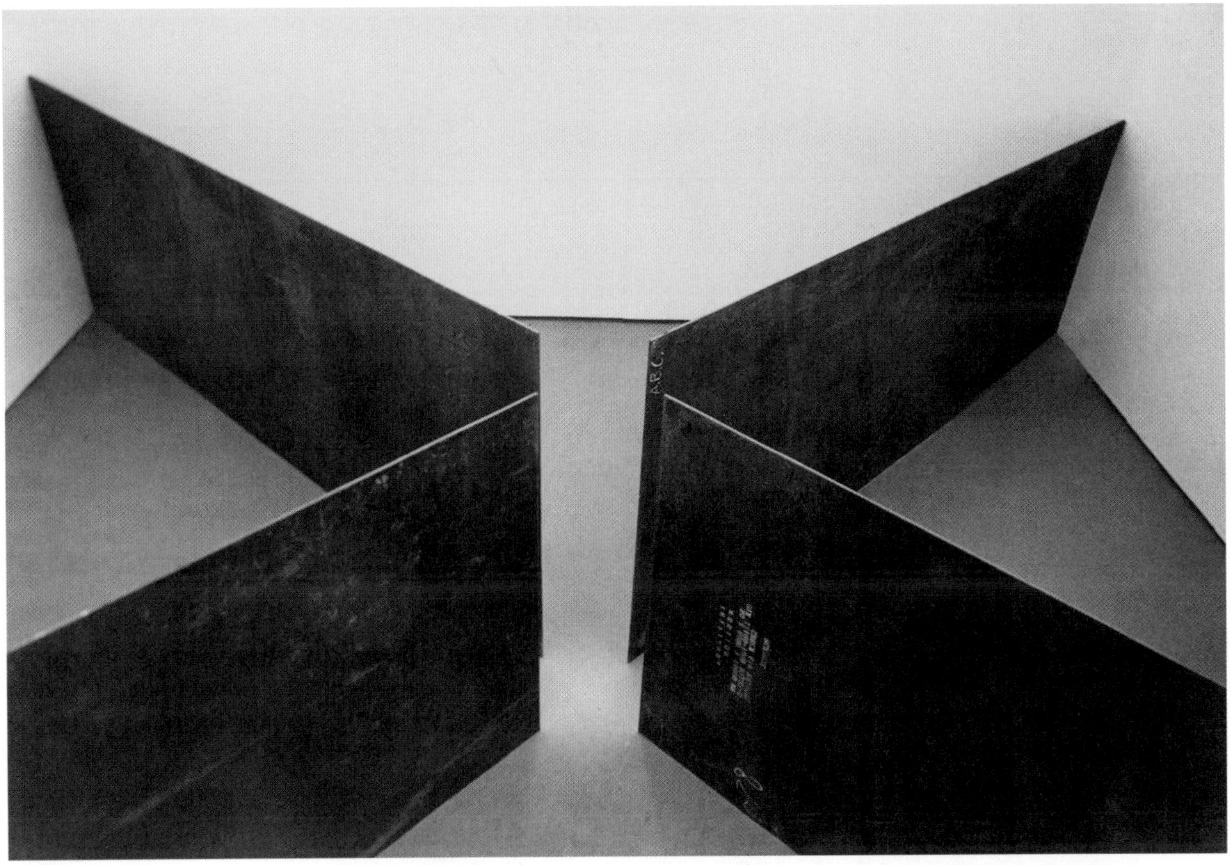

RICHARD SERRA, CIRCUIT, 1972, hot rolled steel, 4 plates, each 8 x 24' x 1", overall 8 x 36 x 36' / heiss gewalzter Stahl, 4 Stahlplatten, je 244 x 731,5 x 2,5 cm, insgesamt 244 x 1097 x 1097 cm.

ness and coherence through a proprioceptive poise of structures and forces.

These early works by Serra restored verticality—and thus, to a degree, human reference—to sculpture without undoing the integrity of materials and gravity or the transparency of procedure that Andre's work had asserted as axioms of historically informed sculpture.

Some of the prop pieces and various steel plate pieces that succeeded them rely on architecture for uprightness or structural stability, implying a primitive link between architecture and self-conscious human agency. What Serra's prop pieces evoke as a matter of individual or self-constitution, the works dependent on architecture suggest is a collective, or possibly an inter-subjective project of selves dependent on one another. But these philosophical intimations imply no confirming mode of activity on the viewer's part.

By the early seventies, Serra had begun making works in the landscape such as SHIFT (1972) and SPIN OUT FOR ROBERT SMITHSON (1973), and indoor pieces such as CIRCUIT (1972) and TWINS (TO TONY AND MARY EDNA), 1972, that require a viewer to move among their elements to grasp the meaning of their placement.

The early seventies also saw Serra making what he calls "Elevation" pieces, such as EQUAL PARALLEL AND RIGHT ANGLE ELEVATIONS (1973), with a dispersed ensemble of carefully aligned steel slabs and blocks. These works present to the observer who walks among them, peculiar impressions of changing relative size and position that our factual knowledge of weight and measure, lacking the right sort of device to contradict it, reflexively corrects.

The growth of Serra's work traces a shift in emphasis from the observation of sculpture as an intelligible structure to sculpture's use as an aid in the viewer's self-observation. This development also culminates in "The Matter of Time," though it has roots in Serra's earlier enterable works such as SIGHT POINT (1971–1975) and WRIGHT'S TRIANGLE (1976–1980).

Sculptures with long, wall-like curved surfaces, such as CALL ME ISHMAEL (1986) and RUNNING ARCS (FOR JOHN CAGE), 1992, made it apparent that the shaping of space or shepherding of the viewer's spatial experience, which such pieces entail, also produces elasticity in the experience of duration.

The sculptures that make up "The Matter of Time" evoke the elasticity of subjective time as an irrepressible feature of experience that we try to ignore in deference to clock time.

With TORQUED ELLIPSE I (1996), Serra discovered how to root the experience of time's inconstancy in unpredictable changes in curvature of his sculptures' colossal, curved plates.

The simplest piece in "The Matter of Time," TORQUED ELLIPSE (2003–2004), reprises that discovery: its bottom perimeter traces an ellipse, as a visitor standing inside it can readily recognize. The upper perimeter of the open enclosure describes the same ellipse, rotated out of alignment with the one below. The curving plates that compose the sculpture smoothly and tautly connect the two ellipses, and in so doing, they produce perceived changes in aspects that neither the mind nor the body can predict. Every step, within or around the piece, produces some surprise in the perceived slope and unfurling of the surface, and in its shift of apparent weight.

TORQUED ELLIPSE comes second in the sequence of Serra sculptures encountered by the visitor who enters the Guggenheim Bilbao's Arcelor Gallery as it opens itself to exploration. The viewer can see inside it from a considerable distance, whereas the first sculpture in the sequence, TORQUED SPIRAL (CLOSED OPEN CLOSED OPEN CLOSED), 2003–2004, hides its opening from the entering visitor, presenting itself, at first, as a high, imposing, and impenetrable redoubt.

TORQUED ELLIPSE offers itself as a sort of key to the reception of "The Matter of Time." It clarifies the terms in which these sculptures must be understood: walking and looking—the mind's mobility keying itself to the body rather than the reverse.

The adamant materiality of TORQUED ELLIPSE and its apparent instability in perception declare themselves as poles between which viewers must map their experience and memories of "The Matter of Time."

The ensemble, as a whole, plays variations on the view that embodied knowledge—the kind of experiential input the body cannot refuse, despite conscious desires—founds all other, more abstract forms of knowledge.

"The Matter of Time" may shock some people, as Serra's TORQUED ELLIPSES at Dia Beacon can, with an irresistible recognition of the extent to which experience outpaces self-consciousness, to say nothing of reflection or analysis. Simply to try to narrate to oneself a passage through TORQUED SPIRAL (CLOSED OPEN CLOSED OPEN CLOSED), BETWEEN THE TORUS AND THE SPHERE (2003–2005) or any other component of "The Matter of Time" frustrates the inner voice.

TORQUED SPIRAL (CLOSED OPEN CLOSED OPEN CLOSED) transports a viewer into the thick of Serra's mature sensibility. It takes the principle of the torqued ellipse and applies it to a long spiral. One enters into the spiral's enclosing walls of steel, which are obedient to the succession of shrinking and rotating elliptical axes that dictate their curvature as they converge and widen.

As the proximity and slope of the steel walls of TORQUED SPIRAL change, so does one's sense of the speed at which they pass as one walks, and the speed with which the work discloses itself. Any tendency toward claustrophobia a viewer may have will make itself felt in the work's narrower passages.

Moving within TORQUED SPIRAL and the other works in "The Matter of Time," one's attention goes repeatedly to the slivers of space overhead cut by the ever-changing overlap of the plates' upper profiles. The occlusions and openings overhead and points where plates diverge vertically produce some startling and unintended echoes. At one point in TORQUED SPIRAL (CLOSED OPEN CLOSED OPEN CLOSED) the profile of Constantin Brancusi's BIRD IN SPACE (1922–1923) appears overhead. Emerging from between two of the seven plates of BETWEEN THE TORUS AND THE SPHERE, one can suddenly see a paraphrase of the kiss of tangent volumes in Ellsworth Kelly's great painting, REBOUND (1959).

Serra has not designed these echoes into his work. No one could. They testify obliquely to the sort of knowledge embodied by the artist that "The Matter of Time" forces us to acknowledge in ourselves.

At many points in "The Matter of Time" a viewer feels put back on his heels by the sudden uprush of a steel surface or, in BLIND SPOT REVERSED (2003–2005), by encounters with apparent dead ends. This sensation strikes to the heart of the philosophical project implicit in Serra's mature work: to counter the yearning for disembodiment that fuels so much contemporary culture.

This culture has fulfilled itself in what Anne Friedberg calls "the mobilized virtual gaze," a disembodiment of vision that began with the camera and that digital technology has lately accelerated and intensified.[1]

"The Matter of Time" immerses its viewers in circumstances that make the embodiment of the eye undeniable. It forces upon its viewers the question "who sees?" And in the astonishing ambiguities and fugitive impressions it generates, this ensemble of works extends that question beyond curiosity about one's own nature as an observer, to the social curiosity of "who sees what I see, and how do we know?" In other words, Serra's art, which we see fulfilled in "The Matter of Time," offers itself as a set of devices for reconstructing our view of the world, starting not with the question "what can be known?" but with the question "what can be shared?"

RICHARD SERRA, ONE TON PROP (HOUSE OF CARDS), 1969, lead-antimony, 4 plates, each 48 x 48" / Hartblei, 4 Platten, je 122 x 122 cm. (PHOTO: PETER MOORE)

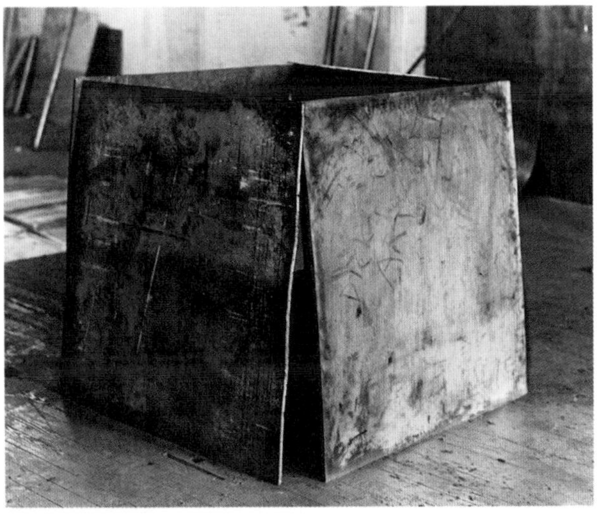

1) Anne Friedberg, *Window Shopping: Cinema and the Postmodern* (Berkeley and Los Angeles: University of California Press, 1993).

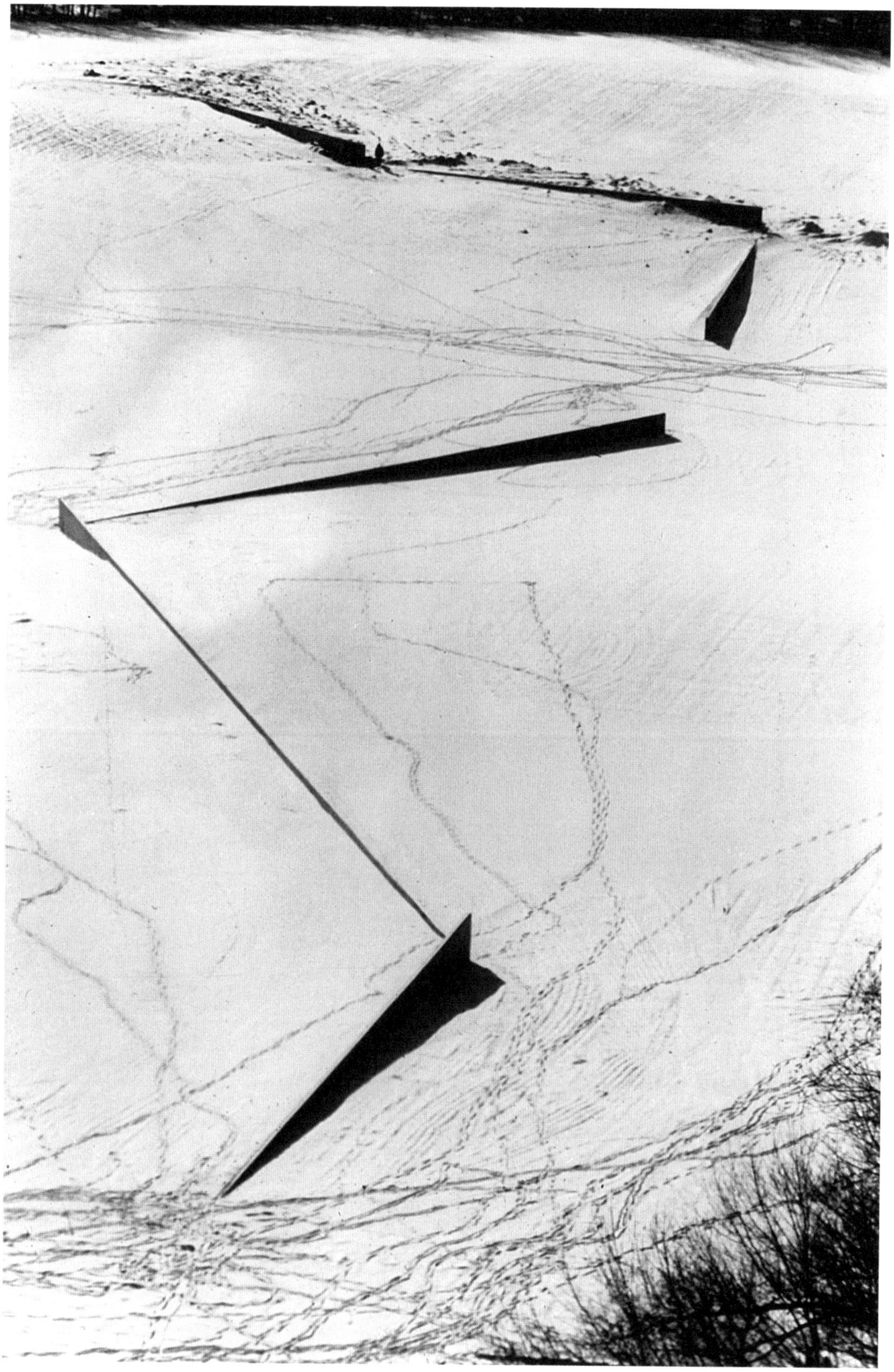

RICHARD SERRA, SHIFT, 1970-1972, King City, Ontario, concrete, the hill's elevation fall determines each part's outline and length. / Beton, die Neigung des Hügels bestimmt Form und Länge eines jeden Elements.

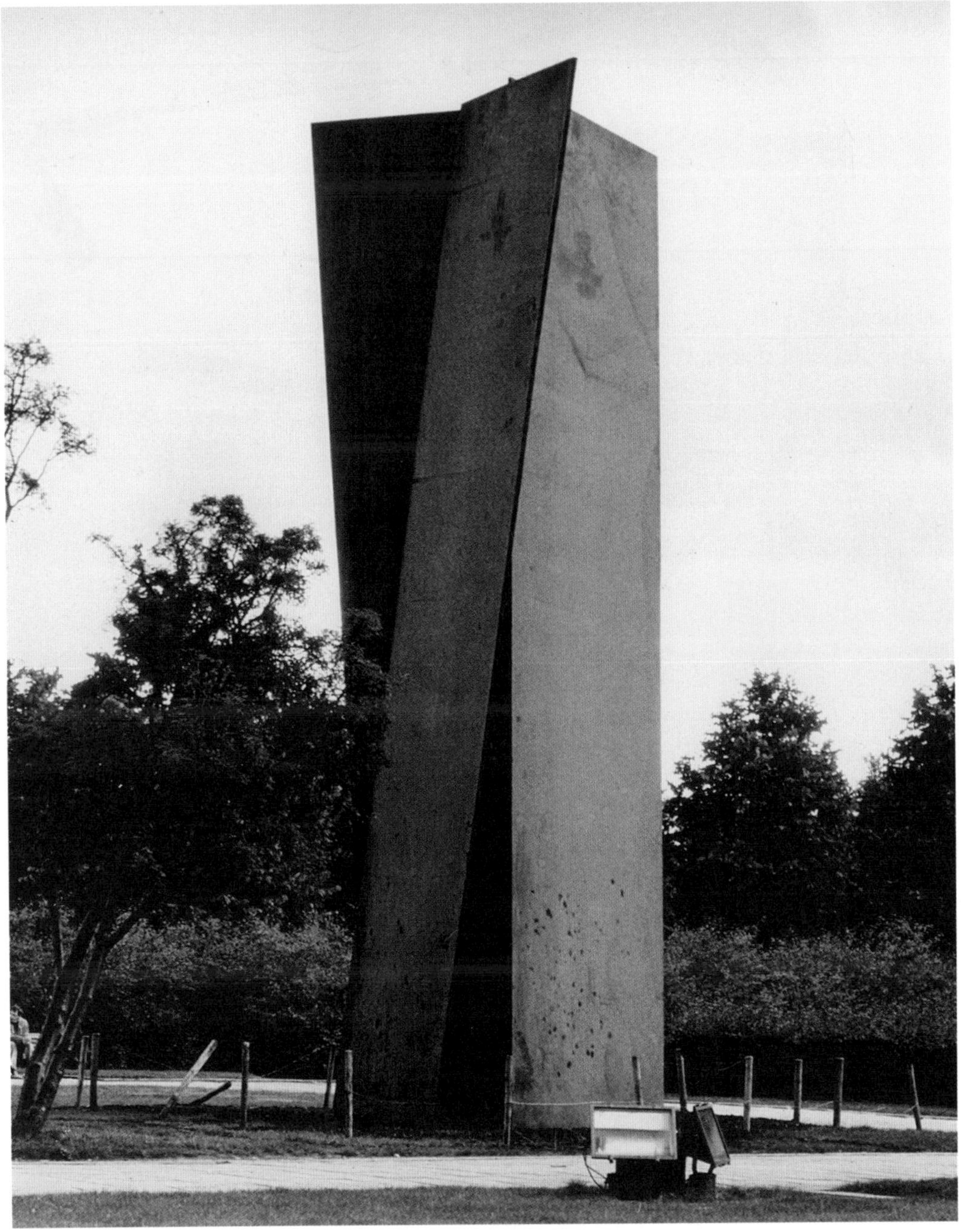

RICHARD SERRA, SIGHT POINT, 1971-1975, Cor-Ten steel, 3 plates, each 168 x 120 x 2½" / Cor-Ten-Stahl, 3 Platten, je 427 x 305 x 6,4 cm. (PHOTO: CLAES OLDENBURG)

DIE BEWEGLICHKEIT DES GEISTES

KENNETH BAKER

Richard Serra und einige andere amerikanische Künstler seiner Generation haben im Gehen eine Quelle der Strukturierung, Bedeutungsgewinnung und der Einbeziehung des Publikums entdeckt, die fast all ihren modernen Vorläufern entgangen ist.

Bruce Nauman machte für seine frühen Videoarbeiten SLOW ANGLE WALK (BECKETT WALK) – Langsamer Eckspaziergang (Beckettgang), 1967–1968 – und WALKING IN AN EXAGGERATED MANNER AROUND THE PERIMETER OF A SQUARE (Auf übertriebene Weise am Rand um einen Platz herumgehen, 1968) stilisierte Rundgänge in seinem Atelier. Verschiedene seiner Live-Videoinstallationen und «Korridor»-Arbeiten aus den späten 60er Jahren fordern den Betrachter geradezu heraus, um sie herumzugehen oder zwischen ihnen durchzuschlüpfen.

Carl Andre lud die Betrachter dazu ein, auf seinen Bodenarrangements aus quadratischen Metallelementen herumzugehen um sich bewusst zu werden, wie der eigene Schritt und das eigene Gewicht ihre Wahrnehmung beeinflussten; durch ihr physisches Ins-Werk-Hineingehen sollte zudem die Abwesenheit jeglichen Geheimnisses bekräftigt werden. Vito Acconci verfolgte und photographierte für eine berühmte Performance-Arbeit der späten 60er Jahre (FOLLOWING PIECE, 1969) irgendwelche x-beliebigen fremden Leute, die durch die Strassen von Lower Manhattan gingen.

KENNETH BAKER ist Kunstkritiker des *San Francisco Chronicle* und Autor von *Minimalism: Art of Circumstance* (Abbeville Press, New York 1988).

Robert Smithson, Walter De Maria und Michael Heizer schufen Werke im Bereich der Land-Art, bei denen das Hinfliegen und Hinfahren nur Vorbereitung für die eigentliche Erforschung zu Fuss waren.

Bei Serra hat sich die Bedeutung des Gehens – von der ursprünglichen Suche nach den ergiebigsten Blickwinkeln auf ein Objekt oder innerhalb eines architektonischen oder landschaftlichen Orts – zur Stimulierung einer spezifischen Methode der Selbsterkenntnis entwickelt. Diese Entwicklung findet ihren Höhepunkt in «The Matter of Time», jener Gruppe grosser Arbeiten, die Serra im Juni 2005 im Guggenheim Museum Bilbao enthüllte und die mindestens fünfundzwanzig Jahre lang dort stehen bleiben wird. Sieben neue Werke sind dabei zu der bereits seit der Eröffnung des Museums im Jahr 1997 installierten Arbeit SNAKE (1994–1997) hinzugekommen.

Serras *prop pieces* aus den späten 60er Jahren lassen eher an einen stehenden als einen gehenden Betrachter denken.

Die vier Hartbleiplatten von ONE TON PROP (HOUSE OF CARDS) – Ein-Tonnen-Requisit (Kartenhaus), 1969 – bilden eine lose Schachtelform. Ihre Seitenelemente sind nur an den oberen Ecken aneinander gelehnt. In TWO PLATE PROP (Zweiplatten-Requisit, 1969) stehen zwei Rechtecke aufrecht, das eine seitlich gegen die vertikale Kante des anderen gelehnt.

Die spürbare Gefahr des Zusammenbrechens dieser Arbeiten hält den Betrachter eher davon ab, sich zu bewegen. (Heutzutage stellen Museen sie denn auch oft hinter Kordeln aus oder durch Farbmarkierungen oder Bodenleisten abgegrenzt.) Ihre prekäre Abhängigkeit von der Schwerkraft ist geradezu körperlich spürbar, wenn man vor ihnen steht, aber auch (etwas weniger lebhaft) auf Abbildungen. Sie stellen eine Parallele zur elementaren Aufgabe menschlicher Selbstbehauptung dar: dem Bewahren der aufrechten Haltung und allgemeinen Kohärenz durch propriozeptives (die Wahrnehmungen aus dem eigenen Körper vermittelndes) Ausbalancieren sämtlicher Strukturen und Kräfte.

Diese frühen Arbeiten Serras gaben der Skulptur ihre Vertikalität – und damit bis zu einem gewissen Grad den menschlichen Bezug – zurück, ohne dadurch die Integrität der Materialien und der Schwerkraft oder der Transparenz des Entstehungsprozesses aufzugeben, die Carl Andres Werk zu Axiomen jeder geschichtsbewussten Skulptur erhoben hatte.

Einige der *prop pieces* und verschiedene Arbeiten mit Stahlplatten, die später folgten, verweisen hinsichtlich aufrechter Stellung und struktureller Stabilität auf die Prinzipien der Architektur und implizieren dadurch eine ursprüngliche Verbindung zwischen Architektur und selbstbewusstem menschlichem Handeln. Was durch die *prop pieces* als Frage der Individuation oder Selbstbehauptung aufscheint, führen uns die architekturabhängigen Werke als kollektives oder vielleicht auch intersubjektives Projekt mehrerer, voneinander abhängiger Individuen vor. Doch diese philosophischen Anspielungen setzen keine Bestätigung von Seiten der Betrachter voraus.

In den frühen 70er Jahren begann Serra Arbeiten in der Landschaft zu platzieren, etwa SHIFT (Verlagerung, 1972) oder SPIN OUT FOR ROBERT SMITHSON (Drehmoment nach aussen für Robert Smithson, 1973) und schuf Arbeiten für Innenräume, wie CIRCUIT (Kreislauf, 1972) und TWINS (TO TONY AND MARY EDNA) – Zwillinge (für Tony und Mary Edna), 1972 –, bei denen sich die Betrachtenden zwischen den einzelnen Elementen bewegen müssen, um den Sinn ihrer Platzierung zu begreifen.

Ebenfalls in den frühen 70er Jahren schuf Serra seine so genannten *elevation pieces*, Erhebungen, wie beispielsweise EQUAL PARALLEL AND RIGHT ANGLE ELEVATIONS (Gleiche parallele und rechtwinklige Erhebungen, 1973) ein verstreutes Ensemble aus sorgfältig ausgerichteten Stahlplatten und -blöcken. Diese Arbeiten vermitteln dem Betrachter, der in ihnen herumgeht, seltsame Eindrücke wechselnder Grössenverhältnisse und Positionen, die durch unser bestehendes Wissen über Gewichte und Masse nachträglich wieder korrigiert werden, da wir nicht über die rechten Mittel verfügen, dieses zu widerlegen.

Im Lauf der Entwicklung von Serras Werk zeichnet sich eine Verlagerung des Schwerpunkts von der Betrachtung der Skulptur als einer dem Verstand zugänglichen Struktur hin zur Verwendung der Skulptur als Mittel zur Selbstbeobachtung des Betrachters ab. Auch diese Entwicklung spitzt sich in der Installation «The Matter of Time» zu, obwohl deren Wurzeln in älteren, betretbaren Arbeiten Serras zu finden sind, wie SIGHT POINT (Ansichtspunkt, 1971–1975) und WRIGHT'S TRIANGLE (Wrights Dreieck, 1976–1980).

Skulpturen mit langen, wandähnlich geschwungenen Flächen, wie CALL ME ISHMAEL (Nennt mich Ismael, 1986) und RUNNING ARCS (FOR JOHN CAGE) – Bogenfolge (für John Cage), 1992 – machten deutlich, dass das Gestalten des Raums oder das leitende Einwirken auf die Raumwahrnehmung des Betrachters, das in solchen Arbeiten stattfindet, auch eine Elastizität der Erfahrung zeitlicher Dauer zur Folge haben kann.

Die Skulpturen, aus denen «The Matter of Time» besteht, beschwören die Elastizität der subjektiven Zeit als ununterdrückbaren Zug jeder subjektiven Erfahrung, den wir aus Rücksicht auf die Zeitmessung gerne ignorieren.

Bei TORQUED ELLIPSE I (Verdrehte Ellipse I, 1996) entdeckte Serra, dass er die Erfahrung dieser zeitlichen Unbeständigkeit durch die unvorhersagbaren wechselnden Kurven der kolossalen geschwungenen Platten der Skulptur intuitiv erzeugen konnte.

Die einfachste Arbeit im Rahmen von «The Matter of Time», TORQUED ELLIPSE (Verdrehte Ellipse, 2003–2004), nimmt diese Entdeckung wieder auf: Ihr Bodenumfang zeichnet eine Ellipse nach, was ein in ihr stehender Besucher leicht erkennen kann. Der obere Umfang des offenen Raumes beschreibt dieselbe Ellipse, ist jedoch gegenüber der unteren etwas gedreht. Die geschwungenen Platten der Skulptur verbinden die beiden Ellipsen gleichmässig straff

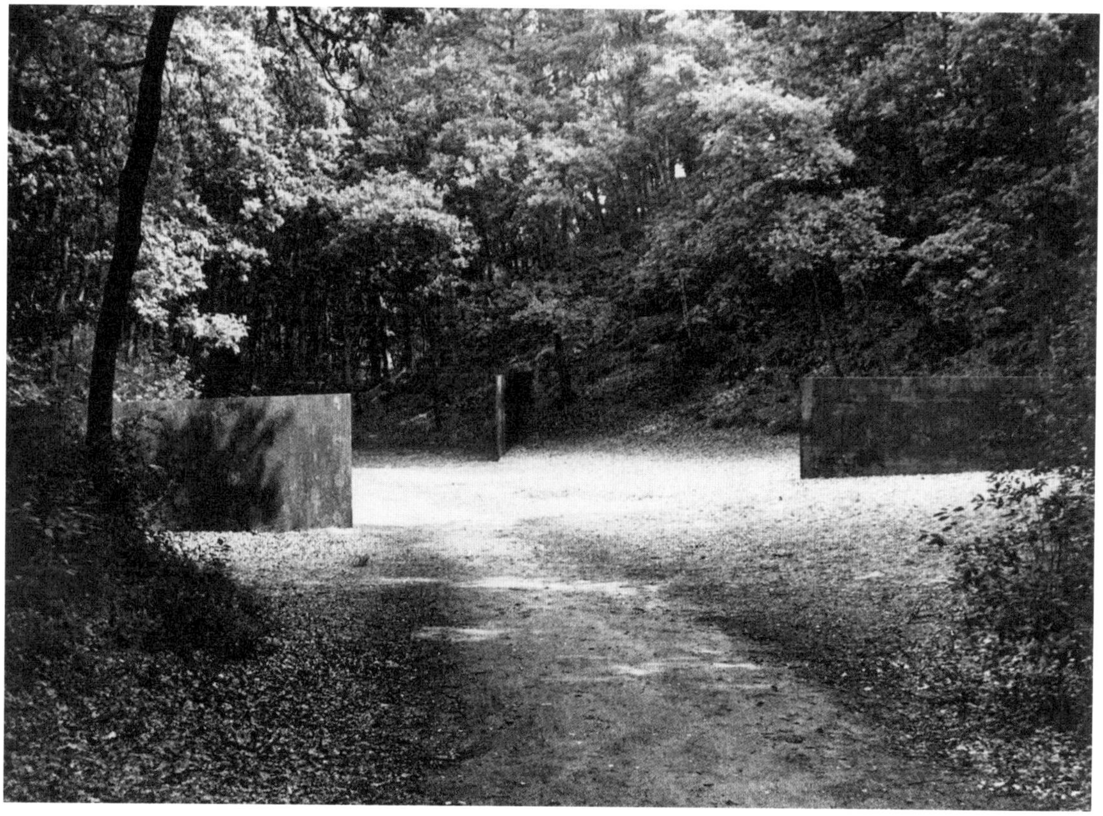

RICHARD SERRA, SPIN OUT (FOR ROBERT SMITHSON), 1972-1973, weatherproof steel, 3 plates, each 10 x 40' X 1 1/2" / wetterfester Stahl, 3 Platten, je 305 x 1219 x 3,8 cm.

und erzeugen dabei spürbare Veränderungen des Blickwinkels, die weder für den Verstand noch für den Körper vorhersehbar sind. Jeder Schritt innerhalb oder ausserhalb der Skulptur sorgt für überraschende Wahrnehmungen des Ansteigens und Entfaltens der Fläche und der Verlagerung ihres Gewichts.

TORQUED ELLIPSE ist die zweite der Skulpturen, welcher der Besucher beim Betreten der Arcelor Gallery des Guggenheim Museums in Bilbao begegnet. Man kann aus beträchtlicher Entfernung in sie hineinsehen, wogegen die erste Skulptur, TORQUED SPIRAL (CLOSED OPEN CLOSED OPEN CLOSED) – Verdrehte Spirale (geschlossen offen geschlossen offen geschlossen), 2003–2004 – ihre Öffnung vor dem eintretenden Besucher verbirgt und sich zunächst lediglich als hoher, eindrucksvoller und undurchdringlicher Schutzwall zeigt. TORQUED ELLIPSE bietet sich als eine Art Schlüssel zur Rezeption von «The Matter of Time» an. Es verdeutlicht den begrifflichen Kontext, in dem diese Skulpturen zu verstehen sind: Gehen und Schauen – eine Beweglichkeit des Denkens, die sich jener des Körpers anpasst und nicht umgekehrt.

Die unerbittliche Materialität von TORQUED ELLIPSE und die offensichtlich instabile Art ihrer Perzeption markieren die Gegenpole, zwischen denen die Betrachterinnen und Betrachter ihre Erfahrung von «The Matter of Time» und ihre Erinnerung daran werden verorten müssen.

Das Ensemble als Ganzes spielt verschiedene Variationen der Überzeugung durch, dass das körperlich gespeicherte Wissen – die Art von Erfahrung, die der Körper trotz seines bewussten Begehrens nicht verweigern kann – die Grundlage aller andren, abstrakteren Formen des Wissens bildet.

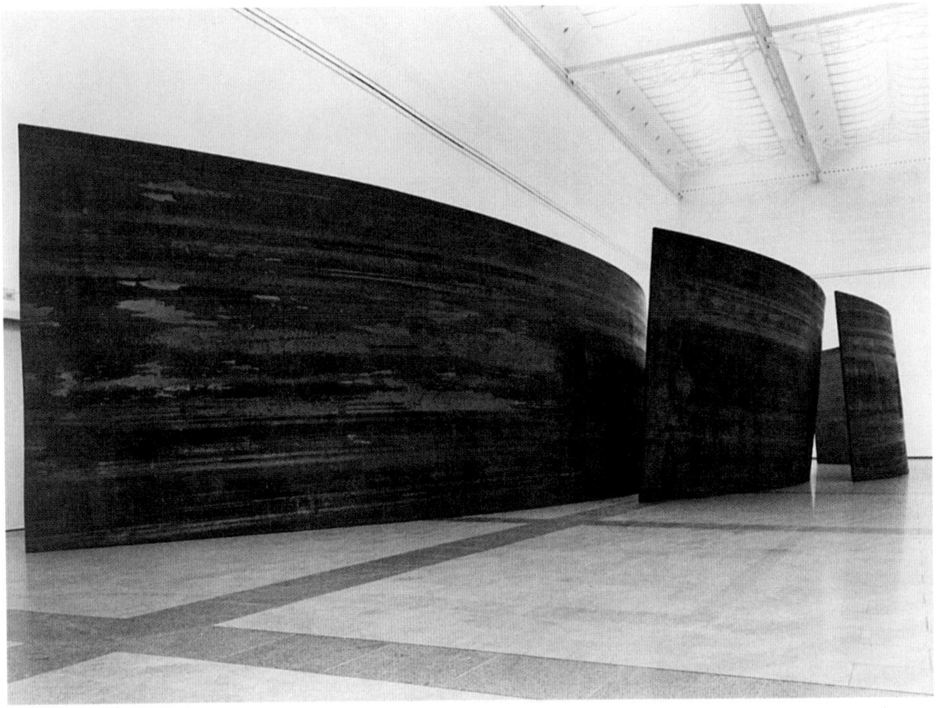

RICHARD SERRA, RUNNING ARCS (FOR JOHN CAGE), 1992, weatherproof steel, 3 conical sections, each 13' 1 1/2" x 55' 9 3/8" / wetterfester Stahl, 3 konische Elemente, je 400 x 1700 cm. (PHOTO: WERNER HAPPEL)

«The Matter of Time» mag manche Leute schockieren, wie es auch Serras TORQUED ELLIPSES im Museum der Dia Foundation in Beacon tun, mit ihrer unwiderstehlichen Verkörperung der Tatsache, dass die Erfahrung das Bewusstsein weit hinter sich lässt, von Reflexion und Analyse ganz zu schweigen. Allein schon der Versuch, sich selbst das Hindurchgehen durch TORQUED SPIRAL (CLOSED OPEN CLOSED OPEN CLOSED), BETWEEN THE TORUS AND THE SPHERE (Zwischen dem Torus und der Kugel, 2003–2005) oder irgendeine andere Komponente von «The Matter of Time» zu erzählen, ist eine einzige Frustration für die innere Stimme.

TORQUED SPIRAL (CLOSED OPEN CLOSED OPEN CLOSED) versetzt den Betrachter mitten hinein in Serras ausgereifte Sensibilität. Das Prinzip der verdrehten Ellipse ist hier auf die lange Spirale angewendet. Man tritt zwischen die einen umschliessenden Stahlwände der Spirale, die einer Reihe von schrumpfenden und drehenden elliptischen Achsen gehorchen, welche die Krümmung der sich annähernden und wieder öffnenden Wände bestimmen. In dem Masse, wie sich Abstand und Steilheit der Wände von TORQUED SPIRAL verändern, wandelt sich auch das Gefühl für das Tempo, mit dem sie beim Gehen an einem vorbeigleiten, und das Tempo, mit dem das Werk sich uns erschliesst. Allfällige Tendenzen zur Klaustrophobie werden sich an den engeren Stellen der Arbeit unweigerlich bemerkbar machen.

Während man sich innerhalb von TORQUED SPIRAL und den anderen Elementen von «The Matter of Time» bewegt, richtet sich die Aufmerksamkeit immer wieder auf die Blitzer offenen Raumes über unseren Köpfen, die von den ständig wechselnden Verläufen der oberen Plattenränder beschnitten werden. Die Verdunkelungen und Öffnungen über unseren Köpfen sowie Stellen, an denen die Platten in der Vertikale voneinander wegstreben, führen zu verblüffenden, nicht beabsichtigten Anspielungen. An einer Stelle von TORQUED SPIRAL… erscheint über unseren Köpfen das Profil von Brancusis VOISEAU DANS L'ESPACE (Vogel im Raum, 1922–1923). Und zwischen zwei der sieben Platten von

BETWEEN THE TORUS AND THE SPHERE taucht plötzlich eine Paraphrase der sich berührenden geometrischen Körper aus Ellsworth Kellys grossartigem Bild REBOUND (Rückstoss, 1959) auf.

Serra hat diese Anklänge in seinem Werk nicht eingeplant. Das wäre auch gar nicht möglich. Sie bezeugen indirekt genau jene Art von Wissen, das der Künstler verkörpert und das in uns selbst wahrzunehmen wir von «The Matter of Time» gezwungen werden.

An zahlreichen Stellen der Installation fühlt sich der Betrachter zurückgestossen durch das plötzliche Aufragen einer Stahlfläche oder – in BLIND SPOT REVERSED (Umgekehrter toter Winkel, 2003–2005) – durch die Begegnung mit offensichtlichen Sackgassen. Dieses Gefühl trifft den Kern des philosophischen Projekts, das Serras reifem Werk implizit zugrunde liegt: der Sehnsucht nach der Befreiung vom Körper, die in unserer heutigen Kultur so verbreitet ist, etwas entgegenzusetzen.

Diese Kultur hat zu ihrer Vollendung gefunden in jenem Phänomen, das Anne Friedberg «den aktivierten virtuellen Blick» nennt, einer Entkörperlichung des Sehens, das mit der Kamera begonnen hat und von der digitalen Technologie in jüngster Zeit noch beschleunigt und verstärkt worden ist.[1)]

Die Installation «The Matter of Time» lässt Betrachterinnen und Betrachter in Umstände eintauchen, in denen das Körperhafte des Auges sich nicht leugnen lässt. Sie nötigt den Betrachtenden die Frage auf: «Wer sieht eigentlich?» Und durch die erstaunlichen Uneindeutigkeiten und flüchtigen Eindrücke, die sie entstehen lässt, weitet die Werkgruppe diese Frage – über das Interesse für die eigene Beobachternatur hinaus – auf die sozialere Neugier des «Wer sieht, was ich sehe, und wie erfahren wir es?» aus. Mit anderen Worten, Serras Kunst, die wir in «The Matter of Time» vollendet sehen, bietet sich als ein Set von Instrumenten zur Rekonstruktion unserer Weltanschauung an, und sie beginnt nicht mit der Frage «Was können wir wissen?», sondern mit «Was können wir miteinander teilen?»

(Übersetzung: Wilma Parker)

1) Anne Friedberg, *Window Shopping: Cinema and the Postmodern*, University of California Press, Berkeley/Los Angeles 1993.

RICHARD SERRA, EQUAL PARALLEL AND RIGHT ANGLE ELEVATIONS, 1973, hot rolled steel, 4 elements, 2 24' x 14' 9" x 5 1/4" and 2 24 x 27 x 5 1/4" / heiss gewalzter Stahl, 4 Elemente, je 2 61 x 450 x 13 cm, je 2 61 x 69 x 13 cm.

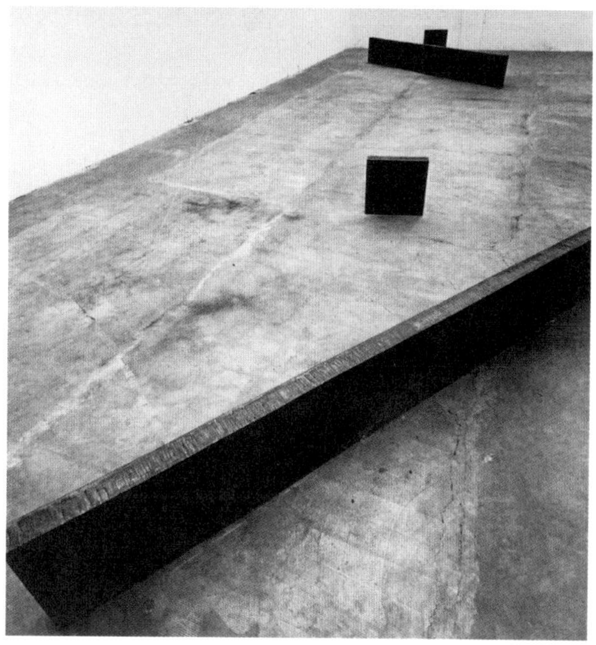

Parkett 74

Richard Serra

Bilbao 1, 2005

Etching, paper size 22 3/4 x 27 1/2",
Image size 17 3/4 x 23 1/2", printed by Gemini G.E.L., Los Angeles, CA
Edition of 35, signed and numbered

Radierung, Blattformat 45 x 60 cm,
Papierformat 58 x 70 cm, gedruckt bei Gemini G.E.L., Los Angeles, CA
Auflage 35, signiert und nummeriert

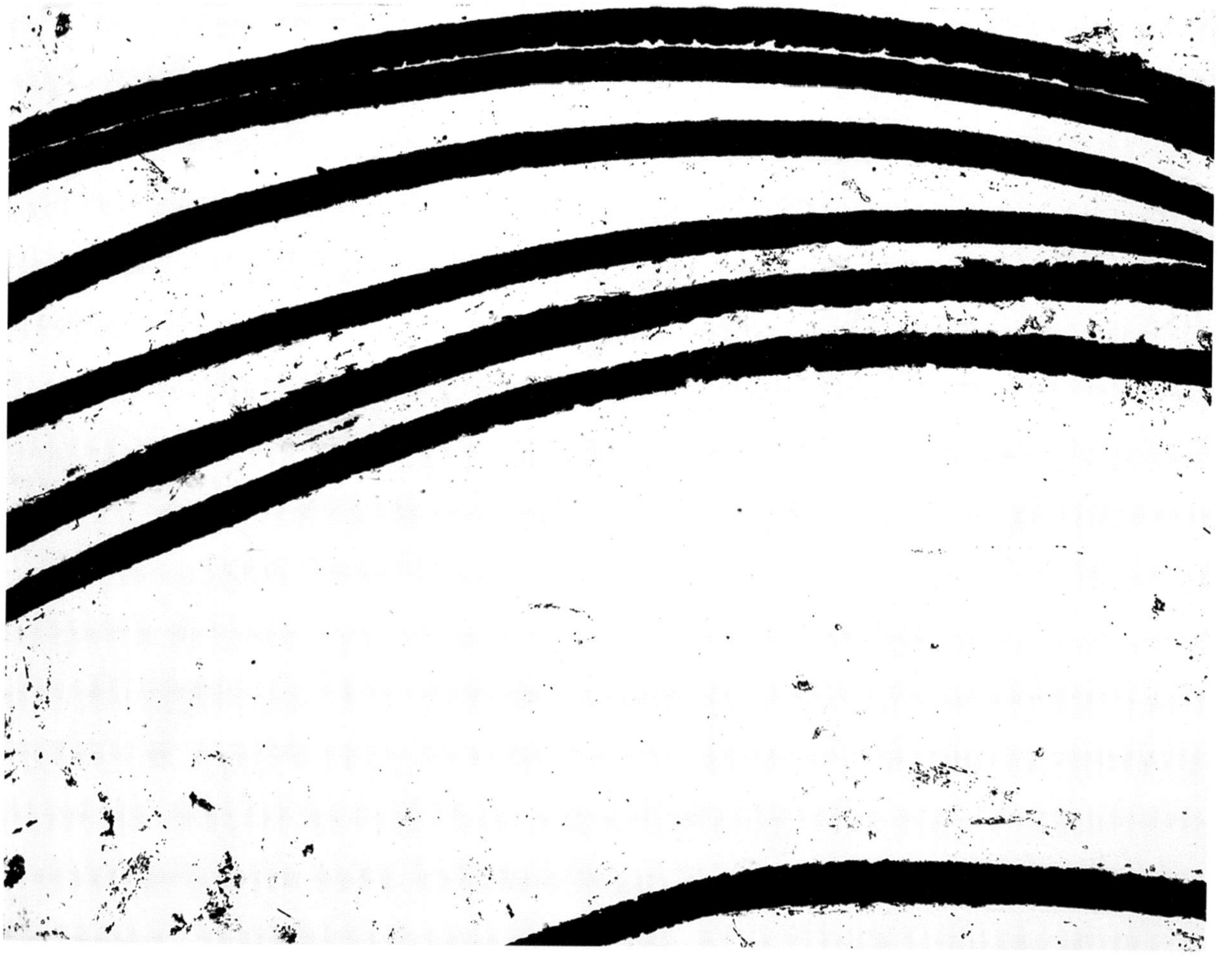

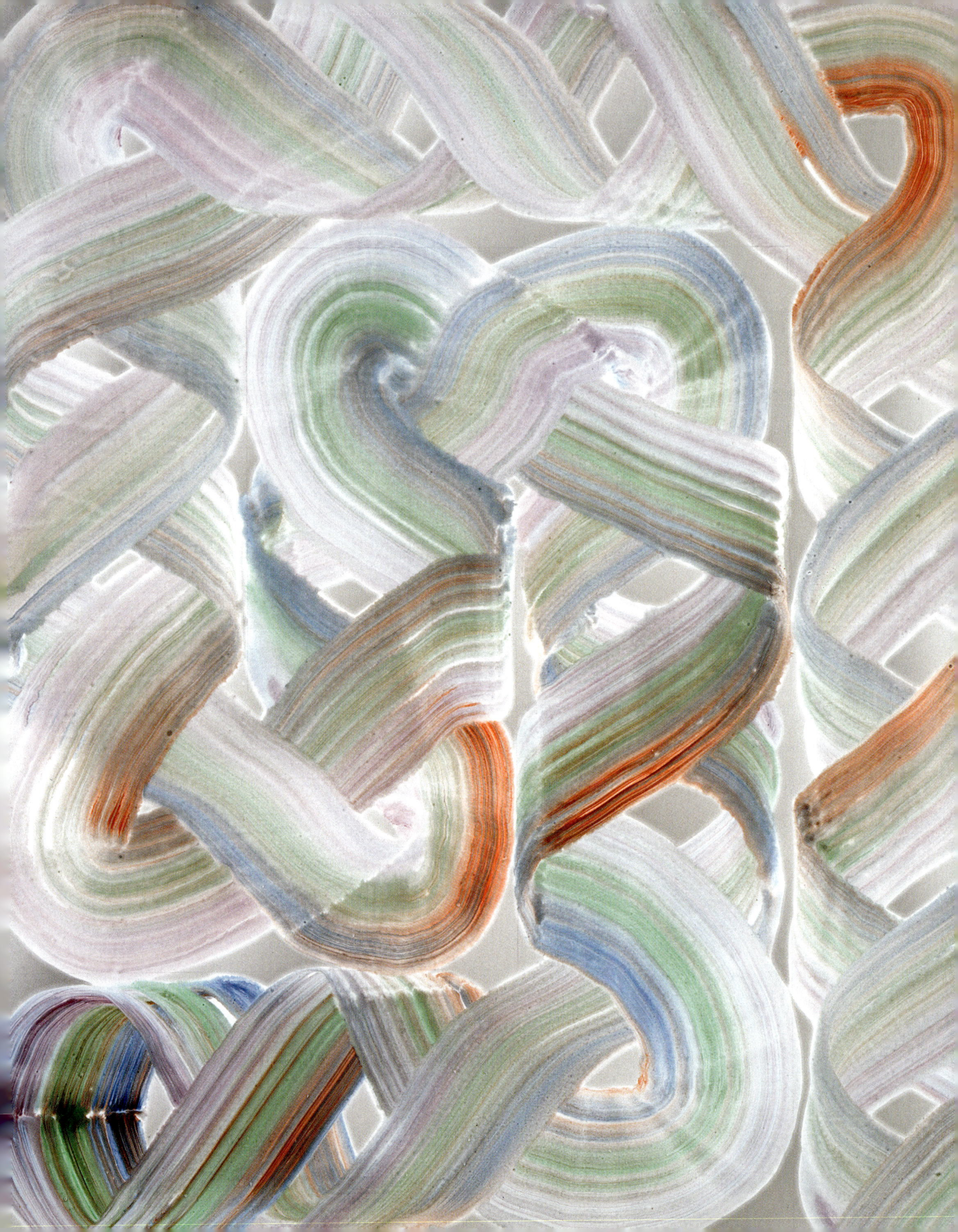

BERNARD FRIZE

2001, acrylic and resin on canvas, 63 x 55 1/8 / Acryl und Kunstharz auf Leinwand, 160 x 140 cm.

ART AND INDUSTRY

KATY SIEGEL & PAUL MATTICK

Bernard Frize titled one of his most recent paintings USINE (2005), or "Factory." This is in keeping with other titles in the series: CAMERA (2005), DIAMANT (2005), MAISON (2005); Frize has often played amusingly on the theme of finding a representational image in the most abstract works. Each of these paintings has at its center a shape that, looked at with narrowed eyes and a certain amount of imagination, could be seen as corresponding to its title. But we suspect that the factory has a special meaning for Frize, as it has for artists of the past one hundred and fifty years, give or take.

Fundamental to the modern practice of art, as it has developed since the eighteenth century, is its contrast with the industrial mode of production (and distribution) that began to emerge at the same time. While capitalism harnessed, first, the cooperation of many hands in a divided labor process, and then the substitution of machinery for human labor to produce larger and larger quantities of objects, fine art emphasized individual hand-labor and more or less unique objects as its characteristic forms of production and product. This is why, when some artists after the First World War had the idea of modernizing art by bringing it into line with industrial culture, they employed such stratagems as anonymous finish, the use of industrial materials, the separation of conception and production (carried to an extreme in the readymade), and the employment of techniques of mechanical reproduction to make multiples.

None of these efforts really succeeded, of course. For one thing, art was *already* modern. For another, its specifically modern meaning was located precisely in the difference of its objects and performances from those of "ordinary" or "everyday" life. Even the most rebellious practices, however determined to bridge the gap between art and life, inevitably gave way to "art," the conventions and conditions of art and its difference.

Bernard Frize's painting takes a unique approach to the question of its relationship to modern life. On the one hand, it makes no bones about its nature as art: what he makes, shows, and sells are (for the most part) paintings, made in a studio, shown in museums and galleries, each clearly recognizable as the work of Bernard Frize. On the other, he has developed a mode of production sharing key features of modern industry. For one thing, his process entails the separation of mental and manual labor. But because he is an artist, and not an engineer or a manual worker, Frize is able to perform both tasks. First he thinks up an idea that will generate a painting: in the series that includes USINE each painting is a different version of the same knot (a concept mathematicians call

KATY SIEGEL is Associate Professor of Art History at Hunter College; she is the author of many catalog essays, most recently on Takashi Murakami and Richard Tuttle, and co-author of *Art Works: Money*.

PAUL MATTICK is Professor of Philosophy at Adelphi University; he is the author of *Art in its Time* and co-author of *Art Works: Money*.

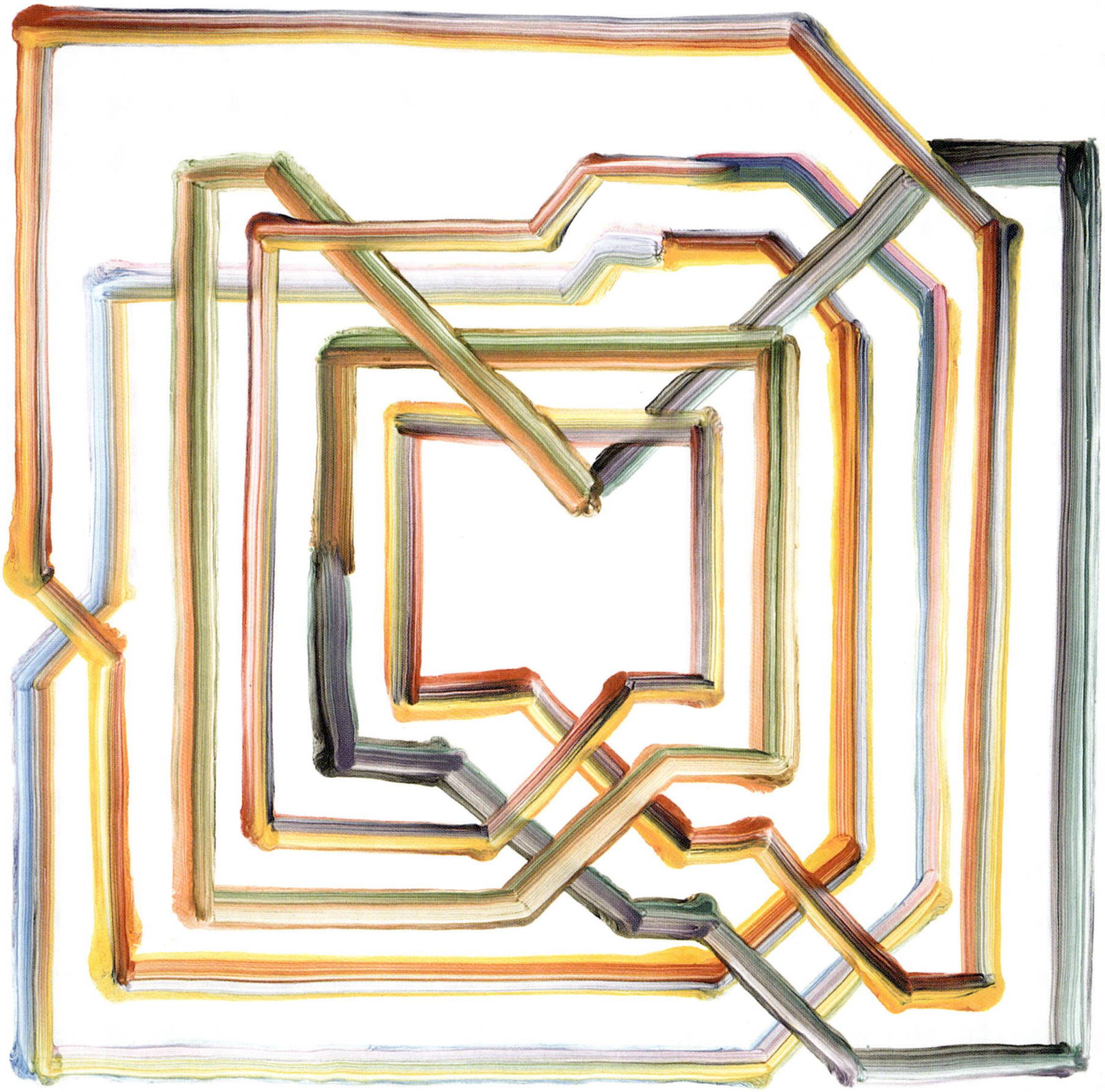

BERNARD FRIZE, CAMERA, 2005, acrylic and resin on canvas, 65 x 65" / Acryl und Kunstharz auf Leinwand, 165 x 165 cm.

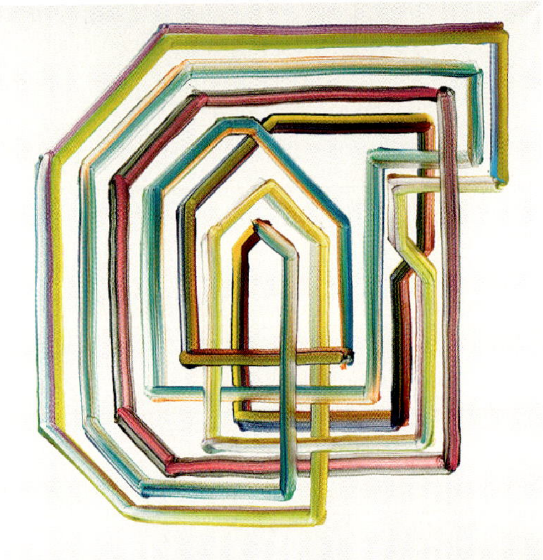

BERNARD FRIZE, MAISON, 2005, acrylic and resin on canvas, 51 3/16 x 51 3/16" / Acryl und Kunstharz auf Leinwand, 130 x 130 cm.

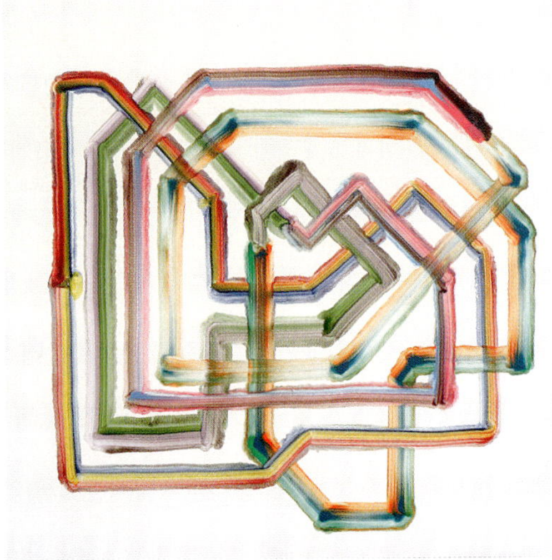

BERNARD FRIZE, FABRIQUE, 2005, acrylic and resin on canvas, 59 x 59" / Acryl und Kunstharz auf Leinwand, 150 x 150 cm.

isotopy). Once the plan is in place, all he has to do is follow it. Because Frize is both designer and maker, instead of working as part of a machine generating someone else's profit, he controls the entire production process.

He can therefore realize the utopian promise of modern industry: "the right to be lazy," in the words of Paul Lafargue, Karl Marx's son-in-law.[1] Henry Ford and others held out the promise that more efficient industrial manufacturing techniques would afford human beings greater leisure. Marx, however, pointed out the paradox that the mechanization of production, instead of freeing human beings from the burden of physical labor, led to exhausting workdays (alongside mass unemployment). Frize executes his strange projects as efficiently as possible: worker as well as boss, why would he make more work for himself?

In his quest for efficiency, laziness, or directness, Frize calls on nature as well as his own ingenuity, conjuring painting problems that take advantage of a natural law, such as gravity, or a physical property, such as how far a given amount of paint can extend across a surface. Speaking of this employment of natural forces to produce effects outside his own control, he has said, in a recent interview, "To use [chance] you must be very lazy. That is to say, you have to find very elaborate strategies so that chance can come into it… It's a very complicated business, organizing situations in which you do nothing and things will happen on their own."[2] We might translate "chance" here more accurately as materiality, the substance of the paint, the surface of the painting. Rather than resisting materiality, he works with it. Instead of trying to control or dominate nature, he allows nature itself to become another set of hands.

Increasingly in recent years, Frize's practice has also been distinctly modern in its collective character. Of course, almost all successful artists employ assistants for tasks ranging from stretching and preparing canvases to actually laying down paint following the artist's directions. What is unusual about Frize's work is that it visibly requires several people working together to make it. The assistants are not stand-ins for the artist, performing tedious tasks like varnishing the canvas, but work alongside him; nor are they there just to speed up production—many of his paintings could not be made by one person, no matter how hard or long he might work. The series of paintings recently shown in Paris, at Galerie Emmanuel Perrotin, for instance, requires a minimum of four hands working simultaneously to lay down the lattice-knot pattern of lines that form the image.

Further complicating the rendering of simultaneity, each hand holds three brushes, so that each right-angled turn of the brush produces a changing pair of colors. That is, each line is actually three lines; the amount of time required to make them, however, is the same amount of time it would normally take to make a single line. Process in a painting is usually a matter of tracing single, directional marks and gestures and perhaps, in the case of someone like Willem de Kooning, of thinking in terms of layers and erasures as well. Frize's technique of simultaneous, synchronic making creates an image in about the time it takes to see one, thanks both to careful planning and to collective execution.

These works, fascinating in their complexity as well as beauty, are in this way reminiscent of baroque chamber music, with its typically unrehearsed semi-improvised filling out of a composed structure. Like an eighteenth century composer at the keyboard, Frize participates in making the work with equally important others, without disguising his particular role as author. But unlike such music, Frize's work demands no professional skill from its practitioners. As he explains, "In the early days I used to work with painters, but now they're people who make videos or something quite different. There is no specialization with me. I never use technical knowledge. There is nothing technical in what I do. So it's not important."[3]

In this again, his artistic practice is like industrial labor; as many critics have noted since the sixties, art increasingly participates in the same de-skilling of labor that characterizes industrial work.[4] Frize's painting differs from conceptual art in several important ways, however, not the least of which is that he essentially re-skills himself and his assistants with strange new specialties, like making sharp-angled turns while wielding enormous brushes. And it also differs, like much art, from industrial labor, in that it is not repetitive, not impersonal, not alienated. The new knot paintings dictate a very strict order, but one that is non-hierarchical: each line must pass over, but also under other lines. Frize manages to surpass the metaphor for democracy Clement Greenberg saw in all-over painting by picturing a different kind of social relationship, in which individual figures are not blandly submerged in a larger social field, but cooperate in shifting relationships.

Frize's paintings look as if they gave pleasure to the makers as well as to the eventual viewer; we imagine the excitement of collective activity, the thrill of concentration and coordination, riding the edge of the process until the painting (much like a photograph) "comes out"—or doesn't. Instead of proposing industrial products as models of modern art, à la Duchamp, Frize demonstrates in his artistic practice what a different way of organizing production in general could look like.

"I try to do things that are ordinary," Frize says, "that are everyday, that are very simple, and that anyone could do. This is not always evident because painting is something extremely elaborate and sophisticated, something, what's more, that refers back to a whole history of panting."[5] That history, for the last two hundred years, has inextricably involved the paradox of the glorification of a few handmade objects in a world of mass production; of the elevation of certain individuals—artists or captains of industry—in a mass society; of the accumulation of history in a culture constantly destroying the past. Bernard Frize denies neither side of the paradox, accepting it as the way in which art is already part of life. Instead of seeking to close an imaginary gap, he has found a way to see and show history in the everyday, the sophisticated in something anyone could do—to reveal the utopian future promised by industrial culture in works that are free, lovely, and to be enjoyed today.

1) Paul Lafargue, *The Right to Be Lazy*, 1883 (Chicago: Charles H. Kerr, 1989).
2) Irmeline Lebeer, "'I buy a brush 40 cm wide...' interview with Bernard Frize" in: *Aplat: Bernard Frize* (Paris: Musée d'Art Moderne de la Ville de Paris, 2003), pp. 198–199.
3) Lebeer, p. 201.
4) The classic reference is Harry Braverman, *Labor and Monopoly Capital: The Degradation of Work in the Twentieth Century* (New York: Monthly Review Press, 1974).
5) Lebeer, p. 203.

KUNST UND INDUSTRIE

KATY SIEGEL & PAUL MATTICK

Bernard Frize hat einem seiner jüngsten Bilder den Titel USINE (2005), Fabrik, gegeben. Das passt zu anderen Titeln derselben Werkreihe: CAMERA, DIAMANT, MAISON (alle 2005). Frize hat schon oft aufs Amüsanteste mit dem Aufspüren figürlicher Bilder in extrem abstrakten Arbeiten gespielt. Bei all diesen Bildern ist in der Bildmitte eine Form zu sehen, die man – mit zusammengekniffenen Augen und etwas Phantasie betrachtet – für das halten könnte, was der Titel nennt. Doch wir haben den Verdacht, dass die Fabrik für Frize von besonderer Bedeutung ist, wie das in den letzten 150 Jahren bei zahlreichen Künstlern der Fall war.

Grundlegend für die moderne Kunstpraxis, wie sie sich seit dem achtzehnten Jahrhundert herausgebildet hat, ist der Kontrast zur industriellen Produktion (und Distribution), die sich im selben Zeitraum zu entwickeln begann. Während der Kapitalismus sich zunächst die Zusammenarbeit vieler in einem geteilten Arbeitsprozess zunutze machte, um danach die menschliche Arbeit durch Maschinen zu ersetzen, welche grössere Objekte und grössere Mengen produzieren konnten, unterstrich die Kunst das individuelle Arbeiten mit der Hand und den dadurch mehr oder weniger gegebenen Unikatcharakter als typisches Kennzeichen ihrer Produkte und Produktionsweise. Deshalb kamen nach dem Ersten Weltkrieg einige Künstler, welche die Kunst der industriellen Kultur anpassen wollten, auf die Idee, zu diesem Zweck Dinge einzusetzen wie anonyme Oberflächen, industrielle Materialien, die Trennung von Konzeption und Produktion (die im Readymade ihre extremste Variante fand) und schliesslich – zur Herstellung von Multiples – die Techniken der mechanischen Reproduktion.

Natürlich war keine dieser Anstrengungen wirklich von Erfolg gekrönt. Zum einen war die Kunst *bereits* modern, zum anderen lag ihre spezifisch moderne Bedeutung gerade in der Differenz, die ihre Objekte und Darstellungen zu jenen des «gewöhnlichen» oder «alltäglichen» Lebens aufwiesen. Selbst die revolutionärsten Methoden, wie entschlossen auch immer sie die Kluft zwischen Kunst und Leben zu überwinden trachteten, mussten unweigerlich der «Kunst» weichen beziehungsweise den Regeln und Bedingungen der Kunst und ihrer Differenz.

Bernard Frize' Malerei stellt die Frage nach ihrem Verhältnis zum modernen Leben auf eine ganz eigene Art und Weise. Einerseits macht sie kein Hehl aus ihrem Kunstsein: Was Frize macht, zeigt und verkauft, sind (zum grössten Teil) Bilder – im Atelier gemalt, in Museen und Galerien ausgestellt –, die jeweils klar als Werke von Bernard Frize zu erkennen sind. Andrerseits hat er jedoch eine Arbeitsmethode

KATY SIEGEL ist Associate Professor für Kunstgeschichte am Hunter College der City University of New York; sie ist Autorin zahlreicher Katalogbeiträge, zuletzt über Takashi Murakami und Richard Tuttle, sowie – zusammen mit Paul Mattick – Co-Autorin von *Geld* (Gerstenberg-Verlag, Hildesheim 2004).

PAUL MATTICK ist Professor für Philosophie an der Adelphi University, New York, und unter anderem Autor des Buches *Art in its Time* (Routledge, London/New York 2003).

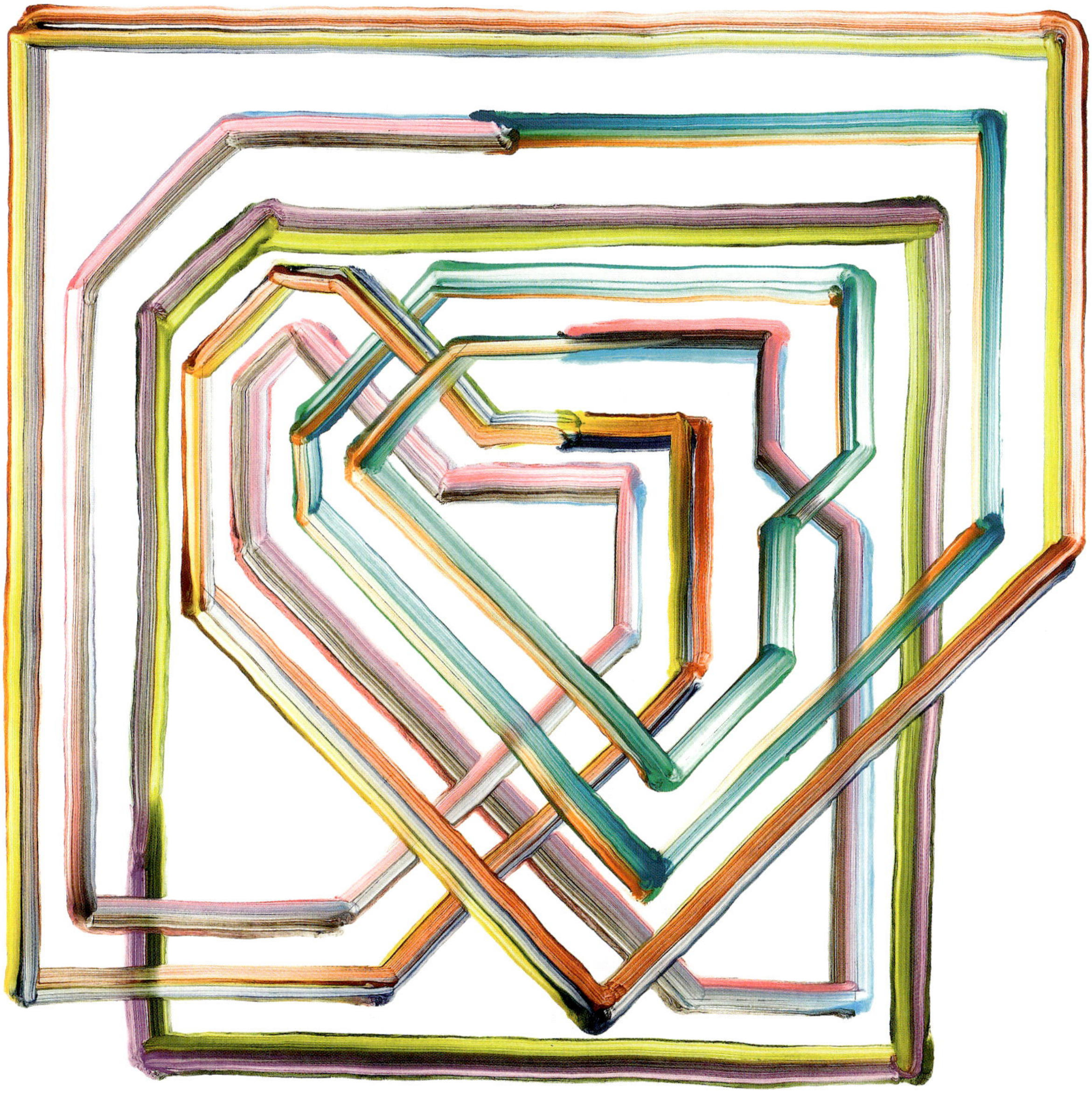

BERNARD FRIZE, DIAMANT, 2005, acrylic and resin on canvas, 74 3/4 x 74 3/4" / Acryl und Kunstharz auf Leinwand, 190 x 190 cm.

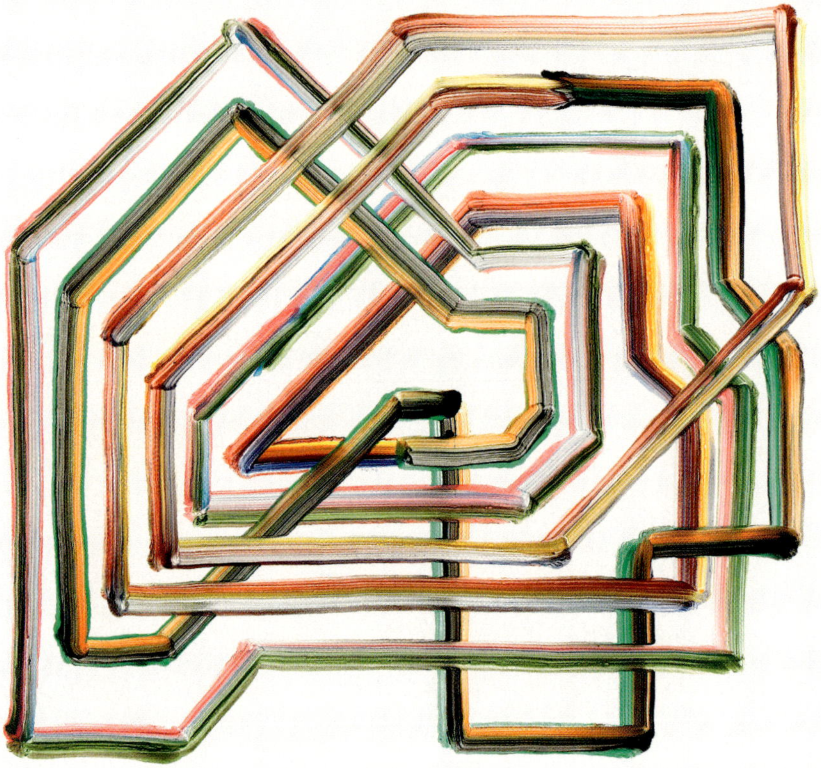

BERNARD FRIZE, UN, 2005, acrylic and resin on canvas, 51 3/16 x 51 3/16" / Acryl und Kunstharz auf Leinwand, 130 x 130 cm.

entwickelt, die charakteristische Züge der modernen industriellen Produktion aufweist. Zunächst bedingt sein Vorgehen die Trennung von geistiger und manueller Arbeit. Doch weil Frize Künstler ist, und nicht Ingenieur oder Handwerker, vermag er beide Aufgaben zu erfüllen. Zu Beginn heckt er eine Idee aus, die zu einem Bild führen wird: In der Serie, zu der USINE gehört, ist jedes Bild eine andere Version desselben Knotens (die Mathematiker verwenden dafür den Begriff der Isotopie). Steht der Plan erst einmal, braucht er ihm nur noch zu folgen. Da Frize sowohl entwirft wie ausführt, arbeitet er nicht als Rädchen in einer Maschine für den Profit von jemand anderem, sondern kontrolliert selbst den gesamten Produktionsprozess.

Dadurch kann er das utopische Versprechen der industriellen Moderne einlösen: «das Recht auf Faulheit», um mit Paul Lafargue, dem Schwiegersohn von Karl Marx, zu sprechen.[1] Henry Ford und andere beharrten auf dieser Verheissung, dass effizientere industrielle Produktionsweisen dem Menschen mehr Musse bringen würden. Marx dagegen verwies auf das Paradox, dass die Mechanisierung der Produktion die Menschen nicht von der Last der körperlichen Arbeit befreien, sondern zu anstrengenden langen Arbeitstagen führen werde (gepaart mit Massenarbeitslosigkeit). Frize führt seine seltsamen Projekte so effizient wie möglich aus: als Arbeiter und Chef in einer Person – weshalb sollte er sich also selbst mehr Arbeit aufhalsen?

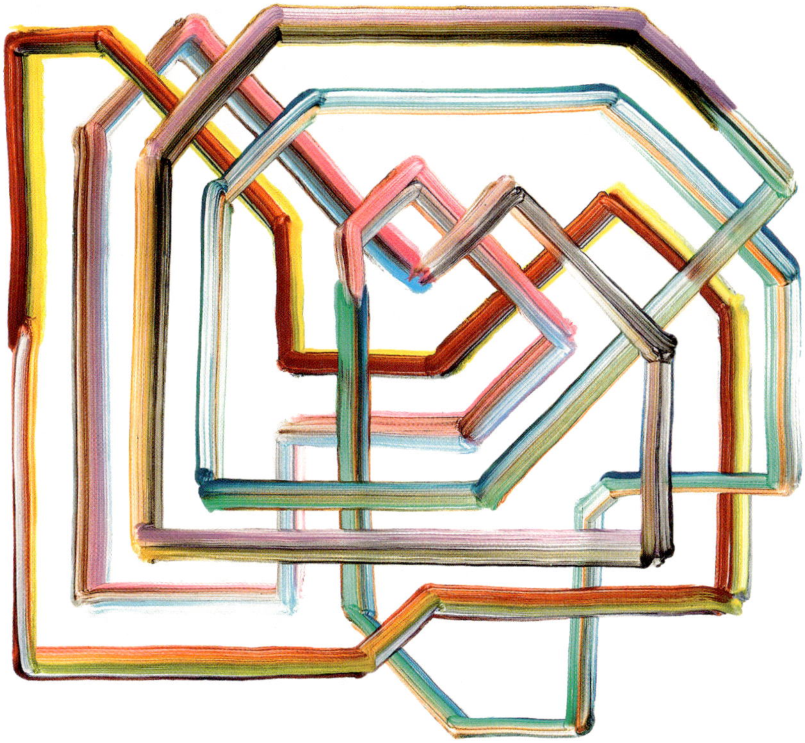

BERNARD FRIZE, USINE, 2005, acrylic and resin on canvas, 59 x 59" / Acryl und Kunstharz auf Leinwand, 150 x 150 cm.

Bei seinem Streben nach Effizienz, Faulheit oder Direktheit beruft sich Frize sowohl auf die Natur wie auf seinen eigenen Einfallsreichtum, wenn er malerische Problemstellungen formuliert, die ein Naturgesetz wie das Gravitätsgesetz ins Spiel bringen, oder auch eine physikalische Eigenschaft, zum Beispiel, wie weit eine bestimmte Menge Farbe sich auf einer Oberfläche ausdehnen kann. Zu dieser Anwendung von Naturkräften zum Erzeugen von Effekten, die er selbst nicht mehr kontrollieren kann, meinte er jüngst in einem Interview: «Um mit dem Zufall zu arbeiten muss man sehr faul sein. Das heisst, man muss sehr aufwändige Strategien entwickeln, damit der Zufall mitspielen kann … Es ist ein sehr kompliziertes Geschäft, dieses Herbeiführen von Situationen, in denen man selbst nichts tut und die Dinge sich von selbst ereignen.»[2] Man könnte «Zufall» hier treffender mit «Materialität» übersetzen: die Farbsubstanz, die Bildfläche. Er arbeitet eher mit dieser Materialität, als dass er gegen sie angeht. Statt die Natur kontrollieren oder beherrschen zu wollen lässt er zu, dass die Natur quasi selbst mit Hand anlegt.

Dank ihres kollektiven Charakters wirkte Frize' Praxis in den letzten Jahren auch zunehmend bewusst modern. Natürlich beschäftigen fast alle erfolgreichen Künstler Assistenten für Aufgaben, die vom Bespannen und Grundieren der Leinwand bis zum eigentlichen Farbauftrag nach Anweisung des Künstlers reichen. Ungewöhnlich ist bei Frize jedoch, dass

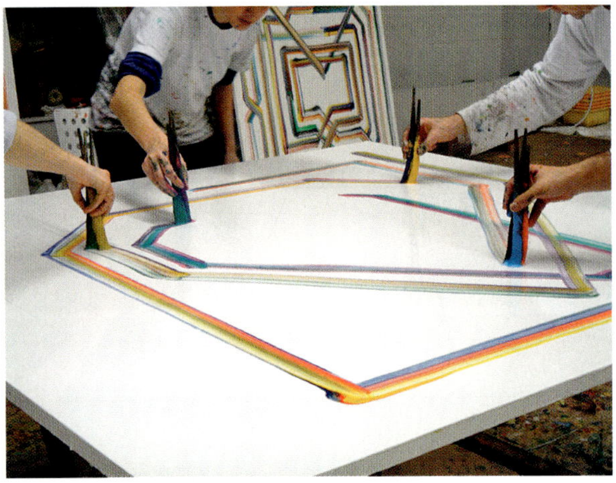

BERNARD FRIZE, Assistants/Assistenten, 2005.

seine Werke offensichtlich das Zusammenarbeiten mehrerer Leute voraussetzen. Die Assistenten vertreten nicht den Künstler und übernehmen langweilige Aufgaben, wie das Firnissen der Leinwand, sondern sie arbeiten mit ihm zusammen; sie sind auch nicht dazu da, die Produktion zu beschleunigen – viele seiner Bilder könnten gar nicht von einer einzigen Person gemalt werden, egal wie lange und intensiv diese arbeiten würde. Für die Bildserie, die kürzlich in der Galerie Emmanuel Perrotin in Paris gezeigt wurde, waren zum Beispiel mindestens vier gleichzeitig arbeitende Hände nötig, um das Knotengeflecht der Linien, die das Bild ausmachen, auf die Leinwand zu bringen.

Um die simultane Leistung noch weiter zu komplizieren hält jede Hand drei Pinsel, so dass jede rechtwinklige Richtungsänderung des Pinselstrichs eine andere Farbkombination bewirkt. Das heisst, jede Linie besteht eigentlich aus drei Linien; die Zeit, die benötigt wird um sie zu ziehen, ist jedoch dieselbe wie für eine einzige Linie. Das Vorgehen beim Malen eines Bildes besteht in der Regel darin, einzelne, entscheidende Spuren und Gesten zu vollziehen und vielleicht, wie im Fall von Willem de Kooning, auch darin, in Schichten zu denken und Auslöschungen in Erwägung zu ziehen. Bei Frize' Technik des simultanen, synchronen Malens dauert das Herstellen eines Bildes – dank sorgfältiger Vorbereitung und kollektiver Ausführung – nicht viel länger als das Betrachten desselben.

Die Arbeiten erinnern in ihrer Komplexität und Schönheit irgendwie an barocke Kammermusik und deren charakteristisches, nicht einstudiertes, halb improvisiertes Ausfüllen einer vom Komponisten vorgegebenen Grundstruktur. Wie ein Komponist des achtzehnten Jahrhunderts vor seiner Tastatur ist Frize an der Entstehung des Werks zusammen mit gleich wichtigen anderen beteiligt, ohne seine spezifische Rolle als Urheber zu verheimlichen. Aber anders als die barocke Musik verlangt Frize' Werk von den Ausführenden kein fachliches Geschick. Wie er selbst erläutert: «Am Anfang arbeitete ich jeweils mit Malern zusammen, aber inzwischen sind es Leute, die Videos machen oder auch etwas ganz anderes. Bei mir braucht es keine Spezialisierung. Ich setze nie irgendwelche technischen Kenntnisse ein. Da ist nichts Technisches an dem, was ich mache. Also ist es auch nicht wichtig.»[3)]

Auch darin gleicht seine künstlerische Praxis wiederum der industriellen Arbeit; wie viele Kritiker seit den 60er Jahren bemerkt haben, unterliegt die Kunst zunehmend derselben Dequalifizierung wie die Arbeit im industriellen Bereich.[4)] Frize' Malerei unterscheidet sich von der Konzeptkunst in vielerlei entscheidenden Hinsichten, doch eine nicht zu unterschätzende Differenz liegt darin, dass er sich selbst und seine Assistenten mit seltsamen neuen Spezialkenntnissen ausstattet, etwa damit, wie man beim Führen riesiger Pinsel exakte Winkel zieht. Sein Vorgehen unterscheidet sich, wie manch andere Kunst, aber auch dadurch von der industriellen Arbeit, dass es nicht repetitiv, nicht unpersönlich, nicht entfremdet ist. Die neuen Knoten-Bilder geben eine sehr strenge Ordnung vor, aber eine, die nicht hierarchisch ist: Jede Linie muss über andere, aber auch unter anderen Linien hindurch verlaufen. Es gelingt ihm, die Metapher für Demokratie, die Clement Greenberg in der All-over-Malerei sah, noch zu überbieten; Frize bildet eine andere Art gesellschaftlicher

Beziehung ab, in der Individuen nicht bloss in einem umfassenderen sozialen Umfeld aufgehen, sondern in wechselnden Beziehungen zusammenarbeiten.

Die Bilder von Frize sehen aus, als hätten sie den Malenden genauso viel Freude bereitet wie dem allfälligen Betrachter; wir stellen uns die Aufregung des gemeinsamen Arbeitens vor, die gespannte Konzentration und Koordination, das Vorantreiben des Prozesses auf Messers Schneide, bis das Bild (ähnlich wie eine Photographie) «zum Vorschein kommt» – oder auch nicht. Statt wie Duchamp industrielle Produkte als Vorbild für die Kunst zu propagieren führt Frize in seiner künstlerischen Tätigkeit vor, wie eine andere Organisation der Produktion überhaupt aussehen könnte.

«Ich versuche ganz gewöhnliche Dinge zu tun», sagt Frize, «alltägliche, ganz einfache Dinge, die jeder tun könnte. Das ist nicht immer offensichtlich, weil Malen etwas äusserst Aufwändiges und Raffiniertes ist, und noch wichtiger, etwas, was auf eine ganze Geschichte der Malerei zurückgeht.»[5] Diese Geschichte war in den letzten zweihundert Jahren untrennbar verbunden mit dem Paradox der Glorifizierung einiger weniger handgefertigter Objekte in einer von der Massenproduktion bestimmten Welt; mit der Erhöhung gewisser Individuen – Künstler oder Industriemagnaten – in einer Massengesellschaft; mit der Ansammlung von Geschichte in einer Kultur, die ihre Vergangenheit fortwährend auslöscht. Bernard Frize verleugnet weder die eine noch die andere Seite dieses Paradoxes, sondern akzeptiert es als die Art und Weise, in der Kunst bereits Teil des Lebens ist. Statt eine imaginäre Kluft schliessen zu wollen hat er einen Weg gefunden, die Geschichte im Alltäglichen zu erkennen und aufzuzeigen, das Raffinierte in einem Prozedere, das jeder und jede vollziehen könnte. – Somit enthüllt er uns die utopische Zukunft, die Verheissung der industriellen Kultur, in Arbeiten, die frei und sehenswert sind und an denen wir heute schon unsere Freude haben können.

(Übersetzung: Suzanne Schmidt)

1) Paul Lafargue, *Das Recht auf Faulheit*, Verlag der Volksbuchhandlung, Zürich 1887 (franz. Original: 1883).

2) Irmeline Lebeer, «J'achète un pinceau de 40 cm…», Interview mit Bernard Frize», in: *Aplat: Bernard Frize*, Ausstellungskatalog (Text franz. und engl.), Musée d'Art Moderne de la Ville de Paris, Paris 2003.

3) Lebeer, S. 201. (Hier aus dem Englischen übersetzt.)

4) Das Standardwerk zu diesem Thema ist Harry Braverman, *Labor and Monopoly Capital: The Degradation of Work in the Twentieth Century*, Monthly Review Press, New York 1974.

5) Lebeer, S. 203. (Hier aus dem Englischen übersetzt.)

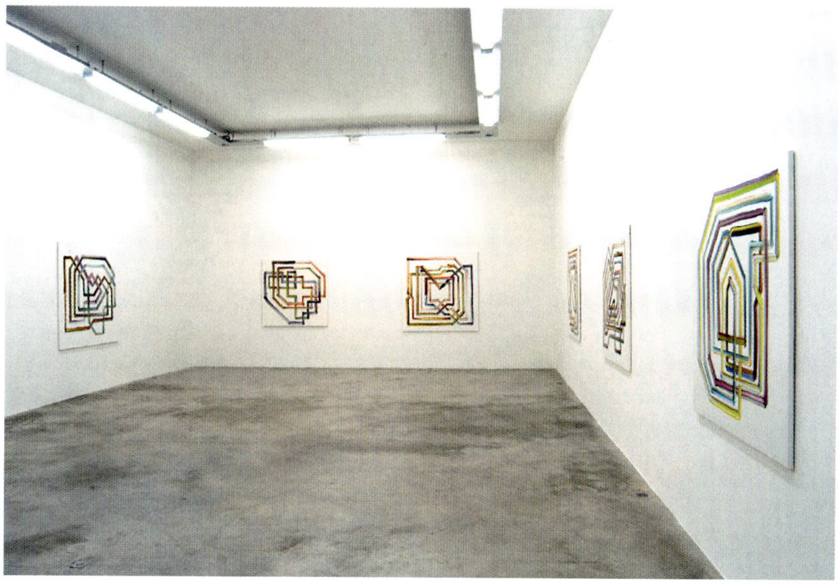

BERNARD FRIZE, 2005, "Faces et profiles," exhibition view/ Ausstellungsansicht, Gallery Emmanuel Perrotin, Paris.

History is the subject of a structure whose site is not homogenous empty time, but time filled by the presence of the now.

—Walter Benjamin in "Thesis on the Philosophy of History"

The Reconstitution of Time Past

JORDAN KANTOR

BERNARD FRIZE, SPUGNA, 1991–1993, alkyd urethane lacquer on canvas, 36¼ x 28¾" / Alkydurethan Lack auf Leinwand, 92 x 73 cm.

In a recent interview in these pages, French painter Bernard Frize reiterated a point he has made throughout the course of his career—a point that has been almost ritually repeated in the critical treatment of his oeuvre. Describing an aspect of the viewing experience he hopes his paintings occasion, Frize stated, "I want my traces to allow viewers to reconstitute what happened."[1] This idea that the artist's "traces"—those material records of painterly process—allow their viewers to unravel the history of the work's making, seems fairly straightforward. In many paintings, Frize isolates, even exaggerates, his painterly means to foreground the process of the images' production. This is evidenced in a painting like the aptly titled MADE (1986), where one can easily follow the methodical itinerary of pigment-loaded brushes, envisioning the way they once traveled through the artist's favored ultra-glossy acrylic resin in sweeping horizontal bands. (The brushes start in the upper left corner, descend and traverse the canvas [left to right], only to change both direction and orientation in the lower right corner, and double back across in broad horizontal strokes.) While many of Frize's commentators have attended to ways in which his paintings reveal their own materiality, less focus has been trained on another equally important dimension of his process-oriented practice: its temporality.[2] Indeed, as much as Frize's paintings matter-of-factly assert the material means by which they are made, they also, specially, and specifically, register the *time* of such making.

JORDAN KANTOR is an artist and Associate Professor of Painting at California College of the Arts. He was formerly Assistant Curator of Drawings at The Museum of Modern Art, New York, where the exhibition he most recently organized, "Drawing from the Modern: 1975–2005," remains on view until January 2006.

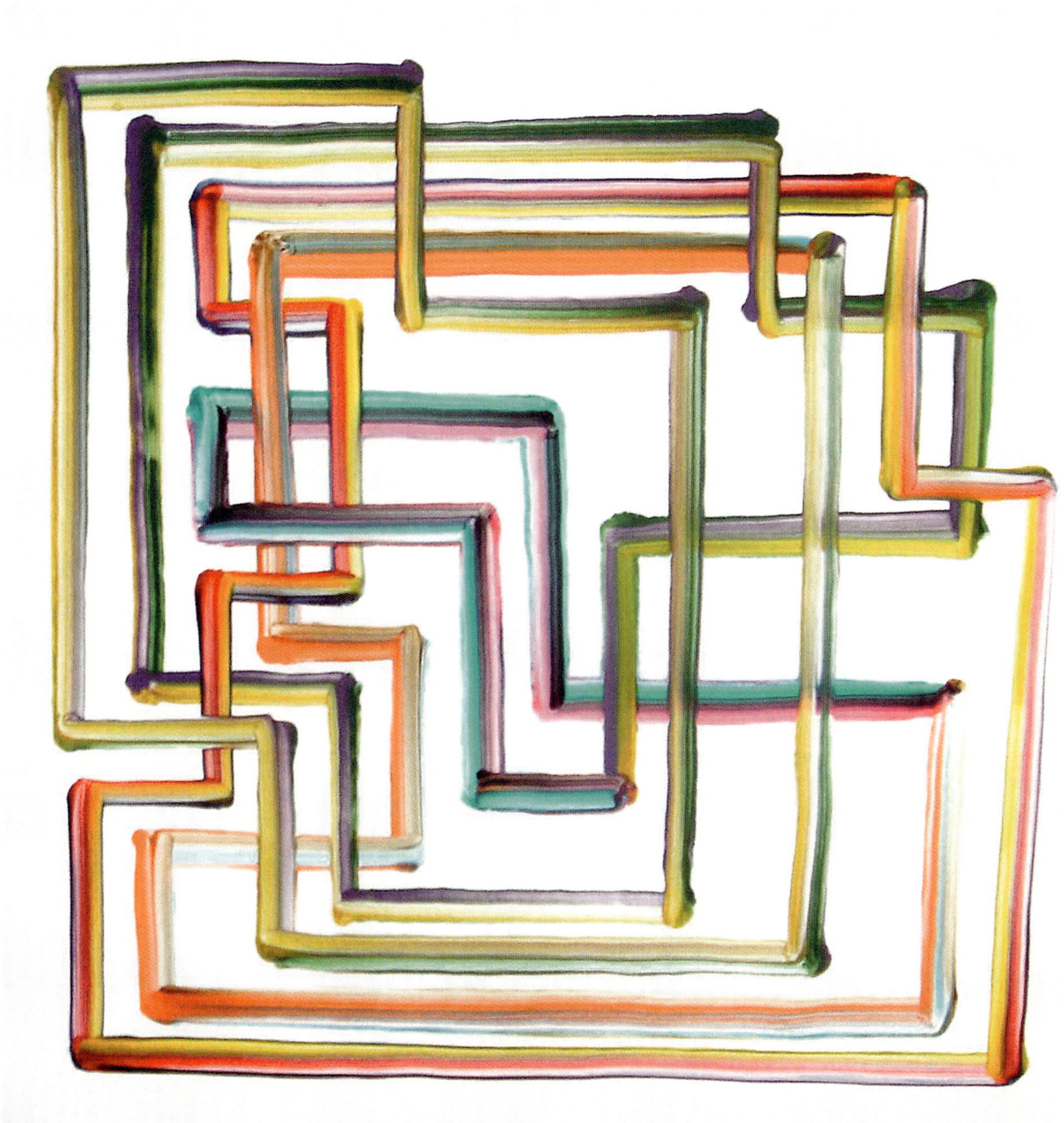

BERNARD FRIZE, MODERNE, 2005, acrylic and resin on canvas, 65 x 65" / Acryl und Kunstharz auf Leinwand, 165 x 165 cm.

Time has been a central and defining concern of Frize's art since at least the eighties, when the artist devised a series of operations whose effects became inscribed directly within the materiality of his paintings. He executed a large body of work that incorporated the thin "skins" which form on the surface when containers of wet paint are exposed to air for long periods. SUITE SEGOND STRN30F100 (1980) was among the first of such works; it is made up of small discs of dried color the artist lifted from open cans of paint and collaged, wet-side-down, onto the canvas. Playfully riffing off classic modernist modes of self-revealing painterly materialism (like Pollock's drips), Frize uses these bright circles of pastel solids to construct a self-conscious image of the time it takes for paint to dry. As simplistic as this idea might initially seem, the artist's attempts to depict paint in the process of drying have proven surprisingly fruitful. SUITE N-B (1991), a series of six canvases from 1991, captures the effects of time on paint with similar means, but to very different pictorial ends. To make this work, Frize first poured black and white paint into a rectangular tray roughly the size of the eighteen by fifteen inch canvases. Leaving the mixture uncovered, the artist waited for a skin to form before peeling it from the tray and affixing it to the canvas. With the layer that had sealed the mixture having been removed, a new skin began to coagulate atop the remaining wet paint only to be itself peeled away, once solidified enough to cover the next canvas. Not only do the six works that comprise SUITE N-B reveal the considerable time required for this sequential operation; the lightening tonal progression in the cycle registers the slow, downward separation of the denser white pigments from the less dense black ones. That is, in addition to representing the time required for each new skin to dry (as the discs in SUITE SEGOND STRN30F100 also did), SUITE N-B's marbleized surfaces bear witness to the slow procession of the heavy metals typically used to make white paint—titanium, zinc, and lead—as they settle to the bottom of the tray.

In a very different way, the nubby surfaces of SPUGNA (1993) and MARGARITA (1991) also present gravity's tug on thick, wet paint. Like stalactites, the bumps that define the surfaces of these paintings formed when Frize suspended the wet canvases, allowing them to dry in positions horizontal, face-down, and parallel to the floor.[3)]

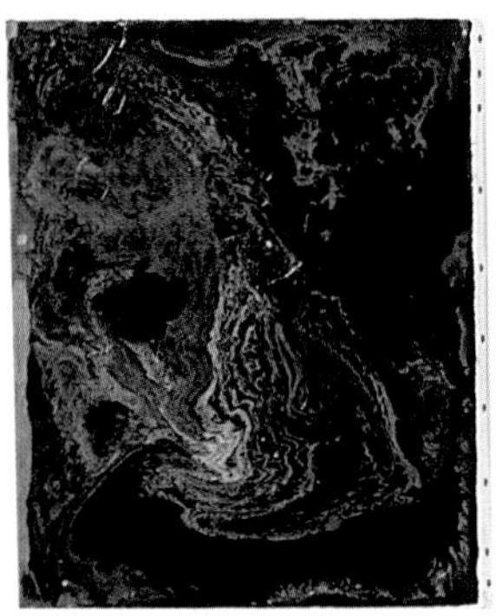

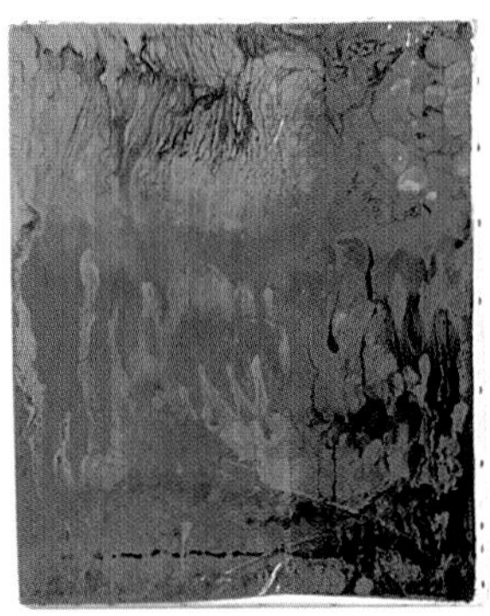

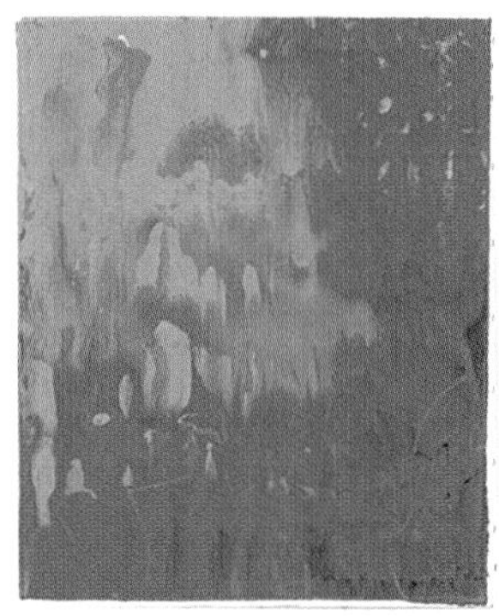

BERNARD FRIZE, SUITE N-B, 1991, alkyd urethane lacquer on canvas 6 x (18 1/8 x 15") / Alkydurethan Lack auf Leinwand, 6 x (46 x 38 cm).

Other of the works, instead of indexing the effects of time on paint, highlight the duration of the artist's physical exertion in arriving at the image. As in MADE (described above), Frize typically creates the perception that little time (and hence little work) is required to fabricate these paintings. Indeed, the blithe, gestural images for which he is best known usually seem to have been executed in a few short seconds, an appearance underscored in the titles of works paradigmatic in this regard: DASH (1995), RUSH (1995), HURRY (1995), and SPEED (1995). While the artist has acknowledged that this quickness of execution is sometimes feigned (in fact, some have been painted more than ten times), the opposition of this type of work to the "slower" skin paintings demonstrates the methodical nature of Frize's sustained commitment to investigating the various "times" of painting.[4)] That such paintings appear not to require much time, work, or special fabrication skills to be made, reveals the democratic impulse that runs through Frize's practice. The artist has repeatedly stated that he wants his paintings to appear quick, easy, and part of the everyday world; he strives to make the painterly process appear as quotidian as spreading butter on a piece of toast, or as simple as putting tulips in a vase.[5)] This demystification of the act of painting, what Hans Ulrich Obrist has called the artist's "taming of the demiurge," is part of Frize's larger artistic ambition to explore the liberating possibilities of art made manifest, in part, through the durational act of viewing.

Perhaps the most novel and important aspect of Frize's art is the temporality implied for the viewer's encounter with his individual works. Frize believes that his "traces" not only record past actions that have "happened," but that they wait, pregnant, for future times to come—ready at any moment to trigger a durational "reconstitution" in the viewer's mind. This two-pronged temporality—in which the artist's time spent m a k i n g is registered as a means to choreograph future time spent l o o k i n g—is singular to Frize's work. So too is his investigation of art's durational aspects through painting, a medium conventionally understood to be still (at least compared to film and video).[6)] Frize's paintings are compelling not only because they register the time and work of the artist, but because they do so in ways that engineer a specifically durational viewing. For certain, all works of art—paintings included—

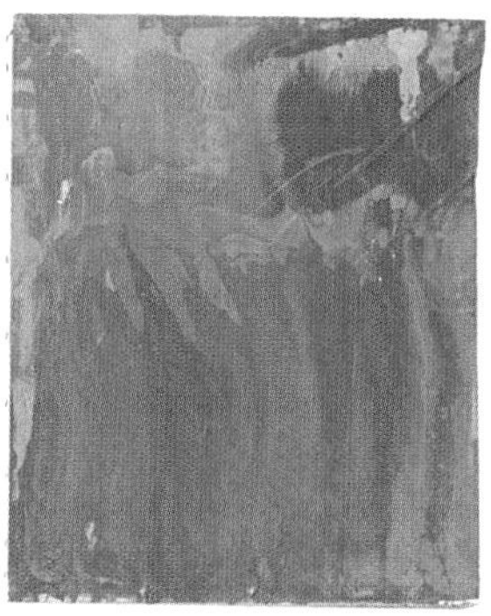

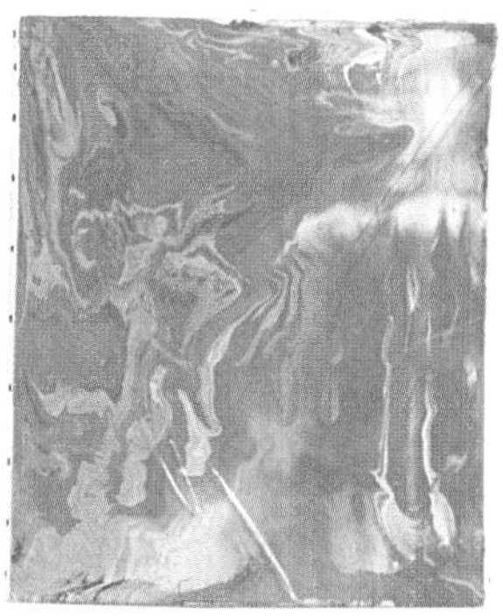

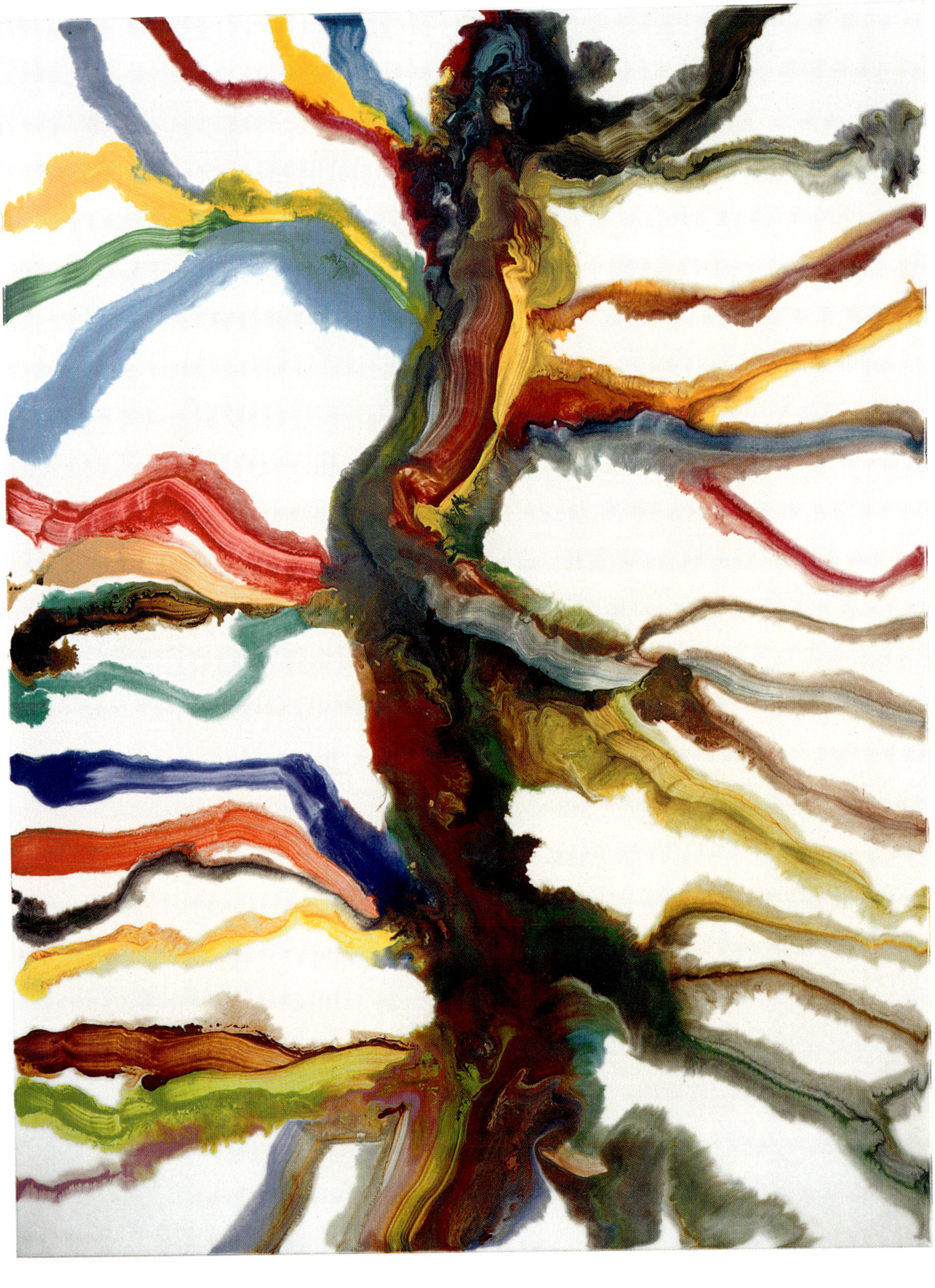

BERNARD FRIZE, *MARTHA, 2004, acrylic and resin on canvas, 45 $^5/_8$ x 35"/ Acryl und Kunstharz auf Leinwand, 116 x 89 cm.*

require time to behold. But the deliberate, yet diverse manners in which Frize transparently embeds in his works the processes of their making, engineer a kind of durational untangling that is central to the artist's program.

This untangling in real time, the "reconstitution" that Frize's paintings occasion, demands a certain active "presentness" of its viewers that has deep political implications.[7)] By entreating their viewers to look, to investigate the "history" of their manufacture, Frize's works create a heightened viewer consciousness that parallels the literalist materialism of the artist's painterly means. That is, if Frize's matter-of-fact materialism reflects an agenda to disenchant painting (which I believe it does), this finds a perfect compliment in the literalist experience of real-time triggered by looking at one of these works. While it could be considered ironic to argue that such choreographed looking is liberating, the open-endedness which the works propose creates an experience more dialogical than proscriptive. This kind of viewing encounter is entirely subjective, and fairly difficult to describe—a point Frize has himself conceded:

There is no equivalence between painting and language, otherwise it would have been verbalized. It's about a whole bundle of things that are conveyed in the actual experience of the painting. A painting is an incredible object: it's flat, facing you, you stand facing it—I mean, it's an incredible moment which catalyses emotions, unusual sensations. Whether one is looking at a monochrome canvas or a Rubens, one is always standing facing it, confronting it, activating one's emotions and one's intelligence. One is always in a dialogue with this object."[8)]

The dialogue Frize seeks between his paintings and their viewers is a direct consequence of the specific ways in which he conducts a dialogue with his own materials; it is a product of his materialism. So while the artist might imagine his pictures as "simply the outcome" of a "series of operations," they are altogether more than just that in practice. [9)] Frize's paintings are taut springs of potential: waiting to discharge their energy through a productive, dialectical encounter with their viewers, even if that be at some future time.

1) Hans Ulrich Obrist, "The Taming of the Demiurge. A Conversation with Bernard Frize," *Parkett* 68 (2003), p. 138. For an interesting treatment of Frize's work, which analyzes a similar statement by the artist, see Barry Schwabsky, "One Percent Frize" in: *Bernard Frize. Hands On* (Birmingham: Ikon Gallery, 2003), pp. 6–10.
2) This is not to say that time is a wholly ignored aspect of this work. For two critical appraisals of the temporal aspects of Frize's production, see Yves Aupetitallot, "Bernard Frize," (Paris: Galerie Crousel-Robelin Bama, 1990), n.p., and Camille Morineau, "Bernard Frize. Fragments d'un discours amoureux" in: *Art Press* 248 (July–August 1999), esp. p. 37.
3) The artist clearly describes the processes involved in making many of his paintings in: Bernard Frize, *Bernard Frize: Size Matters* (Arles: Actes Sud, c. 1999), pp. 42.
4) For Frize's statement about making the paintings look as if they "came together at once," see *Size Matters*, p. 97.
5) Bernard Frize in "Malen ist wie Blumen in eine Vase stellen. Ein Gespräch mit Amine Haase" in: *Kunstforum* 152 (Oktober–Dezember 2000), pp. 287–291.
6) Interestingly, a related effect has been noted in the sculptures of Richard Serra, see Yves-Alain Bois, "A Picturesque Stroll Around *Clara-Clara*" (trans. John Shepley) in: *October* 29 (Summer 1984), pp. 33–62.
7) For the now canonical, though still controversial, thesis regarding literalism and presentness in post-war abstract art, see Michael Fried, "Art and Objecthood" in: *Artforum* 5:10 (Summer 1967), pp. 12–23.
8) Bernard Frize, *Aplat. Bernard Frize. Musée d'Art Moderne de la Ville de Paris*, 06.06–28.09.2003 (Paris: Paris Musées, 2003), pp. 203–204.
9) Frize: "I'm trying, rather, to set up an operation or a series of operations, of which the picture is simply the outcome or by-product." See "Rule and Branch. Jean-Pierre Criqui Visits Bernard Frize" in: *Artforum* 32:2 (October 1993), p. 81.

Die Geschichte ist Gegenstand einer Konstruktion, deren Ort nicht die homogene und leere Zeit, sondern die von Jetztzeit erfüllte bildet.

– Walter Benjamin [1)]

Die Wiederherstellung der Vergangenheit

JORDAN KANTOR

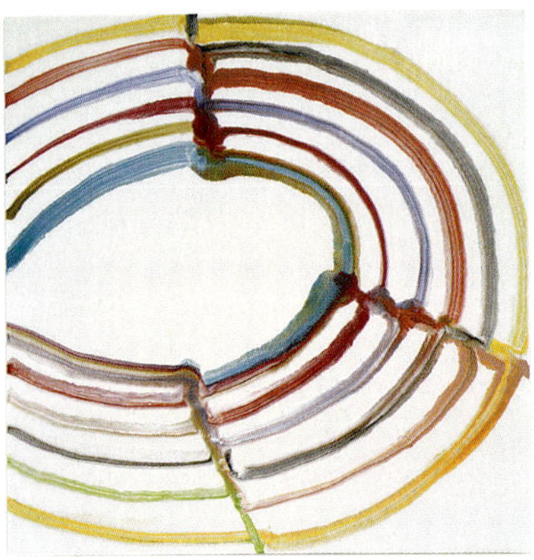

BERNARD FRIZE, VRAISEMBLABLEMENT, 1998, *acrylic and resin on canvas*, 70 7/8 x 70 7/8" / *Acryl und Kunstharz auf Leinwand*, 180 x 180 cm.

In einem noch nicht lange zurückliegenden Interview mit Hans Ulrich Obrist kommt Bernard Frize erneut auf einen Punkt zu sprechen, an dem er im Lauf seiner Karriere beharrlich festgehalten hat – ein Punkt, dessen Wiederholung in der kritischen Beschäftigung mit seinem Œuvre schon fast zum Ritual geworden ist. Bei der Beschreibung eines bestimmten Aspekts der Seherfahrung, die seine Bilder, wie er hofft, auslösen, sagt Frize, er wolle, «dass die Spuren erkennen lassen, was geschehen ist».[2)] Der Gedanke, dass die «Spuren» des Künstlers – die materiellen Erinnerungen an den Malprozess – dem Betrachter erlauben, die Entstehungsgeschichte des Werks zu erschliessen, scheint auf der Hand zu liegen. In vielen Bildern schränkt Frize seine malerischen Mittel stark ein oder übertreibt im Gegenteil deren Einsatz, um den Prozess der Bildproduktion in den Vordergrund zu rücken. Dies lässt sich mit dem sehr passend betitelten Bild MADE (Gemacht, 1986) belegen, auf welchem man den methodischen Weg, den die pigmentbeladenen Pinsel zurückgelegt haben, leicht verfolgen und sich ein Bild davon machen kann, wie die Pinsel rasche horizontale Bahnen durch das vom Künstler bevorzugte Hochglanz-Acrylharz zogen. (Die Pinsel beginnen in der oberen linken Ecke, ziehen abwärts und überqueren die Leinwand – von links nach rechts – um dann in der unteren rechten Ecke Richtung und Ziel zu ändern, kehrtzumachen und in breiten horizontalen Strichen zurückzulaufen.) Während sich viele Kommentatoren damit auseinander gesetzt haben, wie Frize' Gemälde ihre eigene Materialität offenbaren, fand eine andere ebenso wichtige Dimension seiner prozessorientierten Arbeit weniger Interesse:

JORDAN KANTOR ist Künstler und Associate Professor für Malerei am California College of the Arts. Davor war er Assistant Curator für Zeichnungen am Museum of Modern Art, New York. Dort ist zurzeit noch seine zuletzt organisierte Ausstellung zu sehen: «Drawing from the Modern: 1975–2005» (bis Januar 2006).

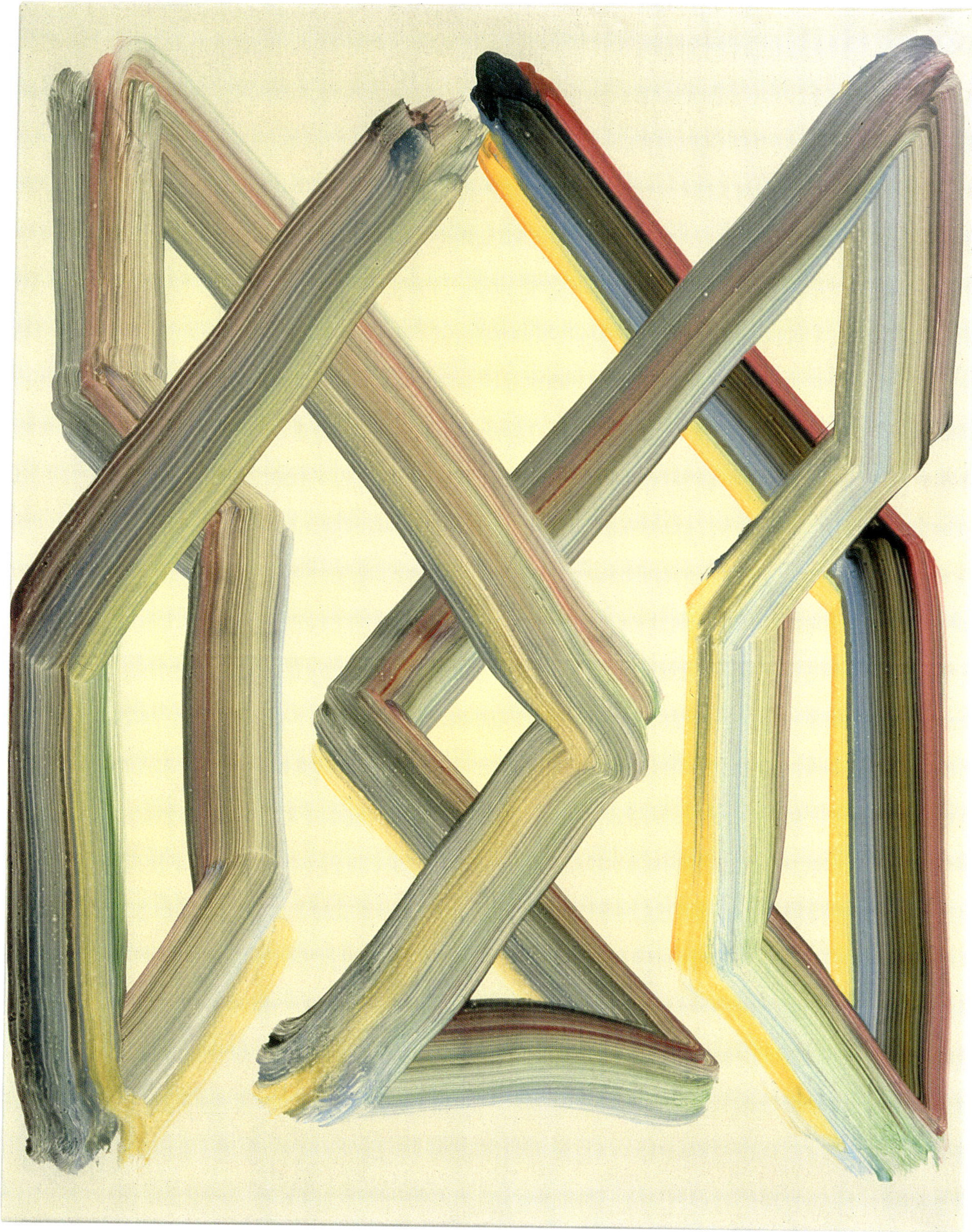

BERNARD FRIZE, RUSH, 1995, acrylic and resin on canvas, 39 3/8 x 31 7/8" / Acryl und Kunstharz auf Leinwand, 100 x 81 cm.

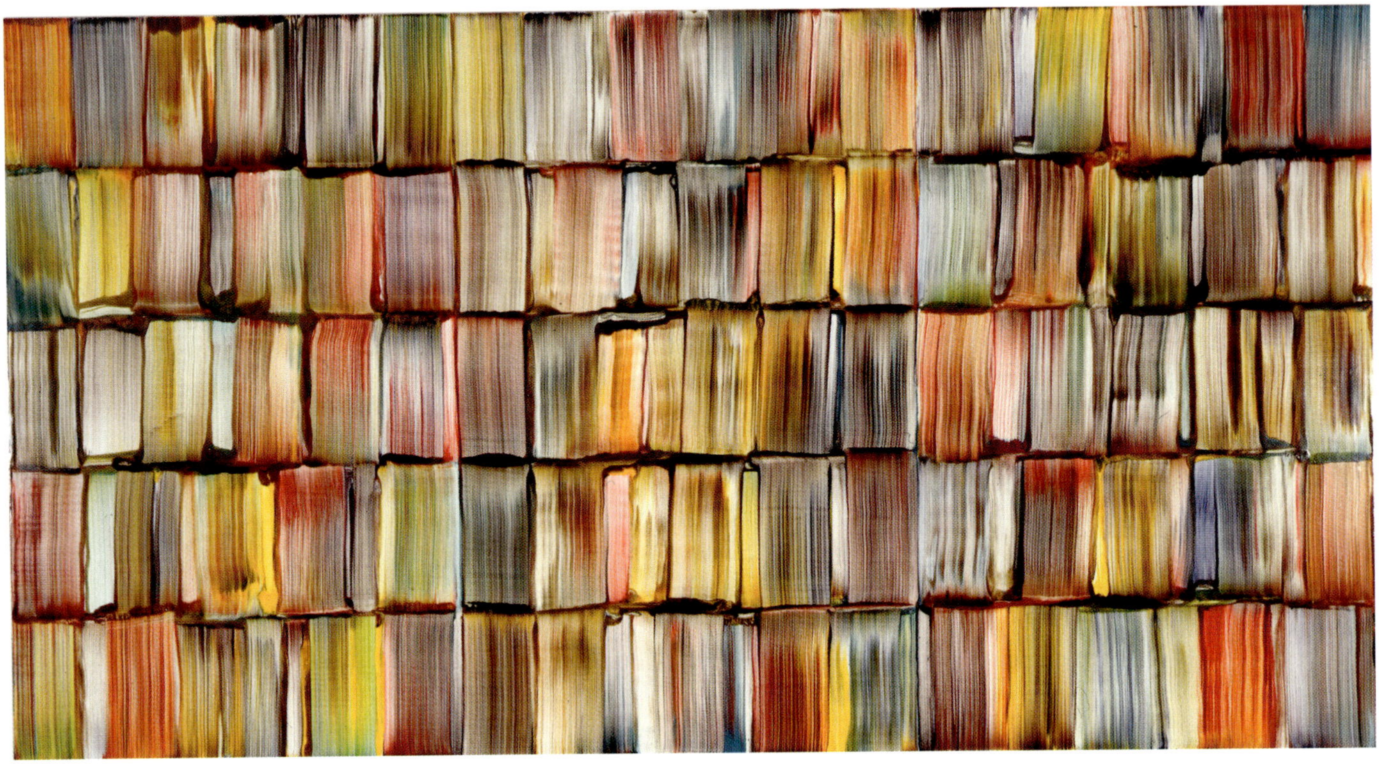

BERNARD FRIZE, THEODOR, 2004, acrylic and resin on canvas 82 5/8 x 157 1/2" / Acryl und Kunstharz auf Leinwand, 210 x 400 cm.

ihre zeitliche Qualität.[3)] Tatsächlich aber verzeichnen Frize' Bilder ebenso selbstverständlich, wie sie die materiellen Mittel, mit denen sie gemacht wurden, festhalten, genauso ausdrücklich die Zeit ihres Entstehungsprozesses.

Seit den 80er Jahren – wenn nicht schon früher – ist die Zeit ein zentrales und bestimmendes Thema in der Arbeit von Frize; damals entwarf er eine Reihe von Operationen, deren Folgen sich direkt in der Materialität seiner Bilder niederschlugen. Er schuf einen umfassenden Werkkomplex unter Verwendung der dünnen «Hautscheiben», die sich auf der Oberfläche bilden, wenn Töpfe voll frischer Farbe längere Zeit der Luft ausgesetzt sind. SUITE SEGOND STRN30F100 (Reihe nach STRN30F100, 1980) war eine der ersten Arbeiten dieser Serie; sie besteht aus kleinen runden Scheiben eingetrockneter Farbe, die der Künstler von offenen Farbtöpfen abgelöst und mit der feuchten Seite nach unten auf der Leinwand zu einer Collage zusammengefügt hat. In spielerischer Anlehnung an die Methoden des sich selbst entlarvenden Materialismus der Malerei der klassischen Moderne (etwa Pollocks *Drip Paintings*) verwendet Frize diese leuchtenden Pastellfarbscheiben um ein Bild zu machen, das die Zeit, die Farbe zum Trocknen braucht, reflektiert. So simpel diese Idee zunächst scheinen mag, die Versuche des Künstlers, Farbe während des Trocknungsprozesses abzubilden, haben sich als erstaunlich fruchtbar erwiesen. SUITE N-B (Folge N-B, 1991), eine Serie von sechs Bildern aus dem Jahr 1991, fängt die Wirkung der Zeit auf die Farbe mit ähnlichen Mitteln ein, jedoch mit ganz anderen malerischen Zielen. Um dieses Werk zu schaffen goss Frize zuerst schwarze und weisse Farbe in ein rechteckiges Tablett, das ungefähr die Grösse der 46 x 38 cm grossen Leinwand hatte. Er liess die Mischung unbedeckt stehen und wartete, bis sich eine Haut bildete, die er dann abzog und auf der Leinwand festmachte. Als die Haut, die den Rest der Mischung geschützt hatte, entfernt worden war, begann sich eine neue Haut zu bilden, die wiederum abgezogen wurde, sobald sie fest genug war, um auf die nächste Leinwand gelegt zu werden. Die sechs Arbeiten, aus denen SUITE N-B besteht, verdeutlichen nicht nur die beträchtliche Zeit, die für diese Operationsreihe erforderlich war; die fortschreitende farbliche Aufhellung innerhalb des Zyklus verzeichnet auch das langsame Absinken der spezifisch etwas dichteren weissen Pigmente im Gegensatz zu den weniger dichten schwarzen. Das heisst, die marmorisierten Obeflächen von SUITE N-B stellen nicht nur die Zeit dar, die das Trocknen jeder einzelnen Schicht benötigt (wie das schon die Farbscheiben in SUITE SEGOND STRN30F100 tun), sie belegen auch den langsamen Prozess des allmählichen Absinkens auf den Grund des Tabletts, den die zur Herstellung weisser Farbe verwendeten Schwermetalle – Titanium, Zink und Blei – durchlaufen.

Auf ganz andere Weise stellen auch die genoppten Oberflächen von SPUGNA (Schwamm, 1993) und MARGARITA (1991) die Sogwirkung der Schwerkraft auf dick aufgetragene, nasse Farbe dar. Wie Stalaktiten bildeten sich die charakteristischen Beulen auf der Oberfläche dieser Bilder, als Frize die nassen Leinwände aufhängte und sie horizontal, mit der Vorderseite nach unten, parallel zum Boden trocknen liess.[4)]

Andere Arbeiten verzeichnen nicht die Wirkung der Zeit auf die Farbe, sondern heben die Dauer der physischen Anstrengung des Künstlers bis zur Vollendung des Bildes hervor. Wie mit (dem oben beschriebenen) MADE erweckt Frize gewöhnlich den Eindruck, dass wenig Zeit (und damit wenig Arbeit) nötig ist, um diese Bilder herzustellen. Und tatsächlich scheinen die heiteren gestischen Bilder, für die er vor allem bekannt ist, innert weniger Sekunden ausgeführt worden zu sein, ein Eindruck, der von den in dieser Hinsicht typischsten Bildern noch unterstrichen wird: DASH (Strich, 1995), RUSH (Andrang, 1995), HURRY (Eile, 1995) und SPEED (Geschwindigkeit, 1995). Auch wenn der Künstler zugegeben hat, dass die Schnelligkeit der Ausführung manchmal nur vorgetäuscht ist (tatsächlich sind manche mehr als zehnmal gemalt worden), der Gegensatz dieses Bildtypus zu den «langsameren» Haut-Bildern zeigt das Methodische in Frize' fortgesetzter Beschäftigung mit den verschiedenen «Zeiten» der Malerei.[5)] Dass zum Herstellen solcher Bilder nicht viel Zeit, Arbeit oder spezifische technische Kenntnisse nötig zu sein scheinen, deutet auf den demokratischen Impetus hin, der die gesamte Arbeit von Frize prägt. Der Künstler hat wiederholt festgehalten, dass seine Bilder schnell, leicht und alltäglich wirken sollen; er bemüht sich, den Malprozess so alltäglich wie das Streichen eines Butterbrotes aussehen zu lassen, oder so einfach, wie Tulpen in eine Vase zu stellen.[6)] Diese Entmystifizierung des malerischen Aktes, was Hans Ulrich Obrist «die Zähmung des Demiurgen» nannte, ist Teil von Frize' umfassenderer künstlerischer Ambition, die befreienden Möglichkeiten einer Kunst zu erforschen, die sich zum Teil erst im zeitlich ausgedehnten Akt des Betrachtens manifestiert.

Vielleicht ist dieses Einbeziehen der zeitlichen Dauer der Begegnung des Betrachters mit seinen einzelnen Werken das neuartigste und wichtigste Element von Frize' Kunst. Frize glaubt, dass seine «Spuren» nicht nur vergangene Aktionen festhalten, die sich «ereignet haben», sondern dass sie auch in Erwartung zukünftiger Zeiten – gewissermassen schwanger – sind: jederzeit bereit, im Geist des Betrachters eine dauerhafte «Wiederherstellung» auszulösen. Diese «zweizackige« Zeitlichkeit – in der die Zeit, die der Künstler mit dem

Schaffen verbringt, als Mittel zur Choreographierung der zukünftigen Zeit, die mit Anschauen verbracht wird, aufgezeichnet wird – gibt es nur bei Frize. Ebenso einzigartig ist seine Untersuchung über die zeitlichen Aspekte der Kunst in der Malerei, ein Medium, das gewöhnlich als bewegungsfremd eingestuft wird (zumindest im Vergleich zu Film und Video).[7] Frize' Bilder berühren uns nicht nur, weil sie die Zeit und Arbeit des Künstlers aufzeigen, sondern auch, weil sie dies auf eine Weise tun, die eine besonders anhaltende und eingehende Betrachtung zur Folge hat. Gewiss, alle Kunstwerke – einschliesslich der Malerei – erfordern Zeit zu ihrer Betrachtung. Doch die gezielten und dennoch so vielfältigen Weisen, in denen Frize seine Werke in ihren jeweiligen Entstehungsprozess einbettet, führen zu einer Art anhaltenden Entschlüsselung, die für das Programm dieses Künstlers zentral ist.

Diese Entschlüsselung in Echtzeit, die «Wiederherstellung», die Frize' Bilder in Gang setzen, verlangt eine gewisse aktive «Präsentheit» von den Betrachterinnen und Betrachtern, die mit weitgehenden politischen Implikationen einhergeht.[8] Indem sie die Betrachter auffordern hinzuschauen, die «Geschichte» ihrer Entstehung zu erforschen, erzeugen die Arbeiten ein geschärftes Bewusstsein beim Betrachter, das dem buchstäblichen Materialismus der malerischen Mittel des Künstlers entspricht. Das heisst, wenn Frize' sachlicher Materialismus ein Programm zur Entzauberung der Malerei widerspiegelt (was ich durchaus glaube), so fände dies seine perfekte Ergänzung in der durch den Anblick eines dieser Werke ausgelösten, leibhaftigen Erfahrung von realer Zeit. Zwar könnte man es für pure Ironie halten, zu behaupten, dass ein derart choreographisch vorgeschriebenes Schauen befreiend sei, doch die Unabgeschlossenheit, welche die Werke an den Tag legen, hat eine eher dialogische denn verordnete Erfahrung zur Folge. Diese Art von Betrachtungsbegegnung ist vollkommen subjektiv und ziemlich schwer zu beschreiben – ein Punkt, den Frize selbst eingeräumt hat:

Es gibt keine Entsprechung zwischen Malerei und Sprache, sonst wäre sie in Worte gefasst worden. Es geht um ein ganzes Bündel von Dingen, die sich in der eigentlichen Erfahrung des Bildes vermitteln. Ein Gemälde ist ein unglaubliches Objekt: Es ist flach, ist einem zugewandt, man steht ihm gegenüber – ich meine, es ist ein unglaublicher Moment, der Emotionen auslöst, ungewöhnliche Empfindungen. Ob man ein monochromes Bild betrachtet oder einen Rubens, man steht ihm immer gegenüber, ist mit ihm konfrontiert, Gefühl und Verstand werden angeregt. Man befindet sich immer in einem Dialog mit diesem Objekt.[9]

Der Dialog zwischen Bildern und Betrachtern, den Frize anstrebt, ist eine direkte Konsequenz seines eigenen Dialogs mit seinen Materialien, ein Produkt seines Materialismus. Auch wenn der Künstler seine Bilder vielleicht bloss als «Ergebnis» einer «Reihe von Operationen» versteht, so sind sie in Wirklichkeit sehr viel mehr als das.[10] Die Bilder von Frize sind gespannte Federn mit beträchtlichem Sprungpotenzial: Sie warten nur darauf, ihre Energie in einer produktiven, dialektischen Begegnung mit ihren Betrachtern zu entladen, selbst wenn das erst irgendwann in ferner Zukunft sein sollte.

(Übersetzung: Suzanne Schmidt)

1) Walter Benjamin, «Über den Begriff der Geschichte», in: ders., *Illuminationen*, Suhrkamp-Taschenbuch, Frankfurt am Main 1977, S. 258.

2) Hans Ulrich Obrist, «Die Zähmung des Demiurgen: Ein Gespräch mit Bernard Frize», *Parkett* 68 (2003), S. 144. Eine interessante Abhandlung zu Frize' Werk, die eine ähnliche Aussage des Künstlers genauer untersucht, findet sich bei Barry Schwabsky, «One Percent Frize», in: *Bernard Frize. Hands On*, Ikon Gallery, Birmingham 2003, S. 6–10.

3) Das soll nicht heissen, dass die Zeit in diesem Werk völlig vernachlässigt wird. Zwei kritische Einschätzungen des zeitlichen Aspekts in Frize' Arbeiten finden sich bei Yves Aupetitallot, *Bernard Frize*, Galerie Crousel/Robelin

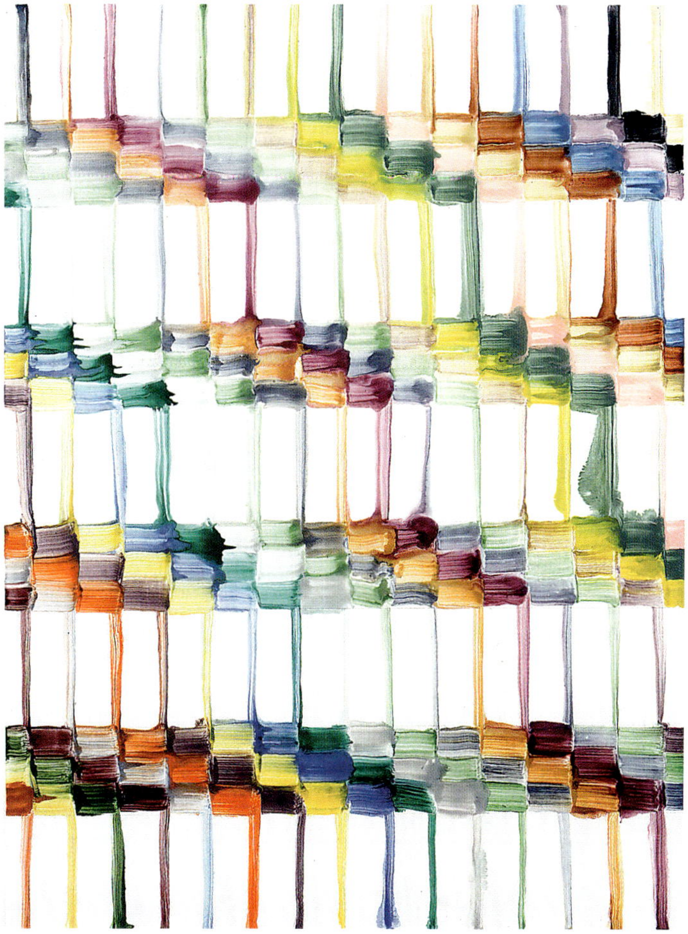

BERNARD FRIZE, ZAOUA, 2001, acrylic and resin on canvas, 78 3/4 x 59" / Acryl und Kunstharz auf Leinwand, 200 x 150 cm.

Bama, Paris 1990, unpaginiert, und Camille Morineau, «Bernard Frize. Fragments d'un discours amoureux», *Art Press* 248 (Juli–August 1999), insbesondere S. 37.

4) Die mit der Entstehung vieler seiner Bilder verbundenen Prozesse beschreibt der Künstler ausführlich in Bernard Frize, *Bernard Frize: Size Matters*, Actes Sud, Arles 1999, S. 42 ff.

5) Zu Frize' Aussage, dass die Bilder aussehen sollen, als ob sie sich «auf einmal zusammenfügten», vgl. ebenda, S. 97.

6) Bernard Frize, in «Malen ist wie Blumen in eine Vase stellen. Ein Gespräch mit Amine Haase», *Kunstforum* 152 (Oktober–Dezember 2000), S. 287–291.

7) Interessanterweise hat man bei den Skulpturen von Richard Serra etwas Ähnliches bemerkt, vgl. Yves-Alain Bois, «Promenade pittoresque autour de ‹Clara-Clara›», in: *Richard Serra*, Ausstellungskatalog, Centre Georges Pompidou. Paris 1983, S. 11–27.

8) Zu der mittlerweile zum Kanon gehörenden, aber immer noch umstrittenen These über Literalismus und Gegenwärtigkeit in der abstrakten Kunst der Nachkriegszeit vgl. Michael Frieds berühmten Essay «Art and Objecthood», deutsch: «Kunst und Objekthaftigkeit», in: *Minimal Art. Eine kritische Retrospektive*, hg. v. Gregor Stemmrich, Verlag der Kunst, Dresden/Basel 1995, S. 334–374.

9) Bernard Frize. *Aplat. Bernard Frize*, Ausstellungskatalog, Musée d'Art Moderne de la Ville de Paris, 2003, S. 203–204.

10) Bernard Frize, «Ich versuche eher eine Operation zu inszenieren oder eine Reihe von Operationen, und das Bild ist einfach das Ergebnis oder Nebenprodukt davon», in: «Rule and Branch. Jean-Pierre Criqui Visits Bernard Frize», *Artforum*, Jg. 32, Nr. 2 (Oktober 1993), S. 81.

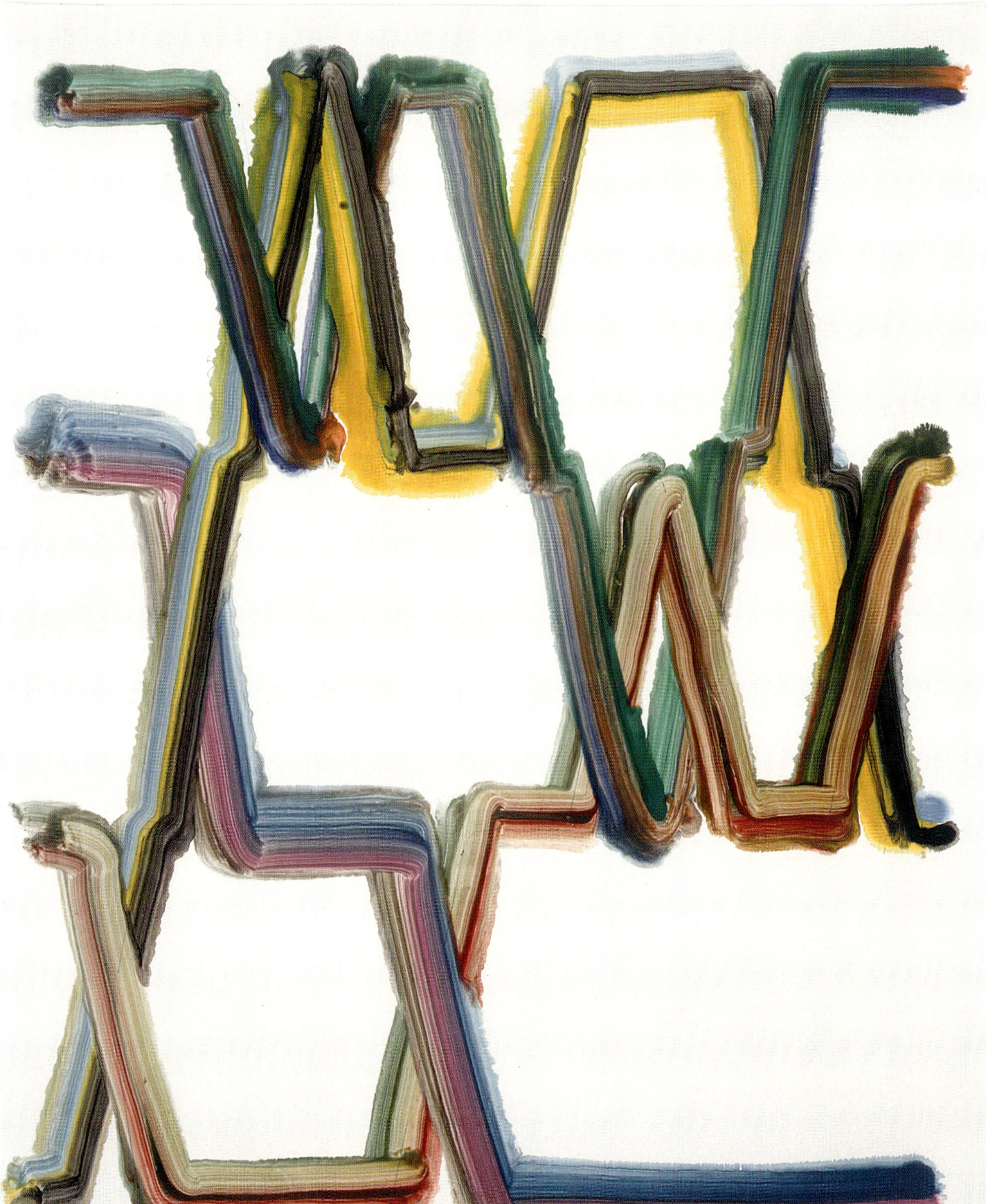

BERNARD FRIZE, ITANE, 2004, acrylic and resin on canvas, $36\frac{1}{4}$ x $28\frac{3}{4}$" / Acryl und Kunstharz auf Leinwand, 91,5 x 73 cm.

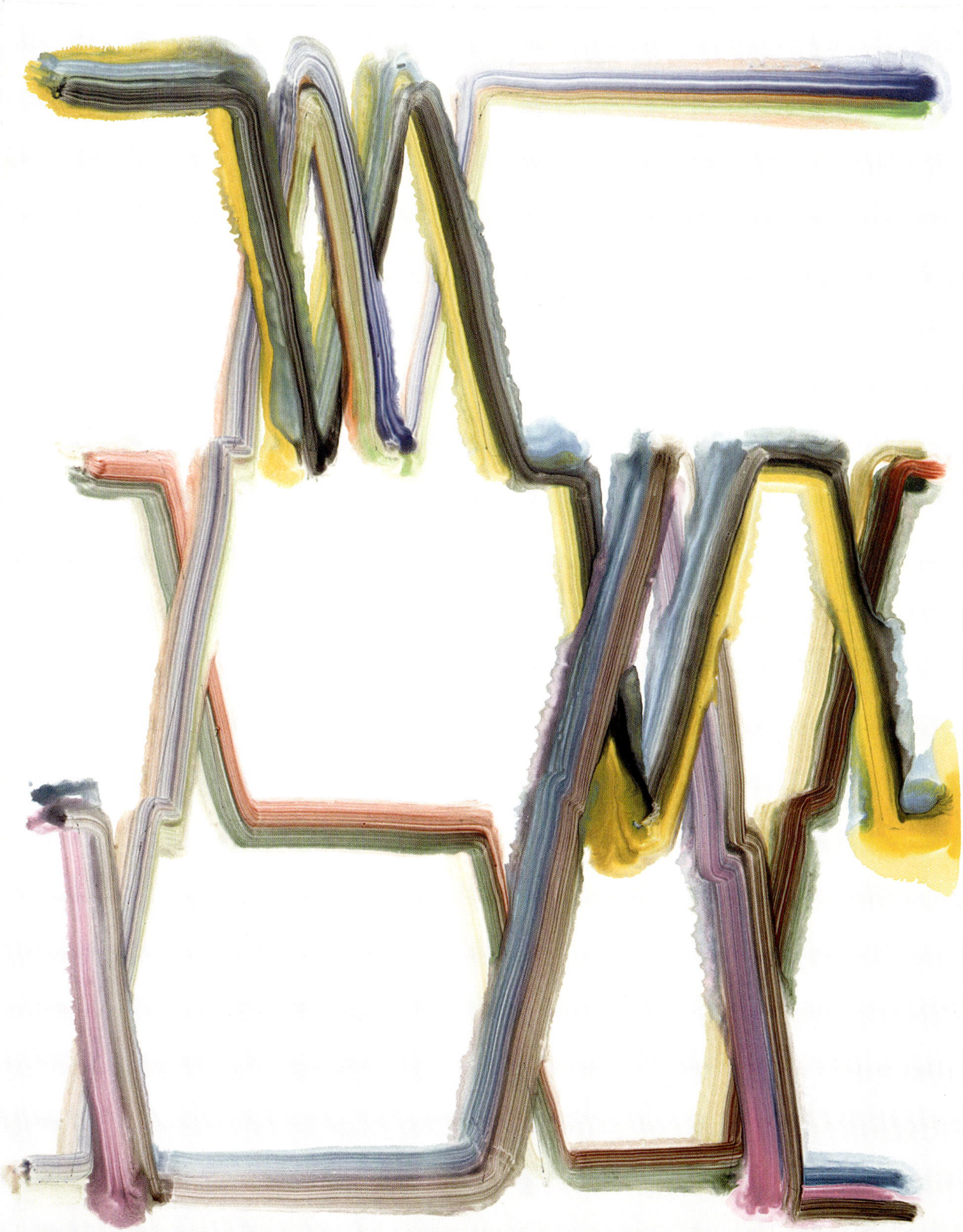

BERNARD FRIZE, IVONO, 2004, acrylic and resin on canvas, $36^{1}/_{4}$ x $28^{3}/_{4}$" / Acryl und Kunstharz auf Leinwand, 91,5 x 73 cm.

Action Painting/ THE POLITICS OF COLORS

Painting demands organization.

Henri Matisse in "Entretien avec Léon Degand"

PATRICIA FALGUIÈRES

In these times of restoration and nostalgia, the work of Bernard Frize stands out. It does so, at first glance, because of its rejection of the image. For twenty years, and with unfaltering inventiveness, his paintings have appeared in successive series, never repetitive, always surprising. And yet, while Frize's work precludes anything that could be construed as a brand or a label or a signature, while it eschews any iconography or "personal mythology," there are few other works as instantly recognizable as his. One could say that Frize's painting is a deployment of multiplicities. It forces us to confront colors without the mediating effect of form. More specifically, the forms that do make their appearance on his canvases (Frize's painting has nothing to do with a kind of formless expressionism) are but a side effect of the distribution of colors. The many different braids, tori, grids, whirls, and interlaced forms that fill his canvases are not motifs designed to help organize the surface of the painting; they do not make up a repertoire or a reserve of available silhouettes that can be used to motivate the canvas's surface. Frize is not a formalist. All these figures emerge from operations of distribution: the distribution of colors on the canvas. This is, in many ways, what makes Frize's practice so unique. Firstly, when referring to Frize's paintings, it is of colors—in plural—that we speak, not the color. The singular noun, to whose prestige the theoreticians of modernism were so attached, indicated the ontological purpose and essentialism of modern painting. But the work of Frize, while being resolutely (and sometimes aggressively) modern, rejects all essentialism.

Frize's painting is modern: Unlike the adherents of a return to half-toned hues and local color, he maintains the interplay of pure colors (the pure colors of the rainbow so dear to modernism's pioneers). In contrast to the current nostalgia for composition, he delights in all-over painting. And yet, he rejects the modernist myth of pure opticality as well as the metaphysical pathos of color field painting (to which, in seventies France, Supports-Surfaces had such frequent recourse). Frize's paintings deploy colors in their multiplicity of forces; far from any kind of composition, they are machinations of forces—in all senses of the word: the contrivance of a machine, a calculation, crafty plotting, cunning, an event.

PATRICIA FALGUIÈRES teaches history of Renaissance Philosophy at the Ecole des Hautes Etudes en Sciences Sociales, Paris. She is the author of *Bernard Frize* (Hazan, 1997) and various titles on contemporary art. Her book *Technè. Art, nature et mécanique dans l'Europe de la renaissance* will be published in 2006.

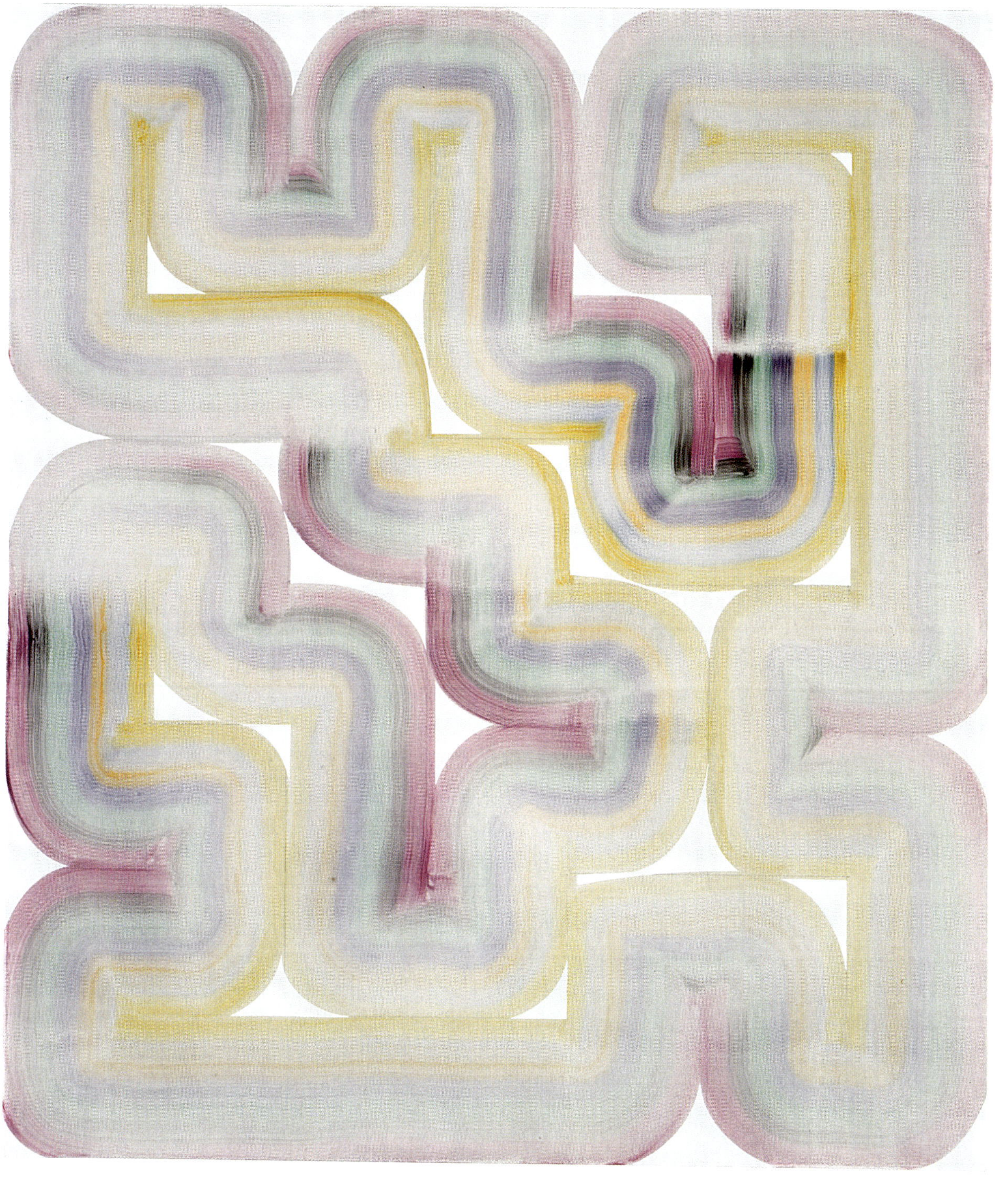

BERNARD FRIZE, 43% VRAI 46% FAUT, 2001, acrylic and resin on canvas, 63 x 55 1/8" / Acryl und Kunstharz auf Leinwand, 160 x 140 cm.

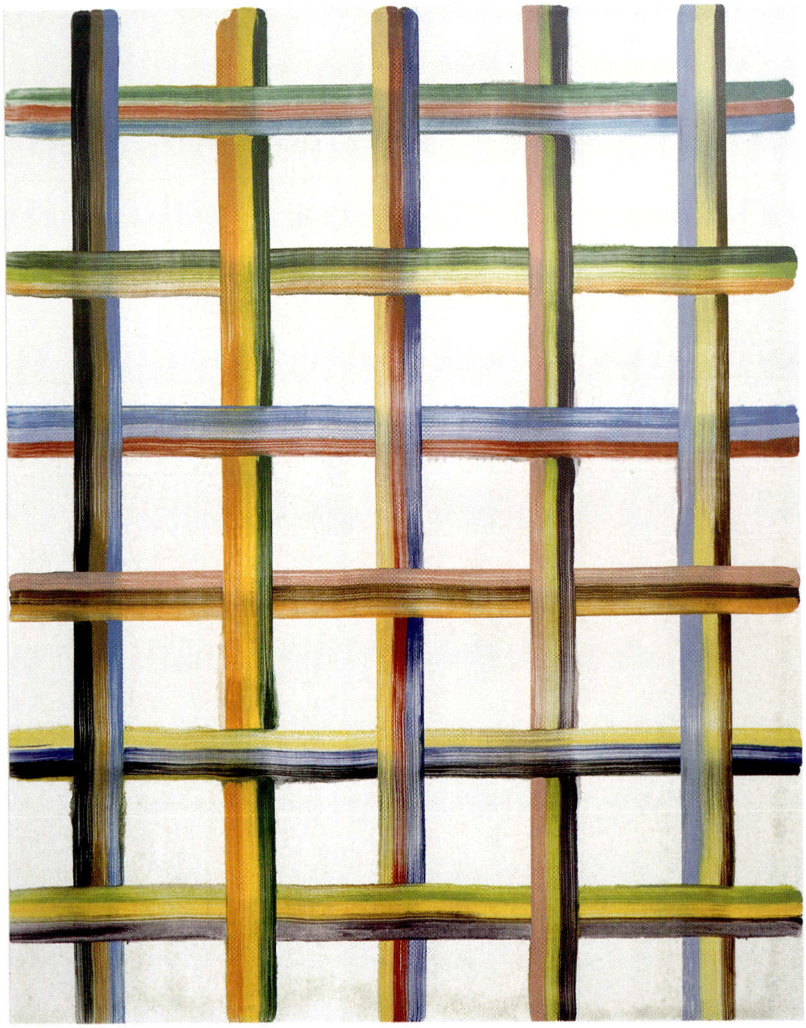

BERNARD FRIZE, GRANDE TRICOLORE, 1998, acrylic and resin on canvas, $63\frac{3}{4}$ x $51\frac{3}{16}$" / Acryl und Kunstharz auf Leinwand, 162 x 130 cm.

What does it mean to act on colors as forces? It means using colors in their multiplicity, like, for instance, the anecdotal and purely conventional multiplicity of a printing chart. In such charts, colors start producing themselves in relation to one another, each in relation to all the others, in immediate tension and confrontation, that is, in a "force differential." More precisely: there are forces only insofar as they are produced by a differential. A color is not a force in and of itself (as in the gestural and emotional mythology of seventies abstraction). Rather, a color must enter into a relationship of forces that can be construed either qualitatively (using the traditional knowledge of painters: complementary colors, hues, and values...) or quantitatively. Matisse gave us the first version of a quantitative approach to color.[1] The monumental colored charts that appeared in paintings of the 1970s allowed a new generation of artists (for example, Gerhard Richter's 1966 series *Zehn Farben, Zwölf Farben*, or 1973/1974 series, *1024 Farben, 1025 Farben*) to experiment with a more current version of the quantitative approach to color. Each successive juxtaposition (however random) of a color (for example: *n+1*) re-activates the entire surface of the canvas. Any addition eliminates the previously observed interactions and anticipates new tensions. By thus strictly respecting the modernist principle of non-composition, in being as far as possible from the pious regulation of complementary colors (to which so many contemporary painters seem to be returning) in this purely quantitative and aggregative fashion, a painting constructs itself.

Frize remains loyal to the lesson of color charts, having tested colors' heuristic virtues himself. In this way, he is a modernist, a grandson of Wladyslaw Strzeminski. But through them, he has opened up a new field of extrapolations and changed the entire situation.

Various series or sequences have allowed him to verify the extent to which a mode of construction, by simple addition (juxtaposition or covering), can be rich with pictorial scenarios. Addition can function at different levels. In order to organize the confrontation of colors, one can imagine a multitude of countable units, even the most ludicrous: the colorful, round shapes produced by using dried-up surface layers from open cans of paint, or the mark created by the width of the paintbrush. Then there is his new winning bet, the "painted paintbrush," by means of which the painter manipulates all resources of ambiguity and settles the question of the image in his own way.

Because, in a purely quantitative process of aggregation, the dynamic interactions between colors can only be readable after the fact; they always have a certain expected quality. Let us call an "image" the credit we temporarily grant to any interaction between colors or pictorial layers. Many of Frize's paintings are governed by the rule of manipulating and amplifying this ambiguous term. Frize doesn't subordinate the application of color to an image, but rather makes an image of the application of color, the over/under of painting. While looking at a Frize painting, the viewer cannot help but mentally reconstruct the painting's process, attempting to determine its instances (surface/ground), calculating the priority and order of its layers (before/after), retracing its chronological sequences—in short, producing a mental image of the work's process, or reading what remains of the process as an image. Thus, implicated in a process of deciphering—the deciphering of the painting's making, of its fabrication (how is it made?)—the viewer derives pleasure from getting trapped in the painter's lures, those images that fetishize the production process. In his turn, the viewer penetrates the painting machine.

Frize's aptitude to invent new painting arrangements or situations seems limitless. Whether simple or complex, often farcical, his pictorial machinery stands out because no other painter proceeds as he does from a principle of immanence; what brings the experience of an event—a painting situation—to its culmination, what gives the painting its form, is an operation of forces.[2] This means that Frize constructs his paintings prior to carrying them out, by distributing the forces on hand, by allocating roles and instances.

Frize often acts like a Chinese strategist, who is able to let the situation unfold after carefully laying out its premise, and who, instead of imposing a desired effect, lets it occur without interruption, lets it deposit its sediment. There are no heroic pictorial gestures in Frize's work, but rather a reflection on efficacy, a concern for what Chinese philosophers call the "propensity of things" (quite literally so, when in producing a monochrome, he lets the canvas condense and dry hanging upside down from the ceiling, or when he creates a shimmering texture by letting the surface layer undergo a slow process of thickening and clotting). Many paintings created by sedimentation or protrusion bear witness to this economy of means: the painter is not the originator of the work but an agent, putting forces into play. The painter's decision is the constitution of a plane of immanence—which often amounts, quite literally, to a very active surface of white resin whose function it is to disturb and polarize the free interaction of poured colors.

This attention to the latent foundation of things, to the immanent quality of the effect, to the virtual and the non-actualized, is what made Frize's first series so seductive. It led him to a new conception of painting as an event.

I imagine that the experience of the diagram, the twisted and knotted swaths of paint, was decisive in guiding him, paradoxically, towards a type of action painting.

A knot of paint such as the numerous ones Frize has produced since the nineties is both seductive and troublesome. To quote mathematician Gilles Châtelet's description, "it is impossible to localize, to circumscribe or to penetrate a 'real' territory ruled over the interlace. There is no outside or inside: the knot ties itself and is at one with what it links.... The knot poses the perplexing enigma of the interaction with itself: it links itself with itself. A knot is not a trajectory.... The interlace does not occupy a 'place' in our space, it reminds us that space is the *become* equality of the dimensions."[3] Diagrams, metaphors, interlaces are all modes of the virtual; they bring to light the force of ambiguity. As Gilles Châtelet analyzed the function of geometric figures in the course of great inventions by James Clerk Maxwell, Hermann Günther Grassmann or Jean-Robert Argand, he demonstrated the extent to which diagrammatic experience intensifies determinations in order to reveal polarities, compose and decompose forces, and incorporate the operating concept in its movement of combining and extracting points, planes, and spaces. The diagram is both research program and metaphor technology for that stage preceding formalization in the exact sciences: the invention stage. Thus Maxwell conceptualized the interlacing of magnetic and electric fields while meditating on simple machines: on the screw and on ball bearings, on gears and on the various modes of cooperation of intensities they offer to the imagination, on the dynamics of whirls and their articulations, etcetera. The diagram is a technique for establishing similitude, a mode of investigation. It is intrusive; it annexes realms of thought, invades extended lands, rekindles desire (see Duchamp's LARGE GLASS, 1915–1923).

Painting that enters the logic of the diagram definitively exits the register of the image. The pictorial operation now asserts itself as intransitive and performative. From this point on, Frize began to borrow from topology and mathematics—not from this or that type of diagram, but rather from a discipline of invention, an experience, a way of thinking about the object of painting. And even further: a way of thinking about intuition and operation as one, a single mechanism of virtualization.

Frize's recourse to Percy John Heawood's torus is emblematic of this new phase of his work. The Scottish mathematician's figure is pure virtuality. It resulted from an attempt to conceive the effect of an initial rule stipulating that each of eight given colors have a common border with each of the others. This cartography is impossible in two dimensions and so a virtual volume was born from this strange prescription so similar to the rules of permutation and covering that Frize continually plots for his paintings. The torus is a performative object par excellence: the conception of all of its effects is the complete conception of the object. But in fact the torus is neither an object nor an image. It is a virtuality, a form of thought, and, though it may look like Donald Duck's buoy, an interlacing. Diagrammatic intuition, Châtelet writes, finds its own dimension of thought in the knot or the interlace: the interlace "bursts like an event." Neither a territorial district, nor a point, but an event: a crossing.[4] Something having occurred that suggests a spacing (over/under). What the interlacing offers to painting, then, is the duration of an infinite virtualization. It makes of painting the inscription of an event.[5]

This is precisely the way Frize uses the torus. By this I mean that the becoming-diagram of Frize's paintings doesn't imply that he merely borrows from some reserve of imagery. Rather, he transforms the painting-function, causing the painting to open itself differently to the world; it becomes the operating field for a new interaction of forces, a new community. The more Frize's painting explores the virtual field of the diagram, the more it becomes political.

Let us clarify: Many so called "political" painters are simply re-activating propaganda painting, an inexhaustible reserve for the self-righteous management of images. Here, political refers to the organization of collectively creative work, such as dancing, for example. It is not a question of presenting objects or images to look at, but of constructing

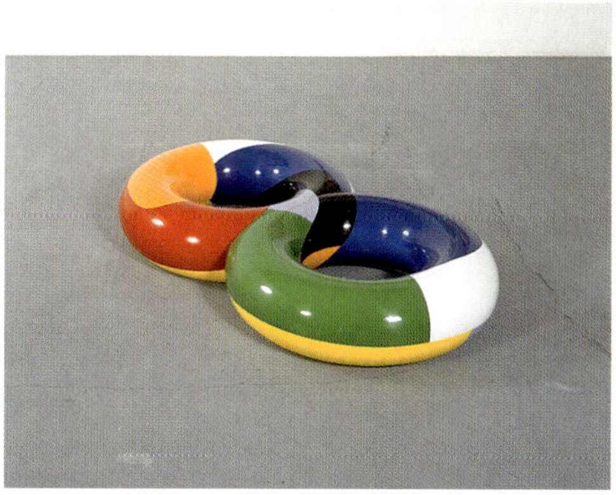

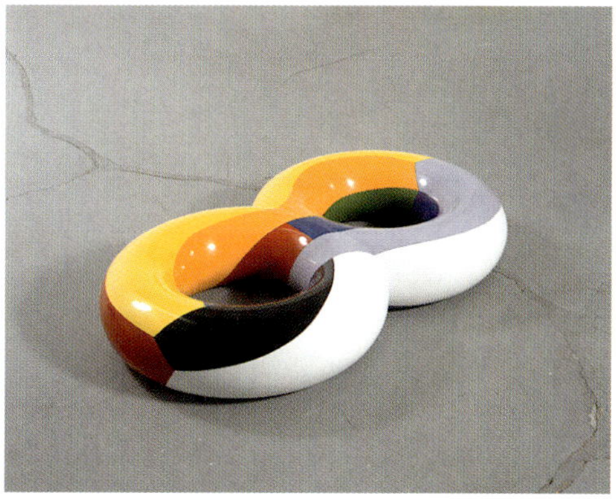

BERNARD FRIZE, HEAWOOD, 1999, polyurethane lacquer on polyester 51 3/16 x 31 1/2 x 9 7/8", / Polyurethan-Lack auf Polyester, 130 x 80 x 25 cm.

an experience-device, a collective arrangement, or better yet, a machine designed not *by* but *for* a community—echoing the call Paul Klee sounded, from his point of view as a painter, to the "people [that are] missing."

Frize's choice, political in its principle, is to construct a painting like an operating field whose rules are its own object, to constitute the virtual field of a collective experience. His more recent sequences suggest that the construction and process of an experience are as close as possible to the forms of daily life, but heightened to its intensive complexity. It is no longer just a question of arranging the play of color-forces, nor even of implicating the viewer's desire in the painting's machinery, but a question of investing the energies that organize the painting, the human and social forces that constitute it. Recalling John Dewey's distinction between the "work of art" and an "art product,"[6] what constitutes the work itself is what it makes *of* and *in* experience. Each painting, therefore, is a performance, or a happening. The becoming-diagram of Frize's paintings consists in the fact that, from now on, they come into being through the organization of the successive passages of paintbrushes from hand to hand (Frize's hands and those of his collaborators). A diagram plotted by the painter serves as the score for a collective interpretation. It organizes the implication and complication of forces and affects. The relay process implies the highest degree of precision: each collaborator must find the unique place and occasion, the tempo of his/her intervention, the unique passage where the application of each color will occur. The interaction is laborious, groping, and uncertain; it is interrupted by missteps and blunders; it requires dexterity, rapidity, slowness, endurance, patience, and a degree of cooperation where the distinction between subjective and objective disappears: action painting.

(Translation: Anthony Allen)

1) See Eric Alliez and Jean-Claude Bonne's magisterial study, *La Pensée-Matisse. Portrait de l'artiste en hyper-fauve*, Paris, Le Passage, 2005, to whom I am indebted for my own development of many Frizian themes.

2) I am borrowing and adapting for my own purposes one of Alliez and Bonne's brilliant formulations in: *La Pensée-Matisse*, p. 269.

3) Gilles Châtelet, *Les Enjeux du mobile. Mathématique, physique, philosophie*, Paris, Le Seuil, 1993, p. 267.

4) See Châtelet, p. 269. Regarding the figural logic of the interlacing, see J.-Cl. Bonne's seminal article, "Nœuds d'écriture" in: *Texte – Image / Bild – Text*, S. Dümchen et M. Nerlich eds., Berlin, 1990, pp. 85–105.

5) Which explains how Frize is able to cut a very long painting braid (the *Lucky* series, 2000) into arbitrary sequences or non-selected "excerpts," like the traces of an event. Frize declared (in an unpublished text): "My exhibitions tell the story of the contiguity of paintings, like adjacent places tracing an undulating, multicolored line on the wall."

6) See John Dewey, *Art as Experience*, New York, 1934, which was a reference text for Allan Kaprow and the artists of his generation.

Aktionsmalerei – POLITIK DER FARBEN

Die Malerei verlangt nach Organisation.[1)]

PATRICIA FALGUIÈRES

In diesen Zeiten der Restauration und Nostalgie ist die Malerei von Bernard Frize einzigartig. Einzigartig schon auf den ersten Blick dank ihrer Weigerung etwas abzubilden. Seit nunmehr zwanzig Jahren folgt eine Serie auf die andere, unerschöpflich einfallsreich, ohne Rückgriffe und Wiederholungen, immer wieder überraschend. Und obwohl doch alles aus seiner Arbeit verbannt ist, was als Marke, Label oder persönliche Handschrift aufgefasst werden könnte, obwohl er jede «persönliche Mythologie», jede Ikonographie ablehnt, gibt es wenige Werke, die sich so unvermittelt identifizieren und zuordnen lassen. Die Malerei von Frize ist eben eine Umsetzung zahlreicher Faktoren. Sie bringt uns ganz direkt mit den Farben in Kontakt, ohne dass diese durch Formen vermittelt würden. Genauer, die Formen, die auf der Leinwand in Erscheinung treten (Frize' Malerei ist alles andere als ein informeller Expressionismus!), sind lediglich Resultat des Farbauftrags: Die Zöpfe, Wülste, Gitter, Wirbel und Verflechtungen aller Art, welche seine Leinwände bevölkern, sind keine «Motive», die eine Organisation der Bildfläche zuliessen. Sie bilden kein Repertoire; keinen Formenvorrat, der zur «Motivierung» der Bildfläche zur Verfügung stünde. Frize ist kein Formalist. Alle diese Figuren entstehen aus Verteilungsprozessen: beim Verteilen der Farbe auf der Leinwand. Das macht ihn so einzigartig, und zwar in mehrfacher Hinsicht. Zunächst einmal, weil es sich um Farben – im Plural – handelt und nicht um die Farbe: Der Singular, an dem die Theoretiker der Moderne so sehr hingen, stand für die ontologische Verpflichtung der modernen Malerei, für ihren Essenzialismus. Dagegen verwahren sich die Arbeiten von Frize, so rigoros (manchmal geradezu aggressiv) modern sie sind, gegen jegliche Form von Essenzialismus.

Die Malerei von Frize ist modern: Entgegen den Vertretern einer Rückkehr zum Halbton und zur ortsspezifischen Farbe setzt er auf das Spiel der reinen Farben, der «reinen Regenbogenfarben», die von den frühen Modernen bevorzugt wurden. Anders als die Nostalgiker der Komposition hält er jedoch am «All-over» fest. Gleichzeitig lehnt er den modernen Mythos der reinen «Optikalität» ab und ebenso das metaphysische Pathos des Farbfeldes (auf welches sich in den 70er Jahren in Frankreich die

---

PATRICIA FALGUIÈRES unterrichtet die Geschichte der Renaissancephilosophie an der Ecole des Hautes Etudes en Sciences Sociales, Paris. Sie ist Autorin von *Bernard Frize* (Hazan, 1997) und zahlreichen Publikationen zur zeitgenössischen Kunst. Ihr nächstes Buch wird im nächsten Jahr unter dem Titel *Technè. Art, nature et mécanique dans l'Europe de la renaissance* erscheinen.

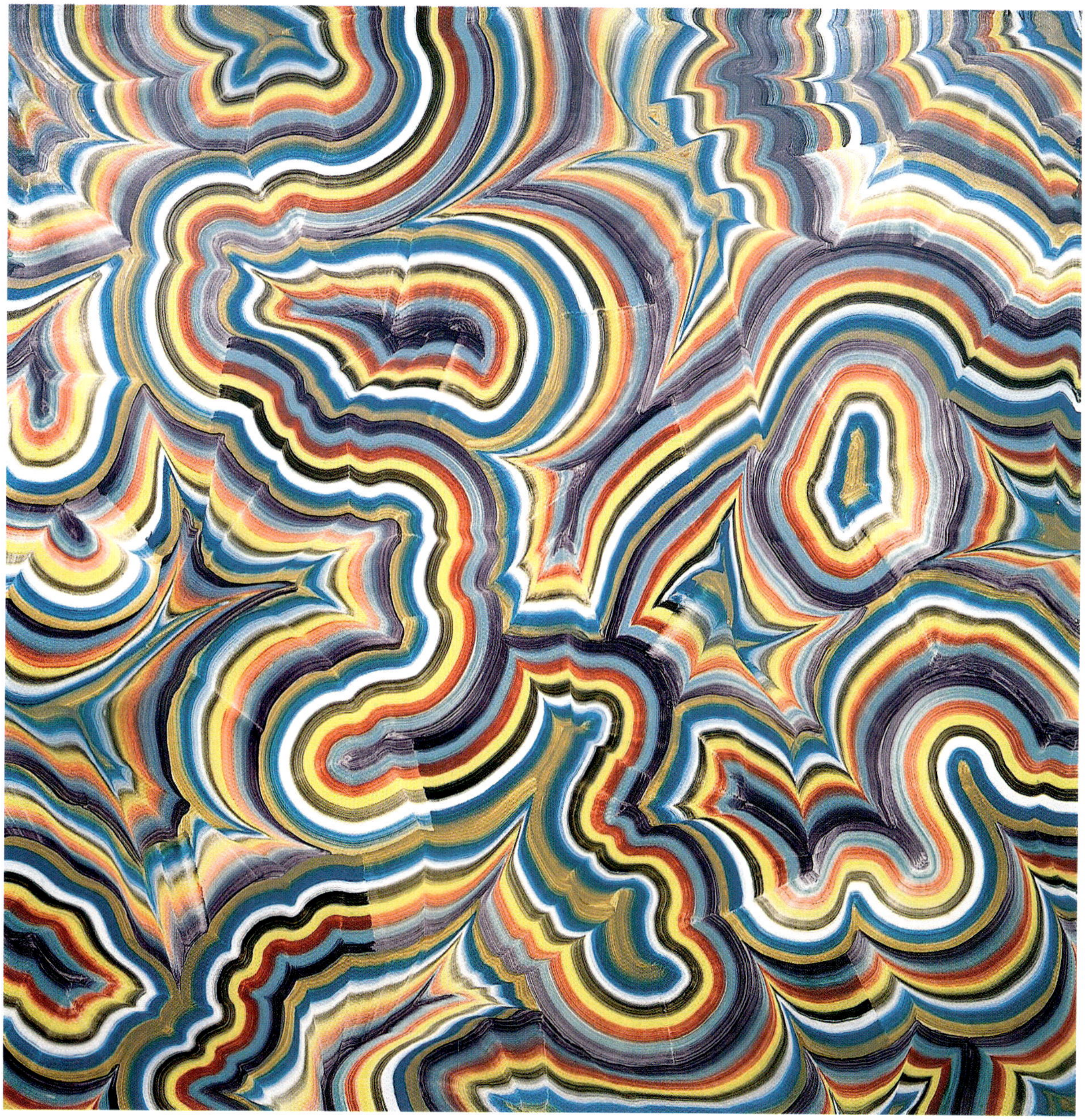

BERNARD FRIZE, BRENT, 1992, acrylic and resin on canvas, 70 7/8 x 70 7/8" / Acryl und Kunstharz auf Leinwand, 180 x 180 cm.

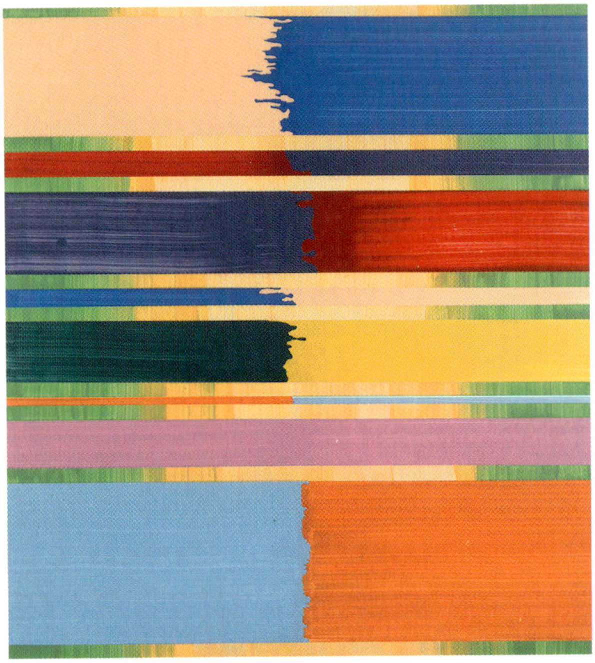

BERNARD FRIZE, BAOBAB, 2004, acrylic and resin on canvas, 63 x 70⁷/₈" / Acryl und Kunstharz auf Leinwand, 160 x 180 cm.

Gruppe *Supports/Surfaces* berief). Seine Malerei setzt die Farben in ihrer gesamten Kräftevielfalt in Szene. Sie richtet sich gegen jegliche «Komposition», ist eine eigentliche M a c h i n a t i o n der Kräfte, in jeder Bedeutungsnuance des Wortes: Konstruktion einer Maschine, Kalkül, Komplott, Raster, L i s t und Ereignis.

Was heisst es aber, Farben wie Kräfte zu behandeln? Dass man sich gleich die ganze Vielfalt der Farben greift, zum Beispiel, die ganz konventionelle, anekdotische Vielfalt eines Farbfächers, wie ihn Druckereien verwenden. Da zeigen sich die Farben sogleich im Verhältnis zueinander, jede im Verhältnis zu allen anderen, in unmittelbarer Spannung miteinander konfrontiert, quasi als Kräftedifferenzial. Genauer, es gibt keine Kraft, die n i c h t durch ein Differenzial erzeugt wäre. Eine Farbe ist nicht eine Kraft an sich (dies war die Triebmythologie der abstrakten Malerei der 70er Jahre), sondern muss erst in ein Kräfteverhältnis treten, das qualitativ gestaltet werden kann (entsprechend dem traditionellen Wissen der Malerei durch Komplementärkontraste, Ton- und Farbwerte und so weiter) oder auch quantitativ. Matisse hat das erste Beispiel eines quantitativen Begreifens der Farbe geliefert.[2)] In den 60er und 70er Jahren ermöglichten die monumentalen Farbtafeln der damaligen Malerei einer neuen Generation von Künstlern – etwa einem Richter der Serien von 1966 (ZEHN FARBEN, ZWÖLF FARBEN) oder 1973–1974 (1024 FARBEN, 1025 FARBEN) – das Erlebnis eines neuen, quantitativen Umgangs mit der Farbe: Bei jedem Hinzufügen einer neuen Farbe n+1 (wie zufällig sie auch gewählt sein mag) kommt wieder die gesamte Bildfläche ins Spiel. Jedes neue Farbelement zer-stört die vorher wahrgenommenen Beziehungen und weist auf neue Spannungsverhältnisse hin. So baut sich das Bild auf, und zwar unter strenger Befolgung des modernen Prinzips des Nicht-Komponierens, wie sehr dies auch von der braven Beachtung der Komplementärwirkungen abweichen mag (zu welcher so viele Zeitgenossen zurückzukehren scheinen): mittels rein quantitativer Addition.

Frize bleibt der Lektion der Farbtafeln – deren heuristischen Wert er selbst überprüft hat – treu, und darin ist er ein Moderner, ein Enkel von Wladislaw Strzeminski. Aber er hat dabei ein noch nie da gewesenes Feld möglicher Extrapolationen eröffnet und das verändert die Ausgangslage vollkommen.

Mehrere Sequenzen oder Folgen haben es ihm erlaubt, festzustellen, welch potenzieller Reichtum an Bildszenarien in einer rein additiven Konstruktionsweise steckt. Die Addition kann auf verschiedenen Ebenen erfolgen. Um die Konfrontation der Farben zu organisieren kann man sich eine Vielzahl von Faktoren vorstellen – das kann bis zu den skurrilsten Varianten gehen: bis zur Farbscheibe, die sich im Farbtopf bildet, wenn der Deckel fehlt; bis zum Abdruck der Pinselbreite oder diesem unerhörten Martingal, dem «gemalten Pinsel».[3)] So kann der Künstler den gesamten Reichtum an Mehrdeutigkeiten ausschöpfen und die Problemstellung des Bildes auf seine Weise lösen.

Da in einem rein quantitativen Ansammlungsprozess die dynamischen Beziehungen zwischen den Farben erst im Nachhinein lesbar sind, beinhalten sie immer eine Erwartung: Nennen wir diesen Kredit, den wir einem bestimmten Verhältnis von Farben oder malerischen Schichtungen entgegenbringen «Bild». Manche Bilder von Frize haben es sich zur Regel gemacht, diese Mehrdeutigkeiten zu steuern und zu erweitern. Die Farbsetzung wird bei ihm nicht einem Bild untergeordnet, sondern er lässt aus dem Setzen der Farben, aus dem Drunter und Drüber des Malvorgangs ein Bild entstehen. Beim Betrachten einer Leinwand von Frize versucht man im Geist unentwegt ein Szenario zu entwerfen – Schwerpunkte zu ermitteln (Hintergrund, Oberfläche), die Reihenfolge der Schichtungen auszumachen (vorher, nachher), die zeitliche Abfolge nachzuvollziehen…, kurz: sich ein (geistiges) Bild zu verschaffen vom Prozess, der stattgefunden hat, oder aber das, was der Maler uns von diesem Prozess überliefert hat, zu lesen wie ein Bild. Selbst in einen Dechiffriervorgang verwickelt – die Dechiffrierung des Machens, der Fabrikation («Wie ist das gemacht?») – hält sich der Betrachter an die vom Künstler ausgelegten Köder, an jene «Bilder», die das Lob des Produktionsprozesses singen. Er gerät dabei seinerseits in die Maschine der Malerei… Frize' Gabe, immer neue Konstellationen oder Situationen der Malerei zu erfinden, scheint unerschöpflich. Ob einfach oder kompliziert, oft auch skurril, seine «Malereimaschinen» fallen aus dem Rahmen. Kein Maler dürfte je entschiedener auf ein Prinzip der Immanenz gesetzt haben: Es ist die Wirkung der verschiedenen Kräfte, welche die Erfahrung eines Ereignisses, einer Malsituation, die dem Bild seine Form gibt, zur Vollendung treibt.[4] Was heisst das? Dass Frize seine Bilder gegen den Strich bürstet, durch das Aufteilen der vorhandenen Kräfte, durch das Verteilen der Rollen oder Gewichte.

Er gleicht schon lange einem chinesischen Strategen, der sich von der Situation tragen lässt, weil er die Prämissen seines Planes eingehend studiert hat, und dann, statt diesen anzuwenden, das eintretende Ereignis wie einen Sedimentationsprozess zulässt, ohne zu unterbrechen, und es erst später einholt. Bei Frize gibt es keine heroische malerische Geste, sondern ein Denken in Prozessen; die Sorge um das, was der chinesische Philosoph das «Streben der Dinge» nennt (oft ganz wörtlich, wenn er etwa mittels Kondensation und Abtropfenlassen einer Leinwand, die an der Decke befestigt ist, ein monochromes Bild erzeugt oder einen Moirée-Effekt durch Ausdehnung, Verdichtung und allmähliche Veränderung der Konsistenz einer Farbschicht). Zahlreiche Bilder, die durch Sedimentation oder auch durch das Aufbrechen tiefer liegender Schichten entstanden sind, belegen diese Ökonomie: Der Maler ist nicht Ursprung des Bildes, sondern verwaltet lediglich die ins Spiel gebrachten Kräfte. Was allerdings auf seine Entscheidung zurückgeht, ist die Beschaffenheit der Immanenzebene – manchmal ganz wörtlich: eine höchst empfindliche weisse Kunstharzfläche, die das freie Spiel der aufgebrachten Farben stören und polarisieren wird.

Dieser wache Blick für den latenten Hintergrund der Dinge, für den Hintergrund der immanenten Wirkung, des Virtuellen, des nicht Aktualisierten, das den Reiz seiner ersten Serien ausmacht, hat Frize zu einer vollkommen neuen Auffassung der Malerei als Ereignis geführt.

Ich nehme an, dass die Erfahrung mit Diagrammen und ihren Torsionen und Knoten entscheidend gewesen ist, und ihn auf durchaus paradoxe Weise zu einer Art Aktionsmalerei geführt hat.

Die Knoten aus Farbe, die Frize seit den 90er Jahren immer zahlreicher hervorgebracht hat, wirken zugleich verführerisch und beunruhigend. Um eine Beschreibung des Mathematikers Gilles Châtelet aufzunehmen: «Es ist unmöglich einen realen Bereich auszumachen, zu umschreiben oder zu erfassen, der ähnlich verschlungen wäre. Es gibt kein Innen und Aussen: Der Knoten knüpft sich selbst und ist eins mit dem, was er bindet. […] Der Knoten stellt die Ratlosigkeit der Interaktion mit sich selbst in den Raum: Er umschlingt sich selbst von oben und unten. Ein Knoten ist kein Verlauf […], er belegt keinen Platz in unserem Raum, sondern erinnert uns daran, dass unser Raum die gewordene Gleichheit der Dimensionen ist.»[5] Diagramme, Metaphern, Geflechte sind Modi des Virtuellen, sie bringen die Macht der Mehrdeutigkeit zum Vorschein. In seiner

Analyse der geometrischen Figuren, die bei den grossen Erfindungen von James Clerk Maxwell, Hermann Günther Grassmann oder Jean-Robert Argand eine Rolle spielten, zeigt Gilles Châtelet auf, in welchem Mass das Arbeiten mit Diagrammen den Willen fördert, Polaritäten sichtbar zu machen, Kräfte zu bündeln und wieder zu zerlegen und der gewählten Strategie Gestalt zu verleihen durch das Verknüpfen und Entfernen von Punkten, Ebenen, Räumen. In dieser innovativen Phase, die in den Naturwissenschaften der Formalisierung vorausgeht, ist das Diagramm zugleich Forschungsprogramm und metaphorische Technik. So kommt Maxwell die Idee, elektrische und magnetische Felder miteinander zu verknüpfen, beim Nachdenken über einfache Maschinen wie Schrauben, Kugellager, Getriebe und die verschiedenen Arten des Zusammenwirkens von Kräften, die dabei vorstellbar sind, unter anderem etwa der Dynamik von Wirbeln und ihren Verästelungen. Das Diagramm ist eine Technik zur Herstellung von Ähnlichkeit, eine Untersuchungsmethode. Es mischt sich ein, annektiert fremdes Gedankengut, breitet sich in angrenzende Gebiete aus und lässt das Begehren wieder aufleben. (Man schaue sich nur Duchamps GROSSES GLAS, 1915–1923, an.)

Für eine Malerei, die sich auf die Logik des Diagramms einlässt, bedeutet dies den definitiven Abschied von der Abbildung. Die Malerei behauptet sich hier als intransitive (nicht mehr auf etwas ausserhalb ihrer selbst gerichtete) und performative (im Vollzug wirksame) Operation.

Von nun an entlehnt Frize aus der Topologie und Mathematik weniger bestimmte Diagrammtypen, als vielmehr eine Disziplin der Erfindung, eine bestimmte Art den Gegenstand der Malerei zu denken, eine Form der Erfahrung. Mehr noch, ein Vorgehen, das Intuition und Operation zusammen denkt: ein Dispositiv der Virtualisierung.

Der Rückgriff auf den Torus von Percy John Heawood ist exemplarisch für diese neue Arbeitsphase bei Frize. Die Figur des schottischen Mathematikers ist rein virtuell. Es geht darum, sich die Folge einer Grundregel zu denken, nämlich, dass jede von acht gegebenen Farben mit jeder anderen eine gemeinsame Grenze aufweisen muss. Bei zwei Dimensionen ein Ding der Unmöglichkeit. Aufgrund dieser seltsamen Vorschrift entsteht ein virtueller Körper, der den Regeln von Wechsel und Wiederkehr, die Frize für seine eigenen Bilder so unermüdlich aufstellt, sehr nahe kommt. Und ein performatives Objekt *par excellence:* Die Vorstellung sämtlicher Konsequenzen (der Regel) ist gleichzeitig die komplette Vorstellung des Objekts. Aber eigentlich ist der Torus weder Objekt noch Bild, sondern etwas Virtuelles, eine Art zu denken und – hinter seinem Erscheinungsbild eines Rettungsrings für Donald Duck – eine Verschlingung. Die diagrammatische Intuition, schreibt Châtelet, erfasse ihre eigene gedankliche Dimension im Knoten oder im Geflecht. Das Geflecht «schlägt ein wie ein Ereignis»: eine Kreuzung.[6] Es hat sich etwas ereignet, was auf einen Raum verweist (darunter, darüber). Was das Geflecht der Malerei zu bieten hat, ist die Zeit einer unendlichen Virtualisierung. Es macht das Bild zur Inschrift eines Ereignisses.[7]

Und genauso setzt Frize es auch ein. Ich will damit sagen, dass die Diagrammwerdung seiner Bilder nicht bedeutet, dass er eine auswechselbare Bildsprache benützt. Er verändert die Funktion des Tafelbildes: Das Bild öffnet sich anders zur Welt hin, es wird zum Wirkungsfeld einer neuen Interaktion von Kräften, einer neuen G e m e i n s c h a f t. Und je tiefer diese das virtuelle Feld des Diagramms erforscht, desto politischer wird Frize' Malerei.

Verstehen wir uns richtig. Viele, die sich zur «politischen» Malerei bekennen, greifen lediglich und ausschliesslich auf die Propagandakunst zurück: ein unerschöpfliches Reservoir, aus dem man (mit gutem Gewissen) Bilder schöpfen kann. Hier bedeutet «politisch» jedoch die Organisation einer kollektiven schöpferischen Arbeit, wie das beispielsweise beim Tanz der Fall sein kann. Es geht nicht darum, dem Blick Objekte oder Bilder darzubieten, sondern darum, eine Erfahrung zu entwerfen: eine kollektive Regel oder auch eine Maschine, die nicht v o n einem Kollektiv, sondern f ü r ein Kollektiv konzipiert ist – ein Nachhall auf jenen Appell, den Paul Klee, gerade aus seinem Blickwinkel als Maler, an das Volk, «das uns nicht trägt», richtete.[8]

Die in ihrem Grundsatz politische Entscheidung von Frize ist die, aus dem Bild ein Operationsfeld zu machen, dessen Regeln zum eigentlichen Gegenstand werden, und es als virtuellen Bereich einer kol-

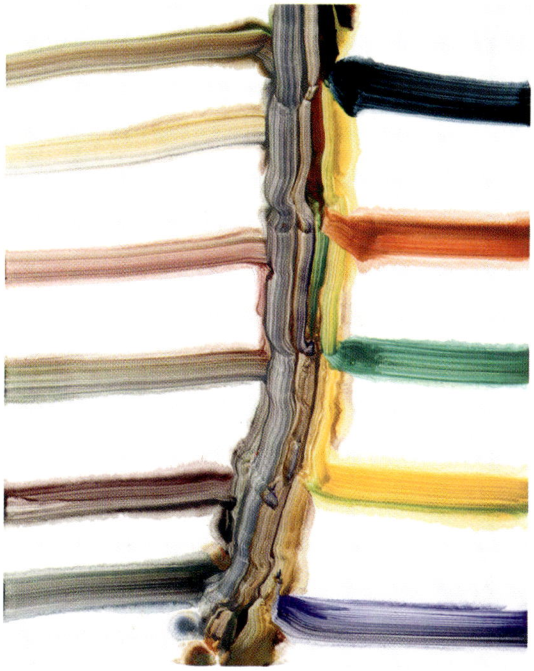

BERNARD FRIZE, TRANSCRIPTION, 2002, acrylic and resin on canvas, 31 ⁷/₈ x 25 ⁵/₈ " / Acryl und Kunstharz auf Leinwand, 81 x 65 cm.

lektiven Erfahrung zu begreifen. Was seine jüngsten Serien denn auch vorschlagen, sind die Konstruktion und der Prozess einer Erfahrung, die dem gewöhnlichen Leben möglichst nahe kommt, seiner intensiven Komplexität jedoch zugleich enthoben ist. Es geht nicht mehr bloss darum, das Spiel der Farben beziehungsweise Kräfte zu lenken, ja, nicht einmal darum, das Begehren der Betrachterinnen und Betrachter in die Maschinerie des Bildes hineinzuziehen. Es gilt jetzt, die das Bild ordnenden Energien, die menschlichen und sozialen Kräfte, die es ausmachen, einzusetzen. Oder um die von John Dewey vorgeschlagene Unterscheidung von «Kunstwerk» und «Kunstprodukt»[9] wieder aufzunehmen: Stoff und Thema des Werkes ist das, was das Bild a u s und i n der Erfahrung macht. So wird jedes Bild zur Performance oder zum Happening. Die Diagrammwerdung von Frize' Bildern verdankt sich fortan der Organisation der Reihenfolge der Pinselübergabe von einer Hand zur anderen (jenen von Frize und seinen Mitwirkenden). Ein vom Künstler erstelltes Diagramm dient als Partitur, die der kollektiven Interpretation unterbreitet wird. Sie ordnet die Implikationen und Verkettungen der Kräfte und Affekte. Die praktische Umsetzung der jeweiligen Übergaben erfordert grösste Präzision: Jede und jeder muss den geeigneten Ort, die geeignete Gelegenheit finden, das richtige Tempo seiner Intervention, den passenden Abschnitt, in dem jede Farbe gesetzt werden kann. Ein mühseliges Interagieren, tastend, unsicher, unterbrochen von Pleiten und Pannen; ein Prozedere, das Geschicklichkeit erfordert, Schnelligkeit, Langsamkeit, Ausdauer, Geduld – und eine Kooperationsbereitschaft, bei der Motivation und Ziel sich in Luft auflösen. Aktionsmalerei eben.

(Übersetzung aus dem Französischen: Suzanne Schmidt)

1) Henri Matisse, «Gespräch mit Degand (1945)», in: Matisse, *Über Kunst*, hg. v. Jack D. Flam, übers. v. Elisabeth Hammer-Kraft, Diogenes-Verlag, Zürich 1982, S. 186.

2) Ich stütze mich hierbei auf die grossartige Analyse von Eric Alliez und Jean-Claude Bonne, *La Pensée Matisse. Portrait de l'artiste en hyper-fauve*, Le Passage, Paris 2005. Ihr verdanke ich Neuformulierungen von mehr als einem Thema im Zusammenhang mit Frize.

3) *Martingal*: Seit dem 18. Jahrhundert für eine Strategie im Glücksspiel, bei der nach einem verlorenen Spiel der Einsatz erhöht wird, so dass im Falle unerschöpflichen Vermögens sicherer Gewinn eintritt.

4) Ich nehme hier in veränderter Form eine schöne Formulierung von Alliez und Bonne auf, op. cit. (Anm. 2), S. 269.

5) Gilles Châtelet, *Les enjeux du mobile. Mathématique, physique, philosophie*, Editions du Seuil, Paris 1993, S. 267.

6) Châtelet, ebenda, S. 269. Über die figürliche Logik des Geflechts vgl. den kapitalen Beitrag von Jean-Claude Bonne, «Nœuds d'écriture», in: *Texte – Image / Bild – Text*, hg. von Sybil Dümchen und Michael Nerlich, Technische Universität Berlin, Berlin 1990, S. 85–105.

7) So kann Frize (in der Serie *Lucky*, 2000) einen sehr langen Farbzopf in beliebige Abschnitte zerteilen, nicht in besonders ausgewählte «Stücke», so als handle es sich um Spuren eines Ereignisses. Denn hat er nicht (in einem unveröffentlichten Text) erklärt: «Meine Ausstellungen erzählen von der Zufälligkeit der Bilder, die wie ebenso viele einzelne Orte eine mehrfarbige Wellenlinie auf der Wand ergeben.»

8) «Uns trägt kein Volk. […] Aber wir suchen ein Volk», in: *Paul Klee in Jena 1924: Der Vortrag*, hg. v. Thomas Kain et. al., Druckhaus Gera, Jena 1999. (Hier zitiert nach Petra Kipphoff, «Paul Klee in Jena: eine Ausstellung und eine Publikation rekonstruieren ein Ereignis», in: *Die Zeit*, Nr. 14 (31. März), 1999, S. 46.)

9) Vgl. John Dewey, *Kunst als Erfahrung*, Suhrkamp-Verlag, Frankfurt am Main 1988. (Das englische Original erschien erstmals 1934.)

PHOTOS: RETO RODOLFO PEDRINI, ZÜRICH

Parkett 74

Bernard Frize

Percy John Heawood Conjecture, 2005

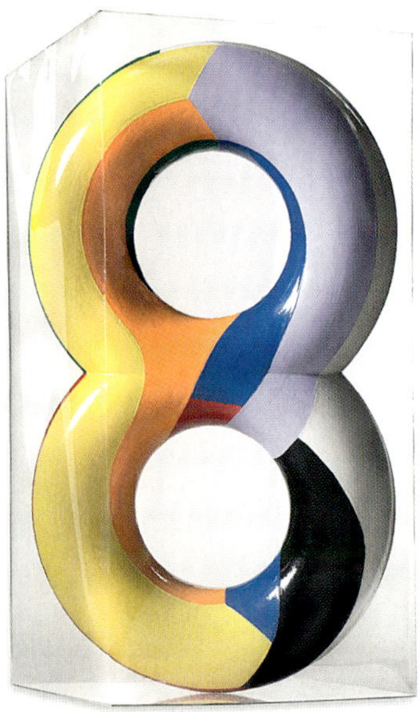

Double torus cast in Polyurethane, painted in eight synthetic resin colors. The number of colors sufficient for map coloring on the surface of a double torus is given by the Heawood conjecture. All eight colors share a common border with each other.

10 x 3 1/2 x 1 3/4 ", 2.75 lbs,
Production by Kunstgiesserei Felix Lehner, St. Gall, Switzerland
Edition of 45 / XXV, signed und numbered certificate

Doppel Torus, gegossen in Polyurethan, bemalt mit acht Kunstharzfarben. Der Mathematiker Heawood vermutete, dass zur Kartenbemalung eines Torus acht Farben so platziert werden können, dass sie je eine gemeinsame Grenze haben.

24 x 8 x 4 cm, 1,25 kg,
Produktion: Kunstgiesserei Felix Lehner, St. Gallen.
Auflage 45 / XXV, signiertes und nummeriertes Zertifikat

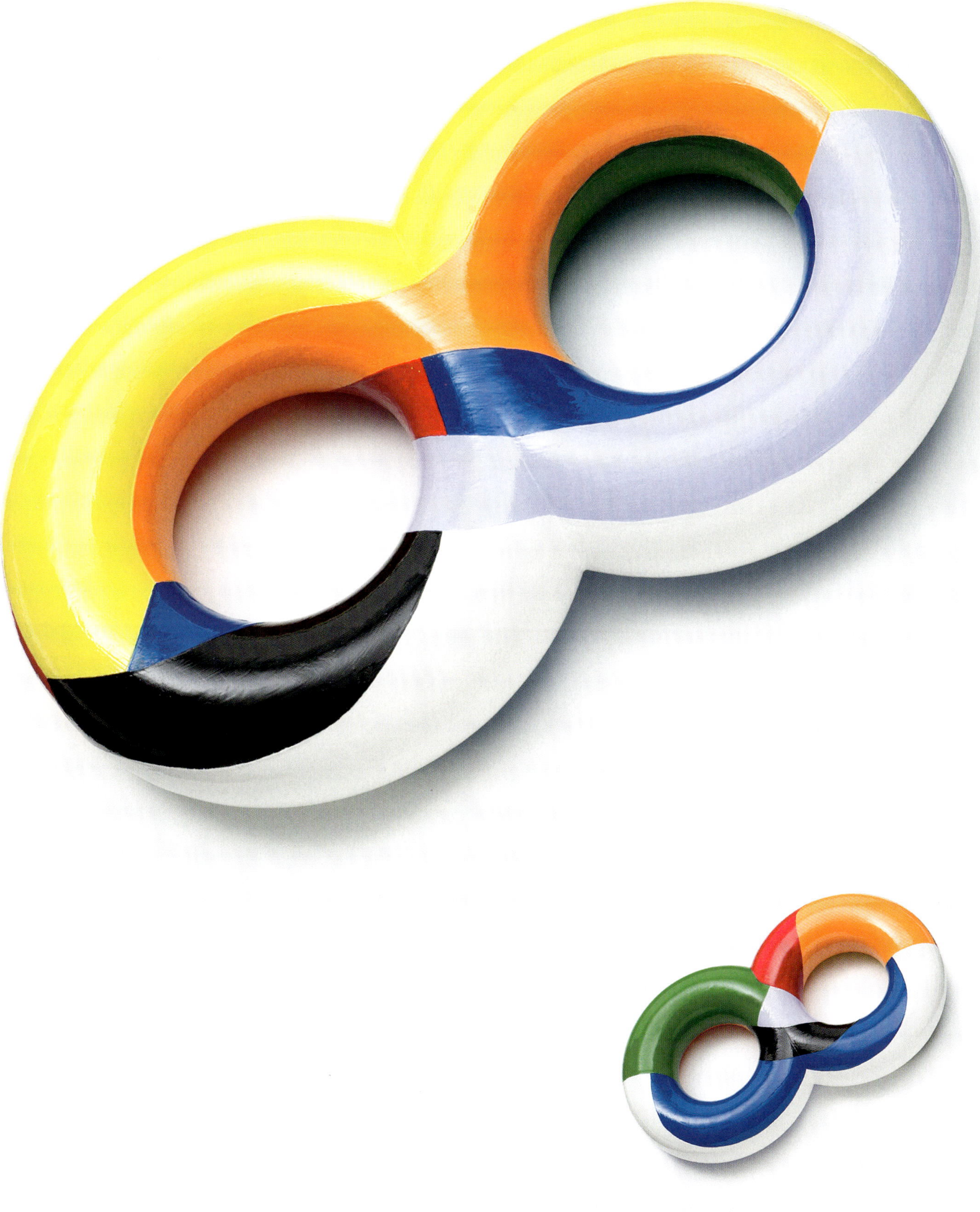

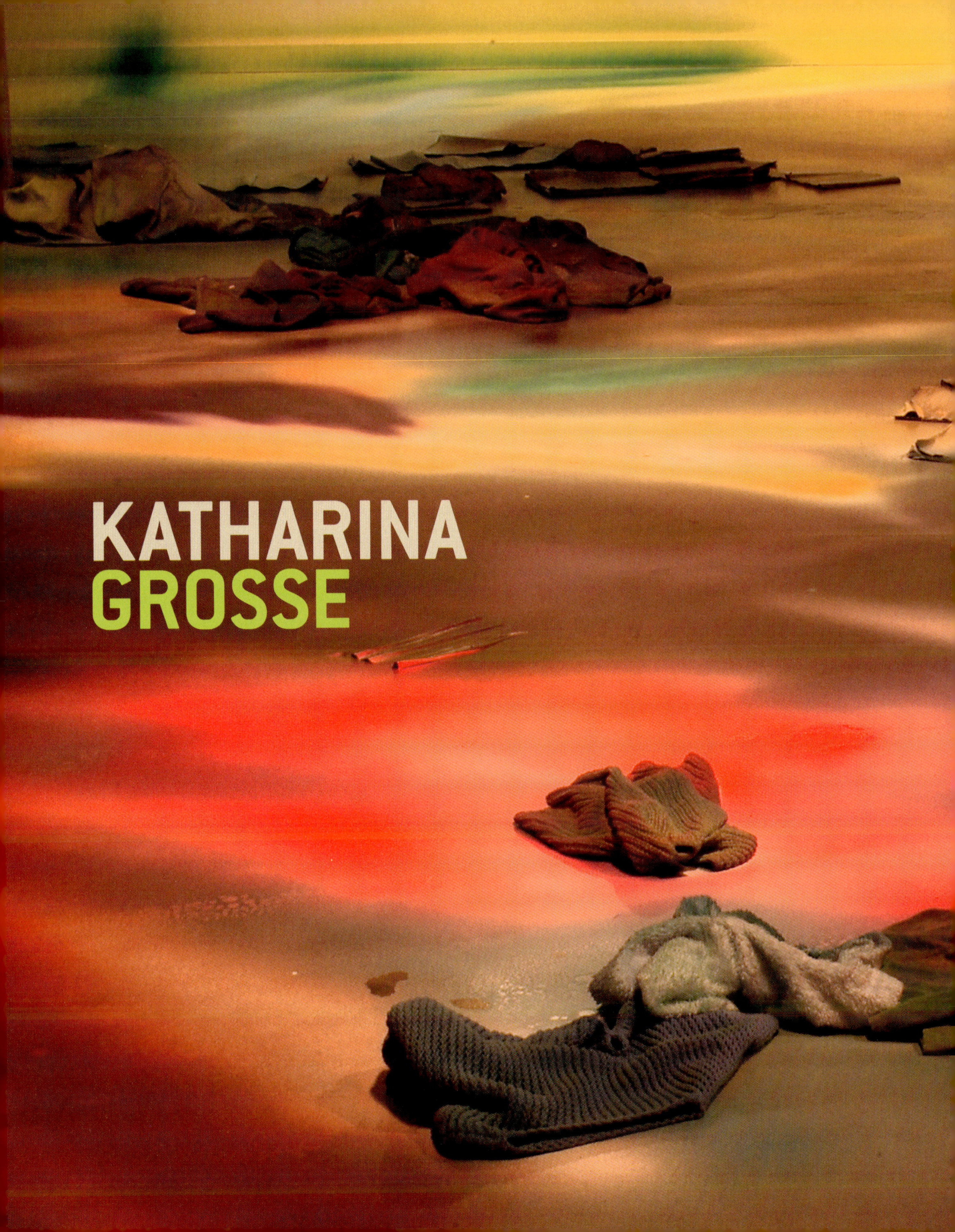
KATHARINA
GROSSE

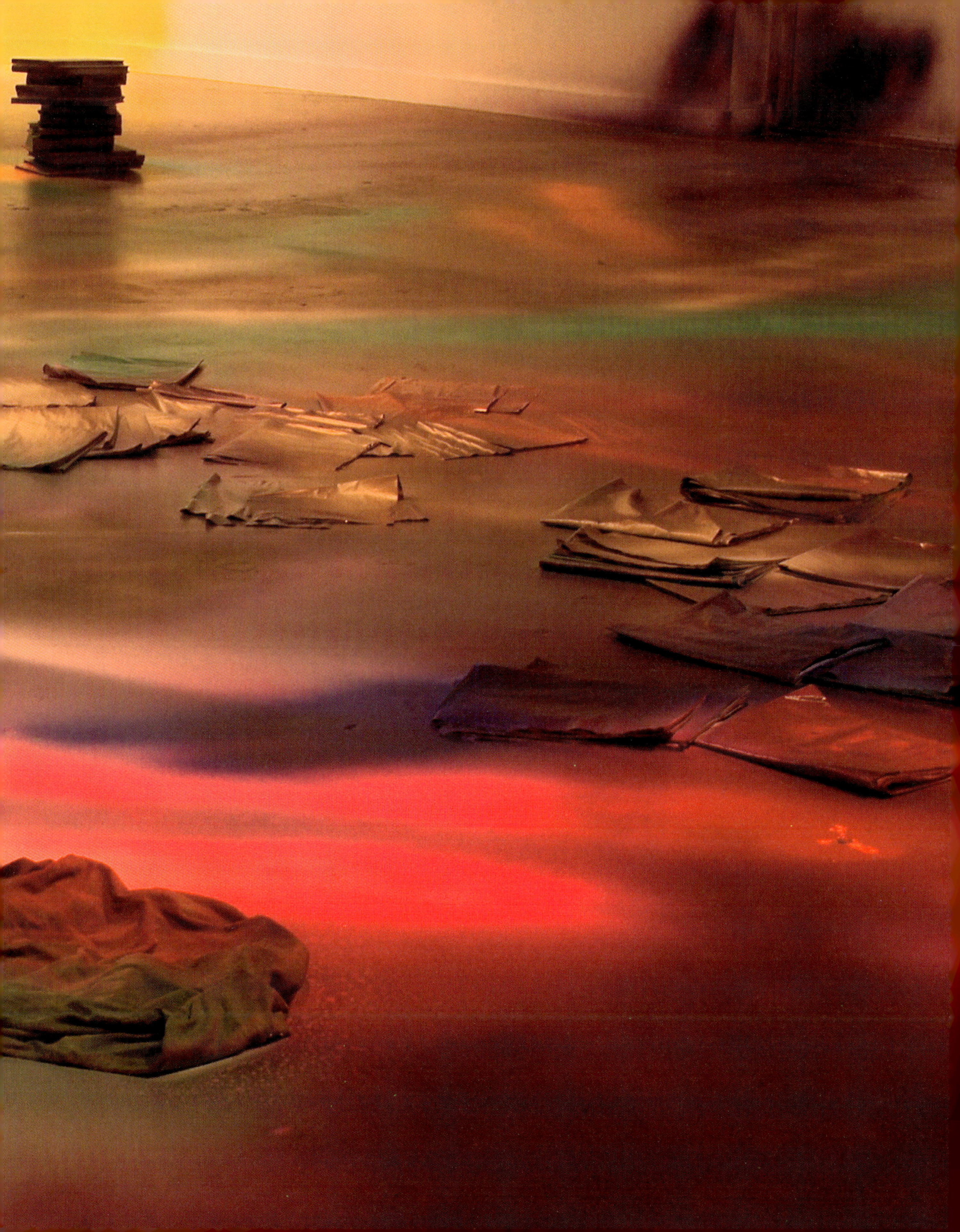

UNINHIBITED THINKING IN PUBLIC SPACE:

GREGORY VOLK

Katharina Grosse's Architectural Paintings

Several years ago, Katharina Grosse, who was already a compelling abstract painter working more traditionally on canvas, extended her practice to include intensely colorful, oftentimes large-scale paintings accomplished directly on the surfaces of architectural spaces. With these works, she exchanges paintbrushes for spray guns and air compressors, and jettisons canvases in favor of walls, ceilings, floors, windows, and in some cases objects in the room like beds, clothes, or bookcases. Dressed in a head-to-toe white protective suit, replete with goggles, respirator, and ear mufflers, as she wields her spray gun during the composition process, Grosse reminds one of an astronaut exploring an alien planet, or a scientist in some top-secret laboratory, or perhaps a member of a clean-up crew after a toxic disaster. Nothing, one thinks, could be further from the concentration, intimacy, and control normally associated with the act of painting than Grosse, as she directs jets of atomized acrylic paint on her chosen surfaces.

There is a streak of gleeful rebellion throughout this work, a raid on paintings, per se, as constrained devices, and on the rigid museums (or other institutions) where these paintings are usually located. In the halls of culture and power, which are often defined by rectilinear architecture and filled with rules and hierarchies, Grosse marks and mars the heck out of the walls, "like a child who has gone mad with a felt pen," as she once noted, referring to her large, overhead mural in Toronto's Pearson International Airport. Still, what supersedes Grosse's rebelliousness is her thoughtful exuberance and her refusal of limitations, realized in motion-filled paintings that flood spaces with multiple colors, rise up walls like brilliant vapors, cling to ceilings, and jut across floors. Made from an assortment of broad swaths, streaks, curves, blobs, stains, and bands, her paintings are the furthest thing from static; instead they seem in constant flux. There is always more to discover, always a fresh angle of approach, and Grosse's works reward patient viewing, to the point where the

GREGORY VOLK is a New York-based art critic and independent curator. He is also an Associate Professor at the Virginia Commonwealth University School of the Arts in Richmond, Virginia.

Page / Seite 108 / 109: KATHARINA GROSSE, UNTITLED, 2004, acrylic on concrete floor, clothes, books, and eggs, "Perspectives 143: Katharina Grosse," Contemporary Arts Museum Houston, Texas, 119 5/8 x 707 7/8 x 839 3/4" / Acryl auf Betonboden, Kleidung, Bücher, Eier, 304 x 1798 x 2133 cm. (PHOTO: HESTER + HARDAWAY)

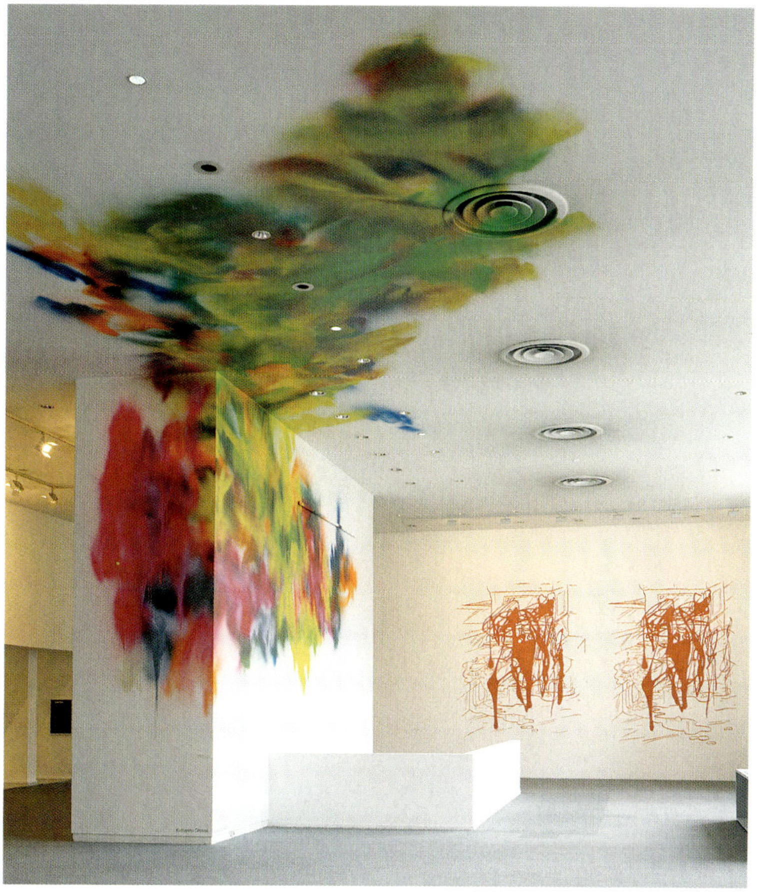

KATHARINA GROSSE, UNTITLED, 2002, acrylic on wall and ceiling, "Urgent Painting," Musée d'Art Moderne de la Ville de Paris, 214 1/2 x 630 x 74" / Acryl auf Wand und Decke, 545 x 1600 x 188 cm. (PHOTO: MARC DOMAGE)

same piece can look extremely different on a second or third visit. Also, because Grosse's works often fuse walls and ceilings at odd angles, and wrap around adjacent walls, they take on a looming three-dimensionality that can seem frankly vertiginous. One looks at an abstract painting by Grosse, but is simultaneously enveloped by its cascading colors and ever-shifting shapes, which appear poised to burst from the walls altogether.

There are, of course, influences, or shared fields of knowledge: 1980s New York City graffiti, Florentine frescoes and murals (which Grosse once intently studied), Color Field Painting, various forms of psychedelia, German Expressionism, and elements of Romanticism. Still, Katharina Grosse's unorthodox approach and methodology are unmistakably her own and have resulted in some of the most advanced and relevant abstract painting of this era. While these sprawling works seem imbued with the fast pace, electric colors, restlessness, and information overload of our hugely mediated age, and while they also have cinematic and virtual aspects, they actually involve painting pared down to its essence: the application of pure color to a surface. What's fascinating is how fluid and varied this essence becomes. Some works, or parts of works, have an eye-popping power, and conjure amusement park excess or urban neon at night. Other works, or parts of

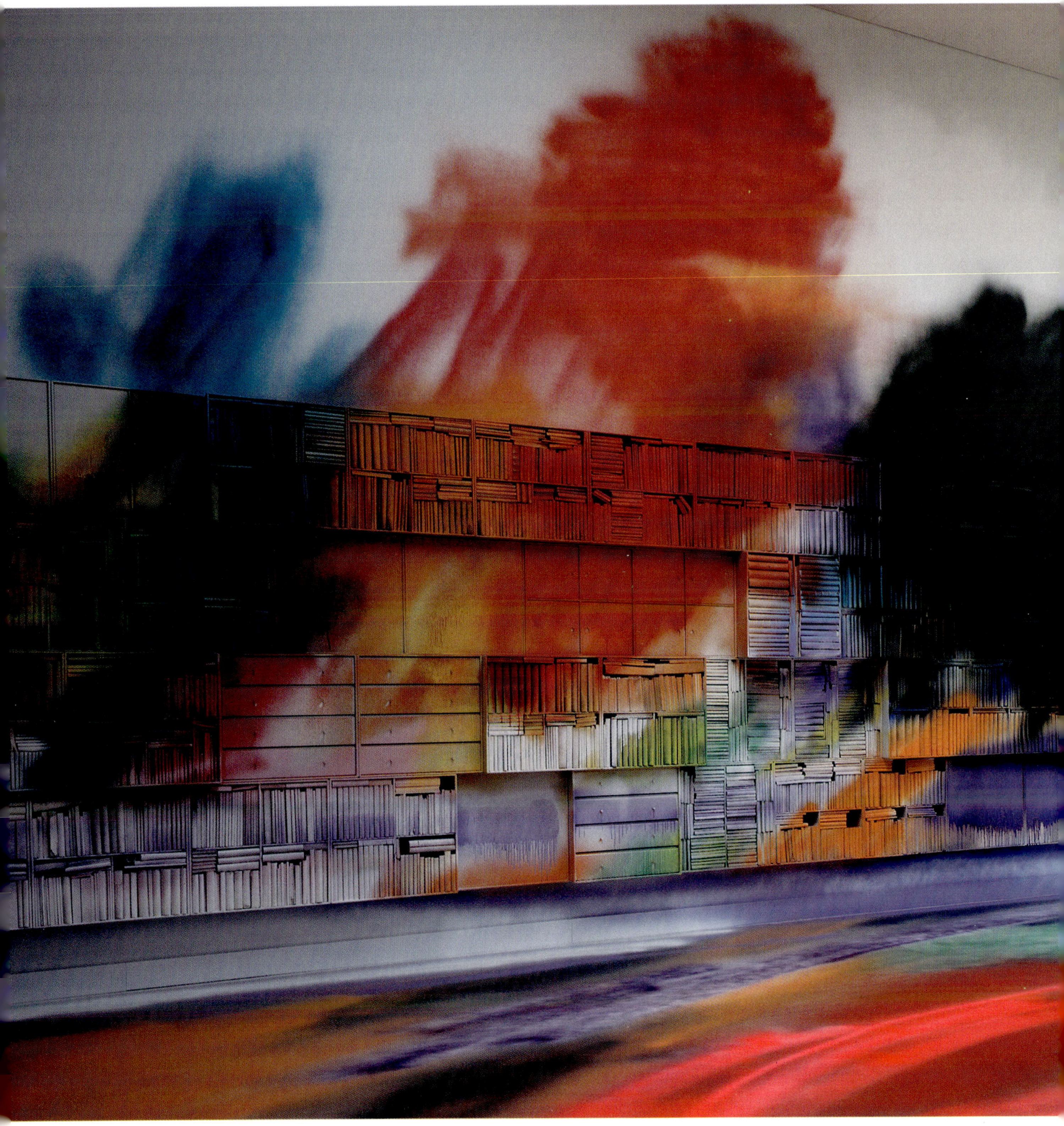

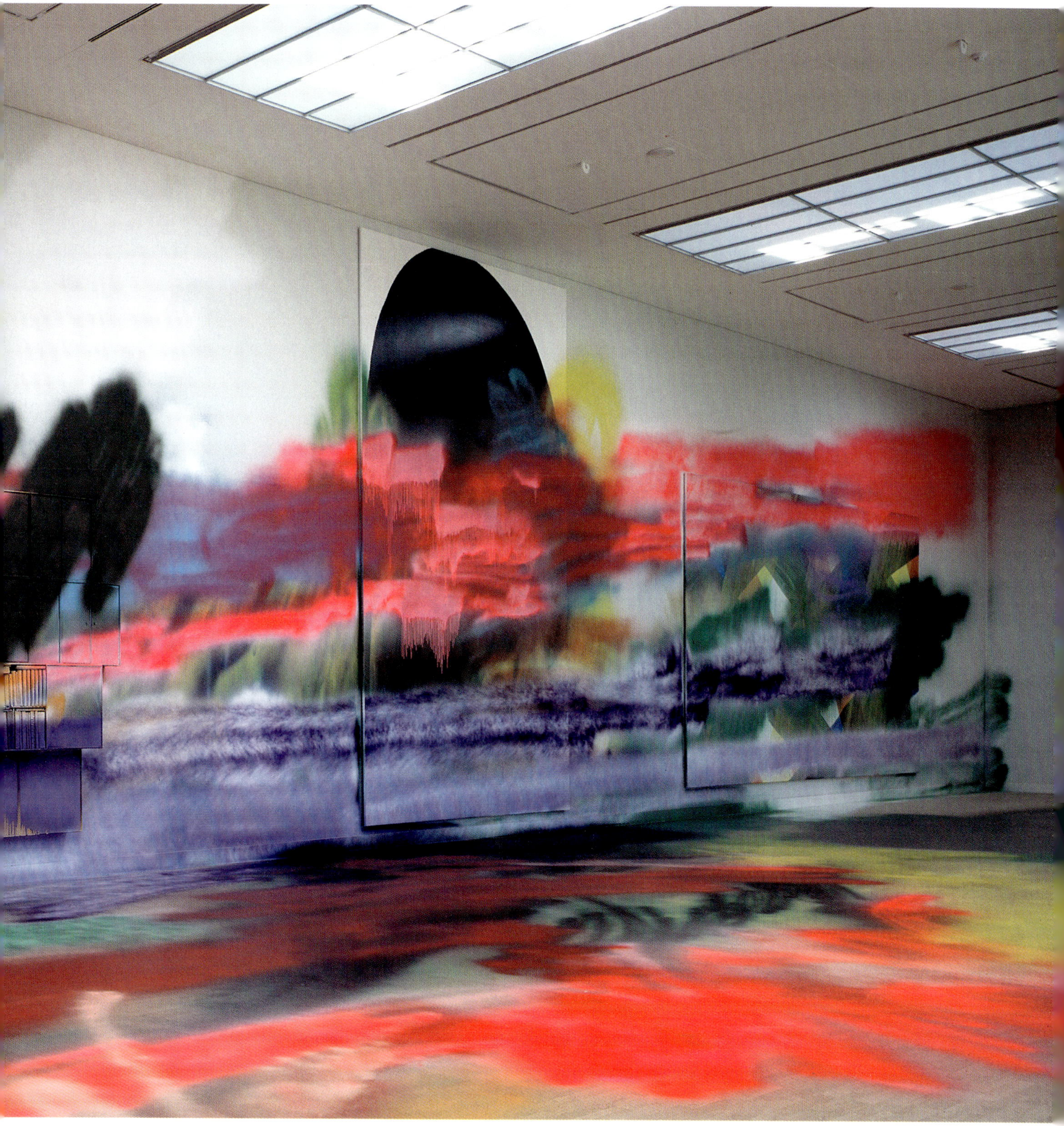

KATHARINA GROSSE, DOUBLE FLOOR PAINTING, 2004, acrylic on wall, floor, and bookshelf and 3 canvases, Kunsthallen Brandts Klaedefabrik, Odense,
267 3/4 x 1496 x 433" / Acryl auf Wand, Boden, Bücherregal und 3 Leinwänden, 680 x 3800 x 1100 cm. (PHOTO: TORBEN ESKEROD)

works, drift and billow around their viewer like ethereal mists. When this happens, Grosse's works inspire contemplation, and a sense of wonder that verges on the sublime.

For a 2005 exhibition at the Palais de Tokyo in Paris, which also included works on canvas, a section of floor leading to a small staircase seemed downright otherworldly. An ample turquoise curve, a few sprays of orange, a fuzzy purple mist on the floor, all functioned as beacons of energy. Nearby, a mound of soil (also duly painted) seemed like a miniature version of a vast, ecstatically tinged landscape. Although Grosse discloses exactly how her paintings are made and uses no tricks, her works typically yield a great deal of psychological invigoration and transportation. For a 2001 exhibition at the UCLA Hammer Museum in Los Angeles, Grosse presented a fiery confection, largely comprising short red, pink, dark green, and yellow streaks that traveled across one wall, angled up another wall along a staircase, and curved around the wall at the top of the stairs. A routine passageway suddenly became exceptionally pronounced and eventful, and viewers were persuaded to linger in this in-between space: between floors, between proper exhibition venues, between goals. There is, in fact, a subtle (and wonderfully democratic) politics in Grosse's work. Out of the way, or out of favor, spaces and structures, when painted, become unexpectedly dynamic and are granted as much validity as more renowned spaces elsewhere.

Just the opposite can also occur with Grosse's mutant paintings that continue proliferating to take over public spaces, and also, occasionally, with esteemed objects signifying knowledge and cultural status. In 2003, work Berlinische Galerie, Grosse painted a wide section of the museum's façade. Her green, yellow, orange, pink, purple, and blue streaks turned a stolid modernist building into a fluctuating and eccentric force. Grosse's 2004 exhibition at the Kunsthallen Brandts Klædefabrik in Odense, Denmark, featured swirling, centrifugal shapes on the floor, others climbing the walls, and in the middle of it all, a lovely *Montana* bookcase (an avatar of Danish design) packed with hundreds of books, thoroughly blasted with paint. Grosse's work is all about transformation, and she easily traverses both architectural and cultural hierarchies. It is fine with her if her paintings transform largely ignored parts of a building, or likewise its treasured items.

Color is essential for all of these works, and Grosse's colors tend toward the ultra-vibrant: smoldering reds, hot pinks, yellow-greens, oranges, magentas, and aquamarines, among others—although she also mixes in other, more subdued hues. While this palette can be jarring and brash, it also allows for subtle gradations, tonalities, surprising combinations, and moments of discovery, especially when one detects the hint of a vibrant color emanating from behind others (because of Grosse's layering techniques) or at the borders of differently colored forms. Grosse's acute involvement with colors includes not only their physical properties and optical effects but also their psychological and emotional equivalencies. It is impossible to talk about the "mood" of a piece because Grosse's color combinations suggest many moods or shifting states of being: whimsy, bliss, agitation, aggression, reverie, humor, quizzical investigation, and manic excitement, to name but a few.

When Grosse began doing her architectural paintings, she often used models to work out some of her ideas. But over time, she abandoned this way of working, preferring instead to respond directly to the site in question with her peculiar mix of research, analysis, improvisation, and flat-out taking of risks. Thus, each work is a unique record of how she thought, moved through, and made decisions in a particular space at a particular time, making her paintings double as highly personal actions or performances. Moreover, all of Katharina Grosse's site-specific works are temporary. When the exhibition closes, they are over-painted and disappear although they abide as documentation, commentary, hearsay, and memory. In a time when art-as-commodity is again a dominant force, Grosse's focus on process and experience is altogether refreshing.

Still, Grosse's adventurous techniques don't really account for the full, transformative power of her work. Each project begins with a clear-headed appraisal of the site in question, taking into account sight lines, specific structures, architectural details, and materials. A fundamental empiricism is a large part of her process and her paintings clarify and accentuate what is already there—the "roomness" of the room, so to speak. However, Grosse's works rarely amount to comprehensive, space-changing installations because they typically involve painting parts of a room, but leaving other parts untouched. What occurs is a fascinating principle of simultaneity, in which the space, as it normally is, coexists with the same space reconfigured as an environmental painting. It is for the viewer to constantly shuttle between the mundane and the magical, between the familiar life (and look) of a space, and its new incarnation as a vehicle for mind-bending beauty. Grosse's kind of fractious splendor emerges not from elsewhere, not from an autonomous artwork per se, but instead from the very midst of the normal and known. Her excellent 2004 exhibition "Infinite Logic Conference" at Magasin 3 in Stockholm featured an austere bed and next to it a pile of books. Both were partially painted, and the rest of the installation involved wildly painted walls, ceiling, and floor, along with three large abstract paintings on canvas. The bed and the books seemed to emanate a vibrant environment that was simultaneously precise and unruly, and Grosse's "infinite logic" shaded into colorful, dreamlike phantasms.

As one might expect from an artist who works so fruitfully with specific sites, Katharina Grosse travels a great deal and her work involves not only sustained encounters with the sites that she paints, but also with the cities or towns where those sites are located, as well as with the people who work there. For an artist obsessed with pure color (famously, Grosse's requirements for a prospective exhibition include a detailed list of the acrylic pigments she will need), the behavior of paint, the behavior of spray guns, the texture of walls, and the effect of light, hers is a profoundly social enterprise. These days, Grosse is often invited to realize works in well-known venues and exhibitions, yet she has long been interested in other, more offbeat locations, including those far from the art world mainstream. She has created works in Iceland, at the fantastic house museum SAFN; in an old farmhouse in Switzerland; on a billboard in Auckland, New Zealand; at the aforementioned airport in Toronto; at the Y8 International Sivananda Yoga Center in Hamburg, and at The Child Care and Protection Agency in Lelystad, Netherlands, among others. Recently, Grosse's road show brought her to Richmond, Virginia, for an exhibition at Solvent Space, an experimental new venue under the auspices of the Virginia Commonwealth University School of the Arts' Department of Painting and Printmaking. Solvent Space is largely the brainchild of Richard Roth, an artist, and also the Chairperson of the Department of Painting and Printmaking.

Solvent Space is a converted industrial space in a gritty (although increasingly artist-friendly) part of the city. While it has been renovated, it retains much of its rough, industrial look: exposed brick walls, pipes and ducts overhead, a catwalk where there used to be grimy offices, and various antechambers. Grosse's alteration of this space was a marvel of restraint, precision, wildness, and unfettered experimentation. She painted parts of the walls with a reeling assortment of colors and shapes: a russet burst, for instance, next to orange, white, and pink streaks, and above them an aerial tangle of white, pink, and blue marks. Much of the floor was covered with additional colors and shapes, all painted at odd angles, so that they countered and scrambled the rectilinear space. A pile of old clothes, three plywood boards, two metal garage doors, and various pipes, when painted, became important parts of the work. On one level, Grosse's installation had a matter-of-fact sensibility, conjuring the anarchic residue (including graffiti and trash) that accumulates in an empty factory-district space. On another level, it was bedazzling and fantastical. But that's how it is with Grosse's work, in which the space, as it is, coexists with how it has been outrageously transformed. In the meantime, the art students who helped Grosse, and others who were involved with the project, kept talking about the experience for weeks: they had been privy to and partners with her transformational verve, and this had a lasting effect. For all Katharina Grosse's heightened spatial and painterly logic, there is a spirit of freedom and adventure in her work that proves not only artistically, but also humanly, cathartic.

UNGEHEMMTES DENKEN IM ÖFFENTLICHEN RAUM:

GREGORY VOLK

Die Architekturmalereien der Katharina Grosse

Vor einigen Jahren erweiterte Katharina Grosse, damals bereits eine überzeugende, eher traditionell auf Leinwand arbeitende abstrakte Malerin, ihr künstlerisches Repertoire um farblich intensive, vielfach grossformatige Malereien, die sie unmittelbar auf Flächen gebauter Räume realisierte. Bei diesen Arbeiten tauscht sie den Pinsel gegen Spritzpistole und Kompressor ein, die Leinwand gegen Wände, Decken, Fussböden, Fenster, in manchen Fällen sogar gegen Gegenstände im Raum wie Betten, Kleidung oder Bücherregale. Wenn Katharina Grosse mit der Spritzpistole zu Werke geht und die Flächen ihrer Wahl mit Strahlen zerstäubter Acrylfarbe beschiesst, steckt sie von Kopf bis Fuss in einem weissen Schutzanzug samt Schutzbrille, Atemschutzgerät und Ohrenschutz und erinnert an einen Astronauten, der einen fremden Planeten erkundet, an einen Wissenschaftler in irgendeinem Geheimlabor oder auch an einen Angehörigen eines Aufräumkommandos nach einer Giftkatastrophe. Ein grösserer Gegensatz zu der Konzentration, Intimität und Kontrolle, die man üblicherweise mit dem Malakt verbindet, ist, so meint man, kaum denkbar.

Dieses Werk durchzieht eine vergnügt rebellische Ader, eine Attacke auf das starre Korsett des herkömmlichen Gemäldes und auf die rigiden Museen (oder sonstigen Institutionen), wo sich diese Gemälde für gewöhnlich finden. In den Hallen der Kultur und der Macht, die häufig durch geradlinige Architektur sowie durch Vorschriften und Hierarchien geprägt sind, bemalt und bekleckst Grosse ohne Rücksicht auf Verluste die Wände – «wie ein mit einem Filzstift durchgedrehtes Kind», wie sie einmal in Bezug auf ihre grosse Deckenmalerei im Flughafengebäude des Pearson International Airport in Toronto anmerkte. Das Rebellische wird bei Grosse allerdings überlagert durch ihren überlegten Überschwang und ihre Ablehnung jedweder Einschränkungen, was sich in Malereien voller Bewegung niederschlägt, Malereien, die Räume mit einer Fülle von Farben überschwemmen, die leuchtenden Dämpfen gleich Wände hinaufsteigen, an Decken haften und sich quer über Fussböden hinziehen. Ihre aus einer Mischung von breiten Bahnen, Streifen, Bogen, Klecksen und Flecken aufgebauten Ge-

GREGORY VOLK ist Kunstkritiker und freier Kurator in New York und lehrt zudem als Associate Professor an der Virginia Commonwealth University School of the Arts in Richmond, Virginia.

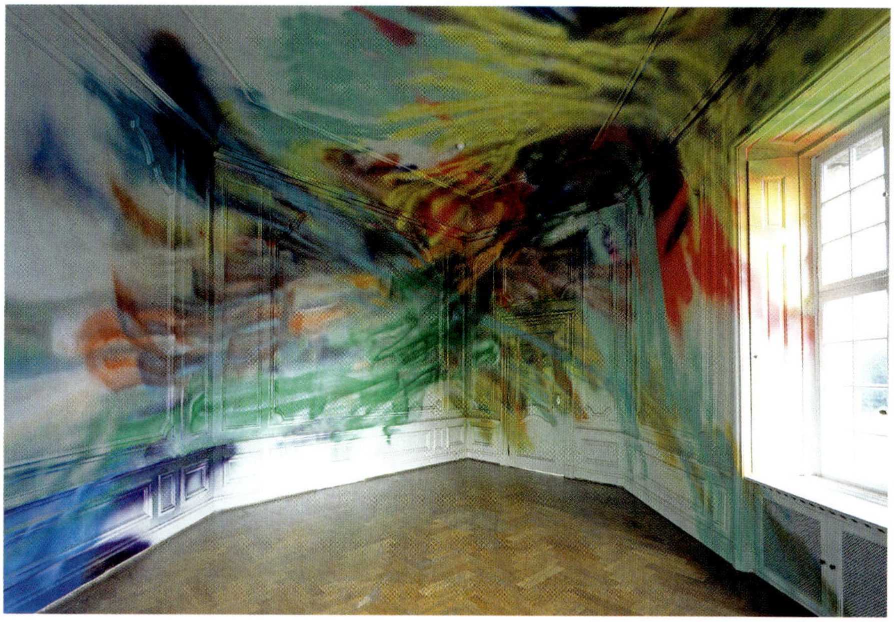

KATHARINA GROSSE, UNTITLED, 2003,
acrylic on wall, "Grazie" Schloss Dyck, Jüchen, 168 1/2 x 732 5/8" /
Acryl auf Wand, 428 x 1861 cm.
(PHOTO: WERNER J. HANNAPPEL)

mälde sind alles andere als statisch, sondern wirken vielmehr wie ständig im Fluss. Es gibt immer wieder Neues zu entdecken, neue Betrachtungswinkel, und es ist wichtig, sich bei der Besichtigung der Arbeiten von Katharina Grosse Zeit zu lassen: Es kann passieren, dass ein und dieselbe Arbeit beim zweiten oder dritten Mal völlig anders wirkt. Hinzu kommt, dass Grosses Arbeiten, da sie häufig Wände und Decken in ungewohnten Winkeln miteinander verbinden und über angrenzende Wände weiterlaufen, eine überwältigende, ja manchmal geradezu Schwindel erregende Raumwirkung erzeugen. Beim Betrachten eines ihrer abstrakten Gemäldes ist man gleichzeitig umfangen von den Farbkaskaden und ständig wechselnden Formen, die im Begriff scheinen, ganz von den Wänden herabzustürzen.

Einflüsse oder Verwandtschaften in der Herangehensweise sind selbstverständlich da: Hinzuweisen wäre etwa auf die Graffitikunst im New York der 80er Jahre, auf florentinische Fresken und Wandmalereien (die Grosse eingehend studiert hat), auf die amerikanische Farbfeldmalerei, auf verschiedene Spielarten des Psychedelischen, auf den deutschen Expressionismus und auf Elemente der Romantik. Doch Katharina Grosses unorthodoxe Praxis steht offensichtlich ganz für sich, und die Ergebnisse zählen zum Teil zu den fortgeschrittensten und relevantesten Beispielen der abstrakten Malerei unserer Zeit. Obwohl ihre ausufernden Arbeiten von der Geschwindigkeit, den elektrisierenden Farben, der Hektik und der überwältigenden Informationsflut unseres Medienzeitalters durchdrungen scheinen und obwohl sie obendrein filmische und virtuelle Aspekte aufweisen, geht es bei ihnen tatsächlich um Malerei pur, um auf ihre Essenz – das Auftragen von reiner Farbe auf eine Fläche – reduzierte Malerei. Faszinierend ist, als wie fliessend und vielgestaltig sich diese erweist. Manche Arbeiten oder Teile davon lassen einem die Augen übergehen und beschwören die Neonreklamen der nächtlichen Grossstadt oder die Art von exzessiver Dekoration, die man mit Vergnügungsparks assoziiert. Andere Arbeiten wiederum oder Teile davon umschweben und umwogen den Betrachter wie ätherische Nebelschleier. Wenn das der Fall ist, regen Grosses Arbeiten zu nachdenklicher Betrachtung an und rufen ein fast schon erhabenes Gefühl des Staunens hervor.

Für eine Ausstellung im Palais de Tokyo in Paris (2005), in der sie auch Leinwandbilder zeigte, bemalte sie einen Teil des Fussbodens, der zu einer kleinen Treppe führte, und das Resultat wirkte wie nicht von dieser Welt. Ein weit gespannter türkisfarbener Bogen, einige Spritzer Orange, ein verschwommener Violettschleier auf dem Boden, sie alle wirkten wie energetische Leuchtzeichen. Ein ebenfalls bemalter Haufen Erde in der Nähe erschien wie eine Miniaturausgabe einer weiten, ekstatisch gefärbten Landschaft. Obwohl Grosse nicht kaschiert, wie ihre Malereien genau gemacht sind, und sie auf Tricks verzichtet, wirken ihre Arbeiten meist in nicht geringem Masse psychologisch belebend und bewegend. Im Rahmen einer Ausstellung im UCLA Hammer Museum in Los Angeles im Jahre 2001 zeigte Grosse ein feuriges Arrangement aus überwiegend kurzen roten, rosafarbenen, dunkelgrünen und gelben Streifen, die quer über eine Wand liefen, dann abbogen, entlang einer Treppe eine Wand hinaufstiegen und schliesslich am oberen Ende der Treppe um die Wand bogen. Ein normalerweise nicht weiter beachteter Durchgangsbereich wurde mit einem Mal ungemein markant, ja erhielt Ereignischarakter, und Besucher fühlten sich angehalten, in diesem Zwischenraum zwischen den Geschossen, zwischen den eigentlichen Ausstellungsräumen und den verschiedenen Zielen zu verweilen. Grosses Werk ist tatsächlich eine subtile (und wunderbar demokratische) politische Dimension eigen. Abgelegenen oder ungeliebten Räumen und Bauwerken wächst, wenn ausgemalt, eine unverhoffte Dynamik und die gleiche Geltung zu wie mehr frequentierten Räumen andernorts.

Auch das genaue Gegenteil ist möglich bei Grosses mutierenden Malereien, die unaufhaltsam wuchernd öffentliche Räume annektieren, mitunter samt Gegenständen, die Wissen und kulturellen Status signalisieren. Im Rahmen einer Arbeit für die Berlinische Galerie (2003) bemalte Grosse einen grossen Teil der Fassade des Museumsgebäudes. Ihre

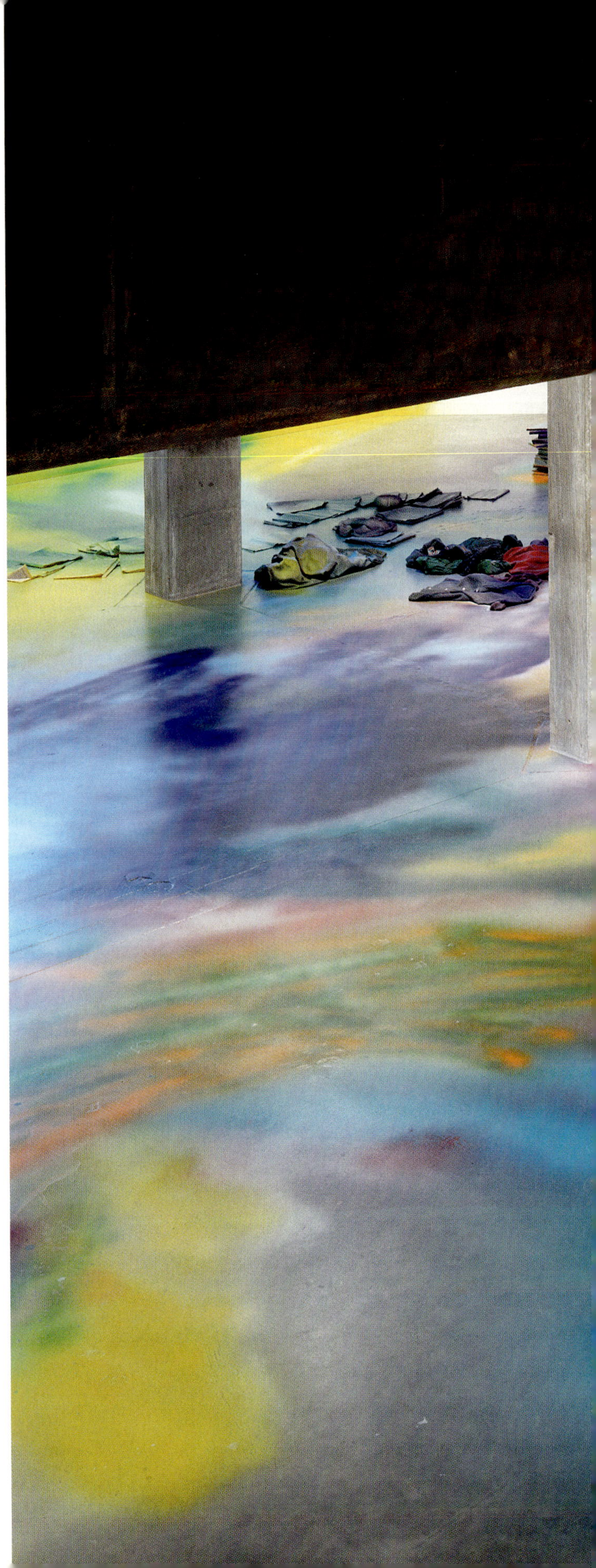

KATHARINA GROSSE, UNTITLED, 2004, acrylic on concrete floor, clothes, books, and eggs, "Perspectives 143: Katharina Grosse," Contemporary Arts Museum Houston, 119 5/8 x 707 7/8 x 839 3/4" / Acryl auf Betonboden, Kleidung, Büchern und Eiern, 304 x 1798 x 2133 cm. (PHOTO: HESTER + HARDAWAY)

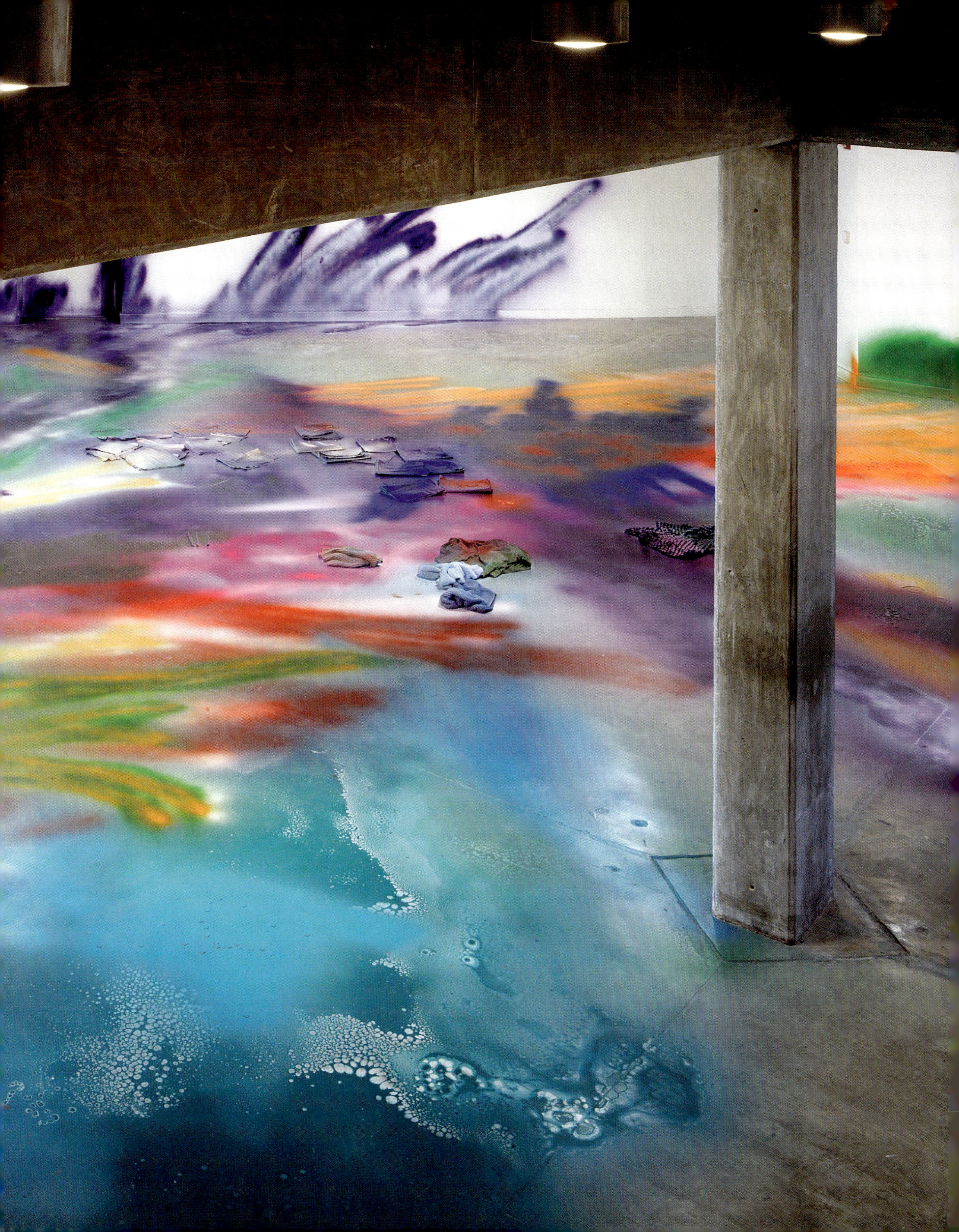

grünen, gelben, orange-, rosafarbenen, violetten und blauen Streifen verwandelten ein streng modernistisches Bauwerk in eine fluktuierende, exzentrische Kraft. In ihrer Ausstellung in der Kunsthalle Brandts Klædefabrik (2004) in Odense sah sich der Betrachter konfrontiert mit wirbelnden, zentrifugalen Formen auf dem Fussboden und entsprechenden Formen, die die Wände hinaufstiegen, sowie inmitten all dessen mit einem wunderschönen, mit hunderten von Büchern vollgepackten und über und über mit Farbe bespritzten *Montana*-Bücherschrank (einem Inbegriff dänischen Designs). Transformation, Verwandlung ist das zentrale Thema von Grosses Werk, und über architektur- oder kulturbezogene Wertordnungen setzt sie sich bedenkenlos hinweg. Es ist ihr genauso recht, wenn ihre Malerei weitgehend unbeachtete Teile eines Gebäudes verwandelt, wie wenn sie dasselbe mit Elementen tut, auf die besonderer Wert gelegt wird.

Der Farbe kommt bei all diesen Arbeiten grundlegende Bedeutung zu, und Grosses Farben tendieren zum Hyperdynamischen – sie verwendet gerne glühende Rot-, grelle Rosa-, Gelbgrün-, Orange-, Magenta- und Aquamarintöne –, obwohl sie auch andere, gedämpftere Farbtöne einstreut. So schrill und knallig diese Palette sein kann, so sehr legt sie Wert auf feine Abstufungen, subtile Farbwirkungen, überraschende Kombinationen und Augenblicke der Offenbarung, insbesondere wenn man des Hauchs einer lebhaften Farbe gewahr wird, die (auf Grund des schichtweisen Farbauftrages) hinter anderen hervorleuchtet oder an den Rändern andersfarbiger Gebilde aufscheint. Grosse beschränkt sich in ihrer sehr präzisen Beschäftigung mit den Farben nicht auf deren materielle Eigenschaften und optische Wirkungen, sondern berücksichtigt auch ihre jeweilige Entsprechung auf psychologischer und emotionaler Ebene. Man kann unmöglich von der «Stimmung» einer Arbeit sprechen, weil Grosses Farbkombinationen vielerlei Stimmungen oder wechselnde Gemütszustände hervorrufen: Launenhaftigkeit, Glückseligkeit, Aufgewühltsein, Aggression, Träumerei, Humor, Neugierde und manische Erregtheit, um nur einige zu nennen.

Bei ihren ersten Architekturmalereien benutzte Grosse vielfach Modelle, um Ideen auszuarbeiten. Im Lauf der Zeit gab sie diese Methode jedoch auf und zog es stattdessen vor, mit der ihr eigentümlichen Mischung aus Forschung, Analyse, Improvisation und schierem Wagnis unmittelbar auf den betreffenden Standort zu reagieren. Jede Arbeit ist somit ein einzigartiges Dokument der Gedanken, die sie an einem bestimmten Ort zu einem bestimmten Zeitpunkt hatte, der Art und Weise, wie sie sich dort bewegte, und der Entscheidungen, die sie dort traf, was ihren Malereien gleichzeitig den Charakter höchst persönlicher Aktionen oder Performances verleiht. Zudem existieren die standortbezogenen Arbeiten von Katharina Grosse grundsätzlich nur für begrenzte Zeit, das heisst, sie werden nach Schliessung der Ausstellung übermalt und verschwinden, obwohl sie in Form von Dokumenten, Kommentaren, Erzählungen und Erinnerungen überdauern. In einer Zeit, da der Warencharakter der Kunst wieder in den Vordergrund gerückt ist, hat Grosses Betonung von Prozess und Erfahrung etwas ganz und gar Erfrischendes.

Gleichwohl erklären Grosses kühne Methoden nicht voll und ganz die transformative Kraft ihres Werkes. Am Anfang jedes Projektes steht eine bedachtsame Bewertung des betreffenden Standorts unter Berücksichtigung von Sichtachsen, spezifischen Gebäuden oder Gebäudeteilen, architektonischen Details und Materialien. Grundlegende Empirie ist ein wesentlicher Bestandteil ihres Verfahrens, ihre Malereien verdeutlichen und akzentuieren, was bereits da ist, das «Sosein» des Raums, wenn man so will. Grosses Arbeiten laufen tatsächlich selten auf umfassende, raumverändernde Installationen hinaus, weil es bei ihnen in der Regel darum geht, Teile eines Raums zu bemalen, andere Teile aber unberührt zu lassen. Das Ergebnis ist ein faszinierendes Prinzip der Gleichzeitigkeit, wobei der Raum in seinem gewohnten Zustand neben dem zu einem gemalten Environment umgestalteten bestehen bleibt. Es ist am Betrachter, sich ständig zwischen dem Banalen und dem Magischen, zwischen der vertrauten Funktion (und Erscheinung) eines Raums und dessen Reinkarnation als einer Bühne für umwerfende Schönheit hin und her zu bewegen. Grosses Art von widerspenstiger Pracht rührt nicht von anderswo, von einem autonomen Kunstwerk als solchem her, sondern entspringt vielmehr unmittelbar dem Gewöhnlichen und Bekannten. Im Mittelpunkt ihrer ausgezeichneten Ausstellung «Infinite Logic Conference» in der Stockholmer Kunsthalle Magasin 3 (2004) stand ein schlichtes Bett mit einem Stapel Bücher daneben, beide teilweise bemalt. Wild bemalte Wand-, Decken- und Bodenflächen sowie drei grossformatige abstrakte Gemälde auf Leinwand vervollständigten die Installation. Das Bett und die Bücher beschworen ein lebhaftes, gleichzeitig präzises und ungeordnetes Environment, und Grosses «unendliche Logik» gebar bunte, traumhafte Hirngespinste.

Wie man es von einer Künstlerin erwartet, die so erfolgreich mit spezifischen Standorten arbeitet, ist Katharina Grosse viel auf Reisen, und ihre Arbeit setzt nicht nur eine eingehendere Auseinandersetzung mit der jeweils von ihr auszumalenden Stätte, sondern auch mit der Stadt oder dem Ort und mit den dort arbeitenden Leuten voraus. Bei aller obsessiven Beschäftigung mit reiner Farbe (Grosse ist berühmt für die detaillierten Auflistungen der von ihr benötigten Acrylfarben, die sie im Vorfeld einer geplanten Ausstellung vorlegt), mit den Farbeigenschaften, dem Mechanismus von Spritzpistolen, der Oberflächenbeschaffenheit der Wände und der Lichtwirkung ist ihre Praxis eine zutiefst soziale. Heutzutage wird Grosse vielfach eingeladen, in renommierten Museen und im Rahmen grosser, in aller Welt beachteter Ausstellungen Werke zu realisieren, doch sie interessiert sich seit langem schon für andere, eher unkonventionelle und zum Teil fernab des Kunstbetriebs gelegene Orte. So hat sie unter anderem Arbeiten in Island, im phantastischen Hausmuseum SAFN, in einem alten Bauernhof in der Schweiz, auf einer Reklamewand in Auckland, Neuseeland, am bereits erwähnten Flughafen in Toronto, im Y8 International Sivananda Yoga Center in Hamburg sowie im Amt für Kinderfürsorge und Kinderschutz in Lelystad in den Niederlanden realisiert. Vor kurzem führte Grosses *Roadshow* sie nach Richmond im US-Bundesstaat Virginia für eine Ausstellung im Solvent Space, einer neuen, experimentellen Ausstellungsstätte unter den Auspizien der School of the Arts und des Department of Painting and Printmaking der Virginia Commonwealth University. Geistiger Vater von Solvent Space ist vor allem Richard Roth, selbst ein Künstler und gleichzeitig Professor und Leiter besagter Abteilung für Malerei und Graphik.

Solvent Space befindet sich in einem umfunktionierten Industriebau in einem unwirtlichen (wiewohl zunehmend kunstfreundlichen) Teil der Stadt. Trotz Renovierung hat das Gebäude im Innern seinen rauen, industriellen Charakter bewahrt. Es gibt unverputzte Backsteinmauern, unter der Decke sichtbare Rohre und Leitungen, einen Laufsteg, wo früher russgeschwärzte Büroräume waren, und verschiedene Vorräume. Grosses Umwandlung dieser Räumlichkeiten war ein Wunderwerk an Zurückhaltung, Präzision, Wildheit und unbändiger Experimentierlust. Sie bemalte Teile der Wände mit einem Wust von Farben und Formen, etwa einer Explosion von Rotbraun neben orange-, weiss- und rosafarbenen Streifen und darüber einem in der Luft schwebenden Gewirr aus Weiss, Rosa- und Blautupfern. Ein Grossteil des Fussbodens war mit weiteren Farben und Formen bedeckt, die jeweils in ungewohnten Winkeln aufgemalt waren, sodass sie die Ordnung des rechteckigen Raums konterkarierten. Ein Haufen alter Kleider, drei Sperrholzplatten, zwei metallene Garagentüren und mehrere Rohre wurden, einmal bemalt, zu wichtigen Elementen der Arbeit. Einerseits hatte Grosses Installation etwas sachlich Direktes, als eine Beschwörung der anarchischen Rückstände (Graffiti und Müll eingeschlossen), die sich in einem leeren Gebäude in einem Industrieviertel anhäufen. Auf einer anderen Ebene war sie umwerfend und phantastisch. Das ist typisch für Grosses Werk: Der bestehende Raum koexistiert mit dem Raum in seiner unerhört verwandelten Form. Unterdessen redeten die Kunststudenten, die Grosse assistiert hatten, und andere am Projekt Beteiligte noch wochenlang über das Ereignis: Als Mitverschworene hatten sie sich von ihrer Lust an der Verwandlung mitreissen lassen – das hinterliess einen nachhaltigen Eindruck. Bei aller gesteigerten räumlichen und malerischen Logik durchwaltet das Werk der Katharina Grosse ein Geist der Freiheit und des Abenteuers, der sich nicht nur künstlerisch, sondern auch menschlich als kathartisch erweist.

(Aus dem Englischen von Bram Opstelten)

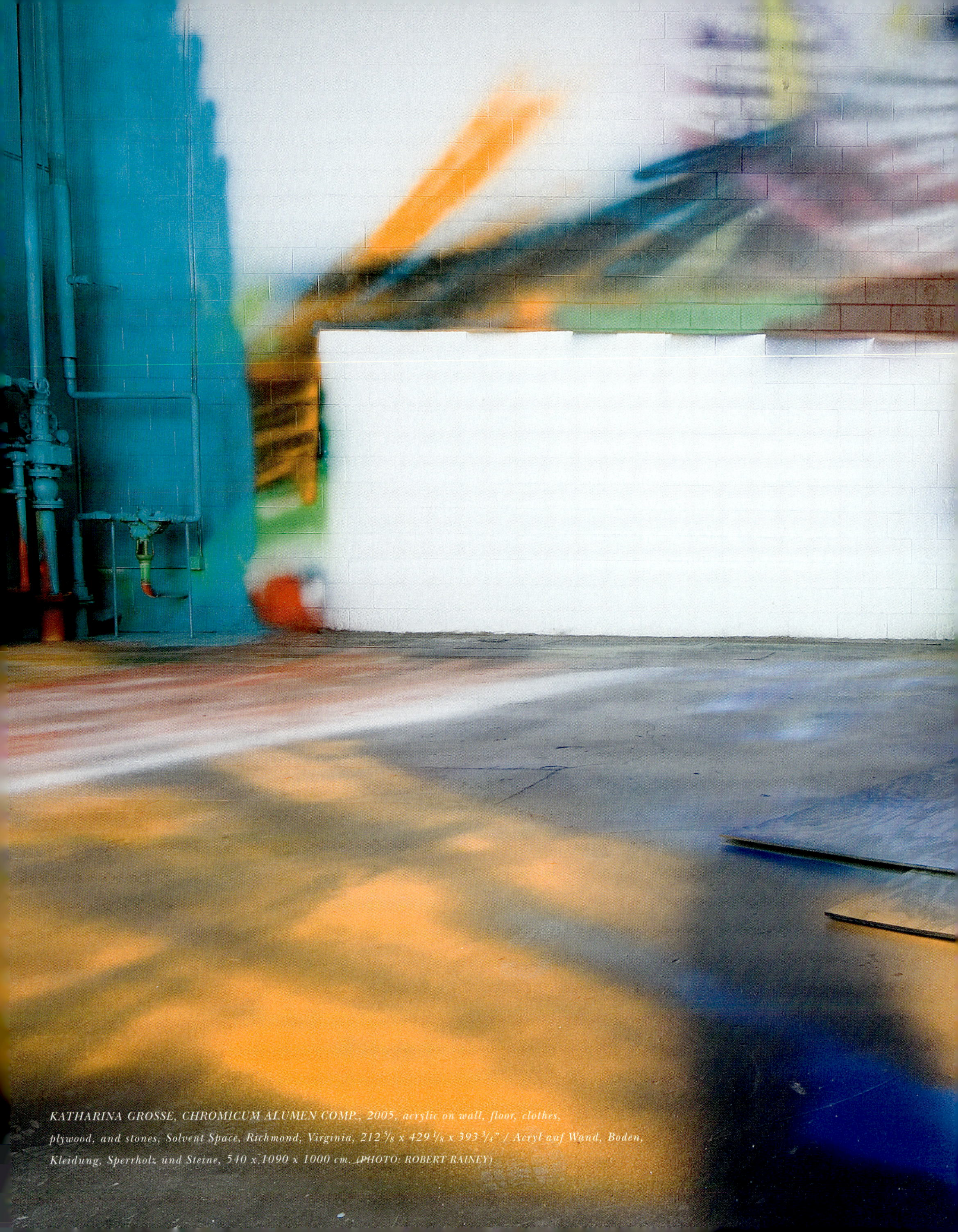

KATHARINA GROSSE, *CHROMICUM ALUMEN COMP.*, 2005, *acrylic on wall, floor, clothes, plywood, and stones, Solvent Space, Richmond, Virginia,* $212\,^{5}/_{8}$ *x* $429\,^{1}/_{8}$ *x* $393\,^{3}/_{4}$" */ Acryl auf Wand, Boden, Kleidung, Sperrholz und Steine,* 540 x 1090 x 1000 cm. (PHOTO: ROBERT RAINEY)

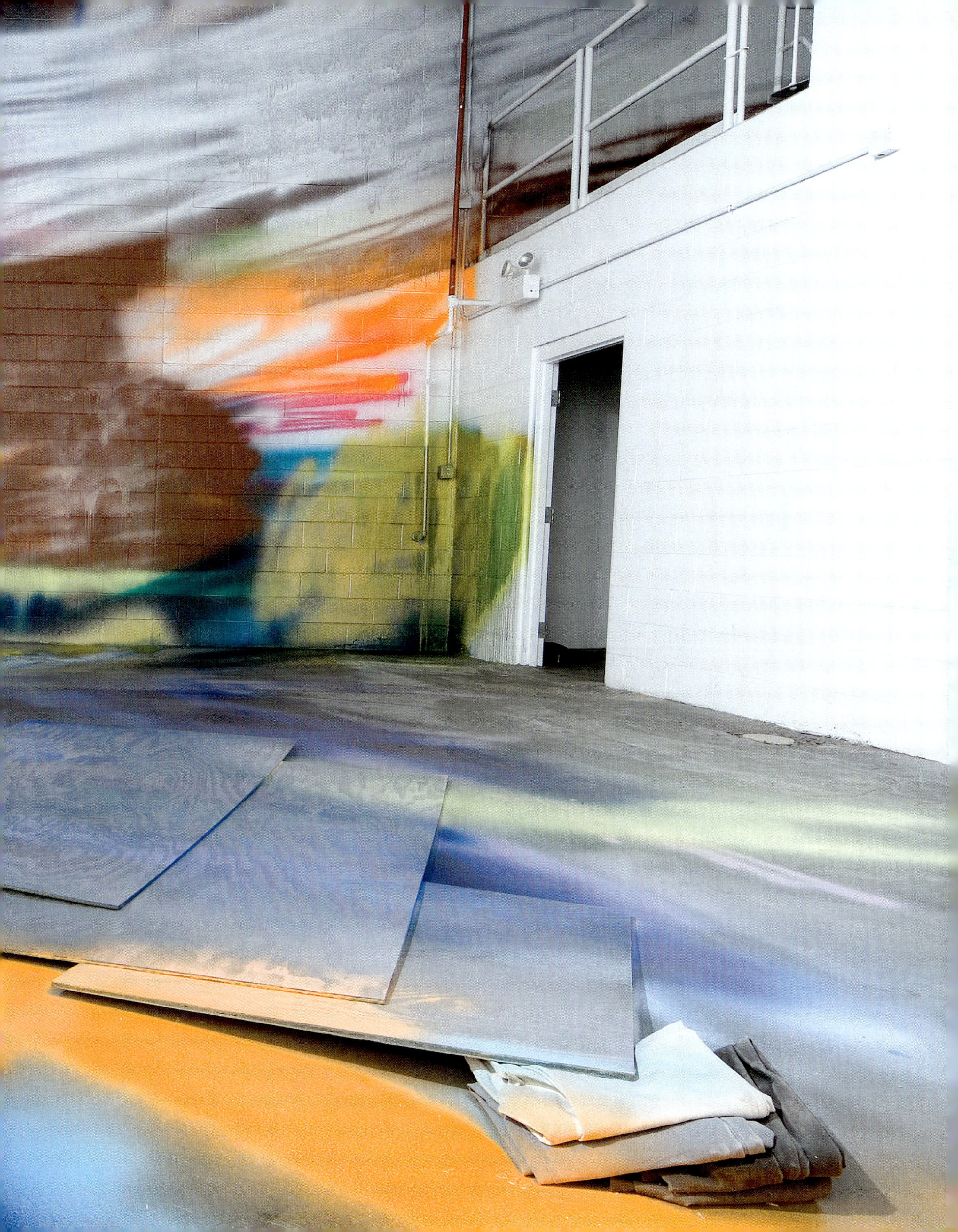

HANS ULRICH OBRIST

Orly

HANS ULRICH OBRIST: Am 25. Tag des 5. Monats des 5. Jahres des 3. Millenniums in einem Taxi zwischen Place de l'Alma und Orly. Du hast von der Schöpfung gesprochen. Das ist mir in den Sinn gekommen, als ich dich beim Aufbau dieser Installation hier im Palais de Tokyo gesehen habe – wie auch damals bei deiner Arbeit in der Ausstellung *Urgent Painting* – dass deine Arbeit mit Aktion zu tun hat. Mit der Kopfbedeckung und dem Schutzanzug war es natürlich nicht eine öffentliche Aktion, keine Malerei-Performance. Aber es hat mich dennoch an Georges Mathieus Malerei-Happenings erinnert. Erzähle mir von den Anfängen, wie die Methode, die du in den letzten Jahren entwickelt hast, begonnen hat.

KATHARINA GROSSE: Es ist eigentlich ein Umkehrverfahren. Man macht etwas ganz Privates, Intimes, aber das, was dabei herauskommt, ist so gross und überdeutlich. Das performative Element ist für den Betrachter zu erkennen, aber zeitversetzt. Es gibt kein Eins-zu-eins-Verhältnis, indem er da wäre, während ich arbeite. Er kann jedoch, wenn er das Ergebnis sieht, Rückschlüsse auf die Atmosphäre und die Qualität des Geschehens und dessen Systematik ziehen.

HUO: Kam es eher aus einer Graffiti- oder Strassen-Praxis? Wo genau liegen die Anfänge deiner künstlerischen Arbeit?

KG: Ich habe keine Graffiti-Praxis. Ich habe jedoch als Kind eigentlich die ganze Zeit auf der Strasse verbracht.

HANS ULRICH OBRIST ist Kurator am Musée d'Art Moderne de la Ville de Paris.

Ich bin im Ruhrgebiet aufgewachsen, in Bochum. Mit zwanzig begann ich mit Landschaftsmalerei.

HUO: Wie hat sich denn, davon ausgehend, der erste Kontakt zur Gegenwartskunst aufgetan? Bist du linear vorgegangen, oder waren es Sprünge?

KG: Ich bin nicht linear vorgegangen. Ich bin viel in Museen gewesen und war überrascht zu beobachten, dass für mich historische Kunst dieselbe Zeitebene hat wie die zeitgenössische Kunst. Später, 1992, war ich ein Jahr in Florenz und die Freskomalerei wurde vorübergehend meine wichtigste Informationsquelle. Damals hat es angefangen, dass ich unbedingt Arbeiten auf die Wand machen wollte.

HUO: Welche Rolle spielt die Architektur für deine Arbeit? Es ist wie bei Daniel Buren – einerseits das *In situ*, das Ortsspezifische: Wie weit ist die Architektur Auslöserin? Du erwähntest in unserem letzten Gespräch, das sei etwas komplizierter, es sei nicht *in situ*.

KG: Mit der Architektur ist es so, dass sie die Kondition vorgibt, unter der die Arbeit entsteht. In diese Kondition wird durch die Malerei ein Raum hineingetragen, der fiktional ist, ein illusionistischer Ort. Beim *In-Situ*-Arbeiten ist wesentlich, dass es eine bestimmte Zeitspanne gibt, in der die Arbeit entsteht, und das ist ganz unverrückbar. Die Zeit ist dann wie ein Material: Ich habe x Tage, und das ist genauso vollkommen wie die Quantität an Farbe oder die Grösse der Oberfläche.

HUO: Stellst du Spielregeln auf?

KG: Innerhalb der Umstände geht es mir um grösstmögliche Bewegungsfreiheit. Mir fällt es schwer, länger als zwölf Tage ohne Unterbrechung an einem Raum zu arbeiten, weil man dann in einer Art

Ein Gespräch mit Katharina Grosse

«Blase» ist während dieser Zeit, weit weg von allen täglichen Vorgängen. Ich verschwinde in diesen Phasen.

HUO: Hat das mit einer Immersion zu tun? Ich hatte vor ein paar Jahren einmal ein sehr interessantes Gespräch mit Rem Koolhaas und Diller + Scofidio und da ging es stark um die Frage der Immersion. Das ist etwas, was der Betrachter auch in deiner Malerei erfährt. Ist deine eigene Immersion auch die Erfahrung des Betrachters?

KG: Die Erfahrung, die ich bei der Herstellung mache, muss dem Betrachter offen stehen, wenn er die Arbeit sieht. Die Handlungsvorgänge sind transparent, insofern ist das auch ein Analyse-Verfahren. Das visuelle Ereignis wird von dem Moment an zum bildlichen Ergebnis, wo das Verfahren verwischt werden könnte.

HUO: In diesem Sinne hat der Prozess ein Ende?

KG: Er ist, rein faktisch gesehen, natürlich endlich.

HUO: In diesem Zusammenhang möchte ich die Frage nach dem Reisen etwas vertiefen, um zu sehen, ob es denn wirklich *post studio practice* ist bei dir. Interessanterweise realisierst du viele Werke im Kontext von Ausstellungen. Das heisst, die Ausstellung produziert das Werk. In welcher Hinsicht gibt es da eine Atelierpraxis, und welche Rolle spielt das Atelier in Relation zum Reisen? Hast du in Deutschland ein Studio?

KG: Es gibt zwei Studios in Deutschland und ich habe auch sehr oft auf Reisen Studios, wenn ich mich an einem Ort länger aufhalte. Die Studios in Deutschland sind voll mit Arbeiten. Da gibt es auch Strukturen: Leute, die mir helfen, Telefone und all das, und ich kann zu Bildern zurückkommen und weitermalen. Ich kann die Zeiteinheiten immer wiederholen, einteilen, alles übermalen. Die Bilder werden dort ganz andere «Container» von Zeit und Ordnung, und sie sind unabhängig vom Ort, denn sie können überall eingesetzt werden.

Beim Reisen fällt es mir leichter, die Identifikation mit meiner Arbeit aufzugeben. Die fiktionale Qualität meines Lebens wird mir deutlicher.

HUO: Gibt es da Kategorien: Atelier-Bilder und Bilder für Ausstellungen?

KG: Die Bilder, die extra für Ausstellungen gemalt werden, definieren quasi den Stand meiner Studio-Arbeit in Relation zu einem Ort, der wiederum durch die *In-Situ*-Arbeit definiert wird. So werden ortsunabhängige Arbeitsverfahren in einen ortsbedingten Strukturvorgang eingebettet. Diese Bilder sind als vorher in Grösse und Platzierung festgelegte Elemente ausgesprochen eingebunden in die architektonischen Gegebenheiten.

Parallel dazu male ich an vielen Leinwänden gleichzeitig, an denen ich viel ausprobiere, manchmal ganz ohne Zielpunkt, manchmal um bestimmte Bildformen weiterzuentwickeln.

HUO: Wie sieht denn die Planung aus von solch grossen Projekten wie jenes im Palais de Tokyo, oder von den unzähligen anderen grossräumigen Arbeiten, die du gemacht hast? Gibt es vorbereitende Zeichnungen in diesem Prozess? Welche Rolle spielt die Skizze?

KG: Für den Typus des grossen Bildes, das eine Art Torsion darstellt mit den weissen Linien, die sich über das Rechteck verdrehen, das ist mir vor einem Jahr eingefallen, als ich für die Ausstellung im Magasin 3 in Stockholm die Raummalerei mit zwei grossen

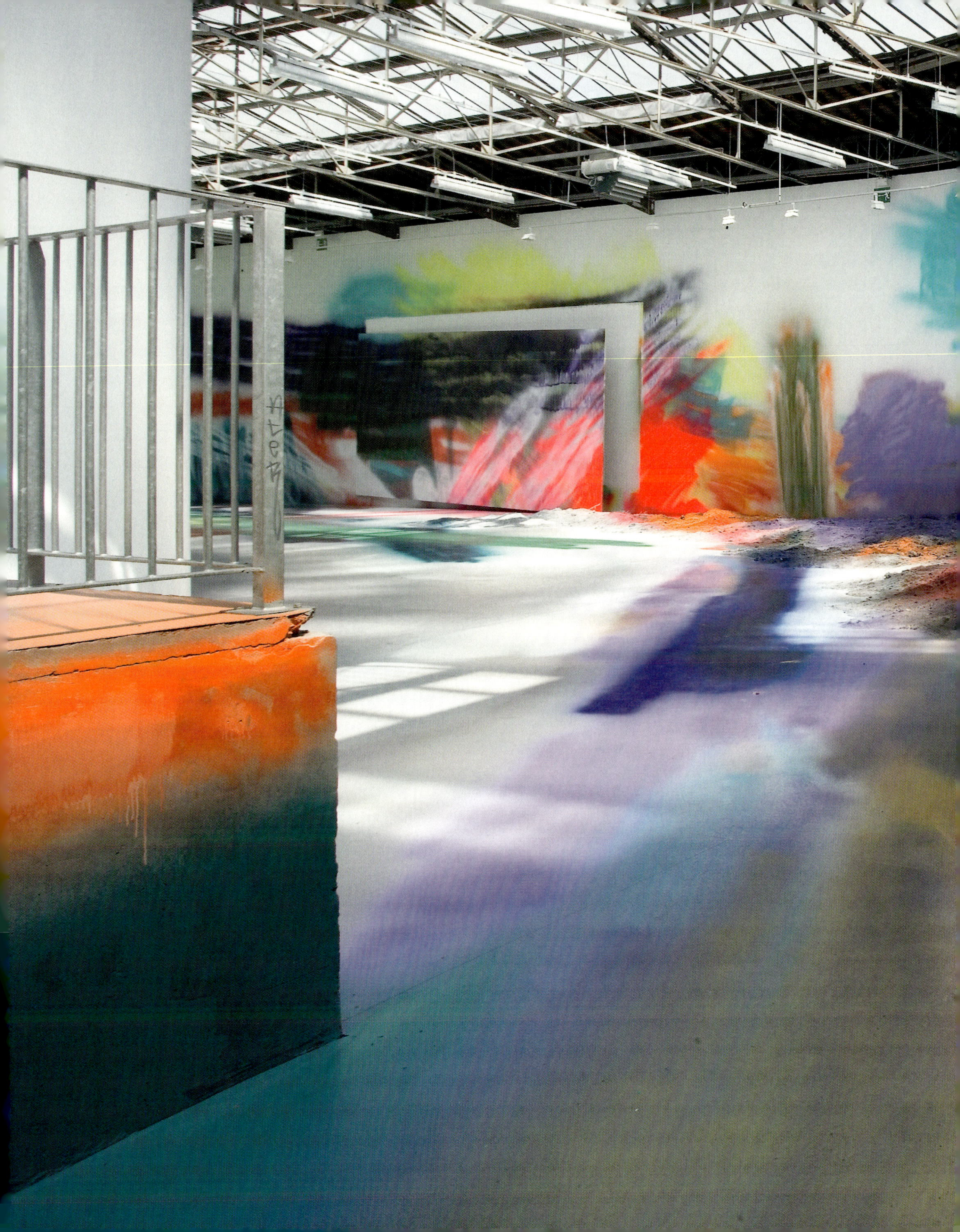

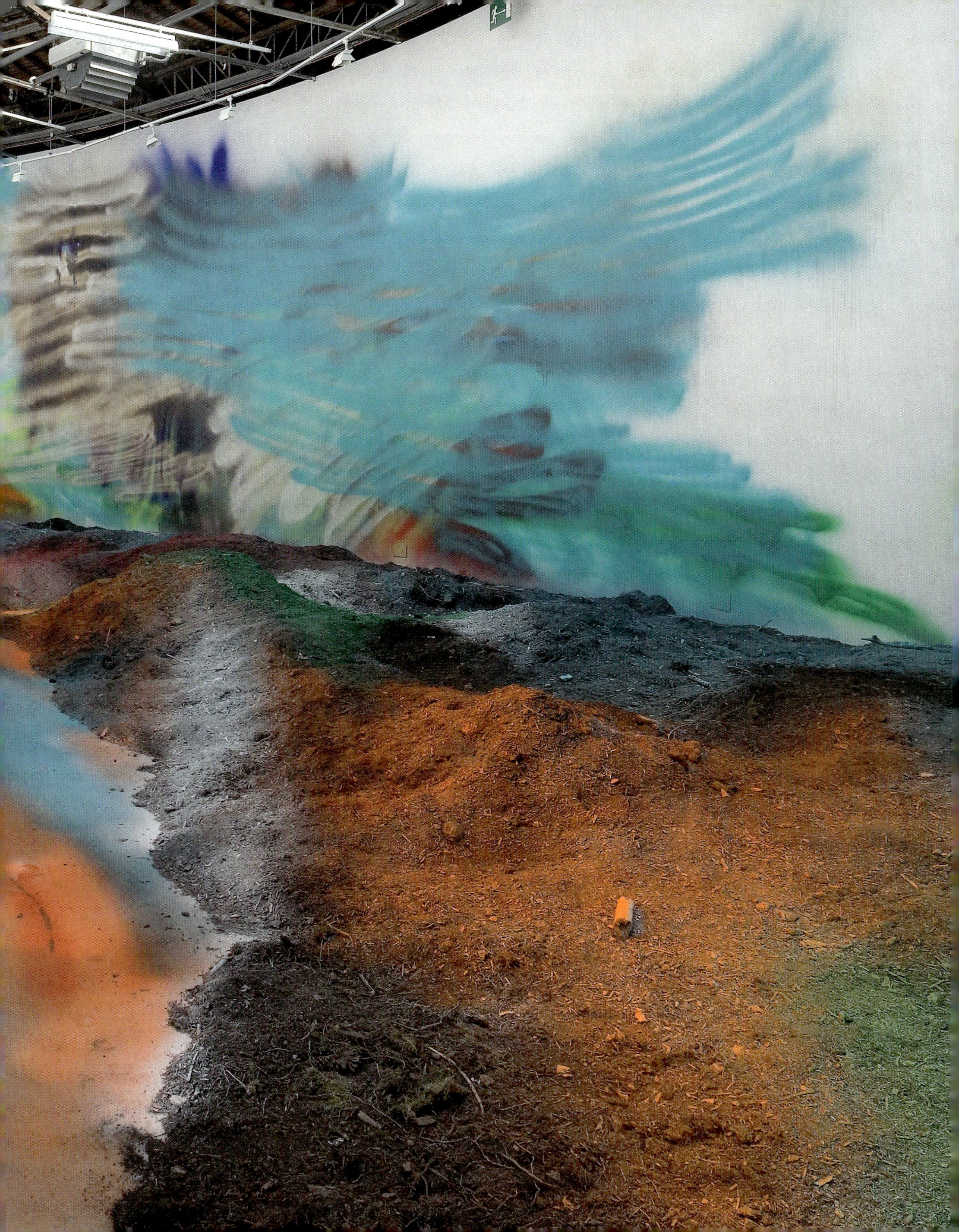

Arbeiten konfrontieren wollte, um ortsfremde Zeit- und Raumeinheiten in der Ausstellung zu verankern. Das habe ich nicht vorgezeichnet. Seitdem gibt es eine Art Evolution dieses Bildes. Auch das grosse Gitterbild, da hatte ich keine Skizze gemacht, sondern es sofort in dieser Grösse realisiert.

HUO: Real getestet, sozusagen.

KG: Sehr treffend, in Lebensgrösse.

HUO: Um nochmals einen Schritt zurückzugehen zur Immersion und zur Farbe – ich habe vor ein paar Wochen den 95-jährigen Maler Rupprecht Geiger interviewt, und das war eine sehr eindrückliche Erfahrung. Geiger war Architekt gewesen, und er hat in den 50er Jahren Häuser gebaut, wobei aus dieser Arbeit in der Architektur die Farbe selbst zur Architektur wurde. Geiger sagte, für ihn sei Rot die wichtigste Farbe, weil Rot mit Wärme zu tun habe. Seine Vorzugsfarbe ist also Rot. Bei Geiger ist das Rot fast zu einer «personifizierten Abstraktion» geworden wie bei Yves Klein das Blau. Wie ist bei dir die Funktion der Farbe?

KG: Innerhalb des Gefüges, das ich benutze, haben die Farben die Funktion, verschiedene Bewegungen voneinander unterscheidbar zu machen. Ich arbeite sehr gerne mit einer bestimmten Palette, die meistens sehr roh ist und sehr kalt. Es ist eine äusserst artifizielle Farbigkeit, wie zum Beispiel bei Pontormo.

Dann gibt es innerhalb dieses Spektrums Farben, die Eigenschaften entwickeln. Ein bestimmtes Rot, wenn es mit Blau zusammentrifft, nichts von Violett aufweist, sondern Braun wird. Mir gefällt diese Ambivalenz, wonach Farben ihre Identität aufgeben können, aber dennoch rückführbar bleiben auf ihren Ursprung.

In der Vorbereitungsphase bestelle ich meistens alle Farben und sehe dann vor Ort, wie die Lichtverhältnisse sind, welche Farben ich gebrauchen kann und auf was ich Lust habe.

HUO: Wie ein Katalog?

KG: Stimmt.

HUO: Gibt es Projekte, die du realisieren möchtest und die permanent bleiben sollen?

KG: Ein unrealisiertes Projekt kann es in meinem Fall nicht geben. Das hängt auch mit meiner Idee von der Entstehung einer Arbeit zusammen. In einer spezifischen Situation, in der eine Arbeit entsteht, können alle möglichen Dinge passieren. Der Verlauf wird nicht vorgedacht, sondern entwickelt sich dynamisch bis zu einer gewissen Destabilisierung, durch die Überlegungen stattfinden können, die ich sonst selten habe. Zwar lege ich manche Elemente vorher fest, wie zum Beispiel in Paris die Erde, um die verschiedenen Niveaus des Bodens auszugleichen und zu sehen, was ausgelöst wird, wenn eine grosse Menge dieser Erde farbig ist. Da es im Palais de Tokyo jedoch sehr stark um die Gleichzeitigkeit verschiedener Grössenordnungen geht, habe ich ein Modell gebaut, um die Dimensionen der Leinwände festzulegen und die Menge der Erde zu schätzen. Dennoch wird die Malerei nicht optisch kalkuliert oder festgeschrieben.

Was mir vorschwebt, ist, dass es komplexer wird, indem sich die bestehenden Arbeiten mit dem, was in der Ausstellung entsteht, verbinden, so dass die Ausstellung zu einer Bewegung wird, die weiterführt.

HUO: Die Erfahrung, die Erinnerung an Paris geht in eine nächste Erfahrung ein. Dann kann man sagen, es ist ein komplexes dynamisches System mit *Feedback-Loops.*

KG: Ja genau, der Extrakt davon wird weiter laufen.

HUO: Wo wird das dann weiter laufen?

KG: Ich mache in Norwegen im Museum in Bergen eine grössere Installation im September 2005.

HUO: Ich möchte noch ganz kurz auf deine Installation im Palais de Tokyo eingehen. Für mich war das ein starkes Erlebnis. Wie ist diese Arbeit entstanden?

KG: Es gab eine Vorläufer-Arbeit, wo ich zum ersten Mal Erde benutzte und mit einem bereits gemalten Bild, sowie einem zweiten, während der Installation entstandenen Bild kombinierte, das dann umgesetzt und von der Horizontale in die Vertikale gedreht wurde. Die Arbeit ist kompakt, und sie deutet auf einen ziemlich grossen, freien Raum. Das ist eine Arbeit, die nach innen geht, wo sich die Vektoren alle nach innen zusammenziehen. In Paris hatte ich den Eindruck, dass alles auseinander gezogen wird und Entfernungen eine grosse Rolle spielen können. Dann traf ich in Los Angeles zufällig einen Cellisten, der mir erzählte, dass er Vorlesungen von Sergiu Celibidache gehört hatte in Mainz, als er jung war. Dieser hatte davon gesprochen, dass er die Stücke je

Page / Seite 126/127: KATHARINA GROSSE, CONSTRUCTIONS A CRU, 2005, acrylic on wall, floor, soil, and canvas, Palais de Tokyo, Paris, 263 3/4 x 3149 5/8 x 393 3/4" / Acryl auf Wand, Boden, Erde und Leinwand, 670 x 8000 x 1000 cm. (PHOTO: FLORIAN KLEINEFENN)

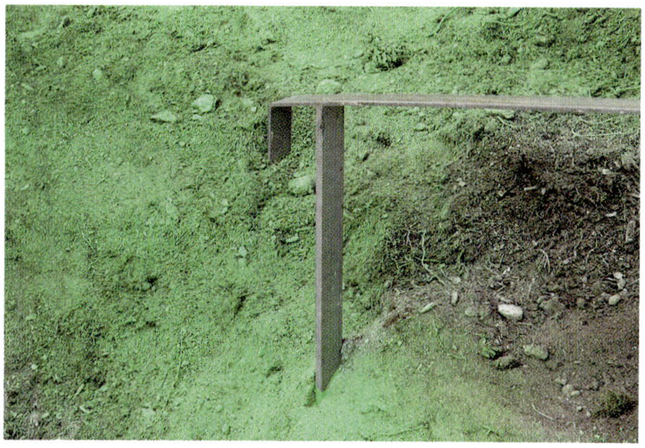

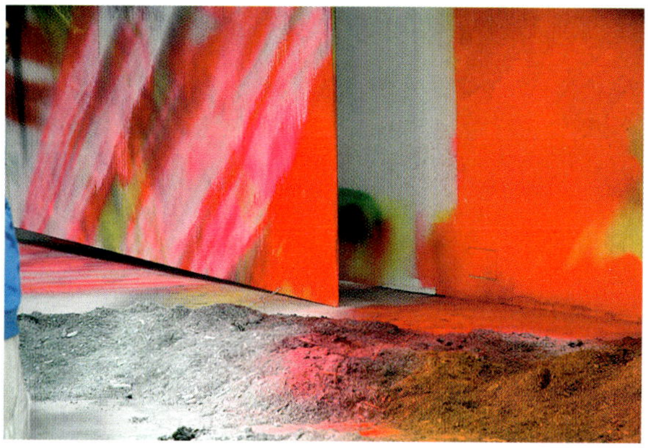

KATHARINA GROSSE, CONSTRUCTIONS A CRU, 2005, (detail) acrylic on wall, floor, soil, and canvas, Palais de Tokyo, Paris, 263 3/4 x 3149 5/8 x 393 3/4" / (Ausschnitt) Acryl auf Wand, Boden, Erde und Leinwand, 670 x 8000 x 1000 cm. (PHOTO: IMMANUEL GROSSER)

nach akustischer Beschaffenheit des Raumes schneller, langsamer, leiser oder lauter spiele, damit sie überhaupt hörbar werden. Die Wand im Palais de Tokyo hat zum Beispiel eine leichte Wölbung, und diese Wölbung ist eigentlich ein Moment der Unendlichkeit. Man kann nicht mehr genau sagen, wo der Raum anfängt und wo er aufhört, wo er flach wird und wo er gewölbt ist, oder wo du hinein schaust.

HUO: Du bist inmitten der Dinge und siehst quasi nichts...

KG: Eben. Das ist kein Negativraum, kein Nullraum, es ist ganz, ganz schwer zu definieren. Es ist, als ob sich der Raum ständig um die eigene Achse drehen würde. Deswegen habe ich das Bild gebraucht mit den in sich verdrehten Linien. Diese kommen dadurch zustande, dass man von einem Punkt auf der Leinwand zum weitest entfernten läuft und dabei eine Linie malt. Die übereinander liegenden Linien erzeugen den Eindruck einer mathematischen Figur, die man aus weiter Entfernung sieht.

Um herauszufinden, wo und was da sein soll an Farbe, brauche ich drei bis vier Tage. Es geht darum, sich der Grösse des Raums auszuliefern, ohne dass die Arbeit deswegen zu gross wird.

HUO: Kann man die Methode auch beschreiben in einem sehr materiellen Sinne? Du sagtest vorher, es gäbe einen Katalog von Farben, es gibt ein Gerüst... Was sind die *Ingredients?*

KG: Die *Ingredients* waren hier drei sehr grosse Bilder, eine nicht bemalte Leinwand, zwei Bilder aus dem Atelier.

Wir haben ausgerechnet, wie viele Kubikmeter Erde wir brauchen, ob man das unterfüttern muss, wie das logistisch funktioniert, wie die Erde in den Raum kommt, es mussten drei verschiedene Sorten von Erde sein, damit wir drei Farben hatten und drei

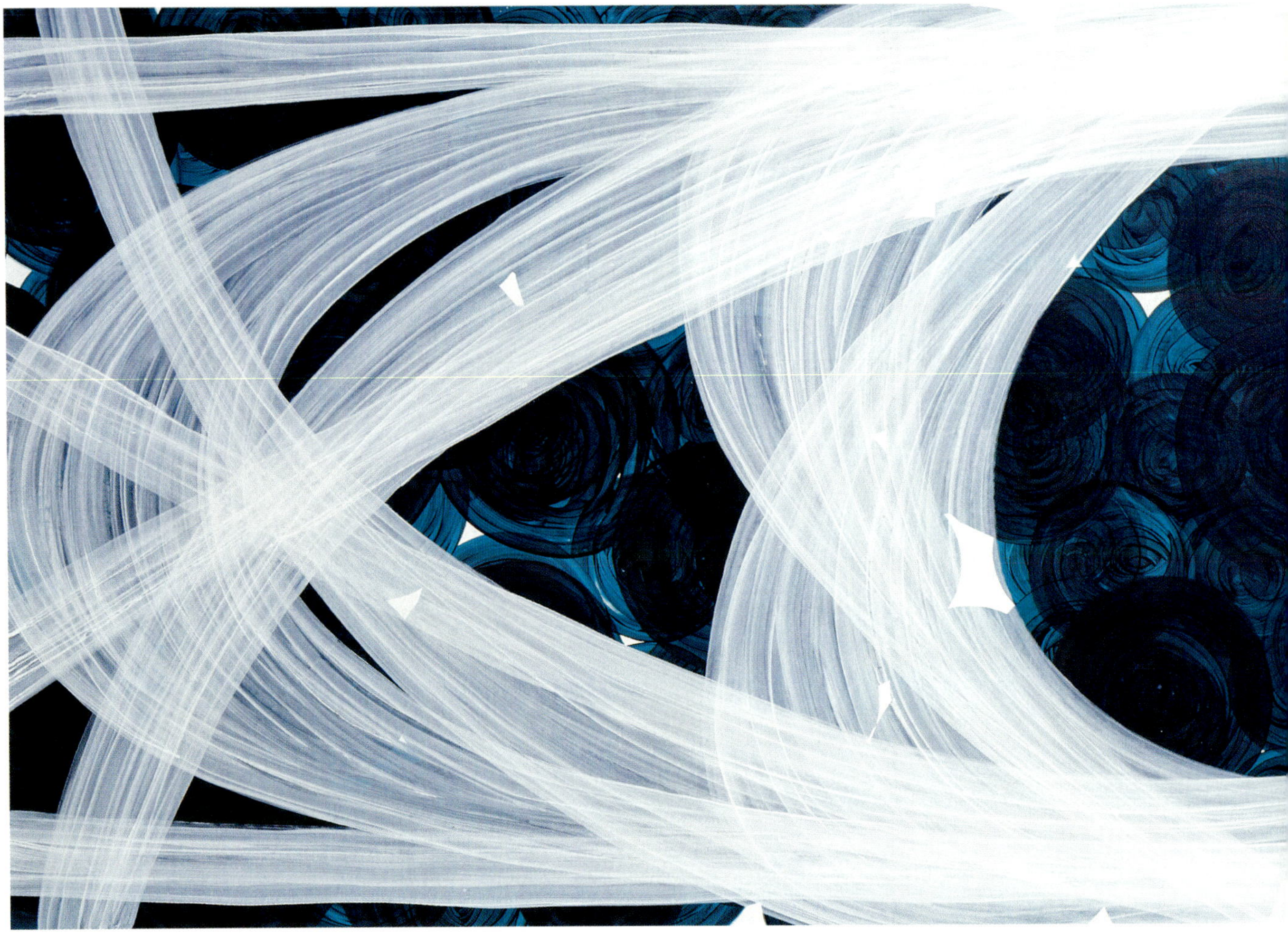

KATHARINA GROSSE, UNTITLED, 2005, acrylic on canvas, 117 5/16 x 354 5/16 / Acryl auf Leinwand, 298 x 900 cm. (PHOTO: FLORIAN KLEINEFENN)

verschiedene Festigkeiten. Das wurde etwas modelliert und verschoben. Dann haben wir die Leinwand aufgedockt, die Teil der Wandarbeit sein sollte, es gab verschiedene Pistolen mit verschiedenen Düsenöffnungen, ganz grobe und ganz feine. Hier habe ich mit einer ganz groben Düse gearbeitet, so dass kaum Nebel da waren und es nicht *out of focus* ist wie sonst, um der Grösse des Raumes gerecht zu werden und das Verfahren nochmals zu vergröbern. Ab einem bestimmten Punkt war klar, dass keiner mehr den Raum betreten darf, während ich arbeitete, und ich fing an, jeden Tag von morgens um zehn bis abends um zehn zu malen, wobei ich aber zwischendurch Pausen machte. Ausserdem habe ich ein paar Leitern benutzt, um mich und infolgedessen meine Bewegungen zu vergrössern.

Da sich der Raum im Palais de Tokyo visuell jedoch schwer abtrennen lässt, konnten die Leute durch die halbtransparente Plastikabtrennung schauen. Es ergab sich eine Art Beobachtungszustand, der mich auch beschäftigt hat. Manchmal bin ich in die Ecken gegangen, um nicht gesehen zu werden.

HUO: Eine Frage zur Methode: Inwiefern lässt sich eine Installation wieder aufführen? Viele Installa-

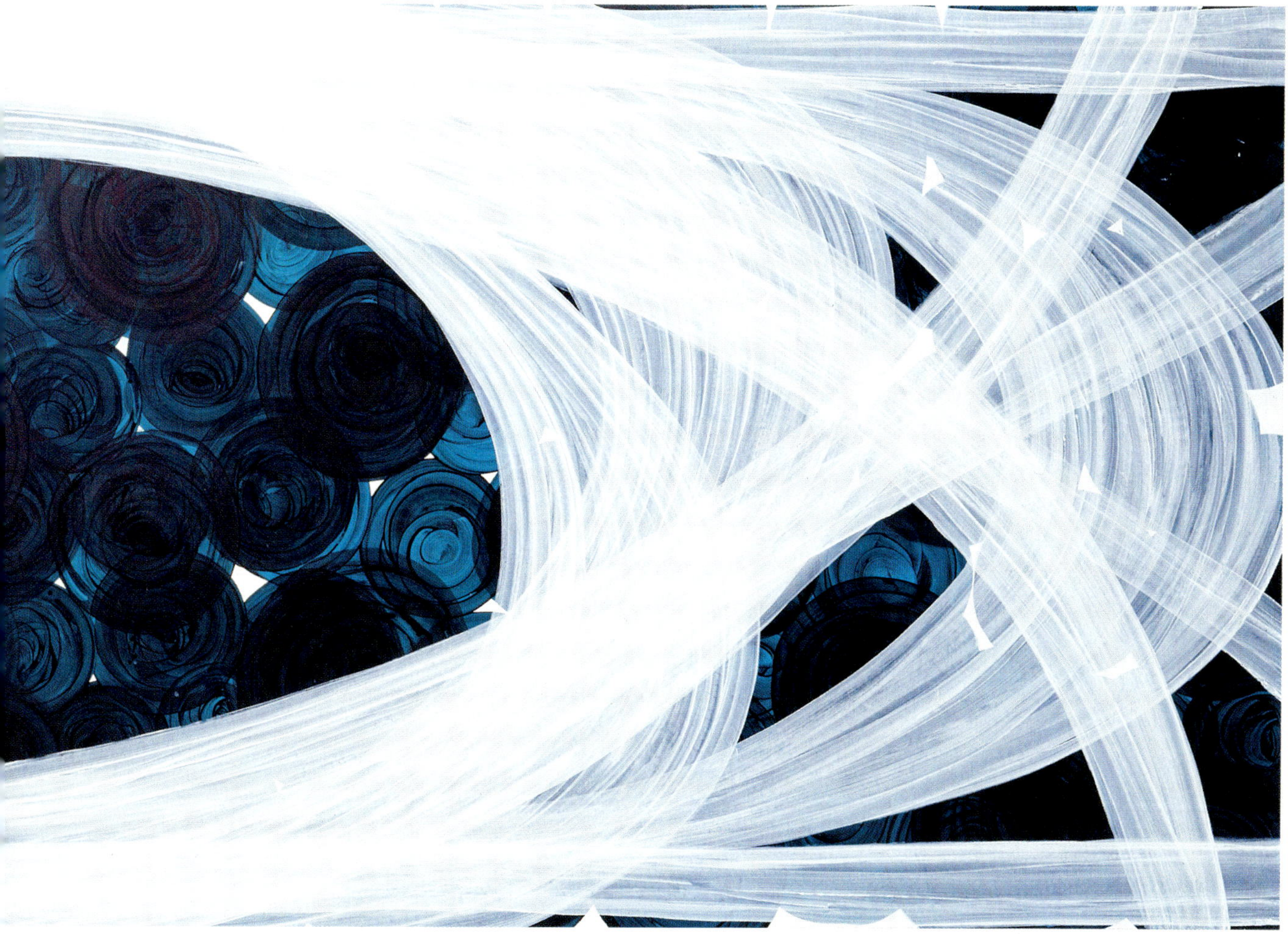

tionskünstler machen regelrechte Partituren, nach denen eine Arbeit wieder gespielt werden könnte: Sol LeWitt schickt seine Assistenten, die das Werk ausführen. Bei John Cage und Fluxus existiert eine ganz offene Partitur, wonach jeder es anders interpretieren kann und keine Interpretation falsch ist und dann gibt es natürlich Künstler, die ausschliessen, dass jemand anders als sie selbst die Arbeit neu inszenieren. Mich interessiert, wie du dazu stehst: Gibt es Arbeiten, die ohne dich aufgeführt werden können? Gibst du dazu Handlungsanweisungen? Oder sind das für dich einfach Konstellationen, die ephemer sind? Angenommen, eine Installation wird in fünfzig Jahren wieder gezeigt: Würden da nur die Leinwände gezeigt, oder werden die Räume neu gebaut? Oder werden die Leinwände gezeigt und gleichzeitig Photos von den Installationen?

KG: Meine Arbeit ist nicht wieder aufführbar, da ihr keine vorgedachte Konzeption zu Grunde liegt, die es auszuführen gilt. Photos von Installationen würde ich nie ausstellen.

HUO: Dann geht es um das Bild der Gegenwart.

KG: Ja.

HANS ULRICH OBRIST

Orly

HANS ULRICH OBRIST: On the twenty-fifth day of the fifth month of the fifth year of the third millennium, in a taxi between Place de l'Alma and Orly (airport, Paris), you spoke about creation. When I saw you preparing this installation here at the Palais de Tokyo—and also when you were working on the exhibition "Urgent Painting"—it occurred to me that your work is related to action. Of course, with your head covering and protective suit, it wasn't a public action; it wasn't a painting performance. Still, it reminded me of Georges Mathieu's happenings. Tell me how you started developing the method that you've been working on in recent years.

KATHARINA GROSSE: Actually, it's a reverse procedure. You do something extremely personal, intimate, but what comes out is very big and very explicit. The performative element is recognizable but there's a time shift. It's not a one-to-one relationship; the viewer is not there while I'm working. But when you see the result, you can draw conclusions about the atmosphere and the quality of the event and the system behind it.

HUO: Did it come from a graffiti or street practice? What exactly are the origins of your art?

KG: It's not graffiti although, as a child, I spent all my time on the street. I grew up in the Ruhr Area—in Bochum. When I was twenty, I started doing landscape painting.

HUO: So how did you first come into contact with contemporary art? Was it a linear progression or were there gaps?

KG: It wasn't linear. I went to a lot of museums and was surprised to observe that the aspect of time is the same in historical art as it is in contemporary art. Later, in 1992, I spent a year in Florence and during that time fresco painting became the most important source of information for me. That was when I began wanting to paint on a wall.

HUO: What role does architecture play in your work? Is it a site-specific aspect as in Daniel Buren's *in situ* work? To what extent does the impetus come from the architecture? Recently you told me it was more complicated than that, that it wasn't *in situ*.

KG: Architecture is involved inasmuch as it is the condition under which a work emerges. Painting incorporates a space in this condition that is fictional, an illusionist place. One of the essential things about working on site is that you have a certain length of time in which to produce the work and this is an inescapable given. Time then becomes a kind of material: I have x number of days and that makes time just as concrete as the amount of paint or the size of the surface.

HUO: Do you make game rules for yourself?

KG: I try to find as much freedom of movement as possible within the given circumstances. It's hard for me to work without interruption on a space for more than twelve days because you're in a kind of bubble, far away from everyday life. I disappear during those phases.

HUO: Is that related to immersion? A few years ago I had a very interesting conversation with Rem Koolhaas and Diller + Scofidio about the subject of immersion. That's something that viewers experience when they look at your painting; is your own immersion also part of the viewing experience?

KG: What happens to me when I make the work is simply available to viewers when they look at it. The process of making the work is transparent; in that re-

HANS ULRICH OBRIST is Curator at the Musée d'Art Moderne de la Ville de Paris.

A Conversation with Katharina Grosse

spect it's also an analytic procedure. The visual event turns into a pictorial one the moment the procedure becomes blurred.

HUO: So, in that sense, there's an end to the process?

KG: Well, of course, it's finite in purely factual terms.

HUO: I'd like to talk a little more about the relationship between traveling and the studio, that is, your studio practice and your post studio practice. Significantly, you create a lot of your work in the context of exhibitions. That means that the exhibition produces the work. In what respect is the studio involved in your work and what role does the studio play in relation to traveling? Do you have a studio in Germany?

KG: I have two studios in Germany and I often have one when I'm traveling if I stay somewhere for any length of time. The studios in Germany are full of works. And there are also other aspects: people who help me, telephone calls and all that, and I can return to paintings and work on them some more. I can repeat the time units, schedule my time, overpaint everything. The works I make in the studio become completely different "containers" of time and order, and they don't rely on a place; they can be placed anywhere. It's easier for me not to identify with my work when I'm traveling. It makes me more aware of the fictional quality of my life.

HUO: Are there categories: studio paintings and paintings for exhibitions?

KG: The pictures that are made especially for exhibitions give me a chance to define the status of my studio work in relationship to a place, which is in turn defined by the on-site work. So work processes that are not dependent on place are embedded in a site-specific structural process. Being elements whose size and placement are predetermined, they explicitly tie in with the architectural givens. In addition, I work on several different canvases at the same time, trying things out, sometimes with no specific goal, sometimes in order to pursue the development of certain pictorial forms.

HUO: How do you plan major projects like the one at the Palais de Tokyo, or any of the other large-scale works that you've executed? Do you make any preparatory drawings? What role do sketches play in your work?

KG: The large paintings represent a kind of torsion, with white lines intertwined across the canvas—I thought of that years ago for the exhibition at Magasin 3 in Stockholm when I juxtaposed the wall painting with two large works. I wanted to incorporate units of time and space in the exhibition that were alien to the site. I didn't sketch it in advance. Since then there has been a kind of evolution of this image. I didn't make a preliminary sketch for the big grid painting; I painted it directly in that size.

HUO: A reality test, you might say.

KG: Exactly—in life-size.

HUO: Let me return to the subject of immersion and of color. A few weeks ago I interviewed the ninety-five-year-old painter Rupprecht Geiger, and it was an extremely impressive experience. Geiger was an architect; in the fifties he built houses, and in the process of working with architecture, color itself turned into architecture. He told me that red was the most important color to him because it's related to warmth. So red, as his favorite color, has almost become a kind of "personified abstraction," like blue for Yves Klein. What function does color have for you?

KG: Within my compositions, the colors have the function of distinguishing between different move-

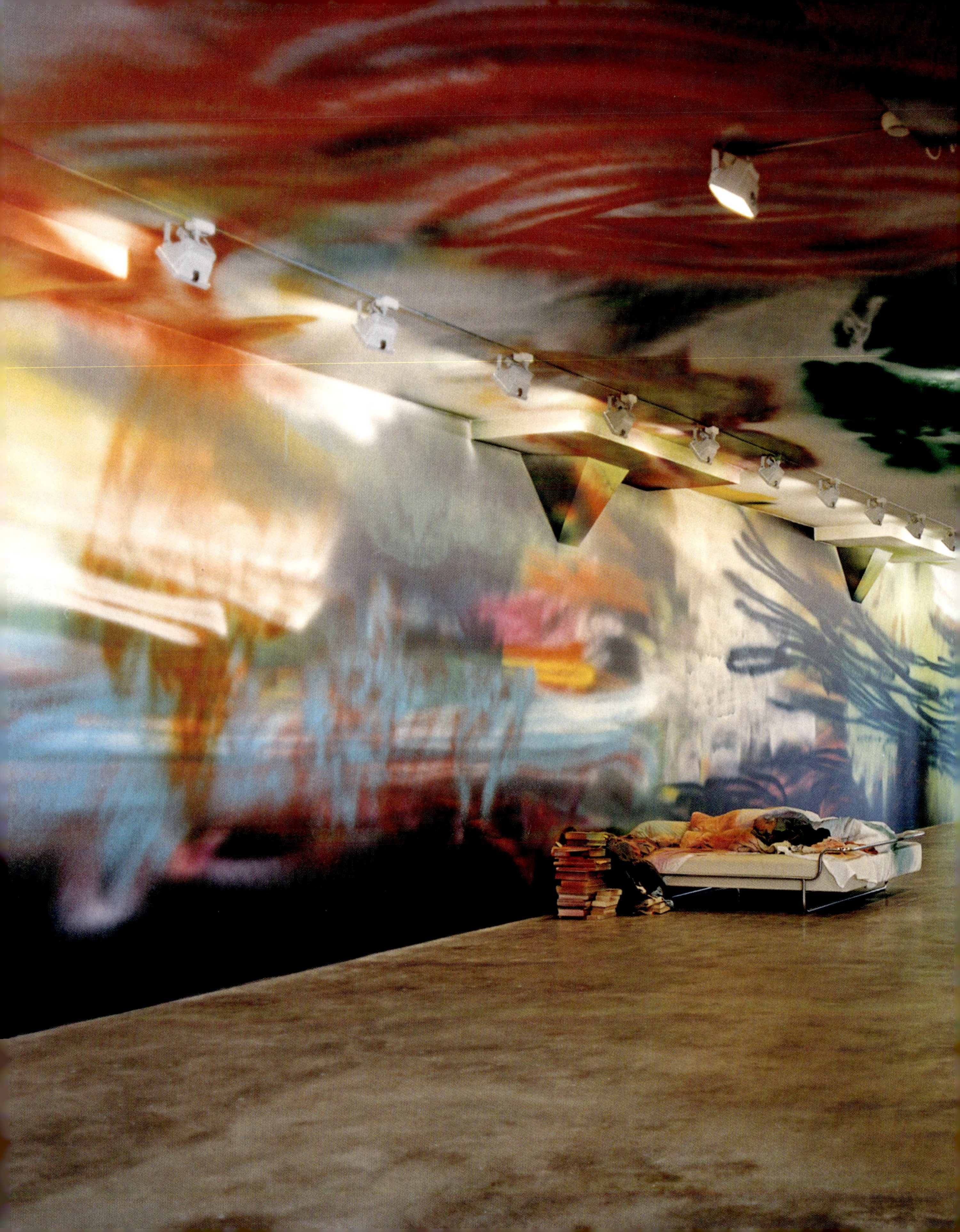

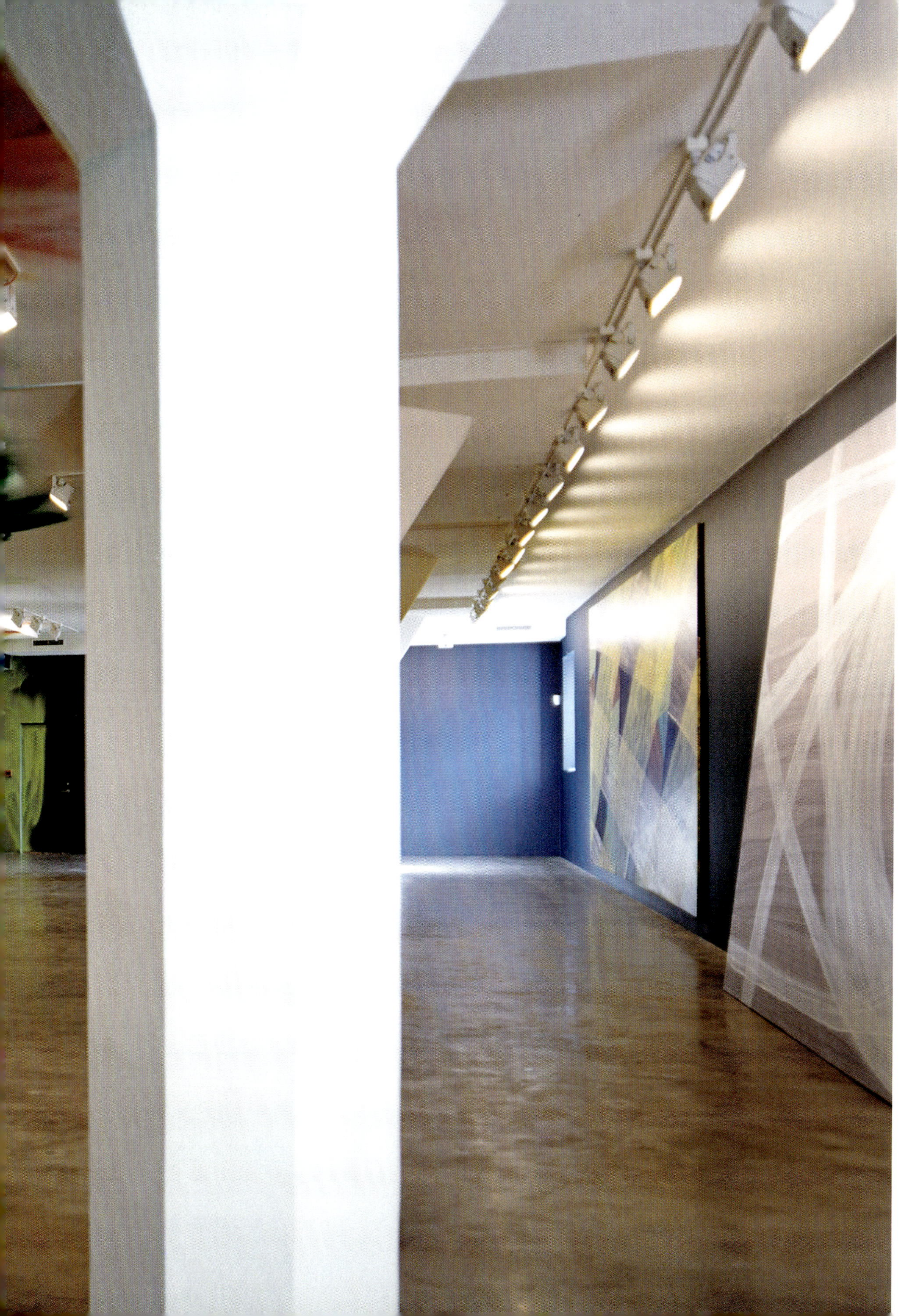

KATHARINA GROSSE, INFINITE LOGIC CONFERENCE, 2004, acrylic on wall, floor, bed, bedcover, books, and clothes, Magasin 3 Stockholm Konsthall, Stockholm, 152 3/4 x 984 1/4 x 322 7/8" / Acryl auf Wand, Boden, Bett, Decke, Bücher und Kleidung, 388 x 2500 x 820 cm. (PHOTO: MATTIAS GIVELL)

ments. I like working with a certain palette, one that is usually very raw and very cold. It's extremely artificial, like Pontormo's, for example. Then, within this spectrum, there are some colors that develop certain characteristics. A particular red, when it meets up with blue, doesn't become purple but rather brown. I like this ambivalence that makes colors surrender their identity and yet still show signs of their origins. In the preparatory phase, I usually order the entire range of colors and then, depending on the lighting at the site, I decide which colors I can use and what appeals to me.

HUO: Like a catalogue?

KG: Yes.

HUO: Do you have any permanent projects in mind that you would like to execute?

KG: The idea of an unexecuted project doesn't really apply to my work. That's because of the way a work develops. All kinds of things can happen in a specific situation in which a work emerges. The process is not predetermined but evolves dynamically to the point of becoming destabilized, which makes it possible to come up with ideas that would rarely occur to me otherwise. Sometimes I do decide on specific elements, like the earth I used in Paris to even out the different levels of the floor and to see what would happen when a lot of this earth was painted. At the Palais de Tokyo, there are a lot of different, coexisting scales, so I built a model in order to define the dimensions of the canvases and to estimate the amount of earth I would need. But the painting itself is not optically calculated or predefined. What I envision is that the complexity will increase when the existing works are combined with the work created in the exhibition so that the exhibition will lead to some kind of ongoing movement.

HUO: Your experience, your memory of Paris, enters into the experiences that follow. You might call it a complex, dynamic system of feedback loops.

KG: Yes, that's exactly it, it reappears in distilled form.

HUO: Where?

KG: I'm doing a big installation in Norway at the museum in Bergen this September.

HUO: I'd like to talk a little about your installation at the Palais de Tokyo. It made a great impact on me. How did it come about?

KG: There was an earlier work where I used earth for the first time and combined it with the picture I had already painted as well as a picture created during the installation, which I switched from horizontal to vertical after it was finished. It's a compact piece and it relates to a pretty big empty space. It moves inwards where all the vectors converge. In Paris I had the impression that everything is pulled apart and that distances could play a big role. Then I happened to meet a cellist in Los Angeles who told me that he had heard lectures by Sergiu Celibidache in Mainz when he was a young student. Celibidache had said that he adapted the pieces to the acoustics of the respective venue, having them played faster or slower, softer or louder, to make them audible. The wall at the Palais de Tokyo is slightly curved for example, which actually hints at infinity. You can no longer really tell where the room begins or where it ends, where it's flat or where it's curved, or when you're looking inside it.

HUO: You're in the midst of things and basically can't see anything...

KG: Precisely. It's not a negative space or a non-space; it's extremely hard to define. It's as if the room was revolving around its own axis. That's why I used the painting with the intertwined lines. They are the result of walking the farthest distance away from one point on the canvas while painting a line. The superimposed lines create the impression of a mathematical figure seen from a great distance. It takes me three or four days to figure out what colors to use and where to place them. You have to surrender to the size of the space without letting the work get too big.

HUO: Can your method be described in specifically material terms as well? You were talking before about a catalogue of colors and that there is a structure. What are your ingredients?

KG: Here the ingredients were three large pictures, one unpainted canvas, and two pictures from the studio. We figured out how many cubic meters of earth we would need, whether it would require a foundation, how it would work logistically, how to get the earth into the room... It had to be three different types of earth so that we could get three colors and three different consistencies. The earth was molded and pushed around. Then we docked it into the canvas, which is part of the wall piece. I use several pistols with jets of various sizes, from very coarse to very fine. Here I worked with an extremely coarse jet—so that there was hardly any mist and it was not out of focus as it usually is—in order to do justice to the size of the space and make the process still coarser. At some point, it became clear that no one could come into the room anymore while I was working, and I started working every day from 10 a.m. to 10 p.m., but with breaks in between. In addition, I used a couple of ladders in order to enlarge myself and therefore my movements. Since it was hard to close off the room at the Palais de Tokyo, people would watch me through the semitransparent plastic sheeting. This condition of being observed bothered me, so sometimes I went into the corners where I couldn't be seen.

HUO: A question about your method: To what extent can an installation be repeated? A lot of installation artists actually make detailed scores for when their works are played again. Sol LeWitt sent his assistants to execute the work. John Cage and Fluxus made completely open-ended scores, leaving everyone to interpret them differently since no interpretation was wrong. And, of course, there are other artists who will not let anyone stage their works except themselves. Where do you stand on that? Are there works that can be executed without you? Do they come with instructions? Or are your wall works ephemeral? Suppose an installation is exhibited again in fifty years: would only the canvases be on view or would the rooms be reconstructed? Or would the canvases be shown in combination with photographs of the installation?

KG: My work cannot be executed a second time since it is not based on a preconceived concept that could be executed. And I would never put photographs of installations on view.

HUO: Then they are pictures of the present.

KG: Yes.

(Translation: Catherine Schelbert)

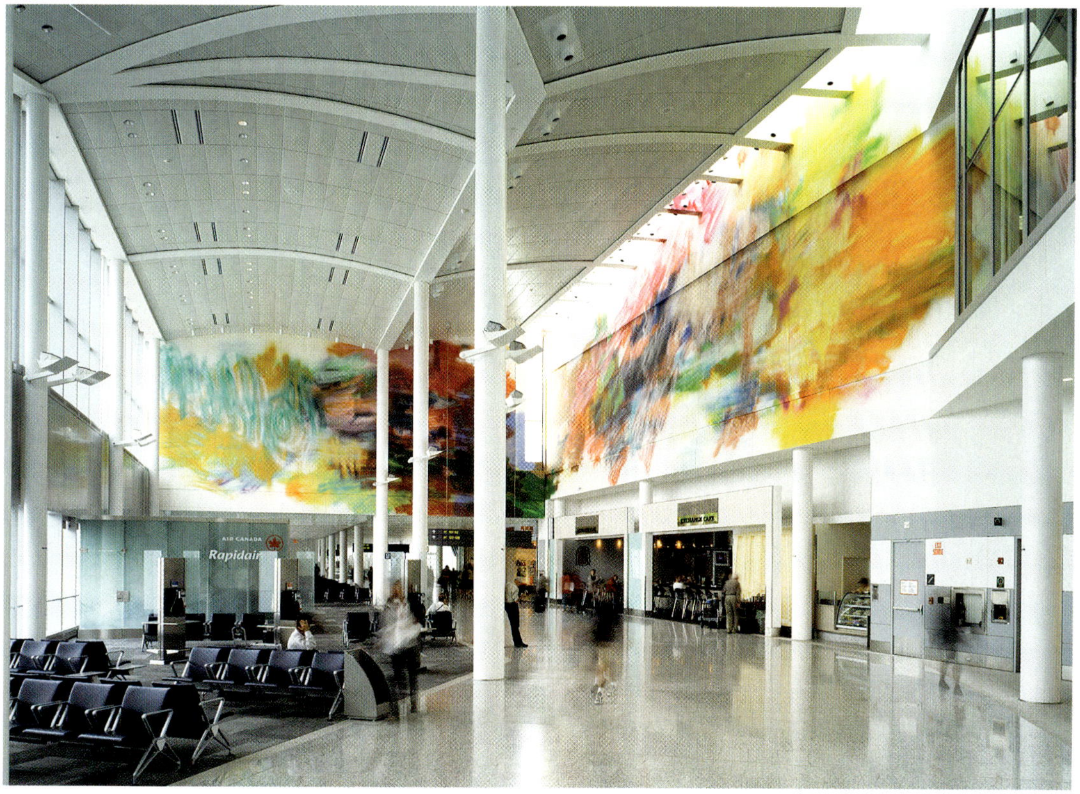

KATHARINA GROSSE, UNTITLED, 2003, acrylic on wall, Pearson International Airport, Toronto, 348 7/16 x 689 x 925 2/8" / Acryl auf Wand, 885 x 1750 x 2350 cm. (PHOTO: ISAAC APPLEBAUM)

ROMAN KURZMEYER

Reflexiv

Wir begegneten uns erstmals 1998 in Basel zwischen zwei Zügen. Katharina Grosse war auf der Durchreise. Die Einladung, eine Arbeit für den Projektraum der Kunsthalle Bern zu entwickeln, war bald ausgesprochen. Wenig später kam die Künstlerin nach Bern, um sich den Raum anzusehen. Ich wollte keine Leinwände ausstellen, so viel war schon bei unserem ersten Treffen vor Ort klar, alles andere entwickelte sich in den anschliessenden Monaten. Katharina Grosse arbeitete zuerst an einem Film, dann parallel an einem Projekt für eine Sprüharbeit. Ich besuchte sie in ihrem Atelier, um mit ihr die ersten Versuche zu besprechen. Es gab ein kleines Kartonmodell des Raumes mit einem Farbfleck aus der Sprühdose zu sehen und eine gesprühte dunkelgrüne Malerei auf Wand und Decke, deren Zauber und Pathos ich mich nicht entziehen konnte: ein grüner Fleck, wie ihn ein Kind mit einem dicken Filzstift zeichnen würde. Generationen von Künstlern haben in ihren Werken nach Antworten auf die Fragen nach der Bestimmung der Malerei, ihrer möglichen Verfahren und der Rolle des Künstlers gesucht. Sollte es Katharina Grosse wirklich gelungen sein, die Malerei neu zu erfinden, indem sie den malerischen Prozess als performativen Vorgang im Raum abbildete?

Wir entschieden uns für die Sprüharbeit, obschon der Film schon weit entwickelt war. Unser Gespräch begann.

Das in der Kunsthalle Bern schnell und konzentriert gesprühte erste Wandbild OHNE TITEL (1998), ein Werk auf Zeit und als solches geplant, benutzte zwar die Architektur als Träger, war aber nicht als architekturbezogene Arbeit angelegt. Grosse sprühte grüne Acrylfarbe in eine Raumecke ohne Vorzeichnung direkt auf Wand und Decke. Die Bäume und Büsche vor den drei grossen Fenstern des Projektraumes liessen das in den Seitenlichtsaal einfallende Licht grün erscheinen. Die für die Arbeit verwendete Farbe konnotierte zwar Natur, doch der Blick aus den Fenstern auf das Grün im Aussenraum, machte vor allem die Differenz deutlich. Die Malerei war faktisch. Sie bildete die Wand in ihrer Oberfläche ab und war zugleich bestimmte Form an einem bestimmten Ort. Als Katharina Grosse OHNE TITEL (1998) für beendet erklärte, war die Konsternation im Hause gross. Heute weiss ich, weshalb. In der künstlerischen Kommunikation wird nach Umberto Eco der Information, also der uneingeschränkten Vielfalt möglicher Bedeutungen der Vorzug vor einer klaren, evidenten Bedeutung gegeben. Im Unterschied zur klassischen Kunst bricht die Moderne mit den Wahrscheinlichkeitsregeln, um zu einer neuartigen, überraschenden Form und einer ande-

ROMAN KURZMEYER, geboren 1961, ist Kurator und Kunstwissenschafter in Basel.

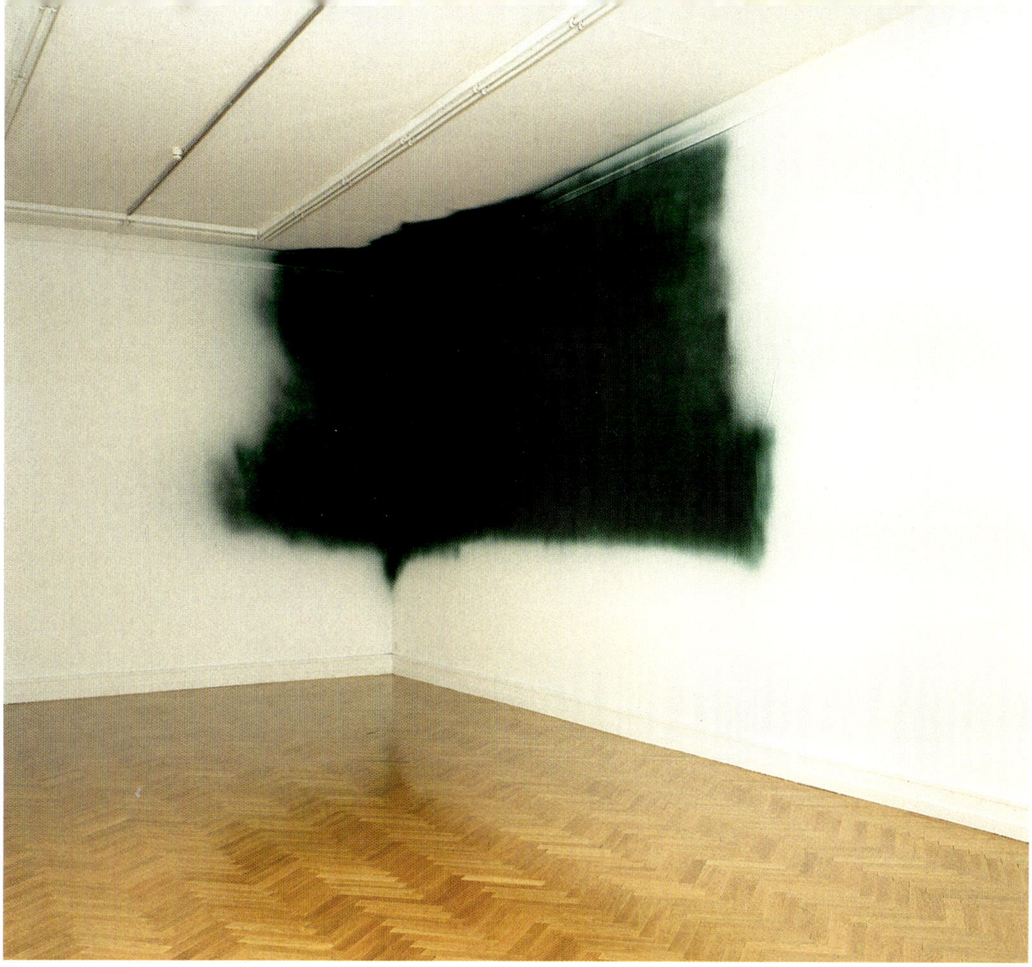

KATHARINA GROSSE, UNTITLED, 2003, acrylic on wall, Kunsthalle Bern, 177 1/8 x 492 1/8 x 152 1/2" / OHNE TITEL, Acryl auf Wand, 450 x 1250 x 400 cm. (PHOTO: MICHAEL FONTANA)

ren Logik des Bildes zu gelangen. Eine Kunst, die «den Reichtum der Ambiguität, die Fruchtbarkeit des Ungeformten, die Herausforderung des Unbestimmten annimmt»[1] muss dennoch auch bestimmte Kommunikationsbedingungen beachten, um überhaupt wahrgenommen zu werden. Wenn das Auge keinen Hinweis mehr auf eine Ordnung findet, ist zwar die grösstmögliche Informationsdichte erreicht, doch gleichzeitig wird alle Information aufgehoben. Eco nennt diese Ununterscheidbarkeit aller Möglichkeiten das weisse Rauschen. Das Verhältnis von Form und Offenheit ist für ein Kunstwerk entscheidend. Eco spricht vom Kunstwerk als einem «ästhetischen Faktum» und meint damit die Verschmelzung von Zeichen, Gebärde und Intention. Die ästhetische Information eines Werkes ist seiner Ansicht nach eine der Gesamtbedeutung und umfasst nicht wie bei der konventionellen Kommunikation lediglich Einzelaspekte wie beispielsweise die ikonographische Bedeutung, die sich auf eine gelehrte Konvention bezieht. Die Gleichzeitigkeit von Tätigkeit und Denken ist für Grosse eine grundlegende Eigenschaft von Malerei. Diese Auffassung von Malerei erklärt, weshalb die Künstlerin die konzeptuellen und kompositorischen Entscheidungen seit einigen Jahren in den Malprozess selbst verlegt und auch kaum mehr Entwürfe für ihre Raumarbeiten zeichnet. Rückblickend ist klar, dass die Qualität der Arbeit in der Kunsthalle Bern nicht wie ich zunächst meinte in den Bildkonnotationen zu finden war, die durch die Farbwahl erzeugt wurden, sondern darin, dass die gesprühte Form willkürlich war und die Künstlerin die Malerei der Architektur nicht beiordnete. Genau dies war auch der Grund für ihre Ablehnung. Grosse suchte nicht den *genius loci* und lieferte keine ortsspezifische Arbeit. Entscheidend an dieser Arbeit war, dass sie eine absichtslose künstlerische Handlung mit Farbe im Raum zeigte, und vor allem, dass die Künstlerin in Bern dazu ansetzte, die architektonischen Dimensionen des Raumes durch Malerei aufzuheben.

Die ersten Arbeiten waren Bilder. Die Malerei besetzte jene Stelle im Raum, auf die das Auge als erste fiel: Die Malerei verursachte ein Bild, vergleichbar einem Bild gewordenen Blick auf die Wand. Die Dynamisierung des Verfahrens, das sich konzeptuell beispielsweise darin zeigte, dass Grosse die Arbeiten nicht mehr in Modellen vorbereitete, sondern direkt vor Ort im Sprühen entwickelte, und die Verwendung mehrerer Farben führten zu Raumarbeiten, die nicht mehr ausschliesslich von einem bestimmten Betrachterstandort aus wahrnehmbar waren. Die Ausstellung im Artsonje Museum im südkoreanischen Gyeongju (2001) nahm Grosse zum Anlass, erstmals einen Raum integral zu bearbeiten und die Arbeit im Gehen zu sprühen. Die Malerei machte die verschiedenen Bewegungen im Raum als illusionistischer Bildraum sichtbar. Seit die Künstlerin Gegenstände, die sie in den Ausstellungsraum bringen lässt, in ihre Sprüharbeiten mit einbezieht, haben ihre Arbeiten installative Eigenschaften. In «Infinite Logic Conference» (2004) in der Kunsthalle Stockholm gab es neben einigen Gemälden auch ein Bett, Kleider und Bücher. Ein zweiter Boden, eine Bücherwand und drei ihrer Gemälde waren Bestandteile des «Double Floor Painting» (2004) in Odense. Einrichtungsgegenstände besprühte sie zwar schon zuvor, beispielsweise im Jahr 2003 das Bücherregal in der Galerie Conrads in Düsseldorf, doch erst in ihren letzten Arbeiten veränderte sie die Ausgangssituation für den bildnerischen Prozess, indem sie den Raum zuerst einrichtete, um diesen dann insgesamt zu bearbeiten. In Houston sprühte sie eine Bodenarbeit und bearbeitete dabei wiederum Bücher und Kleider, aber auch Zeitungen und Eier. Für ihre jüngste Ausstellung «Constructions à cru» (2005) im Palais de Tokyo in Paris bestellte sie drei verschiedene Sorten Humus von unterschiedlicher Farbe und unterschiedlichem Feinheitsgrad und liess grosse Mengen dieser manchmal mit Steinen, vereinzelt auch mit Holz durchsetzten Erde in der Halle vor der Längswand zu einer lang gezogenen Hügellandschaft aufschütten. Grosse besprühte die Wand, eine grosse Leinwand, die Erdarbeit, den Boden und die Treppe zum erhöht gelegenen Raum, in dem sie zusätzlich zwei ihrer Ge-

KATHARINA GROSSE, UNTITLED, 2002, *acrylic on concrete floor, clothes, books, and eggs, "Perspectives 143: Katharina Grosse," Contemporary Arts Museum Houston, 119 3/4 x 707 7/8 x 839 3/4" / Acryl auf Betonboden, Kleidung, Bücher, Eier, 304 x 1798 x 2133 cm.* (PHOTO: HESTER + HARDAWAY)

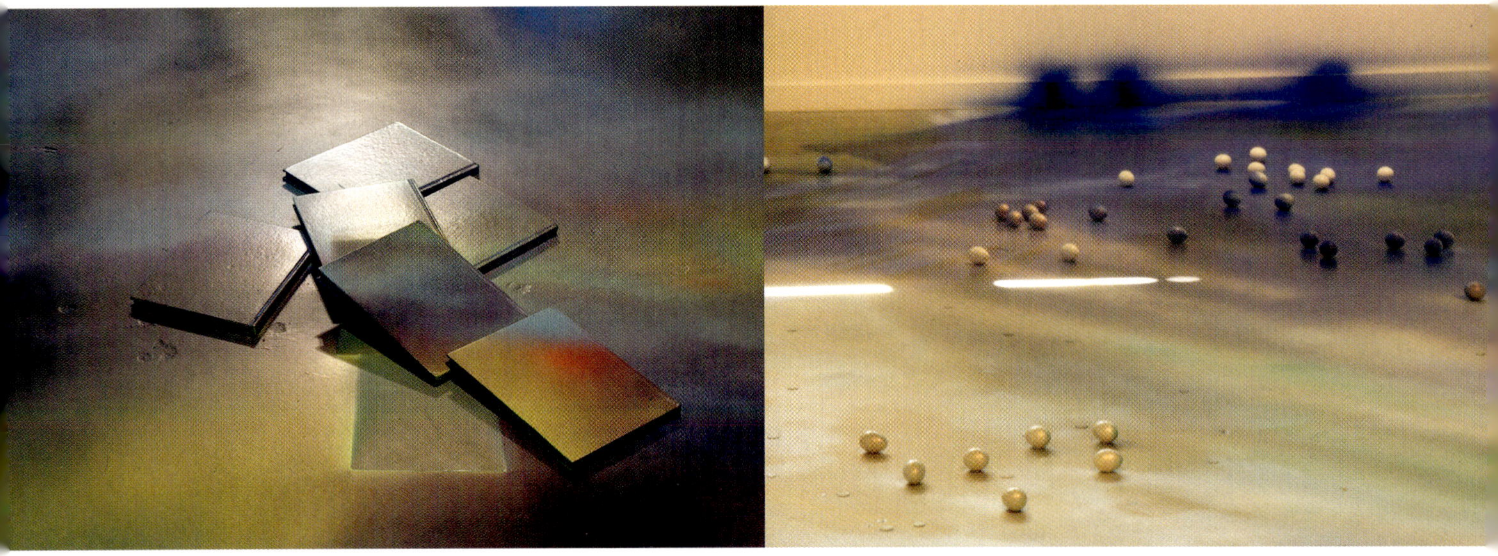

mälde ausstellte. Die Farbe führte sie über die Wand, von der Wand über die Erdarbeit in die Halle oder umgekehrt vom Hallenboden über die Landschaft in die Wand und erzeugte dadurch einen illusionistischen Farbraum im realen Raum. Grosse integrierte die Erdarbeit vollständig in die Malerei, indem sie einen homogenen Farbfilm über die Erde sprühte, der die Oberflächenstruktur des aufgeschütteten Humus abbildete und aus der Ferne die Erdarbeit als Farbkörper erscheinen liess.

Die Fläche wurde in der Entwicklung der modernen Malerei immer wichtiger und die Nachahmung gleichzeitig reduziert, bis das Bildfeld in der amerikanischen Farbfeldmalerei der 60er Jahre mit der Wand identisch wurde. Während sich das Farbfeld an das Betrachterauge wendet, ruft die Assemblage nach einem Betrachter, der sich im Raum bewegt und das Kunstwerk als Körper wahrnimmt. So wurde das Bild im 20. Jahrhundert zwei sich eigentlich gegenseitig ausschliessenden Transformationen unterworfen, die beide eine kritische Befragung der Bildautonomie und die Einbeziehung des Raumes nach sich zogen. Aus dieser Entwicklung gingen unterschiedliche Formen installativer und performativer Arbeiten hervor. Sie thematisierten Raumdarstellung und Raumerleben. Aus der Perspektive des Metiers erscheint Katharina Grosses kongeniale Malerei als Reminiszenz an den abstrakten Expressionismus, die zahlreichen Abbildungen der Künstlerin im weissen Schutzanzug beim Sprühen ihrer Werke bekräftigen diesen Eindruck, doch die Arbeiten evozieren nicht lediglich die heroischen Jahrzehnte des amerikanischen abstrakten Expressionismus, sondern zugleich Environment, Installation und Performance, Kunst also als eine nichtelitäre Praxis. Indem die Künstlerin die Ausstellung als Arbeitssituation auffasst, betont sie die prozessualen Eigenschaften der Entstehung ihrer Arbeiten und die provisorische Natur des geschaffenen Werkes. Ihre Raumbilder erlauben nicht nur Rückschlüsse auf den bildnerischen Prozess, beispielsweise auf die Bewegungen der Künstlerin im Raum, sondern entwickeln wegen der strukturellen Unschärfe gesprühter Flächen auch eine illusionistische Volumenwirkung. Sie bergen die Utopie, Farbe im Raum eines Tages ohne Träger verwenden zu können. Katharina Grosse schafft Raumarbeiten, hält aber an Praxis und Logik der Malerei fest. Als sie begann, mehrteilige Werke zu schaffen, indem sie einfache Dinge wie ein Buch, ein Kleidungsstück oder ein Bett einbezog, wollte sie nicht lediglich eine dem Betrachter und ihr selber vertraute Situation herstellen, sondern vor allem zusätzliche Farbträger bilden. Ein Bett ist ja nicht nur ein Ort, den alle kennen, sondern auch eine mit einem Tuch bespannte horizontale Fläche im Raum, die bemalt werden kann. Wie seit dem Wandbild INVERSION (1998) die Architektur werden diese Objekte durch die Bemalung visuell in die Fläche geholt, bleiben aber dennoch als Gegenstände erkennbar. Die Verschiedenartigkeit und Veränderlichkeit des Erscheinungsbildes der neuen Arbeiten, ihre Multiperspektivität, entsteht durch die Verbindung der verschiedenen Raumeinheiten Wand, Boden, Decke mit diesen aus dem Alltag bekannten Dingen. In Paris nun konfrontierte Katharina Grosse das gesprühte Werk zusätzlich mit zwei grossformatigen Atelierarbeiten. Der Einsatz dieser beiden Gemälde gab Hinweise auf Dimension und Massstab des Raumbildes, führte aus dem bemalten Raum heraus und öffnete dem Betrachter damit die Augen für die bildhafte Dimension der Sprüharbeit. «Constructions à cru» (2005) zeigte Malerei im Raum, erzeugte die Illusion einer Welt als Farbe und war Werk und Ausstellung in einem. Diese reflexive Dimension von Katharina Grosses Malerei ist die konstitutive Eigenschaft ihrer Kunst.

1) Umberto Eco, «Das offene Kunstwerk in den visuellen Künsten», in: Das offene Kunstwerk, Suhrkamp-Verlag, Frankfurt am Main 1977, S. 175.

ROMAN KURZMEYER

Reflexive

We first met—between trains—in Basel in 1998. Katharina Grosse was just passing through. It took me no more than a few moments to invite her to develop a piece for the Project Space at the Kunsthalle Bern. Not long afterwards she came to Bern to look at the space. I didn't want to show canvases; we had already agreed on this during our first meeting in the Kunsthalle. Everything else evolved during the course of the next few months. First Grosse worked on a film, and then on a project for a spray piece. I visited her studio to see how things were going and saw a small cardboard model of the exhibition space with a patch of paint from a spray can. On the wall and the ceiling there was a dark-green spray painting, utterly compelling in its magic and pathos: an area of green of the kind that a child might draw with a thick felt pen. Generations of artists have tried to find answers to the many questions concerning the nature of painting, the processes it is capable of, and the role of the artist. Could it be that Katharina Grosse has managed to reinvent painting through her portrayal of the process of painting as a performative act in a given space? We decided on the spray piece, even though the film was already at an advanced stage. Our conversation had begun.

Grosse's first wall painting, UNTITLED (1998), was sprayed with great speed and concentration in the Kunsthalle Bern. This piece, which was only ever intended to have a limited life span, used the architecture as a support; it was not designed specifically to relate to that architecture. Grosse sprayed green acrylic paint directly onto the wall and ceiling of one corner of the space without using any preparatory drawings. The trees and shrubs outside the three large windows of the Project Space gave a green tinge to the light entering from the side. The color Grosse used for the work might have evoked connotations with nature but these were incontrovertibly contradicted by the view from the window of the greenery outside. The painting was factual; in a sense, it portrayed the surface of the wall at the same time as being a particular form in a particular place. When Grosse announced that UNTITLED was finished, there was some consternation amongst the Kunsthalle's staff. Now I know why. In artistic communication, as Umberto Eco has shown, information—the unlimited multiplicity of possible meanings—has precedence over clear, self-evident meaning. Unlike classical art, modernism ignores the rules of probability in order to develop surprising, innovative forms and a striking pictorial logic. Art that "takes on the richness of ambiguity, the fruitfulness of the unformed, and the challenge of the indeterminate"[1] must

ROMAN KURZMEYER, born in 1961, is a curator and art historian based in Basel, Switzerland.

nevertheless also observe certain principles of communication if it wants to be registered. If the eye can find no indication of order, then even if the highest possible density of information has been achieved, that information is rendered null and void. Eco describes this indistinguishability between possibilities as "white noise." The relationship of form and openness is crucial to a work of art. Eco refers to the work of art in terms of an "aesthetic fact": a coalescence of sign, gesture, and intention. In his view, the aesthetic content of a work is one of overall meaning and, unlike conventional communication, it is not restricted solely to individual aspects of communication such as iconographic meaning, which relies predominantly on scholarly convention. For Grosse, the simultaneity of doing and thinking is a fundamental characteristic of painting. This approach explains why, for some years now, she has delayed conceptual and compositional decision-making until she is involved in the actual painting process, and why she now, barely, if ever, makes preparatory sketches for her spatial works. In hindsight, it is clear that the particular quality of the work in the Kunsthalle Bern did not—as I had first thought—derive from the pictorial connotations evoked by her choice of color, but from the fact that the sprayed form was purely arbitrary—and the artist hadn't subordinated the painting to the architecture. And this was also the reason for the work's cool reception. Grosse was not interested in the *genius loci* nor in creating a site-specific piece. The distinctive feature of this work was that it showed an unpremeditated artistic action involving color and space, and, above all, that with this work in Bern, the artist was using painting to sublate the architectural dimensions of the space.

Grosse's first works were pictures. Paintings occupied the position in the gallery space that the eye first fixed on. Painting created a picture, as it were: the picture of the eye seeing the wall. The increasingly dynamic nature of Grosse's methods—reflected in the fact that she has ceased to prepare her works using models but develops them *in situ*, spray gun in hand—and her use of combinations of colors, have since led to spatial pieces that are not dependent on a single viewpoint. When it came to her exhibition in the Artsonje Museum in Gyeongju, South Korea, in 2001, Grosse grasped the chance to integrate a whole space, spraying the work as she walked. The painting became a visual record of the artist's various movements in the room as an illusionistic pictorial space. More recently, the artist has incorporated literal objects into her spray pieces, producing works that have some of the qualities of an installation. In addition to a number of paintings, the exhibition "Infinite Logic Conference" (2004) at Magasin 3 Stockholm Konsthall also contained a bed, clothes, and books. "Double Floor Painting" (2004) in Odense, Denmark, consisted of a second floor, a wall of books, and three of Grosse's paintings on canvas. Although she had sprayed pieces of furniture before—for instance, the bookshelf in the Galerie Conrads in Düsseldorf—only recently has she begun to alter the basis of the pictorial process by first adding items to the space to be incorporated into the work. In Houston, Texas, Grosse sprayed a floor piece which, again, included books and clothes but also newspapers and eggs. For her most recent 2005 exhibition "Constructions à cru," at the Palais de Tokyo in Paris, she ordered large quantities of soil in three different colors and grades. She then heaped the soil—containing stones and even fragments of wood—up against the long wall of the exhibition space, to create an elongated, hilly landscape. Grosse then proceeded to spray the wall, a large canvas, the "earth work," the floor, and the steps that ascended to a higher gallery space where two of her paintings were displayed. She directed the paint—from the wall over the earth work and onto the floor, or, vice versa, from the floor across the landscape and onto the wall—thereby creating an illusionistic color space within the real space. Grosse fully integrated the earth work into the composition of the painting by coating the earth with a homogenous film of color, picturing, as it were, the surface structure of the heaped-up soil, and thus, in turn, making the earth work, seen from a distance, look like a color-body.

As modern painting developed, surface became increasingly important, even as imitation became less so, until the pictorial field in sixties Color Field Painting became identical with the wall. While the flat color field appeals to the eye of the beholder, the assemblage cries out for a viewer to move about in the space, to perceive the artwork as a body. During the course of the twentieth century the picture was thus subjected to two mutually exclusive transformations, both of which prompted critical examination of the autonomy of the picture and its incorporation into the exhibition space. These developments led to different forms of installation and performative work. The focus, which was now on representing and experiencing space, took precedence. In terms of painting, Grosse's work is singularly reminiscent of Abstract Expressionism. Numerous images of the artist dressed in white protective clothing as she sprays her works reinforce this impression. But the works themselves are not only evocative of the heroic decades of American Abstract Expressionism, they also have an affinity with environment, installation, and performance art—essentially, with art as a non-elitist praxis. By viewing the exhibition space as her own work place, the artist highlights the processual aspects of the making of her works and the provisional nature of the works themselves. Her spatial images allow the viewer to come to conclusions, retrospectively, about the pictorial process, such as her movements in the space. Moreover, due to the structural indistinctness of sprayed surfaces, they also create an illusionistic impression of volume—they embody a painter's utopian notion of one day being able to deploy color in space without the use of a carrier. Grosse creates spatial works, but remains true to the praxis and logic of painting. When she first started making multi-part works—by including simple items such as a book, a piece of clothing, or a bed—her aim was not just to create a situation familiar to the viewer and to herself, but above all, to add extra surfaces to which paint could, hypothetically, be applied. A bed is not only a place that everyone knows, but also a paintable, cloth-covered, horizontal surface. Like the architecture of the exhibition space in the wall painting INVERSION, and in her work since then, these objects become at once part of the surface of the work while remaining recognizable in their own right. The variety and volatility of the visual appearance of her latest works—their multi-perspectivity—derive from the way that different parts of the interior (the wall, the floor, and the ceiling) are integrated with items familiar to us from our daily lives. In Paris, Katharina Grosse juxtaposed the sprayed work with two large-format paintings made in her studio. The inclusion of these two paintings helped establish the dimensions and scale of the spatial painting, by directing the viewer beyond the painted space to the pictorial dimension of the spray piece. "Constructions à cru," Grosse's show in 2005, showed the gesture of painting in space, and in creating the illusion of a world as color, functioned as both work and exhibition in one. This reflexive dimension of Katharina Grosse's painting is the prime characteristic of her art.

(Translation: Fiona Elliott)

1) Umberto Eco, "The Open Work in the Visual Arts" in: *The Open Work* (Cambridge, Massachusetts: Harvard University Press, 1989).

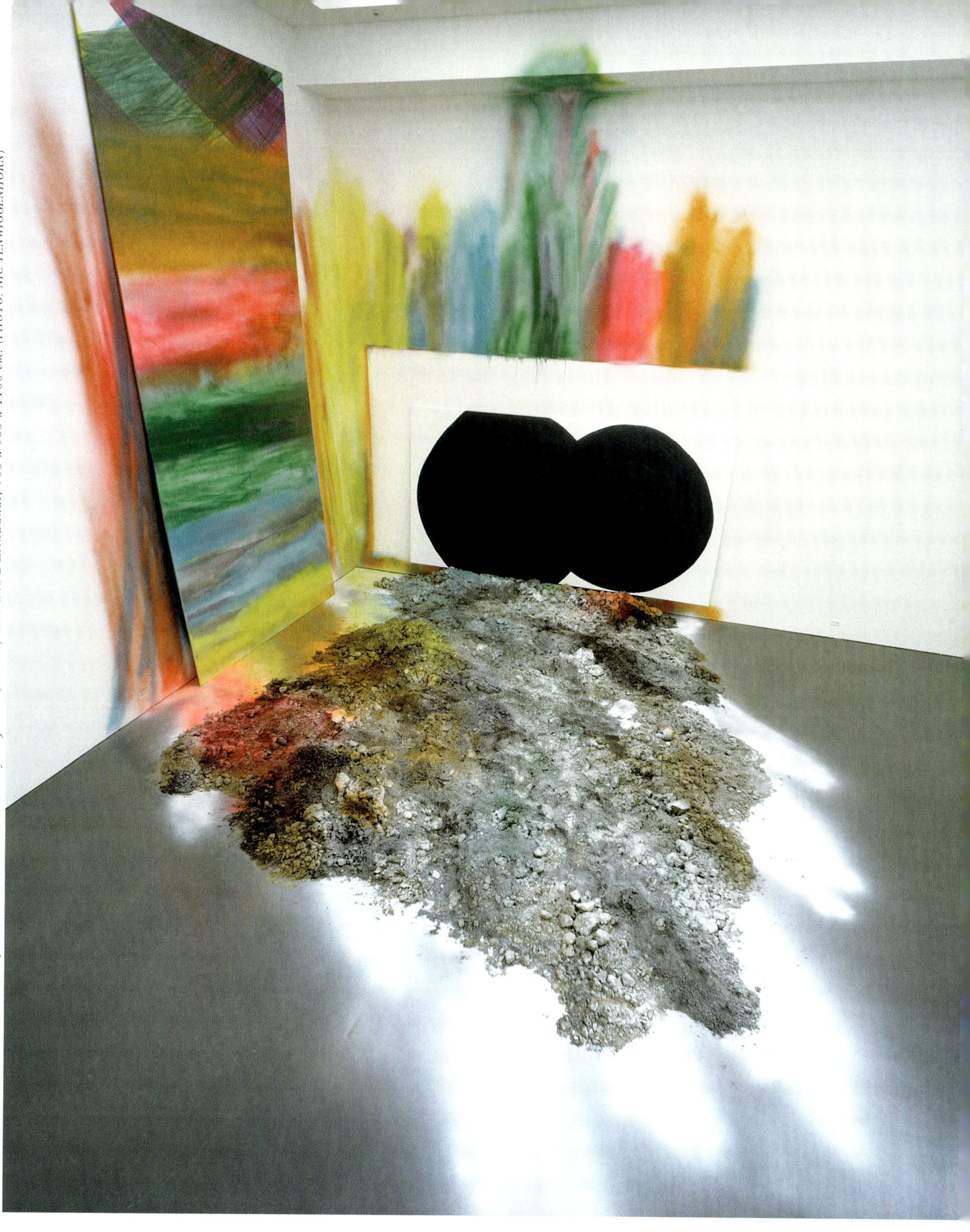

KATHARINA GROSSE, *THE POISE OF THE HEAD UND DIE ANDEREN FOLGEN,* 2004, *acrylic on wall, floor, soil, and 2 canvases, "raumfürraum" Kunsthalle Düsseldorf, Kunstverein für die Rheinlande und Westfalen, 354 x 354 x 433" / Acryl auf Wand, Boden, Erde und 2 Leinwände, 900 x 900 x 1100 cm.* (PHOTO: NIC TENWIGGENHORN)

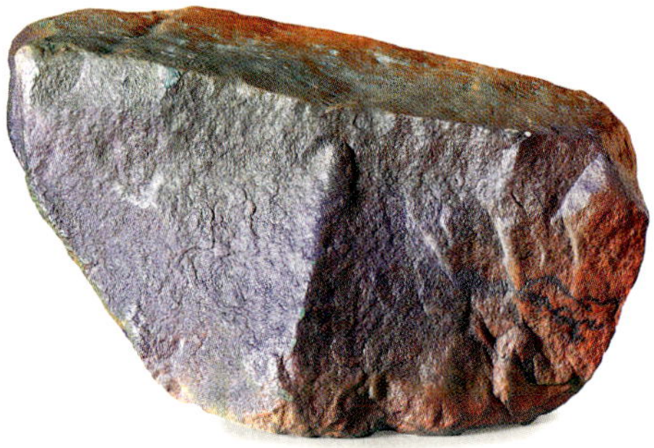

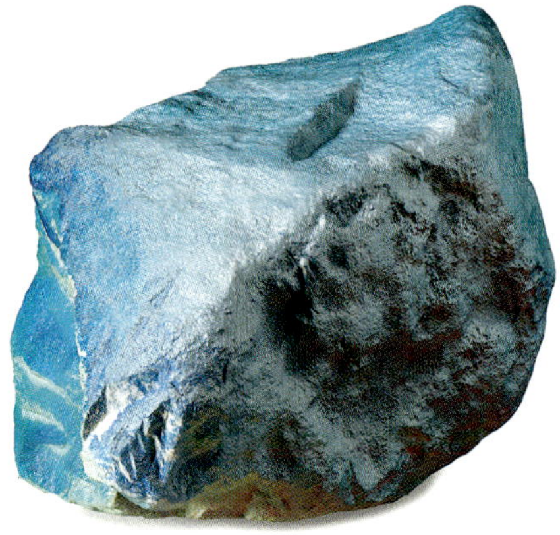

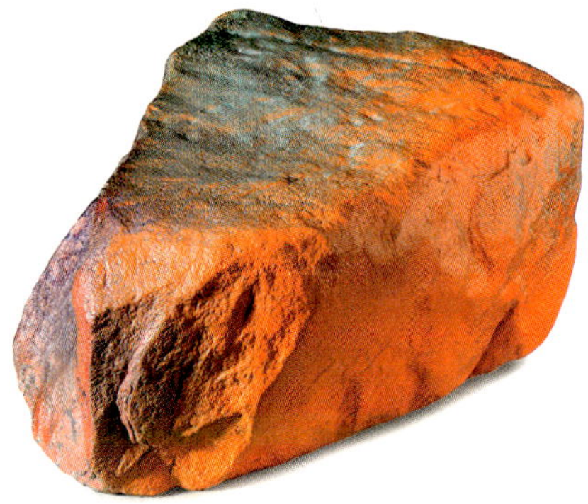

Parkett 74

Katharina Grosse

Rock, 2005

Carrara Marmor (7–10 kg),
Acryl, Unikat
je ca. 20 x 10 x 14 cm
Auflage: 55 / XXV,
signiertes und nummeriertes Zertifikat

Carrara marble (15–20 lbs),
acryl, each unique
ca. 8 x 4 x 5 1/2 ″
Edition of 55 / XXV,
signed and numbered certificate

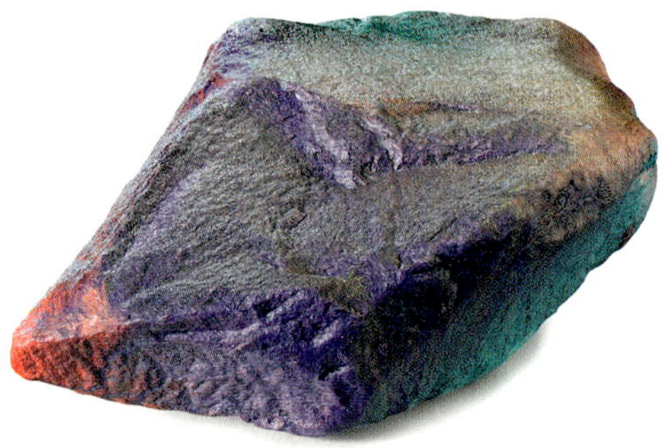

PHOTOS: RETO RODOLFO PEDRINI, ZÜRICH

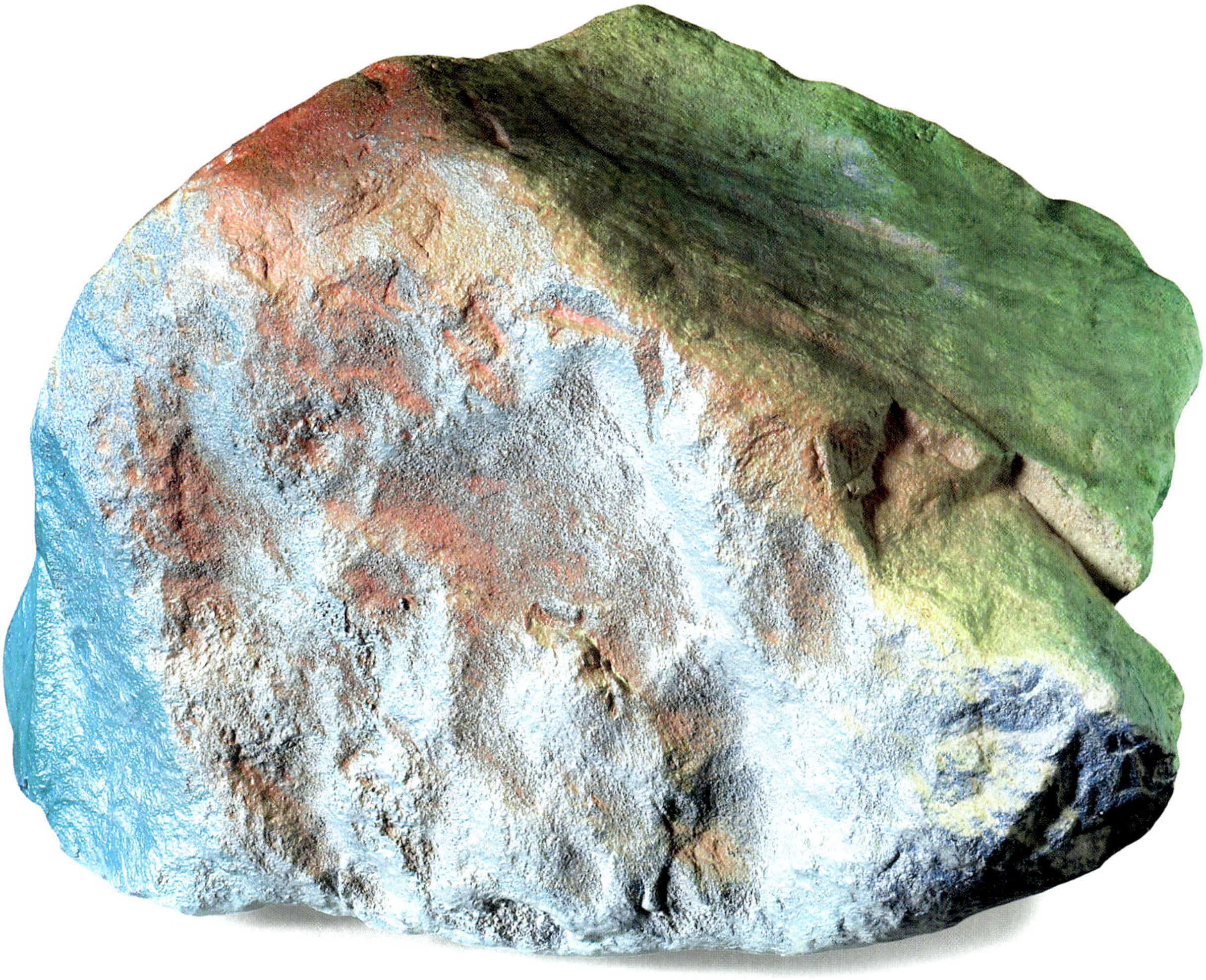

Jeremy Deller: For the LOVE of the PEOPLE

NATO THOMPSON

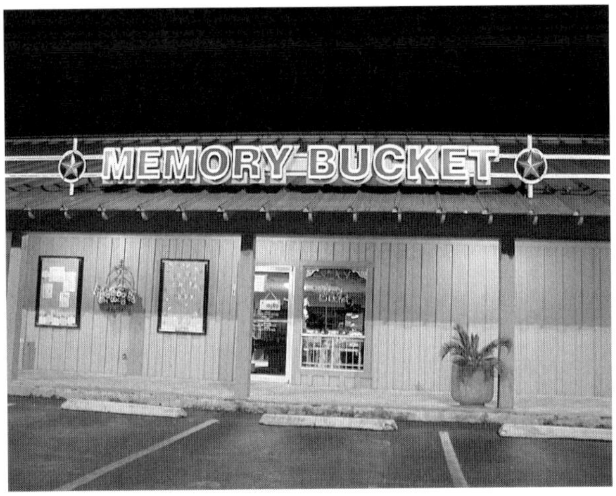

JEREMY DELLER, from MEMORY BUCKET, 2004, color photograph, $10^1/_2$ x $13^1/_2$" / aus GEDÄCHTNISEIMER, Farbphotographie, 27 x 34,5 cm. (ALL PHOTOS: ART : CONCEPT, PARIS)

Follow Jeremy Deller's 2004 piece, THE HISTORY OF THE WORLD 1997–2004, and a better sense of the tenor and breadth of his folkart-inspired practice will emerge. In taking to heart the tenet, "everything is connected," Deller mines cultural ephemera as a means to make tangible the ineffable qualities of daily life. It's as if to say: if I connect brass band music to current youth culture and then tie that back into the Miner's Strike of 1984, the banality and ahistoricity of the current lived moment will gain some historical heft.

NATO THOMPSON is Associate Curator at Massachusetts Museum of Contemporary Art in North Adams.

THE HISTORY OF THE WORLD 1997–2004 offers itself as a road map to the next twenty years of Deller's work. Like Mark Lombardi's schematic diagrams of the meta-powers that be, ranging from Iran-Contra to Enron, Deller creates a cartography, yet one more mercurial, more sanguine, more gritty, than Lombardi's. If I travel along one of the shorter routes from acid house to its apparent antecedent brass bands, I move from the invention of the "808" to the German band "Kraftwerk" to the transitional emotion (and Deller favorite) "Melancholy," ending up at brass bands. The map and Deller's work in general navigate the byways of music culture to arrive at its destination. For in charting these oft-touted banal cultural moments, Deller reveals their social and personal underpinnings (particularly prescient in an information age).

The destruction of organized labor is the subject of Deller's most ambitious project, THE BATTLE OF ORGREAVE (2001). For this enormous Artangel-supported work, Deller restages the Yorkshire Miner's Strike of 1984—a moment when the Thatcher government sent a clear and brutal message to organized labor regarding its future in England. Working with professional historical reenactors and many of the remaining ex-minors of Orgreave, Deller sheds new light on a lost historic moment. The four-hour battle took place in 2001; family and friends seated in the provided bleachers watched a war ensue between shield and club-wielding police and the nine-hundred angry workers. The event, filmed by director Mike Figgis, went on to be shown internationally.

When Karl Marx wrote "history repeats itself, first as tragedy, second as farce,"[1)] he was commenting on the failed French Revolution of 1848, when the people elected Louis-Napoleon Bonaparte as their leader. Marx's agony for the bad decision making of the proletariat spurred the invention of a much beloved term, the *Lumpenproletariat* (the people as potato). Deller's development of the BATTLE OF ORGREAVE turns Marx's claim on its head. In restaging history, Deller produces a living monument to the history of the working class. Besides bowling over viewers with his project's sheer ambition, what resonates so profoundly is Deller's deep-seated desire to resuscitate historical memory—to remind us of the lost battles that shape our lives. It is an honest project and one that had an obvious impact on those participating in the battle's recreation (fake or not).

In 2002, Deller was invited by Ralph Rugoff of the CAA Wattis Institute for Contemporary Arts in San Francisco to do a Capp Street Project. Deller's coming-to-America journey profoundly influenced his future work. While in Los Angeles, he made the acquaintance of Matthew Coolidge of the Center for Land Use Interpretation (CLUI). CLUI is a hard-to-define collective in Los Angeles that maps, through bus tours, photography, and exhibitions, the cultural and social landscape of California and beyond. In reinterpreting the lived landscape—Los Angeles film sets, nuclear fallout shelters, water treatment plants—CLUI takes some of the valuable lessons of L.A. geographers, like Mike Davis, and turns them into an artsy form. With such affinities simmering between Deller's folksy and CLUI's geographic practices, their chance meeting in Los Angeles feels all the more fated.

Deller's project AFTER THE GOLD RUSH (2002) takes the form of a diarist's guidebook that travels between five points, starting in Oakland, California, and ending in the Mojave Desert. The cast of five characters includes former Black Panther and current art gallery owner, Alain Laird, and Dixie Evans, the self-proclaimed "Marilyn Monroe of Burlesque." A small book with an essay by Matthew Coolidge

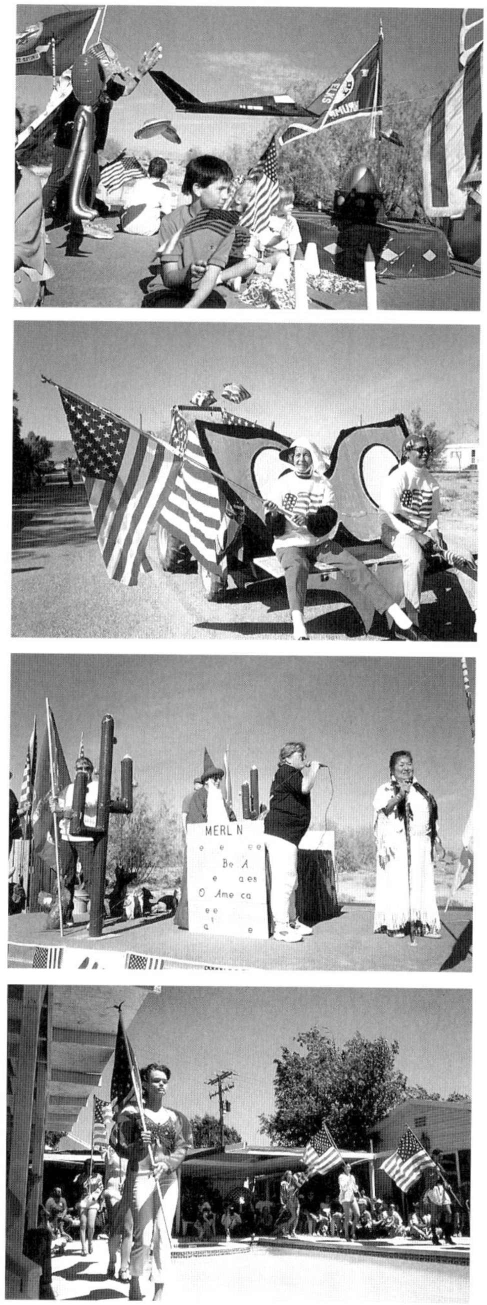

JEREMY DELLER, from AFTER THE GOLDRUSH, 2002, color photographs / aus NACH DEM GOLDRAUSCH, Farbphotographien.

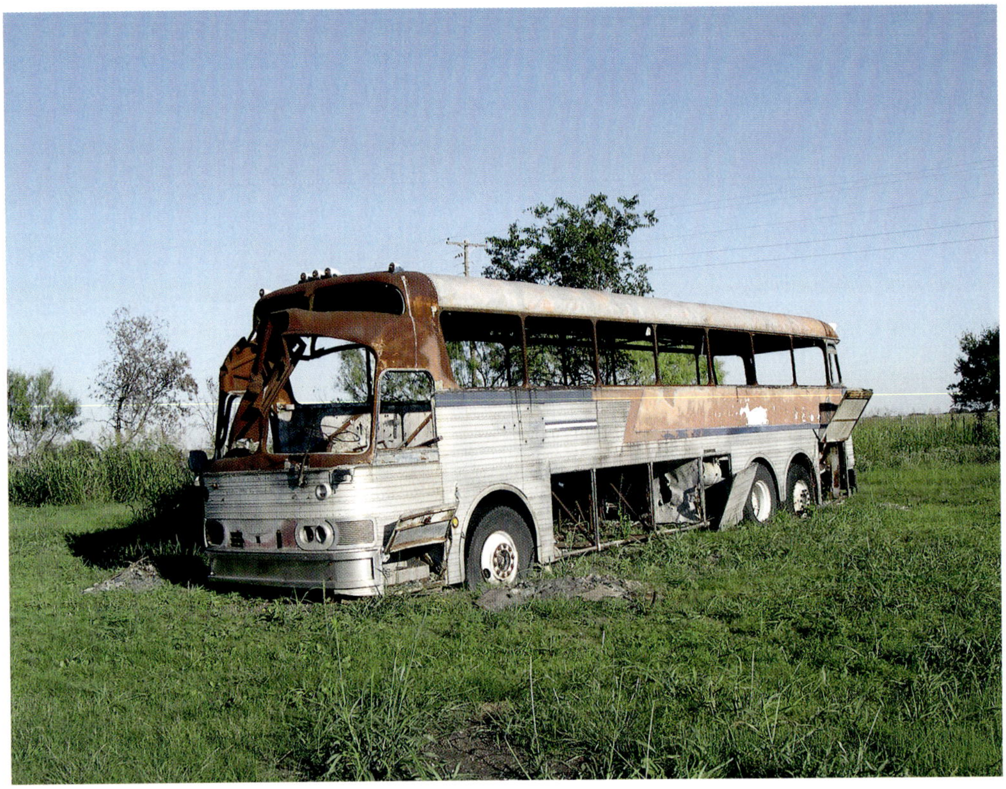

JEREMY DELLER, from MEMORY BUCKET, 2004, color photograph, $10^1/_2$ x $13^1/_2$" / aus GEDÄCHTNISEIMER, Farbphotographie, 27 x 34,5 cm.

invites the reader to follow in Deller's footsteps across the western ridge of America.

Deller followed up this project with an enchanting CD of music from Red Hook, New York, titled THIS IS US (2003). Falling back onto his love for all things homegrown, macramé, and parade-like, Deller produced an album featuring bands familiar to every town in the US including a high school garage band named Red Reflection, a prodigious local sound artist of water harmonics, the Christ Church Children's Choir, and the Amerscot Highland Pipe Band. It's like listening to a photo-album—enjoyable as familiar, and as far from MTV as one can get.

In his recent US-based projects, Deller takes advantage of his role as tourist to seek out an Americana that slips past the national imagination. Like Alexis de Tocqueville, who came to the United States in 1831 to study the US prison system, Deller's insights into the nation's personality lend themselves to a more robust vision of American democracy. Perhaps this haunting potential is what garnered him the Turner Prize in 2004 for his project, MEMORY BUCKET (2004). Commissioned as part of his residency at Artpace San Antonio, MEMORY BUCKET is a video, photographic, and material archive (T-shirts and beer koozies included) of Deller's investigation of two particularly Texan sites: Waco, the home of the now-burned-down Branch Davidian complex, and Crawford, home to the Bush family ranch. Deller shows that these sites, equally steeped in intrigue, are also endearing and complex small towns. Could the success of this work be partially credited to the fact that it offers a fleeting answer to the globally arching question: What is happening in Texas?

The answer to this question weighs on the viewer's mind as Deller's MEMORY BUCKET weaves its tale. When Karl Marx wrote *The Eighteenth Brumaire of*

Louis Bonaparte, he was troubled by the strange reversal of the poor. Surely, he opined, the poor would inevitably overturn their masters given the correct historical conditions? But this did not come to pass, and what could feel more lumpen than the United States of today? How can a country (let alone a state) with such severe economic disparities continue to work against its own interests? Deller answers this question by zeroing in on the nuanced clues of contemporary Texan folklore. Maybe the answer resides in the connections between Waco, the Bush camp, and a cave of bats?

The oil-rich Lone Star State is larger than the entire country of France, stretching over seven hundred and ninety miles wide and six hundred and sixty miles long. Clouded in contradiction, Texas differentiates itself by being the historic home to the Bush family "machinery" and oil money in general. Deller puts on his flaneur field-research hat and scours the land to find an anti-Bush rally in San Antonio, a Waco survivor, a tour guide from the Alamo, and a diner where George and Laura Bush occasionally enjoy burgers. In Hellotes, Texas (while on his way to a Willie Nelson concert), Deller tours a patriotic store called Memory Bucket. Housing a banal assortment of dried flowers and scrapbook material, the store additionally serves as a repository for Texan memory. The popular Texan refrain "Remember the Alamo" seems as reinterpreted and mangled from historical memory as the symbols on a beer koozie.

Yet tchotchkees seem to be the "site" that Deller most enjoys. He takes the implications of Walter Benjamin's *wish image* where every item, from a broach to a hairbrush, is loaded with historical imagination, yet retains a non-alienating, folksy attitude. His travels possess a Huckleberry Finn innocence, and if, as some critics lauded on his Turner Prize, vacation films have become art, all the better. Not overtly theoretic, gratingly self-conscious, or suspiciously insouciant, Deller grounds his work in everyday people and political narratives. And just like Walter Benjamin's assertions on the mercurial elements of our daily lives, Deller mines folklore and knickknacks not for poetic pleasure, but for their inherent resistant qualities.

1) The actual quote reads: "Hegel remarks somewhere that all great world-historical facts and personages occur, as it were, twice. He has forgotten to add: the first time as tragedy, the second as farce." See "The Eighteenth Brumaire of Louis Bonaparte" in: *The Marx-Engels Reader*, edited by Robert C. Tucker (London and New York: WW Norton and Company, 1978), p. 594.

JEREMY DELLER, THE BATTLE OF ORGREAVE, 2001, installation view / DIE SCHLACHT UM ORGREAVE, Ausstellungsansicht.

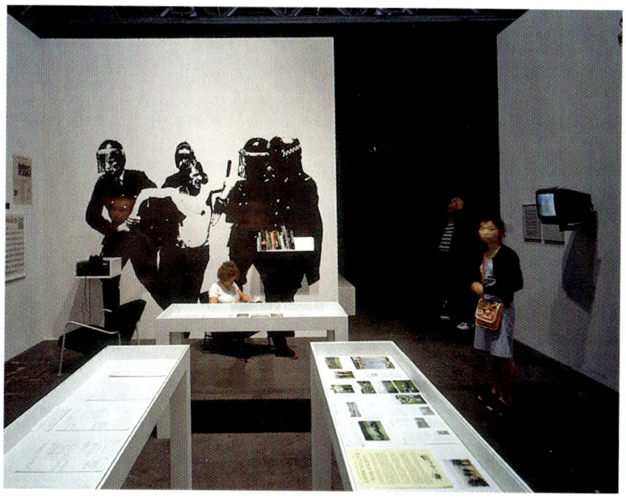

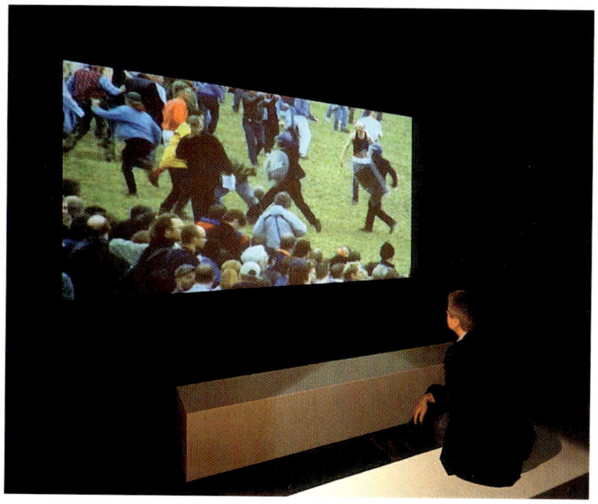

Jeremy Deller: Aus MENSCHENLIEBE

NATO THOMPSON

Wer Jeremy Dellers Arbeit THE HISTORY OF THE WORLD 1997–2004 (Die Geschichte der Welt 1997–2004, 2004) nachvollzieht, wird ein besseres Gespür für den Grundtenor und die Bandbreite seiner von der Volkskunst inspirierten künstlerischen Tätigkeit entwickeln. Er nimmt das Prinzip des «Alles hängt mit allem zusammen» ernst und zapft kulturelle Randerscheinungen an, um die unfassbaren Qualitäten des Alltäglichen dingfest zu machen. Es ist, als wolle er sagen: «Wenn es mir gelingt, die Blasmusik mit der aktuellen Jugendkultur in Verbindung zu bringen und dann das Ganze mit dem Streik der Bergleute von 1984 zu verknüpfen, gewinnen die Banalität und das Ahistorische des jetzt g e l e b t e n Moments ein Stück historisches Gewicht.»

THE HISTORY OF THE WORLD 1997–2004 bietet sich geradezu als Fahrplan für die nächsten zwanzig Jahre von Jeremy Dellers Arbeit an. Wie Mark Lombardi mit seinen schematischen Diagrammen bestehender Meta-Machtverhältnisse – von der Iran-Contra-Affäre bis zum Enron-Skandal – erstellt auch Deller eine kartographische Aufzeichnung, aber eine, die launiger, lebhafter, mutiger ist als jene von Lombardi. Wenn ich einen der kürzeren Wege von «Acid House» zu dessen angeblichem Vorläufer, «Brass-Bands», verfolge, bewege ich mich von der Gründung von 808 über die deutsche Band Kraftwerk zum vorübergehenden (und von Deller bevorzugten) Zustand der «Melancholie», um schliesslich bei den Blaskapellen zu landen. Die Karte – und Dellers Arbeit überhaupt – folgt den Nebenlinien der Musikkultur, um ihr Ziel zu erreichen. Denn durch das Aufzeichnen dieser viel gelobten Kulturereignisse der schlichteren Art enthüllt Deller deren soziale und private Hintergründe (die gerade im Informationszeitalter besonders bestimmend sind).

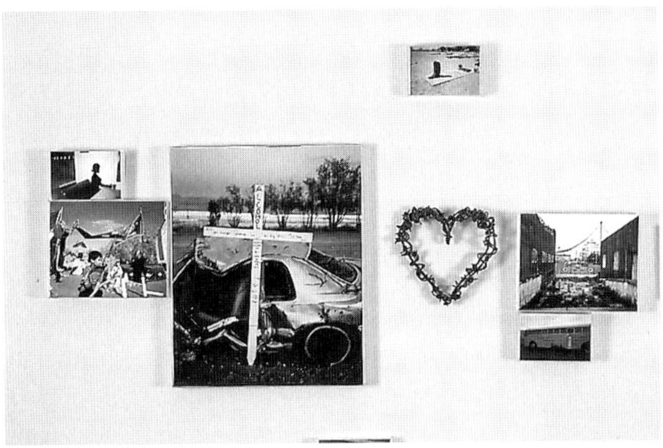

JEREMY DELLER, AFTER THE GOLDRUSH, 2002, installation view / NACH DEM GOLDRAUSCH, Ausstellungsansicht.

Die Zerstörung der Gewerkschaften ist Gegenstand von Dellers ehrgeizigstem Projekt, THE BATTLE OF ORGREAVE (Die Schlacht um Orgreave, 2001). Für diese gigantische, von Artangel unterstützte Arbeit reinszenierte Deller den Streik der Bergleute in Yorkshire im Jahr 1984; die Thatcher-Regierung hat den Gewerkschaften damals ein unmissverständliches und knallhartes Zeichen hinsichtlich ihrer Zukunftsaussichten in England gegeben. In Zusammenarbeit mit professionellen historischen Darstellern und zahlreichen ehemaligen Bergleuten von Orgreave wirft Deller ein neues Licht auf diesen vergessenen historischen Moment. Die vierstündige Reinszenierung der Schlacht fand 2001 statt, während Familien und Freunde von den bereitgestellten

NATO THOMPSON ist Associate Curator am Massachusetts Museum of Contemporary Art (MASS. MoCA) in North Adams, USA.

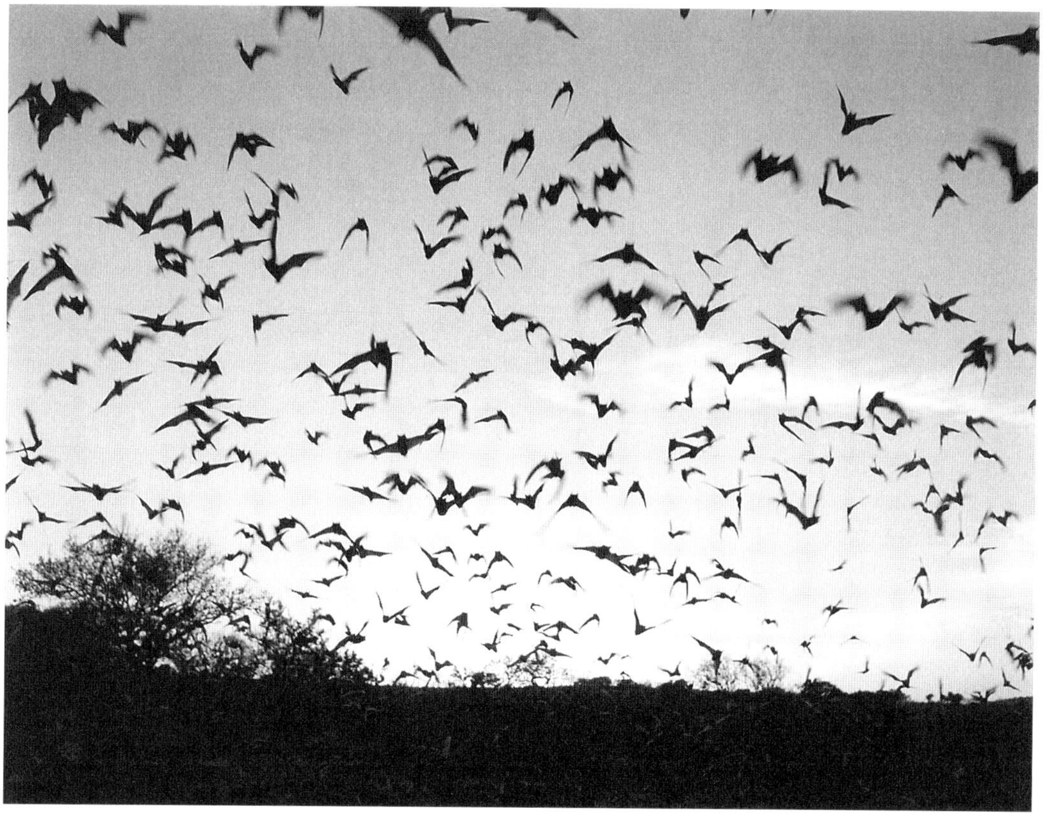

JEREMY DELLER, from MEMORY BUCKET, 2004, color photograph, $10^1/_2$ x $13^1/_2$" /
aus GEDÄCHTNISEIMER , Farbphotographie, 27 x 34,5 cm.

Tribünenplätzen aus zuschauten, wie es zwischen der mit Schild und Knüppel bewehrten Polizei und neunhundert wütenden Arbeitern zum Kampf kam. Das Ereignis wurde von Regisseur Mike Figgis gefilmt und ging danach auf internationale Tournee.

Als Karl Marx (Hegel kommentierend) schrieb, dass alle weltgeschichtlichen Tatsachen «sich sozusagen zweimal ereignen (...) das eine Mal als Tragödie, das andere Mal als Farce», bezog er sich auf die gescheiterte Revolution von 1848 in Frankreich, als das Volk Louis-Napoleon Bonaparte zu seinem Herrscher wählte. Marx' Bestürzung über das erbärmliche Urteilsvermögen der untersten Schichten führte zur Bildung des allseits beliebten Ausdrucks «Lumpenproletariat». Dellers Aufführung der BATTLE OF ORGREAVE stellt Marx' Forderungen auf den Kopf. Indem er die Geschichte reinszeniert, errichtet er ein lebendiges Monument zur Geschichte der Arbeiterklasse. Abgesehen davon, dass allein schon der Ehrgeiz seines Projektes das Publikum begeistert, sorgt vor allem Dellers tief verwurzelte Sehnsucht, unser historisches Gedächtnis wiederzubeleben und uns an die entscheidenden verlorenen Schlachten unseres Lebens zu erinnern, für einen nachhaltigen Eindruck. Es ist ein aufrichtiges Projekt und eines, das die an der Reinszenierung des Kampfes Beteiligten ganz offensichtlich geprägt hat (auch wenn das Ganze nur gespielt war).

Im Jahr 2002 wurde Jeremy Deller von Ralph Rugoff vom CAA Wattis Institute for Contemporary Arts, San Francisco, eingeladen, ein «Capp Street Project» zu realisieren. Dellers Reise in die USA sollte seine Arbeit entscheidend beeinflussen. Als er in Los Angeles war, machte er die Bekanntschaft von Matthew Coolidge vom Center for Land Use Interpretation (CLUI). CLUI ist ein schwer zu definierendes Kollektiv in Los Angeles, das die kulturelle und soziale Landschaft von Kalifornien, aber auch darüber hinaus, mittels Busreisen, Photographien und Ausstellungen zu erfassen sucht. Indem CLUI die erlebte Landschaft – Filmschauplätze in Los Angeles, atomare Schutzräume, Pflanzen zur Verbesserung der Wasserqualität – neu interpretiert, nimmt es einige der wertvollen Lehren ortsansässiger Geographen wie Mike Davis auf und gibt ihnen eine künstlerische Form. Angesichts der aufregenden Affinitäten zwischen Dellers volkstümlich und CLUIs geographisch gefärbter Praxis, erscheint das zufällige Zusammentreffen der beiden in Los Angeles geradezu schicksalhaft.

Dellers Arbeit AFTER THE GOLD RUSH (Nach dem Goldrausch, 2002) ist ein Buch, und zwar ein Reiseführer eines Tagebuchschreibers, der sich zwischen fünf Punkten bewegt: Er beginnt in Oakland, Kalifornien, und endet in der Mojave-Wüste. Das Personal umfasst fünf Personen einschliesslich des früheren Black-Panther-Mitglieds und heutigen Galeriebesitzers Alain Laird und Dixie Evans, der selbst ernannten «Marilyn Monroe der Burleske». Ein schmales Bändchen mit einem Essay von Matthew Coolidge fordert den Leser dazu auf, Dellers Weg entlang der Westküste Amerikas zu folgen.

Deller liess diesem Projekt eine bezaubernde CD mit Musik aus Red Hook, New York, folgen. Sie trug den Titel THIS IS US (Das sind wir, 2003). Er griff dabei auf seine Vorliebe für alles Urwüchsige, Handgestrickte, Parademässige zurück und machte ein Album mit Bands, die in jedem noch so kleinen amerikanischen Kaff bekannt waren, unter anderem mit einer Highschool-Garagenband namens Red Reflection, einem wunderbaren lokalen Wasserharmonium-Künstler, dem Christ-Church-Kinderchor und der Amerscot-Hochland-Dudelsackband. Es ist, als höre man ein Photoalbum – man kann es geniessen wie etwas Vertrautes und doch ist es so weit von MTV entfernt wie nur möglich.

In seinen jüngsten Arbeiten in den USA nützt Deller seine Rolle als Tourist dazu, einer amerikanischen Kultur jenseits nationaler Vorstellungen nachzuspüren. Wie damals bei Alexis de Tocqueville, der 1831 in die Vereinigten Staaten kam, um das amerikanische Gefängnissystem zu studieren, zeichnen auch Dellers Einblicke in den Nationalcharakter ein ziemlich nüchternes Bild der amerikanischen Demokratie. Vielleicht ist es dieses Potenzial zur Beunruhigung, das ihm 2004 den Turner-Preis für sein Werk MEMORY BUCKET (Gedächtniseimer, 2004) einbrachte. Das Werk wurde im Rahmen seines Aufenthalts bei Artpace in San Antonio von dieser Stiftung in Auftrag gegeben; es ist zugleich ein Video, eine Photoarbeit und ein Materialarchiv (einschliesslich T-Shirts und Bierdosenkühlern) zu Dellers Untersuchung zweier spezifisch texanischer Schauplätze: Waco, Heimat der Davidianer-Sekte und der mittlerweile abgebrannten Farm ihres Führers David Koresh, und Crawford, wo die Ranch der Familie Bush steht. Deller zeigt, dass diese beiden – gleichermassen in Machtspiele verwickelten – Schauplätze auch sympathische und vielschichtige Kleinstädte sind. Vielleicht verdankt diese Arbeit ihren Erfolg der Tatsache, dass sie auf die weltumspannende Frage «Was ist eigentlich los in Texas?» eine vorläufige Antwort liefert?

Die Antwort auf diese Frage beschäftigt den Betrachter, während Dellers MEMORY BUCKET mit dem Schwanz wedelt. Als Karl Marx «Der achtzehnte Brumaire des Louis Napoleon» schrieb[1)], war er besorgt über die seltsame politische Kehrtwendung der Unterschicht. Gewiss hat er gedacht, die Armen würden ihre Herren unweigerlich stürzen, wenn die passende historische Situation sich bieten würde? Doch dies war nicht der Fall, und was erinnert mehr an dieses Lumpenproletariat als die Vereinigten Staaten von heute? Wie kann ein Land (geschweige denn ein Staat) mit so schweren wirtschaftlichen Missständen fortfahren, gegen seine eigenen Interessen zu arbeiten? Deller beantwortet diese Frage, indem er feine Anhaltspunkte der zeitgenössischen texanischen Folklore ins Visier nimmt. Vielleicht steckt die Antwort in den Zusammenhängen zwischen Waco, dem Bush-Lager und einem Fledermausbau?

Der ölreiche Staat Texas ist grösser als ganz Frankreich; er ist rund 1270 Kilometer breit und 1060 Kilometer lang. In Widersprüche verstrickt zeichnet sich Texas vor allem dadurch aus, dass es die Heimat des Machtapparates der Bush-Familie und der Öl-

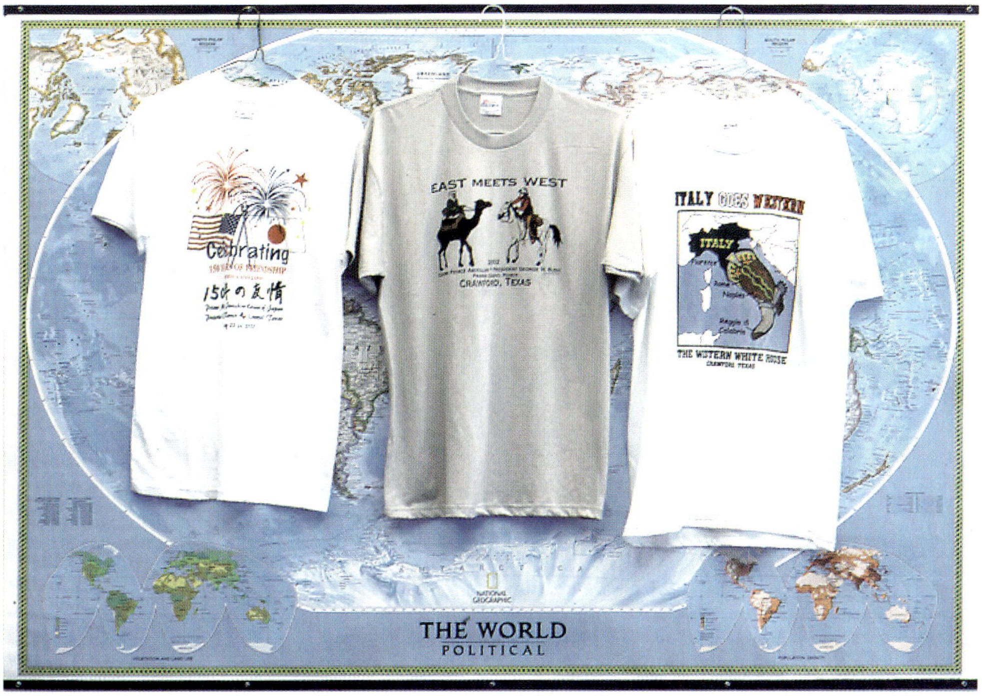

JEREMY DELLER, MEMORY BUCKET, 2004, installation view / GEDÄCHTNISEIMER, Ausstellungsansicht.

milliarden überhaupt ist. Deller setzt sich seinen Flaneurs- und Feldforscherhut auf, durchkämmt das Land und stösst auf eine Anti-Bush-Versammlung in San Antonio, einen Überlebenden des Waco-Dramas, einen Reiseführer aus Alamo und ein Diner-Lokal, in dem George und Laura Bush gelegentlich einen Hamburger essen. In Hellotes, Texas, unterwegs zu einem Willie-Nelson-Konzert, streift Deller durch einen patriotischen Souvenirladen mit dem Namen Memory Bucket. Er beherbergt eine schlichte Auswahl getrockneter Blumen und diverses Material fürs Erinnerungsalbum, dient aber zusätzlich auch als Rumpelkammer der texanischen Geschichte. Der beliebte texanische Liedrefrain «Remember the Alamo» erscheint ebenso neu interpretiert und aus dem historischen Zusammenhang gerissen wie die Symbole auf einem Bierkühler.

Trotzdem scheinen die Krimskramsläden dem Künstler am meisten Spass zu bereiten. Er weiss um die Implikationen von Walter Benjamins «Traumbild»[2)], wonach jeder Gegenstand, von der Brosche bis zur Haarbürste, mit historischen Vorstellungen befrachtet ist, und behält dennoch seine nicht entfremdende, volksnahe Haltung bei. Seine Reisen sind von einer an Huckleberry Finn gemahnenden Unschuld, und wenn, wie manche Kritiker anlässlich der Verleihung des Turner-Preises bemerkten, Ferienfilme jetzt zu Kunst avanciert sind, umso besser. Dellers Arbeiten sind weder offen theoretisch, noch auf nervtötende Art mit sich selbst beschäftigt, noch verdächtig unbekümmert, und sie berufen sich auf ganz gewöhnliche Menschen und politische Zusammenhänge. Und genau wie Walter Benjamin die launischen Elemente des Alltagslebens fördert Jeremy Deller Folklore und Nippes nicht des poetischen Vergnügens wegen zutage, sondern wegen der in ihnen steckenden Widerstandskräfte.

(Übersetzung: Wilma Parker)

1) geschrieben im Dezember 1851 bis März 1852, erstmals veröffentlicht in: *Die Revolution. Eine Zeitschrift in zwanglosen Heften*, New York 1852. Erstes Heft. Abgedruckt in: Karl Marx & Friedrich Engels, *Werke*, Band 8, S. 115–207, Dietz Verlag, Ostberlin 1972.

2) Vgl. Walter Benjamin, «Paris, die Hauptstadt des XIX. Jahrhunderts», *Das Passagen-Werk*, Bd. 1, Suhrkamp, Frankfurt am Main 1983, S. 55.

AT WORK
Lucy McKenzie

DOMINIC VAN DEN BOOGERD

Not so long ago, Glasgow was known as the "slum capital" of Europe, a destitute seaport plagued by unemployment and alcoholism, and marked by great divisions between rich and poor. The Scottish metropolis has spawned such illustrious artists as Alasdair Gray, author of the cult novel *Lanark,* Cosey Fanni Tutti, performer, porno actress, and singer in Throbbing Gristle, not forgetting the Situationist Alexander Trocchi, notorious for his experimentation with drugs and his friendship with Samuel Beckett and Guy Debord. In his furious essay "The Invisible Insurrection of a Million Minds" (1963), Trocchi called for revolution by stealth and provocation. Glasgow's best artists have always operated beyond the bounds of what is considered seemly and permissible.

Echoes of this rough past resound in the work of Lucy McKenzie (born in 1977), who occupies a pivotal position in the lively, more mainstream, arts scene of Glasgow today. Not only a painter, she also organizes exhibitions and is the driving force behind Flourish Nights on Robertson Street, a hangout for local and visiting artists, where performances, film screenings, and concerts take place: "non-corporate culture for non-corporate people," as critic Neil Mulholland put it.[1] Music and the visual arts aren't too far removed from each other in this environment. McKenzie once played keyboards and guitar in Granger, a band that modeled their sound on Kraftwerk's krautrock. As a DJ at the "Punish Events," she tested the audience's limits for enjoyment and staying power. And, in line with Cosey Fanni Tutti, the artist posed for the arty soft porn of the American photographer Richard Kern—a delight for fans of the Lolita genre, with her small build and pageboy hairstyle.[2] McKenzie's activities are not ironic; rather, like her paintings and installations, they reflect an interest in underground social dynamics.

The rhetoric of the revolution, the power feminism of riot grrrl—these are the driving forces of the counterculture that surface in McKenzie's work, based on the imagery of fanzines, graffiti, record sleeves, and the artistic category that is often seen as "naff": trompe l'oeil, wall paintings, social realism. Fragments of this visual culture are given new life in her work. McKenzie makes hardly any hierarchical distinction between her art and the sources that inspire it. "Art is treated as a hallowed pastime, given this kudos that it maybe doesn't deserve," says McKenzie. "Art is part of a commodity culture, like fashion."[3]

In the installation DECEMBERISM (2000), fashion and revolt are symbolized by Depeche Mode and Erasure, bands from the eighties, which were trendsetters for the new wave movement that flirted with an East-Bloc robotnik aesthetic. In DEPECHE MODE NIGHT (1999), a discarded abstract painting by a fellow artist serves as the basis for a poster announcing an evening for Depeche Mode fans in Germany. Once, abstract painting was a significant revolution.

DOMINIC VAN DEN BOOGERD is an art critic and director of De Ateliers, Amsterdam.

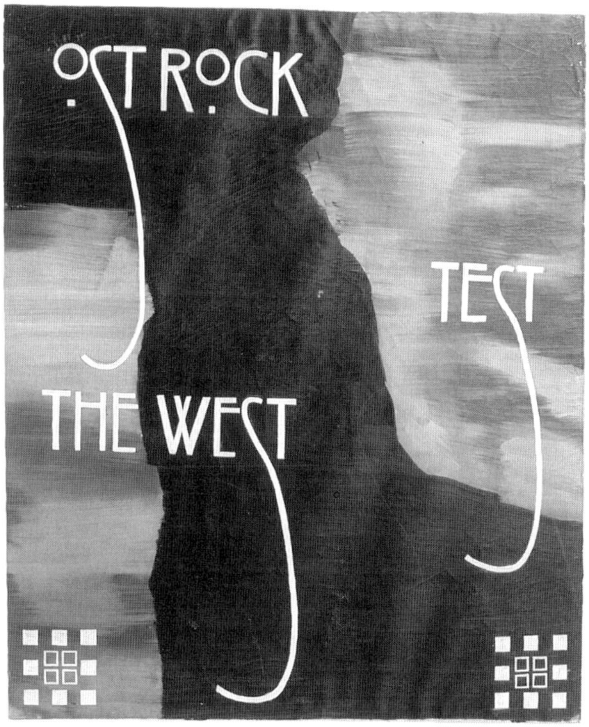

LUCY McKENZIE, OST ROCK TEST THE WEST, 2000, acrylic on canvas, 47 x 39" / Acryl auf Leinwand, 119,5 x 99 cm.
(PHOTO: CABINET, LONDON)

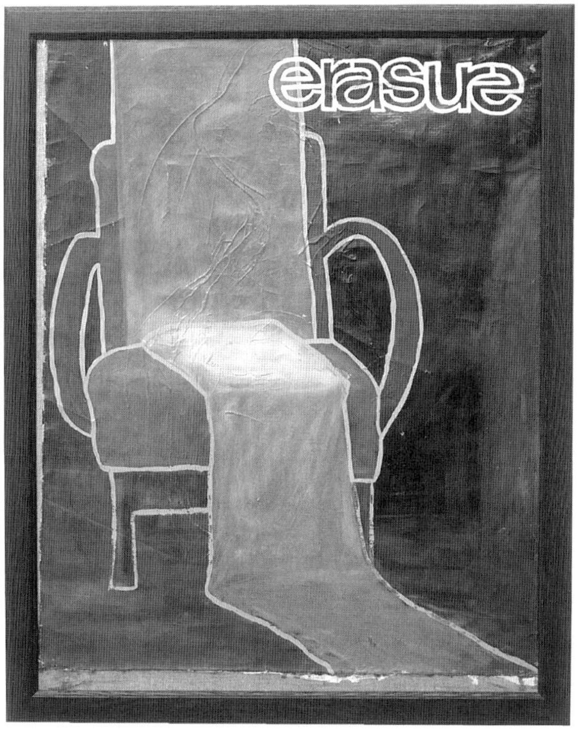

LUCY McKENZIE, FLOOD, 2000, acrylic on canvas, 42 1/2 x 34" / FLUT, Acryl auf Leinwand, 108 x 86,5 cm.
(PHOTO: CABINET, LONDON)

Here again, the art of painting is given new life through a flirtation with popular culture, but this time in the context of the retro-age, where everything that is out-of-date seems to be making a comeback.

A style that was once innovative and revolutionary can, by definition, no longer be so, in its second incarnation. The Art Nouveau of Charles Rennie Mackintosh, for example, once a despised mix of modernism, Japonisme, and Scottish tradition, now serves as Glasgow's city branding, just as Gaudí's architecture does for Barcelona. In paintings such as OST ROCK TEST THE WEST (2000), McKenzie plays with the desensitized aesthetic of Mackintosh ("mockintosh") as a logo for Scottish identity. National identity is a recurring theme in her oeuvre, as in paintings devoted to the Olympic Games, the utopia of pan-national unity. The fanatical interest in physical accomplishment that accompanies the Olympics reveals some of the neuroses of modernity. McKenzie's paintings in the *Olympia* series are modeled on photos from yearbooks and other sports memorabilia. One of them depicts the first teenage athlete in history, Olga Korbut, the legendary gymnast from Belarus who won three gold medals in Munich in 1972 (OLGA KORBUT, 1998). The picture is sliced up vertically and elongated, which makes the girl appear extremely tall. Its jerky structure is reminiscent of finish-line photos, of Muybridge's motion studies, and of Duchamp's NU DESCENDANT UN ESCALIER (1912). McKenzie's homage is a sort of fandom-gone-wrong.

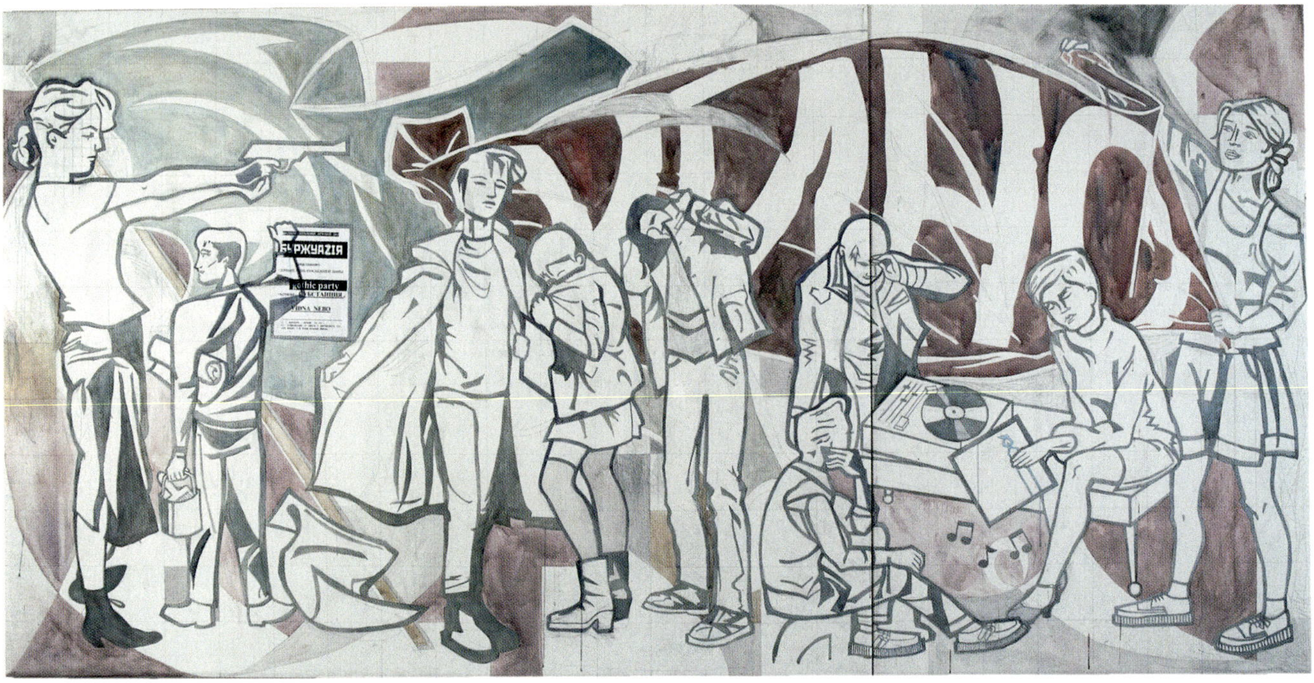

LUCY McKENZIE, GLOBAL JOY I, 2001, 2 parts, acrylic, lead pen on canvas, collage, 71 5/8 x 144" / GLOBALE FREUDE I, 2 Teile; Acryl, Bleistift auf Leinwand, Collage, 182 x 366 cm. (PHOTO: GALERIE DANIEL BUCHHOLZ, KÖLN)

Most of these works are flatly painted in a style that is cool, self-confident, and free of adornment. They appear poised and controlled, as though the artist knew beforehand precisely what effect she would achieve. Lucy McKenzie has style, not a style. The visual references in her work range from constructivism, vorticism, and suprematism to the sixties social realism of the East German Walter Womacka (GLOBAL JOY I and II, 2001), the graphic design of the Soviet era (SPORT MARCH, 2000) and the wall paintings of Danzig shipyards (PLASTYCZNA INTEGRACJA, 2001, in collaboration with Paulina Olowska). In McKenzie's studio, painting functions as a test-site for wishes and worldviews, utopia included. Here the iconography of progress and collectivism is tested once again, and without the cynicism that is commonly associated with the so-called Young British Artists. Instead it reveals social and artistic commitment in the spirit of Mike Kelley and Martin Kippenberger, fostered by the constant tension between self-determination and collectivism, and between the path of the artist and that of culture as a whole.

At the same time, this work asks questions about the meaning of style. The installation BRIAN ENO (2003) at the Kunstverein Aachen, for example, explored the social dimension of styling as an expression of power and sexual identity. The exhibition is named after Eno, once an extravagant avant-gardist, now an academically respected producer and guru of ambient music. He has long since swapped the effeminate outfits of his Roxy Music years for a dark suit. A series of drawings of the young musician's hairstyle, which refuse to disguise his incipient baldness, embrace a vulnerability that is perceived as typically feminine. Eno's portrait is accompanied by images of other prematurely balding, artistic Britons, including the actor Rik Mayall. The series is reminiscent of Toulouse-Lautrec's drawings of *variété artistes* or Daumier's drawings of lawyers. Wall paintings transform an adjacent gallery into a neoclassical boudoir, referring to the eighties retro-chic, which is something that Bryan Ferry, the yang to Eno's yin, flirted with: *Interiors Magazine* did an extended feature on Ferry's Victorian apartment in 1981 and a copy is included in the installation. The dandyish vanguard to which Roxy Music belonged might have made no clear distinction between masculinity and femininity, but the established order that absorbs every avant-garde of consequence upholds timeless classicism as its uniform of power.

McKenzie's decision to make murals is worthy of note. This medium, a favorite of adolescents, guerrilla fighters, and other rebels, still limps on in the visual arts, historically weighed down by a surplus of ideology. As early as 1922, the Manifesto of the Mexican "Syndicate of Technical Workers, Painters and Sculptors," to which muralists such as Orozco, Rivera, and Siqueiros belonged, declared that the unjust system should be overturned and a new, monumental art of wall painting for the community should be introduced: "Our own aesthetic aim is to socialize artistic expression, to destroy bourgeois individualism. We repudiate the so-called easel art and all such art which springs from ultra-intellectual circles. We hail the monumental expression of art because such art is public property." The ideal was "beauty for all, beauty that enlightens and stirs to struggle."[4)]

McKenzie's painting of an androgynous-looking female artist standing on a stepladder and painting a mural of a human brain (UNTITLED, 2002) is less idealistic. Her boiler suit is a reference to the status of the artist as a craftsperson; the brain stands for the ambition of making art that generates ideas. The surface of the canvas runs parallel to the wall, here suggested by trompe l'oeil effects of damaged coats of plaster. In a second version, the brain is replaced by the word "brain," reproduced in the typeface of the Braun logo—murals have long since been supplanted by company logos. The cerebral character of the painting is satirized by the addition of pornographic graffiti—also a form of wall painting, albeit one that undermines the ideals of the Mexican modernists.

With DEATHWATCH (2004), McKenzie brings wall painting into the museum, or rather, she makes it enter into a subtle interplay with the architectural diversity of interior and exterior in the renovated Van Abbemuseum in Eindhoven. On an exterior wall that can only be seen from inside the building, McKenzie has painted a decorative design like the seventies wall paintings of deprived inner-city areas. As is often the case in McKenzie's art, hackneyed clichés are placed in a new context, gaining meaning once again, not infrequently, as the expression of

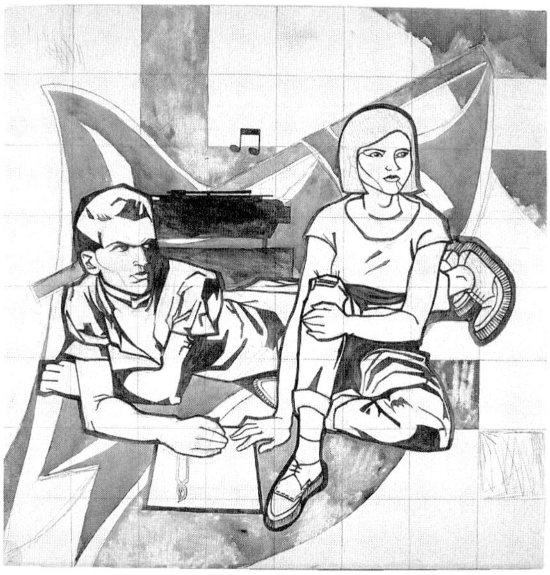

LUCY McKENZIE, GLOBAL JOY II, 2001, acyrlic, lead pen on canvas, 48 x 48" / GLOBALE FREUDE II, Acryl und Bleistift auf Leinwand, 122 x 122 cm.
(PHOTO: GALERIE DANIEL BUCHHOLZ, KÖLN)

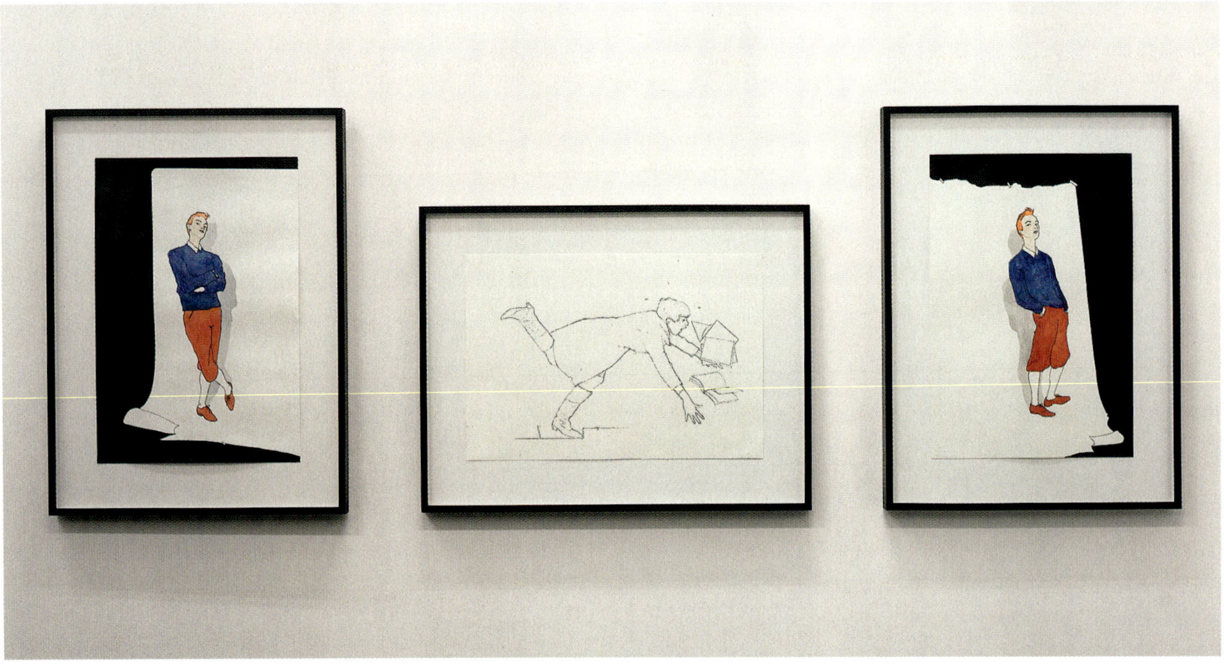

LUCY McKENZIE, from left to right: TIN TIN I, 2004, ink on paper, 29 1/8 x 21 5/8"; SELF-PORTRAIT FALLING OVER, 2004, pencil on paper 22 x 29"; TIN TIN II, 2004, ink on paper, 29 1/8 x 21 5/8" / von links nach rechts: TIN TIN 1, Tinte auf Papier, 74 x 55,5 cm; STÜRZENDES SELBSTPORTRAIT, Bleistift auf Papier, 56 x 73,5 cm; TIN TIN II, Tinte auf Papier, 74 x 55,5 cm.
(PHOTO: GALERIE DANIEL BUCHHOLZ, KÖLN)

specific cultural forces and historical events. On a second wall, on the inside of the building, trompe-l'oeil effects suggest the presence of children, visitors, and works of art. These images stem from the artist's childhood memories of boring visits to exhibitions with her parents. These wall paintings make connections with the world shut out by the walls of the museum and transport the viewer to other times and other places, steering a course between the personal memories of the artist and the history of society at large.

The forbidding Glasgow of McKenzie's youth disappeared with the urban redevelopment of the nineties. Now it's the home base of successful artists such as Douglas Gordon and Simon Starling, influential art centers such as The Modern Institute, and world-famous bands like Franz Ferdinand. Just like London, the energy of Glasgow attracts young artists from far and wide. Lucy McKenzie's work makes it clear, however, that symptoms of the ongoing malaise of modernity are still to be found behind the façade of Glasgow's "cappuccino facelift." In art, mass culture, politics, relations between the sexes—wherever it is that the revolution starts, it never really seems to get anywhere. *(Translation from the Dutch: Laura Watkinson)*

1) Neil Mulholland, "Father Eno" in *Lucy McKenzie, Brian Eno*, ed. by Dana Meyer-Hinz (Frankfurt am Main: Revolver – Archiv für Aktuelle Kunst, 2004), p. 7.

2) Just as the artist can pose as a dandy, a prophet or a worker, he or she can play the role of sex object. The fact that different rules apply to male artists and female artists in this regard is evident from the *Spezialbilder* series (2001) of Albert Oehlen and Jonathan Meese, an artistic carnival of genitalia, in which McKenzie's self-exposure is mocked.

3) Sarah Lowndes, *Social Sculpture. Art, Performance and Music in Glasgow* (Glasgow: Stopstop 2003), p. 270.

4) Herschel Browning Chipp, *Theories of Modern Art* (Berkeley: University of California Press,1968), p. 462.

AN DER ARBEIT
Lucy McKenzie

DOMINIC VAN DEN BOOGERD

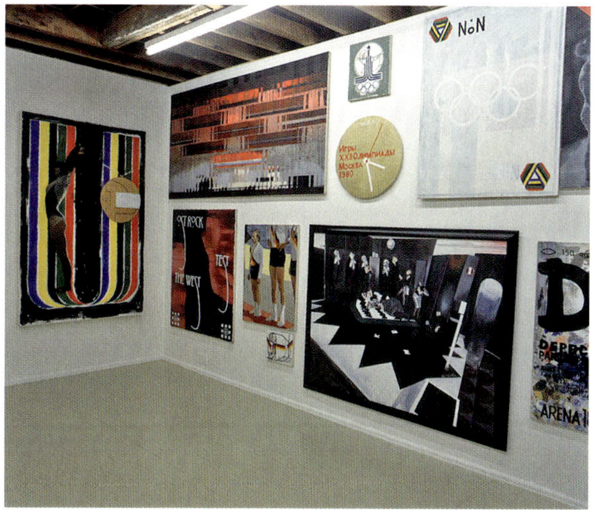

LUCY McKENZIE, "Decemberism," 2000, installation view / Ausstellungsansicht. *(PHOTO: CABINET, LONDON)*

Vor noch nicht allzu langer Zeit galt Glasgow als Europas «Hauptstadt der Slums», als verwahrloste Hafenstadt, in der Arbeitslosigkeit und Alkoholismus wüteten und ein tiefer Graben zwischen Arm und Reich klaffte. Die schottische Metropole hat so berühmte Künstler hervorgebracht wie Alasdair Gray, den Autor des Kultromans *Lanark,* Cosey Fanni Tutti, Performerin, Pornodarstellerin und Sängerin der *Throbbing Gristle,* und nicht zu vergessen: den Situationisten Alexander Trocchi, bekannt für seine Drogenexperimente und seine Freundschaft mit Samuel Beckett und Guy Debord. In seinem zornigen Essay «The Invisible Insurrection of a Million Minds» (1963) rief Trocchi zur Revolution durch verstecktes Handeln und Provokation auf. Glasgows beste Künstler sind von jeher über das hinausgegangen, was als geziemend und zulässig galt.

In der Kunst der (1977 geborenen) Lucy McKenzie, die eine Schlüsselstellung innerhalb der lebendigen, eher am Mainstream orientierten Kunstszene des heutigen Glasgow einnimmt, finden sich Anklänge an diese raue Vergangenheit. Neben ihrer künstlerischen Tätigkeit als Malerin organisiert sie auch Ausstellungen und ist die treibende Kraft hinter dem *Flourish Nights* in der Robertson Street, einem Künstlertreffpunkt für Einheimische und Gäste von auswärts, wo Performances, Filmvorführungen und Konzerte stattfinden: «nicht-kapitalistische Kultur für nicht-kapitalistische Leute», wie es der Kritiker Neil Mulholland ausgedrückt hat.[1] In diesem Umfeld liegen Musik und bildende Kunst nicht allzu weit auseinander. McKenzie spielte früher Keyboard und Gitarre bei *Granger,* einer Band, deren Sound dem Krautrock von Kraftwerk nachempfunden war. Im *Punish Events* prüfte sie als DJ, wo beim Publikum das Vergnügen aufhörte und die Grenzen des Aushaltbaren erreicht wurden. Und ganz auf der Linie

DOMINIC VAN DEN BOOGERD ist Kunstkritikerin und Direktorin von De Ateliers, Amsterdam.

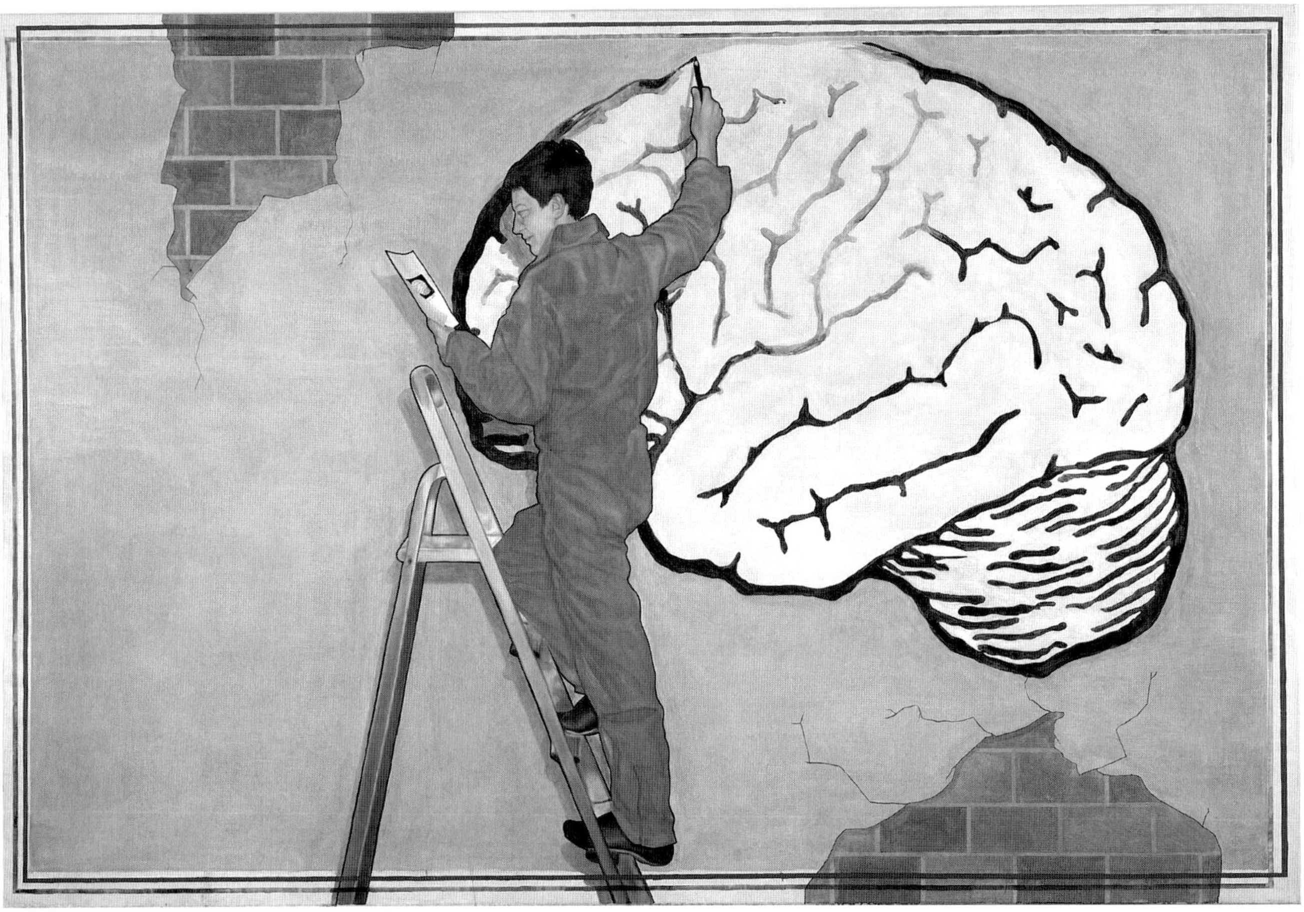

LUCY McKENZIE, UNTITLED, 2002, acrylic and oil on canvas, 78 3/4 x 118 1/8"/ OHNE TITEL, Acryl and Ölfarbe auf Leinwand, 200 x 300 cm. (PHOTO: GALERIE DANIEL BUCHHOLZ, KÖLN)

von Cosey Fanni Tutti posierte die Künstlerin für künstlerisch angehauchte Softpornobilder des amerikanischen Photographen Richard Kern – mit ihrem feinen Körperbau und kurzgeschnittenen Pagenkopf ein gefundenes Fressen für die Liebhaber des Lolita-Genres.[2] McKenzies Aktivitäten sind nicht ironisch zu verstehen, sondern widerspiegeln, ähnlich wie die Bilder und Installationen, ihr Interesse an der gesellschaftlichen Dynamik der Subkultur.

Eine revolutionäre Rhetorik und ein Power-Feminismus à la *Riot Grrrl* sind die treibenden Kräfte der Gegenkultur, die in McKenzies Arbeiten aufscheint. Sie schöpft aus der Bilderwelt von Fanzeitschriften, Graffitis, Schallplattencovers und den oft als «ätzend» empfundenen Genres des Trompe-l'Œil, der Wandmalerei und des sozialen Realismus. Fragmente dieser visuellen Kultur werden in ihrer Arbeit aufgegriffen und neu belebt. McKenzie macht so gut wie keine Rangunterschiede zwischen ihrer eigenen Kunst und den Quellen ihrer Inspiration: «Aufgrund eines Renommees, das sie vielleicht gar nicht verdient, wird Kunst wie ein heiliger Zeitvertreib behandelt», sagt McKenzie. «Die Kunst ist Teil der Konsumgesellschaft, genau wie die Mode.» [3)]

In der Installation DECEMBERISM (2000) werden Mode und Revolte durch *Depeche Mode* und *Erasure* symbolisiert, zwei Musikgruppen der 80er Jahre und Trendsetter der *New-Wave*-Bewegung, die mit der Roboter-Ästhetik des Ostblocks liebäugelten. In DEPECHE MODE NIGHT (1999) diente das ausrangierte, abstrakte Bild eines Künstlerkollegen als Grundlage eines Werbeplakats, das eine Abendveranstaltung für *Depeche-Mode*-Fans in Deutschland ankündigt. Die abstrakte Malerei brachte einst eine revolutionäre Erneuerung. Auch jetzt wird der Malerei durch den Flirt mit der Populärkultur wieder neues Leben eingehaucht, aber diesmal auf dem Hintergrund des Retro-Zeitalters, in dem alles aus der Mode Gekommene ein Comeback zu feiern scheint.

Ein Stil, der einmal innovativ und bahnbrechend war, kann dies bei seinem zweiten Aufleben *per definitionem* nicht mehr sein. Charles Rennie Mackintoshs Jugendstil beispielsweise, ehemals eine verpönte Mischung aus Moderne, Japonismus und schottischer Tradition, gehört heute als Wahrzeichen zu Glasgow wie Gaudís Architektur zu Barcelona. In Bildern wie OST ROCK TEST THE WEST (2000) spielt McKenzie mit der ihrer Emotionalität beraubten Ästhetik Mackintoshs (*«mockintosh»: to mock*, verspotten, lächerlich machen) als Markenzeichen für schottische Identität. Nationale Zugehörigkeit ist ein Thema, das in ihrem Werk häufig vorkommt, genauso wie die Utopie einer pan-nationalen Einheit in den Bildern, die den Olympischen Spielen gewidmet sind. Die mit den Olympischen Spielen verbundene fanatische Vergötterung körperlicher Vollkommenheit deckt einige Neurosen der Moderne auf. McKenzies Bilder der *Olympia*-Serie sind anhand von Jahrbuchphotos und anderen sportlichen Souvenirgegenständen entstanden. Eines der Bilder zeigt die erste Teenager-Spitzenathletin der Geschichte: Olga Korbut, die legendäre Kunstturnerin aus Weissrussland, die 1972 in München drei Goldmedaillen gewann (OLGA KORBUT, 1998). Es ist der Länge nach aufgeschlitzt und in die Länge gezogen, was das Mädchen besonders hoch gewachsen erscheinen lässt. Die unruhige Bildtextur erinnert an die Photofinish-Aufnahmen aus Muybridges Bewegungsstudien und an Duchamps NU DESCENDANT UN ESCALIER (1912). McKenzies Hommage ist eine Art verunglückte Anbetung eines Idols.

Die meisten dieser Arbeiten sind flächig gemalt, in einem coolen, selbstbewussten Stil, frei von jedem Zierrat. Sie wirken ausgewogen und kontrolliert, als ob die Künstlerin von Anfang an genau gewusst hätte, worauf sie hinaus wollte. McKenzie hat Stil, nicht einen Stil. Die Bildzitate in ihrem Werk reichen vom Konstruktivismus, Vortizismus und Suprematismus, bis hin zum sozialen Realismus des Ostdeutschen Walter Womacka in den 60er Jahren (GLOBAL JOY I und II – Globale Freude I und II, 2001), dem Grafikdesign der Sowjet-Ära (SPORT MARCH – Sportmarsch, 2000) und den Wandmalereien der Danziger Werft (PLASTYCZNA INTEGRACJA, 2001, in Zusammenarbeit mit Paulina Olowska). In McKenzies Atelier wird die Malerei quasi zum Testgelände für Wünsche und Weltanschauungen, Utopien mit eingeschlossen. Hier wird die Ikonographie des Fortschritts und der zentralistischen Planwirtschaft nochmals neu überprüft, und zwar ohne den Zynismus, den man gemeinhin mit den so genannten Young British Artists verbindet. Stattdessen zeigen McKenzies Arbeiten ein soziales und künstlerisches Engagement im Sinne eines Mike Kelley oder Martin Kippenberger, gespeist durch die permanente Spannung zwischen Selbstbestimmung und Kollektivzwang, zwischen dem Weg des einzelnen Künstlers und jenem der Kultur insgesamt.

Gleichzeitig fragt diese Kunst danach, was Stil eigentlich bedeutet. So untersuchte beispielsweise die Installation BRIAN ENO (2003) im Kunstverein Aachen die soziale Tragweite von Styling als Ausdruck von Macht und sexueller Identität. Die Ausstellung ist nach Eno benannt, einem ehemals extravaganten Avantgardisten, der sich mittlerweile zu einem akademisch anerkannten Produzenten und Guru der Ambient-Musik gemausert hat. Längst hat er die feminin wirkenden Gewänder seiner *Roxy-Music*-Jahre gegen einen dunklen Anzug eingetauscht. Eine Serie von Zeichnungen der Frisuren des jungen

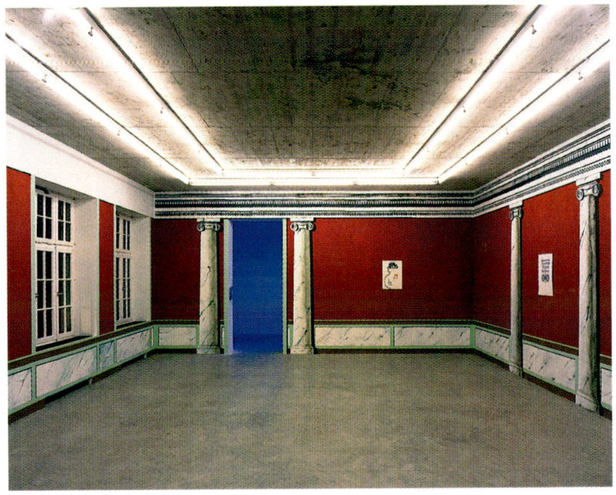

LUCY McKENZIE, BRIAN ENO, 2003, installation view / Ausstellungsansicht, Neuer Aachener Kunstverein, Aachen 2003. (PHOTO: GALERIE DANIEL BUCHHOLZ, KÖLN)

Musikers, in denen seine beginnende Glatze bewusst nicht beschönigt wird, strahlen eine Verletzlichkeit aus, die typisch weiblich wirkt. Enos Porträt ist umgeben von Bildern anderer früh kahl gewordener britischer Künstler, etwa des Schauspielers Rik Mayall. Die Serie erinnert an Toulouse-Lautrecs Zeichnungen von Varietékünstlerinnen und -künstlern oder an Daumiers Karikaturen von Rechtsgelehrten. Wandmalereien verwandeln eine angrenzende Galerie in ein neoklassizistisches Boudoir mit Anspielungen auf jenen Retrochic der 80er Jahre, mit dem auch Bryan Ferry – quasi das Yang zu Enos Yin – geflirtet hat: 1981 hat das *Interiors Magazine* der im viktorianischen Stil eingerichteten Wohnung Ferrys einen ausführlichen Artikel gewidmet; eine Kopie davon ist Bestandteil der Installation. Die dandyhafte Avantgarde, zu der die Band *Roxy Music* zählt, hat wohl keinen klaren Unterschied zwischen männlich und weiblich gemacht, doch die etablierte Ordnung, die jede bedeutsame Avantgarde früher oder später absorbiert, erhält den zeitlosen Klassizismus als Uniform ihrer Macht aufrecht.

McKenzies Entscheidung, Wandbilder zu malen, ist es wert, näher betrachtet zu werden. Das bei Jugendlichen, Untergrundkämpfern und anderen Rebellen so beliebte Medium schleppt sich in der bildenden Kunst noch immer mühsam dahin und leidet unter der historischen Last seiner einstigen ideologischen Überfrachtung. Schon 1922 verkündete das Manifest der mexikanischen Gewerkschaft der technischen Angestellten, Maler und Bildhauer, zu der Freskenmaler wie Orozco, Ribera und Siquiros gehörten, dass das ungerechte System gestürzt und eine neue, monumentale Kunst einer gesellschaftlich relevanten Wandmalerei eingeführt werden sollte: «Unser ästhetisches Ziel ist es, den künstlerischen Ausdruck zu sozialisieren und den bürgerlichen Individualismus zu zerstören. Wir lehnen das so genannte Staffeleibild ab wie überhaupt jede Kunst aus ultra-intellektuellen Kreisen. Wir begrüssen die monumentale Form der Kunst, da diese Kunst ein öffentliches Eigentum darstellt.» Das Ideal war: «Schönheit für alle, Schönheit, die aufklärerisch ist und zum Kampf aufrüttelt.» [4)]

McKenzies Bild einer androgyn wirkenden Künstlerin, die auf einer Leiter steht und ein menschliches Gehirn an die Wand malt (UNTITLED, 2002), ist weniger idealistisch. Ihr Arbeitsanzug verweist auf den Handwerkerstatus des Künstlers; das Hirn steht für den Anspruch, eine Kunst zu schaffen, die neue

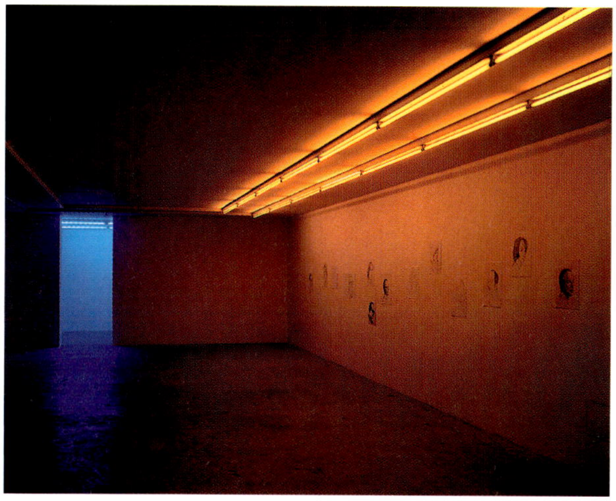

LUCY McKENZIE, BRIAN ENO, 2003, installation view / Ausstellungsansicht, Neuer Aachener Kunstverein, Aachen 2003. *(PHOTO: GALERIE DANIEL BUCHHOLZ, KÖLN)*

Ideen erzeugt. Die Oberfläche der Leinwand verläuft parallel zur Wand, die durch *Trompe-l'Œil*-Effekte bröckelnder Putzschichten angedeutet ist. In einer zweiten Version ist das Hirn durch das Wort «Hirn» ersetzt, und zwar im Schriftstil des Logos der Firma Braun: Wandbilder sind ja längst von Firmenlogos abgelöst worden. Der intellektuelle Charakter des Bildes wird ins Lächerliche gezogen durch die Beigabe pornographischer Graffitis – auch eine Form der Wandmalerei, aber eine, welche die Ideale der mexikanischen Moderne untergräbt.

Mit DEATHWATCH (Totenuhr, 2004) holt McKenzie die Wandmalerei ins Museum oder lässt sie vielmehr mit der architektonischen Differenz zwischen Innen und Aussen im neu renovierten Van Abbemuseum in Eindhoven in einen subtilen Dialog treten. Auf einer Aussenwand, die nur aus dem Innern des Gebäudes zu sehen ist, hat McKenzie ein dekoratives Muster aufgetragen, das an Fassadenmalereien heruntergekommener Stadtviertel aus den 70er Jahren erinnert. Wie so oft bei McKenzie werden abgegriffene Klischees in einen neuen Kontext versetzt, wodurch sie neue Bedeutung gewinnen, nicht selten als Ausdruck spezifischer kultureller Kräfte oder historischer Ereignisse. Auf einer zweiten Wand im Innern des Gebäudes täuschen *Trompe-l'oeil*-Effekte die Anwesenheit von Kindern, Besuchern und Kunstwerken vor. Diese Bilder sind von Kindheitserinnerungen der Künstlerin an langweilige Ausstellungsbesuche mit ihren Eltern abgeleitet. Die Wandbilder knüpfen Verbindungen zur Welt ausserhalb der Museumsmauern und versetzen die Betrachter in andere Zeiten und Räume, indem sie einen Kurs verfolgen, der zwischen den persönlichen Erinnerungen der Künstlerin und der Geschichte der Gesellschaft als solcher hindurch verläuft.

Das abweisende Glasgow aus McKenzies Jugendzeit ist mit der urbanen Neugestaltung der 90er Jahre verschwunden. Heute ist Glasgow das Zuhause so erfolgreicher Künstler wie Douglas Gordon und Simon Starling, so einflussreicher Kunstzentren wie The Modern Institute und so weltberühmter Bands wie Franz Ferdinand. Genau wie London zieht die pulsierende Energie Glasgows junge Künstler aus aller Welt an. Lucy McKenzies Arbeit macht jedoch deutlich, dass Symptome eines andauernden Unbehagens der Moderne nach wie vor hinter Glasgows Fassaden lauern, auch wenn sie der herrschenden *Cappuccino*-Kultur angepasst und aufgefrischt worden sind. Wo auch immer die Revolution beginnt, sei es in der Kultur, der Massenkultur, der Politik oder der Beziehung zwischen den Geschlechtern, sie scheint nie wirklich irgendwo hinzuführen.

(Übersetzung: Friederike Schaefer & Wilma Parker)

1) Neil Mulholland, «Father Eno», in: *Lucy McKenzie, Brian Eno,* hg. v. Dana Meyer-Hinz, Revolver: Archiv für Aktuelle Kunst, Frankfurt am Main 2004, S. 7.

2) So wie der Künstler als Dandy, Prophet oder Arbeiter auftreten kann, so kann er oder sie auch in die Rolle des Sexobjekts schlüpfen. Die Tatsache, dass diesbezüglich für männliche und weibliche Künstler unterschiedliche Regeln gelten, wird in der Serie *Spezialbilder* von Albert Oehlen und Jonathan Meese deutlich, einem künstlerischen Karneval der Genitalien, der sich auch über McKenzies exhibitionistische Selbstdarstellung lustig macht.

3) Sarah Lowndes, *Social Sculpture. Art, Performance and Music in Glasgow,* Stopstop, Glasgow 2003, S. 270.

4) Herschel Browning Chipp, *Theories of Modern Art,* University of California Press, Berkeley 1968, S. 462.

KOSMISCHE FIKTION UND FUNKTION
DAS VERSPRECHEN IN COREY McCORKLES WERK

CHRISTINA VÉGH

«Sie hatten mich gefragt, wie ich mich aus der endlichen Dimension erhebe, wenn mir danach zumute ist. Ganz bestimmt nicht mittels der Logik. Logik ist das Allererste, das Sie verscheuchen müssen.»
«Kennen Sie Adam?», fragte ihn Teddy. «Ob ich wen kenne?»
«Adam. Aus der Bibel?»
Nicholson lächelte. «Nicht persönlich», sagte er trocken. (...)
«Sie erinnern sich doch an den Apfel, den Adam im Garten Eden ass und von dem auch in der Bibel die Rede ist?», fragte er. «Wissen Sie, was in dem Apfel war? Die Logik. Logik und intellektueller Kram. Das war alles, und etwas anderes war nicht drin. Und deshalb – darum dreht sich's nämlich – müssen Sie sich leer machen, wenn Sie die Dinge sehen wollen, wie sie wirklich sind.»[1)]

Utopieentwürfe sind Indikatoren der Unzufriedenheit: als Leitbild zum Besseren, gar Idealen, nicht selten auch im Sinne einer Korrektur, ein Stück Realsatire, entwickelt angesichts der Enttäuschung durch das Diesseitige. Als Projektionsfeld kristallisiert sich in ihnen bekanntlich am pointiertesten die momentane Befindlichkeit. Will man über eine bestimmte historische Epoche etwas wissen, konsultiert man ein ihr entsprungenes Wunschbild. Projektionen eines besseren Zustands erlauben präzise Rückschlüsse auf die erfahrenen Defizite. So äussern und veräussern sich im Entwurf des Ideals die Denkbewegungen der Entstehungszeiten gewissermassen in reinster Form.

CHRISTINA VÉGH ist künstlerische Leiterin des Bonner Kunstvereins.

Und so konfiguriert sich auch die Utopie (griech. Nirgendheim) und der zu ihr führende Weg stetig neu. Dem Genre der Reisebeschreibung folgend, finden wir ihn in Thomas Morus' *Utopia*, in Francis Bacons *Neu-Atlantis* bis hin zu Sciencefiction-Erzählungen. Der Weg ist das Ziel: Es ist kaum ein Zufall, dass sich die Reise, das Unterwegssein und darin verborgen die läuternde Wandlung und Transformation als ikonographisches Motiv herausgebildet haben. Der Übergang oder die Passage sind wichtige Indikatoren für politische Reformbewegungen oder Ideologien sowie notwendige Setzungen in Vorstellungen vom Jenseitigen. Die menschliche Odyssee auf der Suche nach einer besseren Welt macht sich an der pantheistischen Hinwendung zur sublimen Naturerfahrung und Spiritualität fest, ebenso an philantropischen Reformbewegungen und anderen, so genannten alternativen Lebensentwürfen, die in den Kommunen des Flower-Power oder der Newage-Bewegung zum Ausdruck kommen. Auch die Kunst wurde in den Dienst genommen: Farbig leuchtende Kirchenfenster und zahlreiche Gemälde der Beweinung Christi haben in der christlichen Hemisphäre zu transzendentalen Erfahrungen geführt; die Moderne und ihre vergeistigte Abstraktion wiederum schafften Realitäten ausserhalb ihrer eigenen Bedingungen. Auf ganz pragmatischem Weg zielte die Gestaltung der Lebenswelt in ihrer Gesamtheit – angestrebt durch Reformbewegungen wie *Arts and Crafts*, Jugendstil, die Erfindung des Designs und die Architektur der Moderne – auf gesellschaftliche Transformation ab.

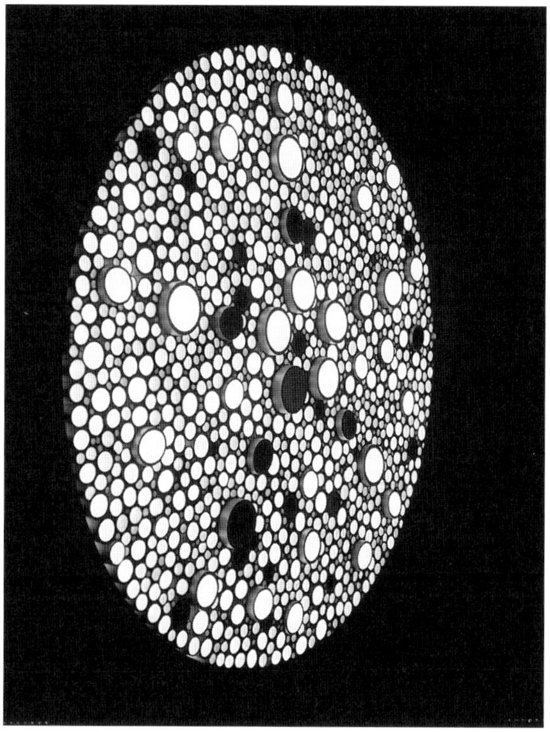

COREY McCORKLE, WIDTH OF CIRCLE, 2003, UV inkjet and plywood, 44" diameter, installation view, Maccarone Inc., New York / WEITE DES KREISES , UV Inkjet und Sperrholz, Durchmesser, 111,7 cm. (PHOTO: ADAM REICH)

Dies sind einige der operativen Felder, in denen Corey McCorkle künstlerisch ansetzt. Seine Werke sind zwischen architektonischer Intervention, Skulptur und Installation anzusiedeln und bleiben trotz der unterschiedlichen Äusserungsformen immer Gefässe, die vermitteln: zwischen Natur und Design, Kosmischem und Handwerklichem, zwischen Licht und Dunkel, oben und unten, Himmel und Erde oder Diesseitigem und Jenseitigem. So trifft man beispielsweise auf einen Heiligenschein: Die Umrisse einer Kreisscheibe zeichnen sich vor einem ebenfalls kreisförmig kanalisierten Lichtschlitz ab. HEILIGENSCHEIN (2004) besteht aus zwei Kreissegmenten, die runde Fensteraussparungen bis auf den erwähnten Lichtschlitz abdecken. Die Scheiben sind beweglich, das heisst dem Lichteinfall entsprechend justierbar. Nachts erfolgt die Umkehrung des Phänomens: Die weissen Scheiben, die tagsüber das Licht aussparen, verwandeln sich bei Dunkelheit zu sachte leuchtenden hellen Kreisflächen. Im Ablauf von Nacht und Tag folgen wir Corey McCorkle auf kosmischen Pfaden, die den Vollmond zum Heiligenschein werden lassen, um später nochmals ganz anders als JESUS CHRIST SAYS SHE IS THE SUN (Jesus Christus sagt, sie ist die Sonne, 2005) zu erscheinen. Bei dieser Plakatarbeit, die in der Kunsthalle Bern zugleich den Titel zur Ausstellung lieferte, kommt einiges zusammen: Sonne und Licht als Hort allen Entstehens werden mit der christlichen Figur des Erlösers gekoppelt. Entsprechend zahlreichen naturreligiösen Auffassungen, in denen der Quell des Ursprungs im weiblichen Prinzip gesehen wird, erfährt die Heilsfigur eine geschlechtliche Umwandlung. Am Anfang waren zwei kreisrunde Öffnungen, einfache Fenster.

Die Idealform des Kreises taucht in Corey McCorkles Werk immer wieder auf. HEILIGENSCHEIN hat der Künstler für den Eingangsbereich des Bonner Kunstvereins entworfen, unter der Vorgabe, diesen zwischen Strassenraum und Ausstellungsraum vermittelnden Übergangsraum – bis zur vorläufig endgültigen Transformation des Ortes durch die geplante Renovierung – ein Jahr lang zu bespielen. Die Kreisform setzt sich im Raum fort durch fünf von McCorkle um einen Pfeiler gruppierte Hängeliegen mit Feder-Seil-Aufhängung von Mies van der Rohe. GETTING AWAY FROM GETTING AWAY (MIES) – Dem Entkommen entkommen (Mies), 2004 –, selbst der Titel kreiselt, ist ein Dispositiv zur kollektiven Meditation.[2] Die Besucher sind eingeladen, federnd zu liegen und dabei nahezu unmerklich in einen Schwebezustand zu gleiten. Corey McCorkles Intervention ist hier für einmal tatsächlich funktional nutzbar. Dem Lotussitz, der im fernöstlichen Kulturraum eine selbstverständliche Stellung zur Meditation darstellt und seit dem Aufkommen zahlreicher Yogaseminarien auch Zivilisationsbedrängten im Westen zum Begriff wurde, widmete McCorkle mehrere Werkreihen. FOR GREATER VELOCITY TOWARDS GRACE (Für grössere Beschleunigung in Richtung Gnade 1997–2003), aus transparentem Acryl gegossen, und NEW LIFE EXPO (Expo des Neuen Lebens 1998), fünf wiederum im Kreis angeordnete Sitzvorrichtungen, bieten Hilfestellung zur Meditationshaltung und damit ein Versprechen auf Erlösung. Während die erste der beiden Skulpturen von einer eleganten, ja sublimen Formharmonie geprägt ist, nimmt die zweite durch das allumfassende ornamentale Muster einen psychedelischen Charakter an. Als ortsspezifische Installation für das Navy Pier Convention Center in Chicago entworfen, ist die Sitzgruppe mit einem Stoff ausgekleidet, der an gängige ornamentale Teppichverkleidungen in Messegebäuden, aber auch an Entwürfe der frühen Reformbewegungen eines William Morris anklingt: Eine subtile Verquickung der Heilsversprechen von Kommerz und fernöstlicher Spiritualität und reformatorische Versöhnung zwischen pflanzlichem Wachstum, technischer Reproduzierbarkeit und LSD-Trip.

Mit der Verbindung unterschiedlicher Bereiche – die architektonischen, historischen und kulturellen Prädispositionen der Ausstellungsorte sind dabei immer zentral – eröffnen sich überraschende Sinnzusammenhänge, welche die menschliche Suche nach etwas Übergeordnetem ansprechen. Im Untergeschoss der Kunsthalle Bern fräste McCorkle ein Kreissegment aus dem Parkett heraus, um es – entsprechend dem Winkel zur Erdachse – um 23,5 Grad gedreht wieder einzusetzen (23. 5. 2005). Der altehrwürdige Parkettverlauf ist empfindlich gestört, die Besucher dabei unsicher, ob sie sich auf der rund markierten Plattform bewegen. Dabei geht es um ein gedankliches Purzeln um die Erdachse, derweil sich die Kunsthalle und deren Besucher neu erden. Die minimalen Setzungen McCorkles zeichnen sich durch eine asketische Haltung aus, zu der sie gleichsam auffordern. Den stetig wiederkehrenden, idealtypischen Kreis, zeichenhaft für Vollkommenheit und Gleichklang, nutzt McCorkle als entleerte Elementarform zur Passage. WIDTH OF CIRCLE (Weite des Kreises, 2003) besteht aus zahlreichen in unterschiedlicher Länge zugeschnittenen Bambussprossen, die in einer ausgesparten Kreisform in der Wand lediglich durch den Druck des offenen Radius zusammengehalten werden. Die bestechende Ökonomie der Mittel, gepaart mit dem wichtigsten Agenten, dem modulierenden Licht, lässt die lakonische Setzung elegischen Charakter annehmen, eine Gegenwartsform der Vergangenheit.

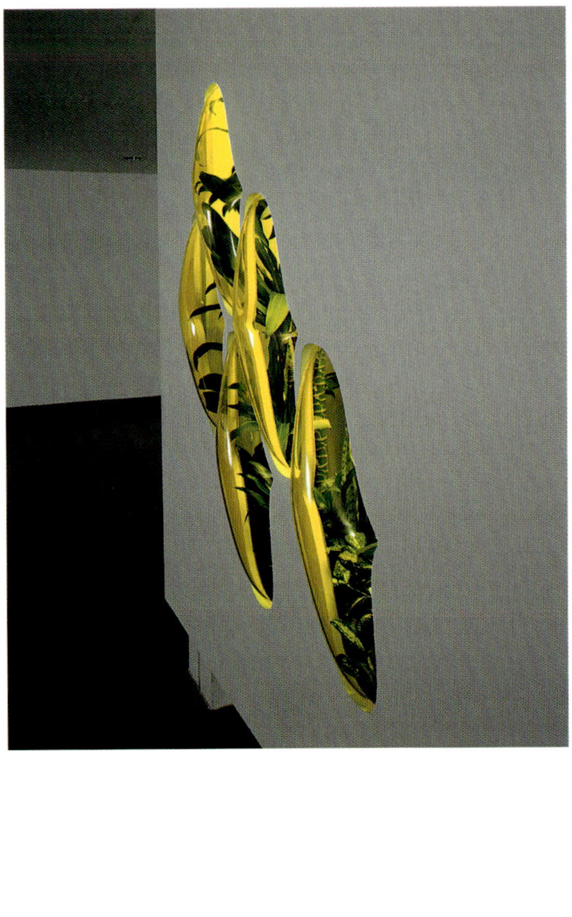

COREY McCORKLE, CRYSTAL CHAIN LETTER COMPLEX, 2004, terrarium with yellow acrylic elements, 103 1/2 x 56 1/4", installation view, Bonner Kunstverein / KRISTALLKETTENBRIEFKOMPLEX, geschlossenes Pflanzenterrarium mit gelben Plexiglaselementen, 263 x 143 cm. (PHOTO: ACHIM KUKULIES)

Ziehe eine Linie von Malta nach Lampedusa. Nimm an, das sei der Radius eines Kreises. Und irgendwo innerhalb dieses Kreises bildete sich am Abend des 10. Juni eine Wasserhose, die fünfzehn Minuten lang tobte. Lange genug, um die Schebecke[3] *zwanzig Meter hochzuheben, dass sie wirbelte und ächzte (...), und sie wieder auf ein Stück Mittelmeer zu schleudern, dessen Oberfläche – mit ihren Gischtkämmen, Tanginseln und Millionen von Wasserspiegeln, die später Teile des Spektrums einer erbarmungslosen Sonne einfingen – durch nichts erkennen liess, was seit diesem stillen Junitag unter ihr lag.*[4]

Im Unterschied zu Künstlern wie etwa Jorge Pardo, Tobias Rehberger oder auch Dan Peterman führt McCorkle in seinen zwischen Skulptur und Architektur ansetzenden Werken emotive Elemente ein. Ausgehend von der Formensprache der Moderne und ihrer semantischen Spur eines reformatorischen Anspruchs, lädt er sie mit der Qualität des Sublimen auf. Das Medium Licht spielt dabei oft eine zentrale Rolle. Sehr wohl um die Kathedralen der Moderne wissend und ausgehend von mancherorts konkret gewordenen und mehr oder weniger erfolgreichen utopischen Modellen – beispielsweise dienten ihm die Findhorn-Kommune in Schottland oder die real gewordene Idealstadt eines Le-Corbusier-Schülers, Auroville in Indien, als Ansatzpunkte – holt McCorkle zu weitaus bescheideneren, wenn man so will, ruinösen Kathedralen aus. Seine Werke,

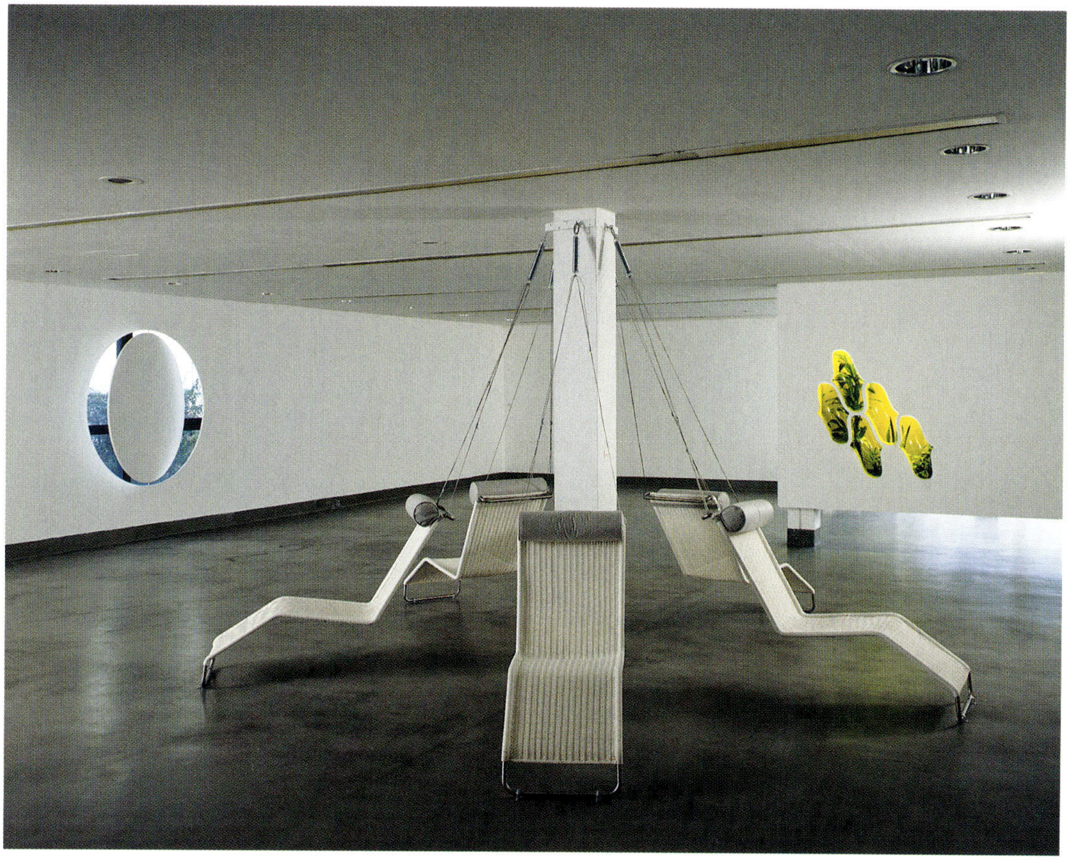

COREY McCORKLE, GETTING AWAY FROM GETTING AWAY, 2004, installation with 5 suspended chairs, installation view, Bonner Kunstverein / DEM ENTKOMMEN ENTKOMMEN, Installation mit 5 Hängeliegen, Ausstellungsansicht. (PHOTO: ACHIM KUKULIES)

immer mit einer Ökonomie der Mittel operierend, schreiben sich in bestehende Kontexte ein und spinnen von da aus ihr Eigenleben weiter.

Eine gelbe Transparentfolie an einer Fensterfront reicht aus um golden schimmerndes Licht in den Raum einzuführen, SONIC NIMBUS (NEW RUIN) – Akustischer Nimbus (erneutes Verderben), 2002. Andernorts sind gelbe, in ein von innen beleuchtetes Terrarium eingelassene Plastikwaben für die feierliche Inszenierung der darin befindlichen kleinen, eigengesetzlichen Pflanzenwelt verantwortlich – CRYSTAL CHAIN LETTER COMPLEX (Kristallkettenbriefkomplex, 2004). Die ortsspezifische Installation im Eingang des Bonner Kunstvereins verweist auf die ehemalige Funktion als Blumenmarkthalle. Neben der Pflanzenwelt, einer Welt in der Welt, wäre als weiteres spezielles Biotop die Kunstwelt zu nennen. CRYSTAL CHAIN LETTER COMPLEX (OVERTURE) (2005) taucht den Kunstraum, wie er sich im ausgehenden neunzehnten Jahrhundert mit grosszügigen Oberlichtern herausgebildet hat, in goldenes Licht, während gleich im Anschluss CRYSTAL CHAIN LETTER COMPLEX (DARK EPISODE) (2005) einen weiteren Ausstellungsraum schauerlich verdunkelt. Insgesamt 280 der eingelassenen Glasscheiben in den Oberlichtern der Kunsthalle Bern hat McCorkle durch amorphe, farbige Plastikblasen ersetzt. Die gesellschaftliche Disposition, auf der die Errichtung eines solchen Baus fusst, wird sichtbar. Transparente gelbe Plastikeinlagen, die den Eingang in goldenes Licht tauchen, zelebrieren den glorreichen Siegeszug der Freiheit der Künste im Kunstraum, während ein gänzlich mit schwarzen Plastikblasen ausgestatteter Oberlichtsaal die uns aus der Dunkelheit füh-

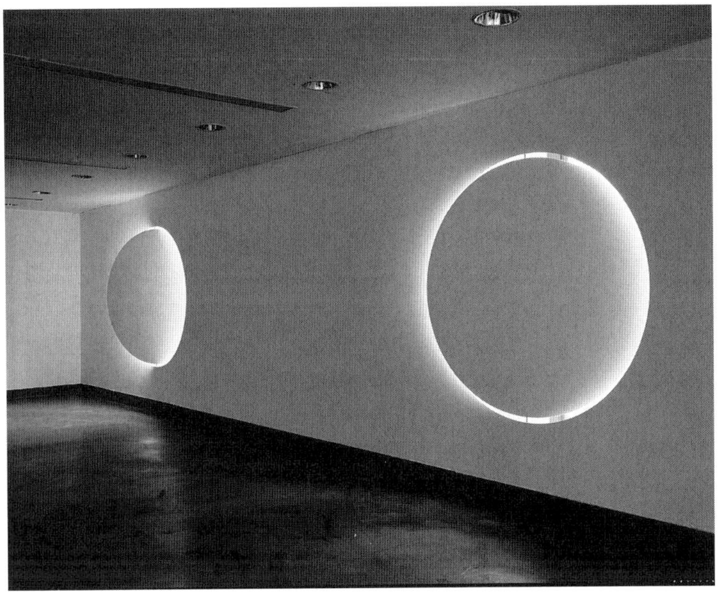

COREY McCORKLE, HALO, 2004, MDF and steel, 94,5" diameter, installation view, Bonner Kunstverein / HEILIGENSCHEIN, MDF und Stahl, 243 cm Durchmesser, Ausstellungsansicht. (PHOTO: ACHIM KUKULIES)

rende Erleuchtung (durch die Kunst) möglich macht. Auch hier folgt die Form der Ökonomie der Mittel. Der Luftdruck und die spezifische Elastizität des Plastiks bestimmen die jeweilige Höhe der individuellen Volumen der Waben.

Ohne Pathos und Ironie führen McCorkles architektonische Improvisationen immer zu gesellschaftlichen Prädispositionen zurück und laden sich zugleich mit überraschenden, fiktionalen Momenten auf, die ein Versprechen von kosmischen, allumfassenden Kräften suggerieren. Der Kreis kreiselt, im Fall von Bern scheint sich der Boden zu drehen, der Himmel zu glühen und wieder im Gewitter zu verdunkeln. Dazwischen eine Passage zum Mond: SOLAR WIND SETTING (Sonnenwindszenario, 2005), eine Reihe heliumgefüllter Kissen aus Aluminiumfolie, die auf Initiative von Berner Forschern bei der ersten Mondlandung erdunabhängige Sonnenstrahlung einfing.[5)] Während der Ausstellung gleiten die Objekte langsam zu Boden. Andernorts geht die Sonne auf: eine Folge von Werbeclips, in denen eine Reihe von Frauen fortwährend die Hände vor das Gesicht halten. In der in Serie geschalteten Gestik manifestiert sich eine hebende und kreisende Bewegung. Bei RISING SUN (Aufgehende Sonne, 2005) handelt es sich um eine animierte Collage japanischer Prostituierter, die ihre sexuellen Reize durch keusches Verbergen preisgeben und dabei den Betrachter fortwährend zu begrüssen scheinen. Kulturelle Codes fügen sich zu einer Ornamentik, die zum kosmischen Sonnenaufgang überführt.

Wie die Zeit steht der Kreis niemals still. Beide – die Zeit mit ihrem Regelwerk von Tag und Nacht und wechselndem Lichteinfall wie der Kreis in formaler und struktureller Hinsicht – spielen in McCorkles Werk eine tragende Rolle. Der Künstler leitet mit zirkulären Bewegungen Passagen zur kosmischen Fiktion ein. Jede Sciencefiction entwickelt sich vor dem Hintergrund real erlebter Defizite. McCorkles kosmische Fiktion hebt von gesellschaftlichen Prädispositionen und dazu gehörenden Wunschbildern ab, um zu weit übergreifenden Systemen zu gelangen. Derwische tanzen lang anhaltend im Kreis, um in Trance zu geraten. McCorkle lädt uns ein, den Adamsapfel der Ratio zu verschmähen, um – für kurze Momente zumindest – grössere Zusammenhänge zu erfahren.

1) J.D. Salinger, *«Teddy»*, aus dem Engl. übers. v. Elisabeth Schnack, in: *Neun Erzählungen*, Rowohlt, Reinbek bei Hamburg, 2005, S. 182.

2) Dies ist ganz im Sinne der eingefügten Readymades: In Entwurfsskizzen hat Mies van der Rohe die Hängeliegen, die er im Übrigen für das Haus Lange in Krefeld 1935 entwickelt hat, selbst im Kreis angeordnet. Was dem Urheber letztlich in der Umsetzung nie gelungen war, hat McCorkle mit seiner Installation im Bonner Kunstverein komplettiert.

3) Schebecke: arabischer Schiffstyp des 18. und 19. Jahrhunderts.

4) Thomas Pynchon, *Die Versteigerung von No. 49*, Rowohlt, Reinbek bei Hamburg 1973, S. 529.

5) Das Format der Kissen entspricht denjenigen, die Andy Warhol 1966 entwarf.

COSMIC FICTION AND FUNCTION
THE PROMISE OF COREY McCORKLE'S WORK

CHRISTINA VÉGH

'You asked me how I get out of the finite dimensions when I feel like it. I certainly don't use logic when I do it. Logic's the first thing you have to get rid of [...] You know Adam?' Teddy asked him.
'Do I know who?'
'Adam. In the Bible.'
Nicholson smiled. 'Not personally,' he said dryly.
[...] 'You know that apple Adam ate in the Garden of Eden, referred to in the Bible?' he asked. 'You know what was in that apple? Logic. Logic and intellectual stuff. That was all that was in it. So—this is my point—what you have to do is vomit it up if you want to see things as they really are.'
—J.D. Salinger, *Teddy*

Designs for utopias are indicators of dissatisfaction: they are guidelines for improvement, even ideals, and not infrequently, reality-satires as kinds of remedies, and they are inspired by disappointment with the world as it is. As fields of projection, they essentially crystallize a current state of mind. The best way to learn about a specific historical age is to examine the wishes and ideals that it spawned. By projecting notions of ideal conditions, precise inferences can be made about perceived deficits. The thoughts that have inspired times of change find their purest expression in the process of delineating those ideals.

Hence, utopias (Greek for "not place"), and the paths that lead to them, undergo constant reconfiguration. Those paths include the genre of the travelogue, as in Thomas More's *Utopia*, Francis Bacon's *New Atlantis* contemporary science fiction. The path is the goal: it is no wonder then that the journey, the fact of being on the move, and traveling's purifying and transformative potential have become iconographic motifs. Transition or passage is an important indicator of political reform movements or ideologies, as well as a necessary set piece in envisioning the beyond. The human odyssey, the quest for a better world, variously takes inspiration from a pantheistic devotion to the sublime experience of nature and spirituality, from philanthropic reform movements, and from other designs for so-called alternative societies, such as Flower Power or New Age communes. Art has also been enlisted: colorful, luminous church windows and countless paintings of the Lamentation of Christ have led to transcendental experiences in the Christian hemisphere; modernism and its rarefied abstraction have in turn created realities beyond their own condition. Design for the way we live our lives has consistently and quite pragmatically targeted social transformation—from reform movements like Arts and Crafts and Jugendstil to the invention of design as a field and the architecture of modernism.

These are a few of the operative fields that inform Corey McCorkle's artistic project. Despite diverse forms of expression, his works, hybrids between architectonic intervention, sculpture, and installation, always function as communicators between nature and design, the cosmic and the crafted, light and dark, top and bottom, heaven and earth, or the here-

CHRISTINA VÉGH is the director of the Bonn Kunstverein.

and-now and the beyond. A case in point: McCorkle's HEILIGENSCHEIN (Halo, 2004). In this work, the outline of a circle appears in front of light channeled through a slit, created by embedding a circular disk in a slightly larger opening cut out of the wall. The amount of light can be adjusted by moving the disks. At night the phenomenon is seen in reverse: The white disks that blank out the light by day are transformed into softly glowing circles. Throughout the course of night and day, we follow McCorkle's cosmic paths that turn the full moon into a halo, only to appear in an entirely different guise later, in the work JESUS CHRIST SAYS SHE IS THE SUN (2005). This work, in the exhibition of the same name, is pregnant with meaning: sun and light as the sanctuary of becoming are coupled with the Christian figure of the savior. In keeping with the philosophy of countless natural religions, which see the female principle as the source and origin of all things, the figure of the savior undergoes a change of gender. In the beginning, there were two perfectly circular openings, simple windows.

The ideal form of the circle is a frequent motif in McCorkle's work. The artist designed HEILIGENSCHEIN for the entrance hall of the Bonn Kunstverein, a location that mediates between street and gallery, and he specified that it remain in place for a year, until the completion of preliminary renovations of the venue. The circular shape additionally reverberates in the space through five spring-suspended lounge chairs by Mies van der Rohe, which McCorkle grouped around a column. GETTING AWAY FROM GETTING AWAY (MIES), 2004—the title is also circular in structure—provides a setting for collective meditation.[1)] Visitors are invited to lie down and slip off almost imperceptibly into a state of gently rocking suspension. For once, McCorkle's intervention is utilitarian and functional. The artist has devoted several series of works to the lotus position, a perfectly natural position for meditation in the Far East and popular among civilization-weary Westerners attending untold numbers of Yoga classes. The two works, FOR GREATER VELOCITY TOWARDS GRACE (1997–2003), cast in transparent acrylic, and NEW LIFE EXPO (1998), five seats also arranged in a circle, offer assistance in maintaining the proper pose for meditation and thus the promise of salvation. While the first of the two sculptures is characterized by its elegant, indeed sublime harmony of form, the second is covered with a near psychedelic pattern. Designed as a site-specific installation for Navy Pier Chicago's convention center, the group of chairs is covered with a fabric that not only recalls standard decorative carpeting at trade fairs but also early reform movements such as William Morris's designs: a subtle conflation of the promise of commercial salvation, Far Eastern spirituality, and conciliatory reform situated somewhere between natural plant growth, technical reproducibility, and an LSD high.

The combination of different fields (the architectural, historical, and cultural susceptibilities of each venue are always a central concern) produces surprising shifts in meaning that reflect the human quest for higher powers. In his piece 23.5 (2005), McCorkle sawed a circle out of the parquet floor in the basement of the Kunsthalle Bern, rotated it by twenty-three and a half degrees to match the angle of the earth's axis, and reinserted it. Having been thus disturbed, the pattern of the venerable parquet floor is now out of kilter, generating an impression that makes visitors wonder whether they are standing on a movable platform. Thanks to these conceptual somersaults around the earth's axis, both the Kunsthalle and its visitors have once again been earthed. We are called upon to share the ascetic attitude that characterizes McCorkle's minimalist projects. He uses the constantly recurring ideal of the circle, symbol of perfection and consonance, as an emptied, elementary form of passage. WIDTH OF CIRCLE (2003) consists of numerous bamboo shoots cut to varying lengths and held together in a circular shape on the wall only by the pressure of its open radius. This striking economy of means in combination with the most important agent—modulating light—invests the laconic piece with an elegiac character, a contemporary form of the past, akin to Pynchon's literary journey in *V.*:

Draw a line from Malta to Lampedusa. Call it a radius. Somewhere in that circle, on the evening of the tenth, a waterspout appeared and lasted for fifteen minutes. Long enough to lift the xebec fifty feet, whirling and creak-

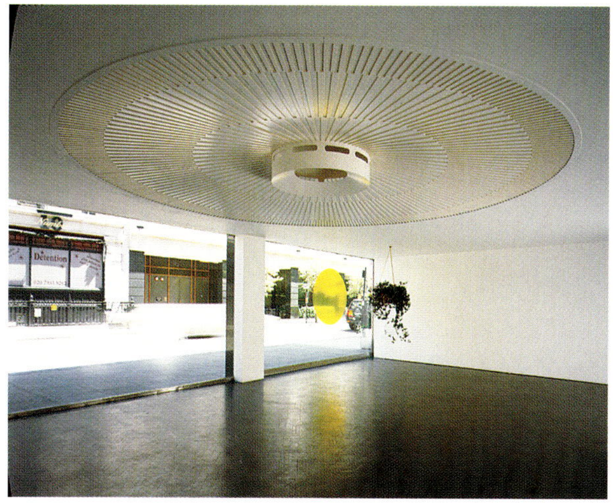

COREY McCORKLE, NEW RUIN (SONIC NIMBUS), 1997, foamcore and steel, 156 x 24", installation view, Stephen Friedman Gallery, London / ERNEUTES VERDERBEN (AKUSTISCHER NIMBUS), Schaumstoffkern und Stahl, 390 x 60 cm, Ausstellungsansicht. (PHOTO: STEPHEN FRIEDMAN GALLERY)

ing, Astarte's throat naked to the cloudless weather, and slam it down again into a piece of the Mediterranean whose subsequent surface phenomena—whitecaps, kelp islands, any of a million flatnesses which should catch thereafter part of the brute sun's spectrum—showed nothing at all of what came to lie beneath, that quiet June day.[2]

In contrast to artists like Jorge Pardo, Tobias Rehberger, or Dan Peterman, McCorkle adds emotive elements to an artistic terrain that lies between sculpture and architecture. Taking as his point of departure the formal idiom of modernism and the semantic trail of its reforming nature, he imbues it with the quality of the sublime. The medium of light plays a central role. McCorkle is well aware of the cathedrals of modernism and has at times taken inspiration from concretized, more or less successful utopian models, such as the Findhorn Community in Scotland or the ideal city, Auroville, built by a Le Corbusier student in India. But McCorkle's cathedrals do not compare, being much more modest and, if you will, ruinous. His works, with their characteristic economy of means, are inscribed within a specific context, from which they proceed to elaborate a life of their own.

Transparent yellow film on a glass wall is enough to bathe a room in luminous golden light: SONIC NIMBUS (NEW RUIN), 2002. Elsewhere yellow plastic honeycombs are inserted in a terrarium that is illuminated from within, generating a celebratory atmosphere for the small, self-governing plant world that it contains: CRYSTAL CHAIN LETTER COMPLEX (2004). The site-specific installation in the entrance hall of the Bonn Kunstverein echoes the venue's former function as a wholesale flower market. In addition to the plant world, a world within a world, there is another special habitat that deserves mention, the art world. CRYSTAL CHAIN LETTER COMPLEX (OVERTURE), 2005, immerses one gallery in golden light thanks to the large skylights of its late nineteenth-century architecture, only to be followed by another eerily darkened gallery: CRYSTAL CHAIN LETTER COMPLEX (DARK EPISODE), 2005. McCorkle removed two hundred and eighty panes from the skylights, put amorphous, colorful plastic bubbles in their place—and brought to the fore the social implications that motivated the construction of the building. Translucent, yellow plastic bubbles immerse the entrance in golden light, celebrating art's glorious and triumphant march to freedom in the art space while the skylit gallery, fitted with black plastic bubbles, enables us to escape from darkness to enlightenment (through art). Once again, form takes its cue from an economy of means. The air pressure and the set elasticity of the plastic determine the individual height of each volume.

Though McCorkle's architectural improvisations always result in social commentary, they show neither pathos nor irony, nor do they contradict the unexpected, fictional moments that suggest the promise of cosmic, all-embracing powers. The circle circles: in Bern the floor seems to be revolving and the sky seems to be aglow, only to sink into thunderstorm darkness. In between, there is a passage to the moon:

SOLAR WIND SETTING (2005) consists of helium-filled pillows made of aluminum, the material used at the initiative of Bernese scientists to collect sunlight outside of the earth's atmosphere during the first moon landing.[3] In the course of the exhibition, the objects gradually float down to the floor. Elsewhere, the sun rises: collaged commercials show a series of women holding their hands in front of their faces. Their serially staggered gestures turn into a wave of undulating, circular movement. RISING SUN (2005), one of McCorkle's animated works, shows Japanese prostitutes hawking their wares in acts of chaste concealment, while greeting the viewer over and over. The ornamental orchestration of cultural codes yields a cosmic sunrise.

Like time, a circle never stands still. Both time, with its challenging journey of illumination through night and day, and the circle, with its formal and structural properties, feature prominently in McCorkle's oeuvre. The artist's circular movements open avenues to cosmic fiction. Science fiction always evolves against the backdrop of real, experienced deficits. McCorkle's cosmic fiction, launched by social susceptibilities and their attendant dreams, reaches out into vast, overarching systems. Whirling dervishes spin around, working themselves into a trance. McCorkle invites us to eschew Adam's apple of reason—at least, for the briefest of moments—so that we may acquire an understanding of the wider context.

(Translation: Catherine Schelbert)

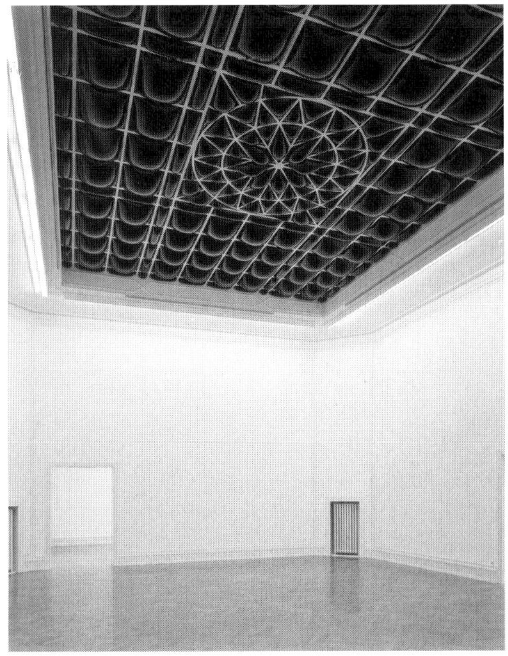

COREY McCORKLE, CRYSTAL CHAIN LETTER COMPLEX (DARK EPISODE), 2005, 240 blown opaque panels, 349 x 246 1/2", installation view, Kunsthalle Bern / KRISTALLKETTENBRIEFKOMPLEX, 240 blasenförmige lichtundurchlässige Elemente, 887 x 626 cm, Ausstellungsansicht. (PHOTO: DOMINIQUE ULDRY)

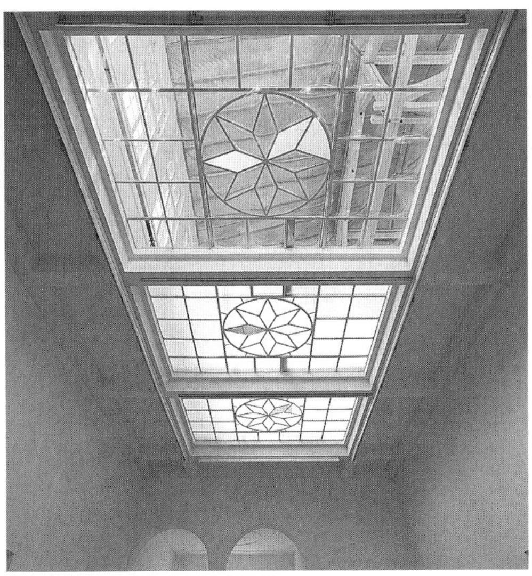

COREY McCORKLE, CRYSTAL CHAIN LETTER COMPLEX (OVERTURE), 2005, 46 blown opaque panels, 156 1/2 x 108 1/4", installtion view, Kunsthalle Bern / KRISTALLKETTENBRIEFKOMPLEX (OUVERTÜRE), 46 blasenförmige opake Elemente, 398 x 275 cm, Ausstellungsansicht.
(PHOTO: DOMINIQUE ULDRY)

1) This is entirely appropriate to the added readymades: in his sketches, Mies van der Rohe himself arranged the lounge chairs (originally designed for Haus Lange in Krefeld in 1935) in a circle. In his installation at the Bonn Kunstverein, McCorkle has succeeded in achieving what the maker of these chairs ultimately intended but never managed to implement.

2) Thomas Pynchon, *V.* (New York: HarperPerennial, 1999), p. 533.

3) The cushions are fabricated to the exact standards of the pillows that Andy Warhol designed in 1966.

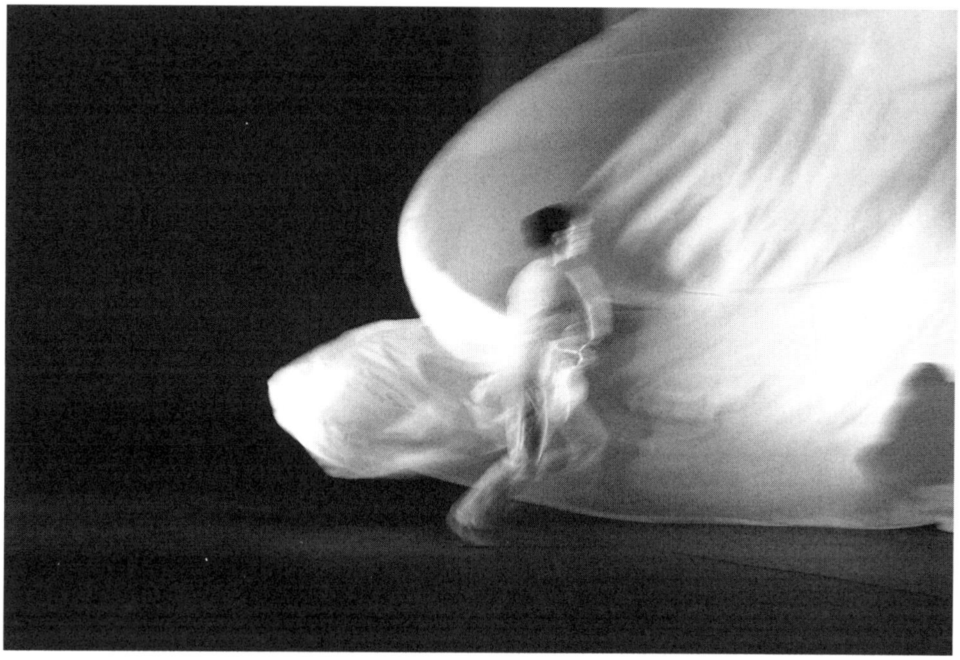

TRISHA BROWN DANCE COMPANY, *GEOMETRY OF QUIET / GEOMETRIE DER STILLE*, 2002. (PHOTO: TRISHA BROWN DANCE COMPANY)

TRISHA BROWN: ESPRIT DE CORPS

LOUISE NERI

A clear-eyed sylph, choreographer Trisha Brown brims with mercurial energy; beneath her mindful poise resides a waggish humor that bubbles unexpectedly in a deep belly laugh. Her gifted, "liquid" body is renowned, and she has used it assiduously for her phenomenological investigations in the medium of dance. "The body solves problems before the mind knows you had one."[1] She perfectly embodies the "new intelligence" of the revolutionary movement research that changed the terms of contemporary dance, emphasizing exploratory processes such as *ideokinesis* (movement facilitated by image or thought), Kinetic Awareness (focus on relaxed alignment of the spine and limbs to permit fluid and spontaneous movement), release techniques and directed energy (Alexander), and skeletal gesture (Klein) over the rote learning,

LOUISE NERI lives in Paris and London and works as a curator, editor, and writer for the visual and performing arts. She was a former editor of Parkett.

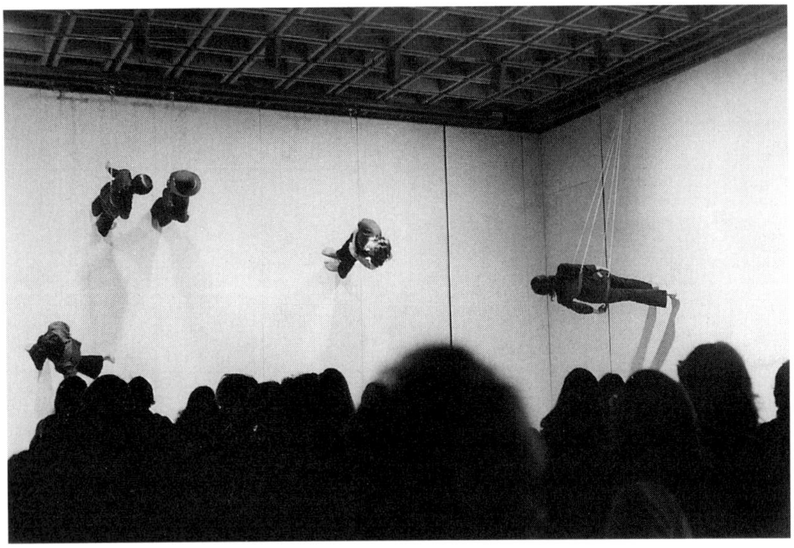

TRISHA BROWN DANCE COMPANY, WALKING ON THE WALL / AN DER WAND GEHEND, 1971.
(PHOTO: CAROL GOODDEN)

aloft by four men. For MAN WALKING DOWN THE SIDE OF A BUILDING (1970), she sent an invisibly harnessed dancer walking down the backside of a seven-story building as if strolling down the sidewalk, while people watched, transfixed, from the yard below. This ephemeral act, and others that followed, like ROOF PIECE (1971), challenged the body's perception of its own limits while opening the space of dance to the world around it. It requires little effort to relate these works to the radical environmental sculptures of Brown's contemporaries, Gordon Matta-Clark and Richard Serra. Now considered to be the crucible of postmodern performance, the Judson experiment is widely admired and emulated by a new generation of performing and visual artists. Looking back, Brown muses, "I really had no idea, I was very young and somewhat naïve. We were exploring our interests in courageous and highly self-conscious ways, however we could manage without formal structure or public support."

goal-oriented drills, stylized tension, and muscular force of the traditional dancer's "set." From her preoccupation with the complexity and limits of the body and its gravity, Brown has formed an abstract, anti-symbolic dance vocabulary based on pure movement, gestures both common and highly idiosyncratic, and lightning reversibility. By reconceiving the body as a field of equal places with varying centers, she made it possible for dancers to initiate actions from any place in the body at any time, giving rise to an extraordinary lightness of movement that travels through the body like a wave. "People think dancers are very free spirits up there, but they're not," Brown comments. "They're perfectionists, they're disciplined."[2] In a contemporary culture where the embodied self is, again, a hotly contested idea, the exemplary body—unified, emancipated, and self-determining—has profound philosophical and political implications as a source of human potential.

In the dance world, Brown is classified as postmodernist, a term that, for her, simply means "the permission to invent." In the experimental ferment of the legendary Judson Dance Theater, which she founded with Steve Paxton and Yvonne Rainer, Brown conceived quirky, gravity-defying solos like THE DANCE WITH THE DUCK'S HEAD (1968), which she performed in logging boots and an elaborate papier-mâché costume and mask on a metal frame held

Thirty-five years ago, Brown formed her own company where she continues to elaborate her unique dance philosophy in original works, performed regularly across the world. In recent years, her protean creativity has revealed itself in a staggering array of events, from the revelatory American museum retrospective and book *Trisha Brown: Dance and Art in Dialogue*, 1961–2001, organized by Hendel Teicher, which mapped her evolution as a choreographer as well as her deep affinities with vi-

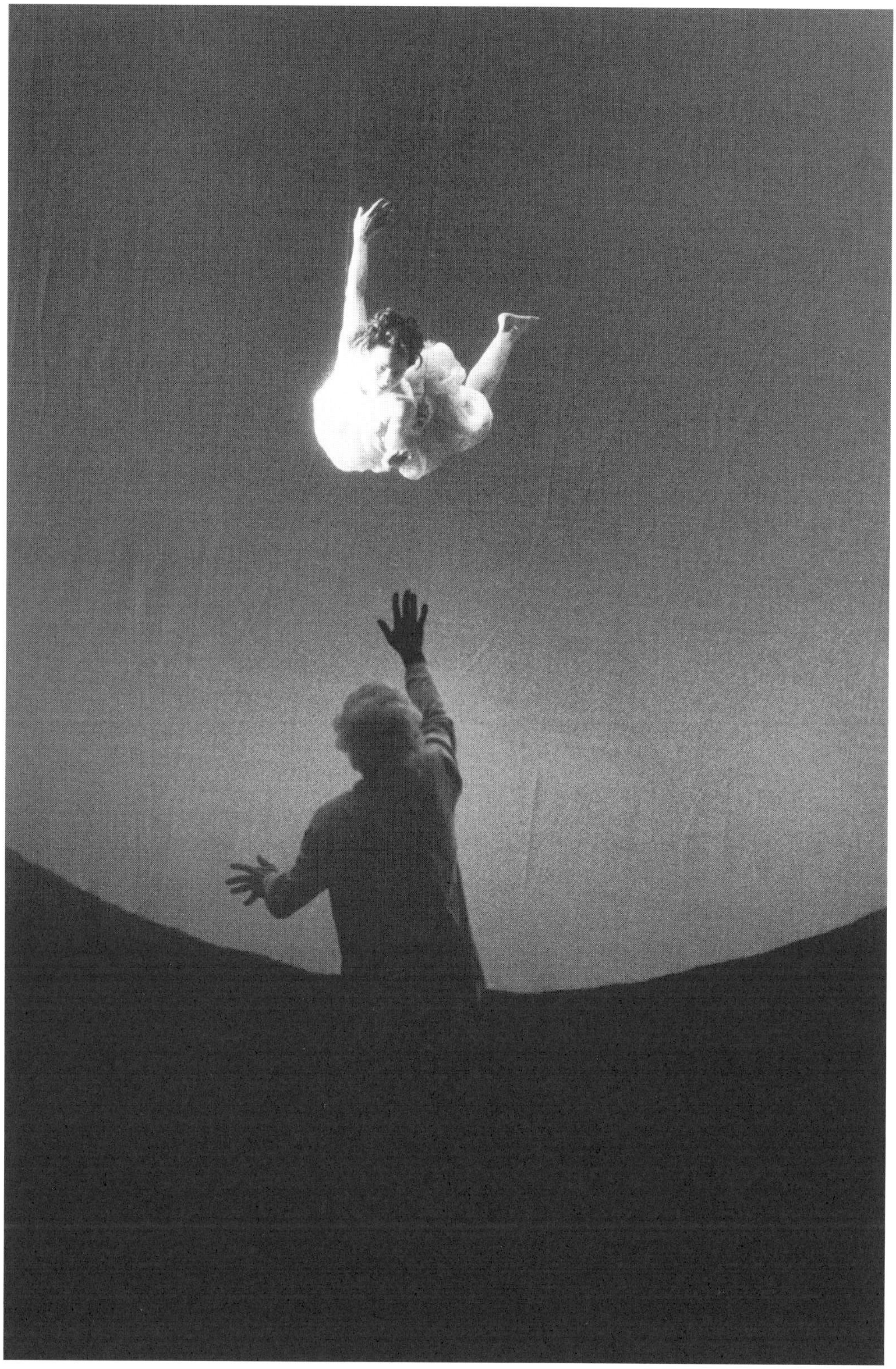

TRISHA BROWN DANCE COMPANY, L'ORFEO / ORPHEUS, 1998. (PHOTO: JOHAN JACOBS)

sual art and artists, to solo exhibitions of monumental drawings that she makes by improvising directly on huge sheets of paper, using charcoal sticks gripped in her hands and feet, to highly acclaimed forays into opera, including Monteverdi's L'ORFEO (1998) and Sciarrino's LUCI MIE TRADITRICI (2001). Most recently, the Paris Opera invited her to explore the frontier of classical ballet. Using the metaphysical poetry of Czeslaw Milosz and Edna St. Vincent Millay as cues, she worked closely with three *étoiles* ("star" dancers in the classical hierarchy) to produce the movement alphabets for O ZLÓZÓNY/ O COMPOSITE (2004), an exquisite and otherworldly sequence of solos, duets, and trios. In the contrasting sumptuousness of the Palais Garnier, they performed to slow perfection on a bare stage lit by Brown's long time collaborator, Jennifer Lipton, against a vast night sky backdrop by Vija Celmins, accompanied by the voices and sounds of an electronic score by Laurie Anderson.

Brown's maverick career has entailed many and varied apprenticeships, beginning in Nature itself, which she describes as "my first art lesson." She speaks vividly of a childhood spent freely roaming the "dazzling edges" of Aberdeen, Washington from ocean to forest—climbing trees, pole-vaulting, playing sports with her brother, hunting and fishing.[3] Indeed, the leggy, fearless tomboy of her youth is never far from the skipping, gamboling steps natural to young bodies that are so much a part of her mature choreographic vocabulary. Studying modern dance and composition at Mills College, she quickly sought more exploratory methods. When she encountered the task-based work of Anna Halprin and John Cage's chance procedures, she understood for the first time that "the modern choreographer has the right to make up the WAY that s/he makes a dance."[4] Later, working with choreographer and dancer Simone Forti, she figured out how to channel spontaneous movement into a dance form that could be precisely repeated. The first of these included the solo TRILLIUM (1962), named, significantly, after the wildflower that fades as soon as it is picked, and LIGHTFALL (1963), a daring duet with Steve Paxton. To this day, "structured improvisation" remains Brown's signature technique.

To trace Brown's trajectory from this early structuralist phase to her highly evolved choreography, with its metaphorical complexities, is to begin to grasp the depth and challenge of her vision: her innovative scoring methods that allow dance and sound to coexist at a complementary, non-interpretative distance; her mixing of private and public gestures; her tendency to work in parts, building dramaturgical cycles where forms and ideas continually come and go; her use of oppositional strategies to generate unexpected phrases and forms; and her preference to reveal what is usually hidden and conceal what is usually visible. Brown's constant experimentation and learning in dialogically related fields of artistic inquiry have enhanced her natural aptitude for thinking abstractly, acquiring and imparting skills, adapting to new situations, and grasping intricate relationships. Those who work with her—from artists to company dancers to the charismatic baritone Simon Keenlyside, with whom she developed her stirring interpretation of DIE WINTERREISE (2002)—marvel at how she prompts them to explore the possibilities of instinct and self-expression and take active part in the choreographic process. In Brown's luminous wake, distinctions between genres and camps fall away; there seem to be no limits to her reach. She comments wryly, "Doing something new seems to suit me well."

This year, Trisha Brown Dance Company is celebrating its thirty-fifth anniversary with an international touring program of diverse choreographies, including the silent, exuberant GLACIAL DECOY (1979), Brown's earliest stage collaboration with the artist Robert Rauschenberg, where dancers clad in translucent white pleats perform in tandem with a black-and-white slide-show; the tough, abrasive ASTRAL CONVERTIBLE (1989), in which Rauschenberg placed the technical equipment directly on the stage so that dancers would interact with it; the exquisite and poignant GEOMETRY OF QUIET (2002) accompanied by a live solo for breath and flute by enigmatic composer Salvatore Sciarrino; and nascent works like HOW LONG DOES THE SUBJECT LINGER AT THE EDGE OF THE VOLUME (2005), part of a larger research

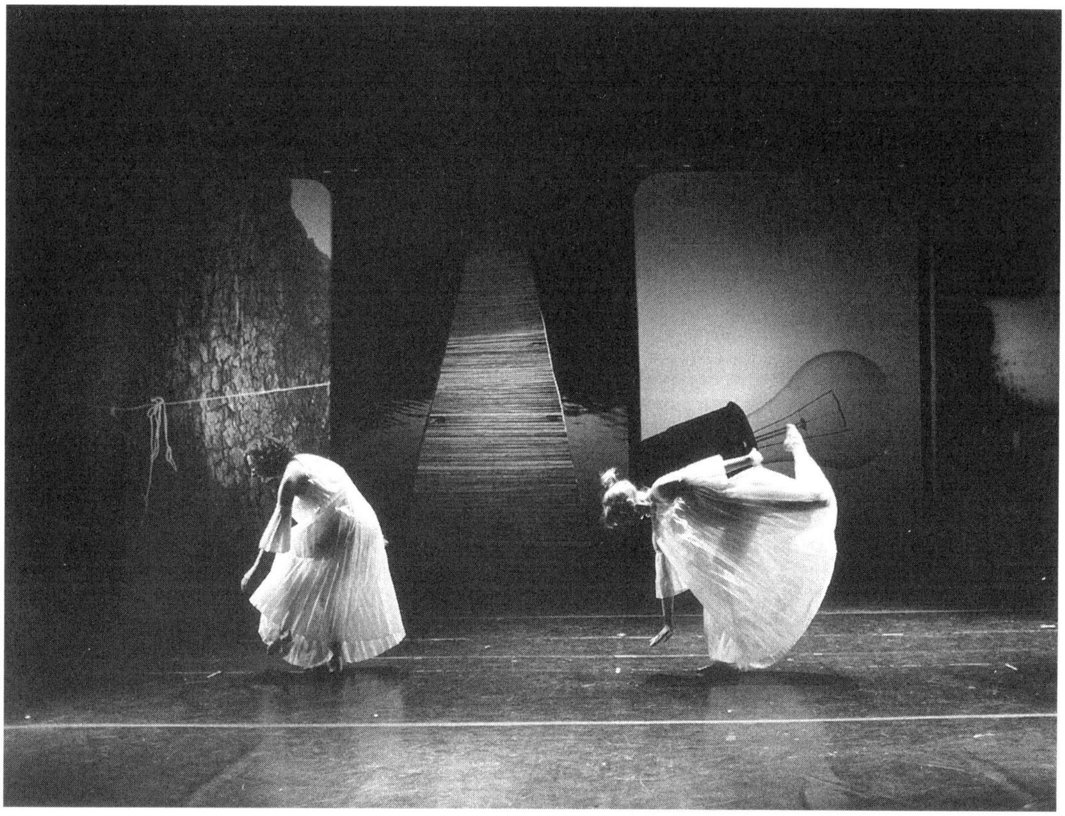

TRISHA BROWN DANCE COMPANY, GLACIAL DECOY / EISIGER LOCKVOGEL, 1979.
(PHOTO: BABETTE MANGOLTE)

project with Arizona State University incorporating the latest in digital motion-capture technology. In this piece, dancers perform alongside dynamic graphic images generated from their movement and relayed into the space of the stage. (The somewhat obscure title was whispered by one of the set computer operators to another during a preparatory working session; Brown wrote it down, thinking "What kind of poetry is this?")

In his meditation on the ethics and practices of the language revolution, George Steiner coined the term "extraterritorial"[5] to describe individuals like Samuel Beckett and Vladimir Nabokov, who claimed new rights to experiment and embrace the instable life of the artist by working between and beyond location, language, and genre. Taking the knowledge gained from years of rejecting convention, promoting the unified mind and body, and collaborating with kindred iconoclasts, Trisha Brown continues to explore choreographic forms and ideas in a charged and unstable mode of vitality. In doing so, she has invigorated dance and its related fields with a stream of startling hybrids that are contingent, ambiguous, and unpredictable in nature. Rather like life itself.

1) Unless otherwise stated, all quotes by Trisha Brown are taken from conversations with the author.
2) Trisha Brown, *Dance and Art in Dialogue,* 1961–2001, edited by Hendel Teicher, Addison Gallery of American Art, Phillips Academy (Cambridge: The MIT Press, 2002) p. 10.
3) Ibid., p. 289.
4) Ibid., p. 290.
5) George Steiner, *Extraterritorial: Papers on Literature and the Language Revolution* (New York: Antheneum, 1971).

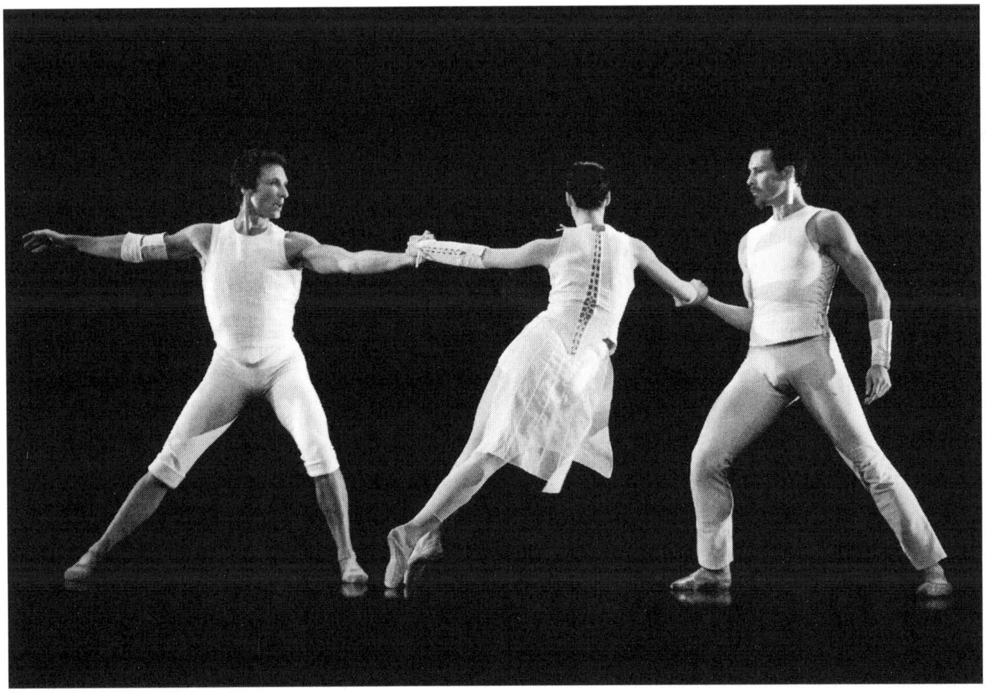

TRISHA BROWN DANCE COMPANY, O ZLÓZÓNY / O COMPOSITE, 2004.
(PHOTO: ICARE)

TRISHA BROWN: ESPRIT DE CORPS

LOUISE NERI

Die Choreographin Trisha Brown wirkt wie eine helläugige Sylphide und sprudelt nur so von quecksilbriger Energie; hinter ihrer aufmerksamen Ausgeglichenheit verbirgt sich ein schalkhafter Humor, der jeweils aufblitzt, wenn sie urplötzlich herzlich zu lachen beginnt. Ihr talentierter, quasi «fliessender» Körper ist berühmt und sie hat ihn unermüdlich eingesetzt bei ihren phänomenologischen Untersuchungen des Mediums Tanz. «Der Körper löst Probleme, bevor der Geist überhaupt realisiert, dass eines aufgetreten ist.»[1)] Brown ist die perfekte Verkörperung der «neuen Intelligenz» einer revolutionären Bewegungsforschung, welche durch eine Verlagerung der Schwerpunkte die Voraussetzungen des zeitgenössischen Tanzes grundlegend verändert hat: Ideokinetische Prozesse (durch Bilder oder Gedanken geförderte Bewegungen), Bewegungsbewusstsein (Konzentration auf entspanntes aufeinander Abstimmen von Wirbelsäule und Gliedmassen, um eine flüssige und spontane Bewegung zu erreichen), Entspannungstechniken und die Lenkung der Energieströme (Alexander-Technik) sowie optimale Abstimmung auf das eigene Skelett (Klein-Technik) werden höher bewertet als das repetitive Lernen, der zielgerichtete Drill und die Hochstilisierung der Spann- und Muskelkraft in der traditionellen Tanzausbildung. Durch die Be-

LOUISE NERI lebt in Paris und London. Sie ist als Kuratorin, Redaktorin und Kritikerin im Bereich der bildenden und darstellenden Künste tätig. Bis September 1999 war sie Redaktorin von «Parkett» in New York.

schäftigung mit der Komplexität und den Grenzen des Körpers und seiner Schwerkraft hat Brown ein abstraktes, antisymbolisches Tanzvokabular entwickelt, das auf reiner Bewegung beruht, auf ganz gewöhnlichen, aber auch höchst idiosynkratischen Gesten und deren blitzschneller Umkehrbarkeit. Indem sie den Körper neu als eine Zone gleichwertiger Stellen mit wechselndem Mittelpunkt begriff, verschuf sie den Tänzerinnen und Tänzern die Möglichkeit, jederzeit von einer beliebigen Körperstelle aus Bewegungen auszulösen, was zu einer aussergewöhnlichen Leichtigkeit der Bewegung führt, die wellenartig durch den Körper läuft. «Die Leute denken, dass die Tänzer auf der Bühne extrem freie Geister seien, aber sie sind es nicht», sagt Brown. «Es sind Perfektionisten mit sehr viel Disziplin.»[2)] In unserer zeitgenössischen Kultur, wo die Verkörperung des Selbst als Idee erneut heiss umstritten ist, kommt dem exemplarischen Körper – einheitlich, emanzipiert und selbst bestimmt wie er ist – als Quelle menschlichen Potenzials grosse philosophische und politische Bedeutung zu.

In der Tanzszene gilt Brown als Vertreterin der Postmoderne, ein Begriff, der für sie so viel bedeutet wie «die Erlaubnis frei zu improvisieren». Im experimentellen Gärkessel des legendären Judson Dance Theater, das sie zusammen mit Steve Paxton und Yvonne Rainer gründete, schuf Brown ausgefallene, sich der Schwerkraft widersetzende Solos, wie THE DANCE WITH THE DUCK'S HEAD (Der Tanz mit dem Entenkopf, 1968), den sie in Holzfällerstiefeln und einem raffinierten Kostüm aus Papiermaché auf einem Metallgerüst tanzte, das von vier Männern in die Höhe gestemmt wurde. Für MAN WALKING DOWN THE SIDE OF A BUILDING (Mann an der Seite eines Gebäudes hinuntergehend, 1970) liess sie einen unsichtbar angegurteten Mann an der Fassade eines siebenstöckigen Hauses hinunterspazieren, als bewege er sich auf dem Gehsteig, während die Leute auf dem Platz darunter wie versteinert zuschauten. Diese flüchtige Aktion und andere, die ihr folgten, etwa ROOF PIECE (Dachstück, 1973), reizten das Gespür des Körpers für seine eigenen Grenzen aus und öffneten gleichzeitig den Tanzraum zur Umwelt hin. Es bedarf keiner grossen Anstrengung, diese Arbeiten mit den radikalen, ihr Umfeld einbeziehenden Skulpturen von Browns Zeitgenossen Gordon Matta-Clark oder Richard Serra in Verbindung zu bringen. Heute gilt das Judson-Experiment als Schmelztiegel der postmodernen Performance und ist für eine neue Generation von Performance- und bildenden Künstlern zum bewunderten Vorbild geworden. Im Rückblick sinniert Brown: «Ich hatte wirklich keine Ahnung, ich war sehr jung und etwas naiv. Wir gingen mutig und extrem selbstbewusst dem nach, was uns interessierte, aber wir kamen ohne formelle Strukturen oder öffentliche Unterstützung aus.»

Vor nunmehr fünfunddreissig Jahren gründete Brown ihre eigene Tanztruppe, mit der sie ihre einzigartige Tanzphilosophie weiterspinnt und regelmässig neue Stücke uraufführt und auf der ganzen Welt zeigt. In den letzten Jahren wurde ihre vielseitige Kreativität durch eine umwerfende Reihe von Veranstaltungen offenbar. Diese reichten von der aufschlussreichen – von Hendel Teicher realisierten und von einem Katalog begleiteten – Retrospektive im New Yorker New Museum for Contemporary Art, «Trisha Brown: Dance and Art in Dialogue, 1961–2001», die ihre Entwicklung als Choreographin ebenso nachzeichnete wie ihre tiefen Affinitäten zu bildenden Künstlern und ihrer Kunst, über Austellungen ihrer monumentalen Zeichnungen, die sie – in beiden Händen und Füssen Kohlestifte haltend – spontan auf

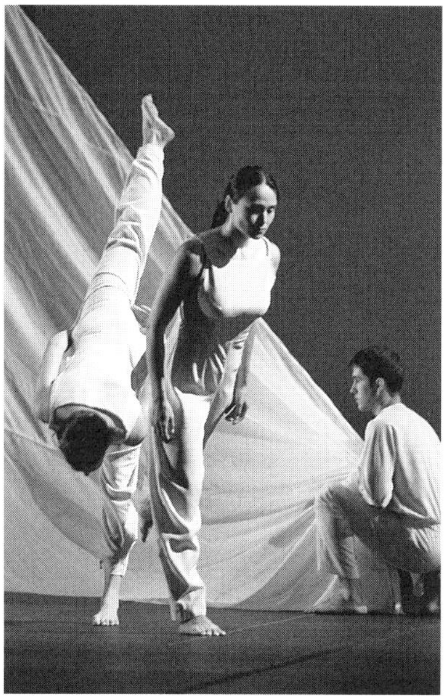

TRISHA BROWN DANCE COMPANY, GEOMETRY OF QUIET / GEOMETRIE DER STILLE, 2002.
(PHOTO: TRISHA BROWN DANCE COMPANY)

riesige Papierbögen zeichnet, bis zu erfolgreichen Ausflügen in die Welt der Oper, etwa mit Monteverdis L'ORFEO (1998) oder Sciarrinos LUCI MIE TRADITRICI (2001). Und erst jüngst wurde sie von der Pariser Oper eingeladen, die Grenzen des klassischen Balletts zu erforschen. Ausgehend von metaphysischen Gedichten von Czeslaw Milosz und Edna St. Vincent erarbeitete sie zusammen mit drei Startänzern (Aurelie Dupont, Manuel Legris, Nicolas Le Riche) das Bewegungsalphabet von O-ZLÓ-ZÓNY/O COMPOSITE (2004), eine herrliche Abfolge von Solos, Duetten und Terzetten wie aus einer anderen Welt. In starkem Kontrast zur üppigen Ausstattung des Palais Garnier tanzten sie mit laufend zunehmender Perfektion auf der von Browns langjähriger Mitarbeiterin, Jennifer Lipton, beleuchteten, kahlen Bühne vor dem Hintergrund eines riesigen Nachthimmels von Vija Celmins, begleitet von den Stimmen und Geräuschen eines elektronischen Soundtracks von Laurie Anderson.

Im Lauf ihrer Aussenseiterkarriere hatte Brown viele, sehr unterschiedliche Lehrmeister und Lehrmeisterinnen, angefangen bei der Natur selbst, von der sie als «mein erster Kunstunterricht» spricht. Sie erzählt eindrücklich von einer Kindheit, in der sie die «schillernden Randzonen» von Aberdeen, Washington durchstreifte, vom Meer bis zum Wald – auf Bäume kletternd, stabhochspringend, mit ihrem Bruder diverse Sportarten ausübend, jagend und fischend.[3)] Und tatsächlich steckt etwas von dem langbeinigen, furchtlosen Wildfang, der sie in ihrer Jugend war, in den – für den jugendlichen Körper ganz natürlichen – hüpfenden und springenden Schritten, die einen wesentlichen Teil ihres reifen choreographischen Vokabulars ausmachen. Schon als sie am Mills College Modernen Tanz und Komposition studierte, begann sie nach experimentelleren Methoden Ausschau zu halten. Und als sie die ganz an der jeweiligen Aufgabe orientierte Arbeitsweise von Anna Halprin und John Cage's *chance operations* (Zufallsoperationen) kennen lernte, verstand sie zum ersten Mal, dass «eine moderne Choreographin das Recht hat, selbst zu erfinden, wie sie einen Tanz darstellen will.»[4)] Später, als sie mit der Choreographin und Tänzerin Simone Forti zusammenarbeitete, fand sie heraus, wie sie spontane Bewegungen in eine tänzerische Form bringen konnte, die sich exakt wiederholen liess. Die erste Arbeit war TRILLIUM (Dreiblatt, 1962), benannt nach einer Wildblume, die verwelkt, sobald man sie pflückt, und LIGHTFALL (Lichtfall, 1963), ein kühnes Duett mit Steve Paxton. Und noch heute ist diese «strukturierte Improvisation» ihr technisches Markenzeichen.

Verfolgt man Browns Weg von dieser frühen, strukturalistischen Phase bis zu ihren ausgeklügelten Choreographien in ihrer ganzen metaphorischen Komplexität, beginnt man die Tiefe und das Provokative ihrer Vision zu ahnen: ihre innovative Weise der Vertonung, die Tanz und Ton in einer einander ergänzenden, nicht interpretierenden Distanz nebeneinander bestehen lässt; ihre Vermischung von privaten und öffentlichen Gesten; ihre Tendenz in Teilen zu arbeiten und dramaturgische Zyklen zu bilden, in denen Formen und Ideen fortwährend kommen und gehen; ihr Arbeiten mit Gegensätzen, um unerwartete Wendungen und Formen zu erzeugen; ihre Vorliebe zu enthüllen, was gewöhnlich verborgen bleibt, und zu verbergen, was gewöhnlich sichtbar ist. Browns fortwährendes Experimentieren und Lernen in künstlerischen Forschungsgebieten, die miteinander im Dialog stehen, haben ihre natürliche Abstraktionsfähigkeit gesteigert und auch ihre Fähigkeit, Fertigkeiten zu erwerben und weiterzuvermitteln, sich an neue Situationen anzupassen und komplizierte Beziehungen zu durchschauen. Jene, die mit ihr zusammenarbeiten – von Künstlern über die Mitglieder von Tanzensembles, bis zum charismatischen Bariton Simon Keenlyside, mit dem sie ihre aufwühlende Interpretation von Schuberts WINTERREISE (2002) entwickelte –, sie alle staunen darüber, wie Brown sie dazu bringt, die Möglichkeiten von Instinkt und Selbstausdruck zu erforschen und aktiv am choreographischen Prozess teilzuhaben. In Browns gleissendem Kielwasser fallen die Unterschiede zwischen Genres und Lagern in sich zusammen; nichts scheint für sie unerreichbar. Sie meint dazu nur lakonisch: «Offenbar liegt es mir, Neues auszuprobieren.»

Dieses Jahr feiert die Trisha Brown Dance Company ihren fünfunddreissigsten Geburtstag mit einem internationalen Tournee-

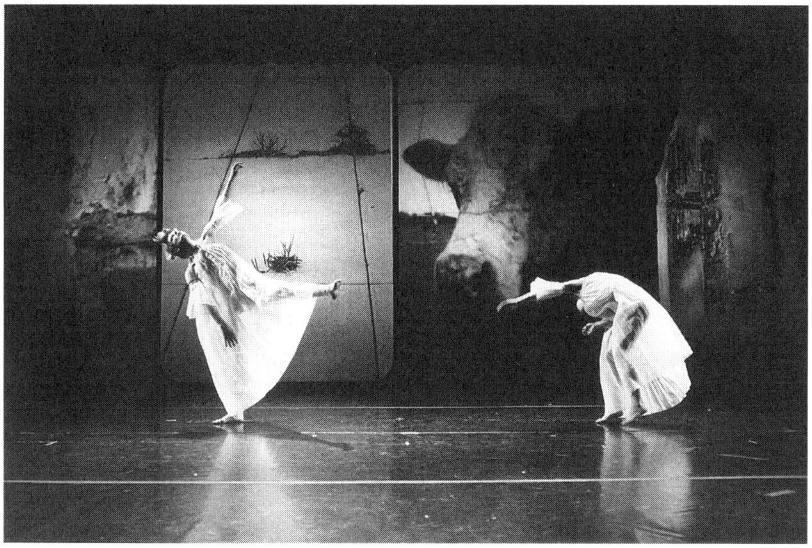

TRISHA BROWN DANCE COMPANY, GLACIAL DECOY / EISIGER LOCKVOGEL, 1979.
(PHOTO: BABETTE MANGOLTE)

programm mit verschiedenen Stücken, darunter auch das stumme, brutal ungezügelte GLACIAL DECOY (Eisfalle, 1979), Browns erste gemeinsame Arbeit mit Robert Rauschenberg; die Tänzer trugen weiss schimmernde plissierte Gewänder und bewegen sich synchron zu einer Diaprojektion von Schwarzweissbildern oder das herausfordernde ASTRAL CONVERTIBLE (1998), Rauschenberg hatte die technische Anlage direkt auf der Bühne platziert und die Tänzer interagierten mit ihr, das oszillierend treffsichere GEOMETRY OF QUIET (Geometrie der Stille, 2002), begleitet von einem Live-Solo für Atem und Flöte des geheimnisvollen Komponisten Salvatore Sciarrino; und Werke, die noch in Entstehung begriffen sind, wie HOW LONG DOES THE SUBJECT LINGER AT THE EDGE OF THE VOLUME (Wie lange verweilt das Subjekt am Rande des Volumens, 2005), Teil eines umfassenderen Forschungsprojekts an der Arizona State University, bei dem das Neuste in Sachen digitaler Technik zur Bewegungsaufzeichnung zum Einsatz kommt. In diesem Stück bewegen sich die Tänzer entlang lebendiger grafischer Bilder, die durch ihre eigene Bewegung erzeugt und in den Bühnenraum projiziert werden. (Den etwas rätselhaften Titel hat ein Computerspezialist auf dem Set während einer vorbereitenden Arbeitssitzung seinem Kollegen zugeflüstert; Brown hat sich das notiert und gedacht: «Was für eine Art von Poesie das wohl ist?»)

In seiner Meditation über Ethik und Praxis der Sprachrevolution hat George Steiner zur Beschreibung von Individuen wie Samuel Beckett und Vladimir Nabokov den Ausdruck «exterritorial» geprägt und neu das Recht eingefordert zu experimentieren und die unstete Lebensweise des Künstlers zu übernehmen, indem er zwischen und jenseits von Ort, Sprache und Gattung arbeitete.[5] Mit der ihr eigenen, energiegeladenen und unsteten Vitalität und mit dem ganzen Wissen, das sie in ihrer jahrelangen Ablehnung bestehender Regeln gesammelt hat, indem sie für die Einheit von Geist und Körper eintrat und sich mit gleich gesinnten Bilderstürmern zusammenschloss, führt Trisha Brown ihre Erforschung choreographischer Formen weiter. Der Tanz und die mit ihm verwandten Disziplinen haben neue Lebenskraft gewonnen, dank des Zustroms von Browns aufregend hybriden Formen, die von Natur aus zufällig, ambivalent, paradox und unberechenbar sind. Eigentlich wie das Leben selbst.

(Übersetzung: Suzanne Schmidt)

1) Falls nicht anders erwähnt, stammen alle Zitate aus Gesprächen der Autorin mit Trisha Brown.
2) Trisha Brown, *Dance and Art in Dialogue*, 1961–2001; herausgegeben von Hendel Teicher; Addison Gallery of American Art, Phillips Academy (Cambridge, The MIT Press, 2002) S. 10.
3) Ebenda, S. 289.
4) Ebenda, S. 290.
5) George Steiner, *Exterritorial: Schriften zur Literatur und Sprachrevolution*, übers. von Michael Harro Siegel, Suhrkamp, Frankfurt am Main 1974.

CUMULUS

From America

IN EVERY EDITION OF PARKETT, TWO CUMULUS CLOUDS, ONE FROM AMERICA, THE OTHER FROM EUROPE, FLOAT OUT TO AN INTERESTED PUBLIC. THEY CONVEY INDIVIDUAL OPINIONS, ASSESSMENTS, AND MEMORABLE ENCOUNTERS—AS ENTIRELY PERSONAL PRESENTATIONS OF PROFESSIONAL ISSUES.

OUR CONTRIBUTORS TO THIS ISSUE ARE LAWRENCE RINDER, DEAN OF GRADUATE STUDIES AT THE CALIFORNIA COLLEGE OF THE ARTS IN SAN FRANCISCO, AND CHRISTY LANGE, A WRITER LIVING IN BERLIN.

Learning at the Mission School

LAWRENCE RINDER

When I worked at the Whitney Museum I had a personal policy to never make an important decision on the island of Manhattan. I found it impossible to think clearly there. Even if I really thought I had a good idea, how would I know it was mine? So when I had an important decision to make—say to organize a big show and decide whom to include—I'd take the ferry to Hoboken or Jersey City and just walk around for the day. Sometimes I'd take my bike on the subway to Queens and ride until all the Manhattan chatter had left my head. Of course it's even better to get out of the metropolitan area altogether. And I'm not talking about the Hamptons—being on Long Island can be the same as being on Twenty-Sixth Street. No, you really have to leave.

So I moved to San Francisco. It turns out, though, that San Francisco induces its own particular mental disability. If in New York everyone is telling you what to think, then in San Francisco it is just the opposite—no one is. Without anything to work against, you can become lost in your own

LAWRENCE RINDER is Dean of Graduate Studies at the California College of the Arts in San Francisco.

thoughts. During the nineties, for example, I was a curator just across the bay at the Berkeley Art Museum during the first great wave of Mission School art, and I missed it entirely. I was too stuck in my own New York- and LA-centric rut to notice what was happening right under my nose. Ironically, it wasn't until I moved away that I saw the Mission School with fresh eyes, realizing its uniqueness and growing influence.

You may not be fond of childlike figures, blocky letters, and shows hung salon-style, but this is where it all started, and now it's everywhere. Even though that master of the Mission School, Chris Johanson, moved to Portland (where the real estate is cheap), and another legendary talent, Margaret Kilgallen, died in 2001, the Mission School continues to thrive. Since coming back to town, I've gotten to know various young artists who live or hang out in the neighborhood, and to varying degrees, they are building on what came before, collectively taking the Mission School in new directions. While the rest of the world may be just beginning to catch up to what the Mission School meant a decade ago, these artists are creating work that incorporates diverse influences while reinvigorating the scene with their own idiosyncratic styles and themes.

The Mission School originated in the Mission District of San Francisco, a neighborhood of immigrants (once mostly of Irish descent and now a mixture of Mexican and Central Americans) near the site of the original Spanish Colonial Mission San Francisco de

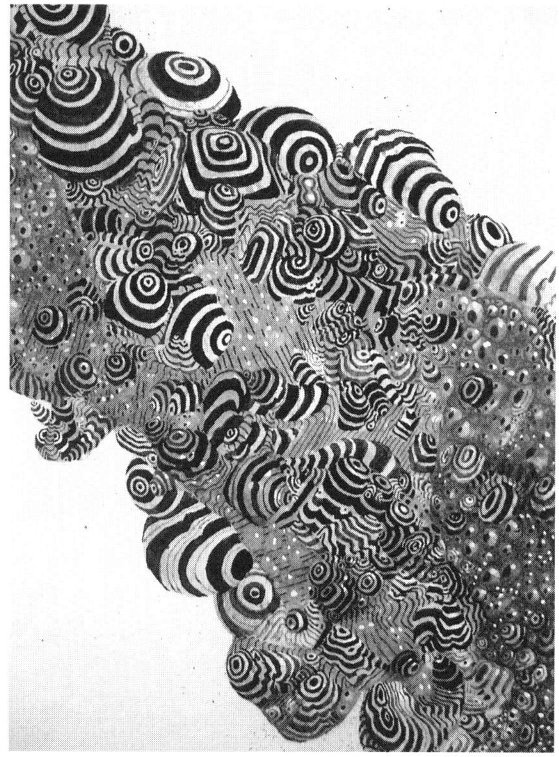

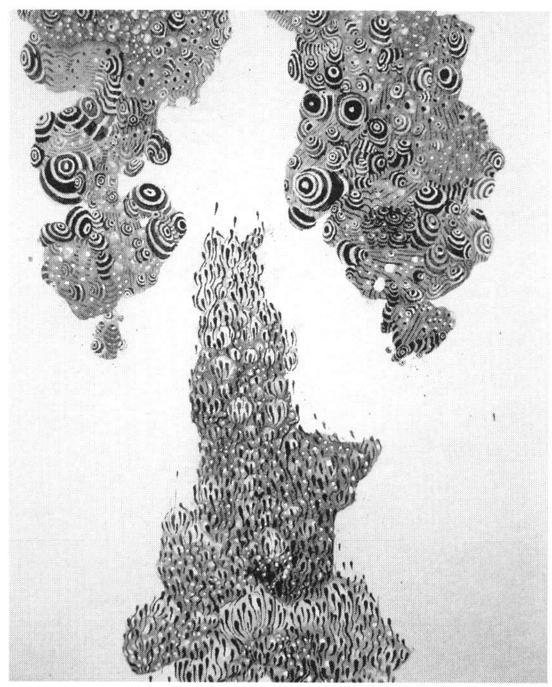

OLIVER HALSMAN ROSENBERG, YOU ARE THE ORIGINAL SEED, 2005, gouache, ink, and pencil on Arches paper, 43 x 47", details / DER URSPRÜNGLICHE SAME, Gouache, Tinte und Bleistift auf Arches-Papier, 109 x 119,4 cm, Ausschnitte. (PHOTO: OLIVER HALSMAN ROSENBERG)

Asís. In fact, the building is still there—a small, white adobe with a red tiled roof. During the dot-com boom, the Mission was on the verge of gentrification, but since the bust, things, more or less, returned to normal. Walk through the Mission and you'll see taquerias, roving mariachi bands, hipster bars, used book stores, thrift shops, ornate and weathered Victorian houses, gardens, auto body shops, Catholic schools, and dozens of brightly colored street murals. Mission School art has often been identified as being closely connected to the street, an attri-bute that echoes life in the neighborhood, and located in one of the warmest areas of notoriously chilly San Francisco, the Mission always has people gathered around outside.

Oliver Halsman Rosenberg lives in a storefront space on Twenty-Fourth Street called Triple Base that he operates with his partner Clint Taniguchi. Part gallery, part performance space, part community center, Triple Base is probably more well-known in the neighborhood than in the San Francisco art world. Oliver and Clint, who collectively go by the name "Crust and Dirt," often leave the door open and spend time making art with neighbors who happen to come by. Oliver told me that he thinks the Mission School has a lot to do with the neighborhood, not so much because Mission School artists represent what they see around them, but because the particular variety of textures and patterns in the area inspires the close observation and attention to detail characteristic of Mission School work. Like much art I've been seeing around here lately, Oliver's drawings are astonishingly rendered. There is no doubt that the Mission favors craft. Artists want to make things well and spend a lot of time doing so. Composed of intricate patterns inspired by clouds, shells, trees, and the ornamental facades of the Mission's Victorian homes, Oliver's drawings are made by catching on paper the rounded stains left by bursting bubbles, which he then goes back to tint and define with drawn marks. These patterns are organized into shapes derived from fundamental, natural, and mathematical forms: a double helix, a Fibonacci spiral, a Moebius strip.

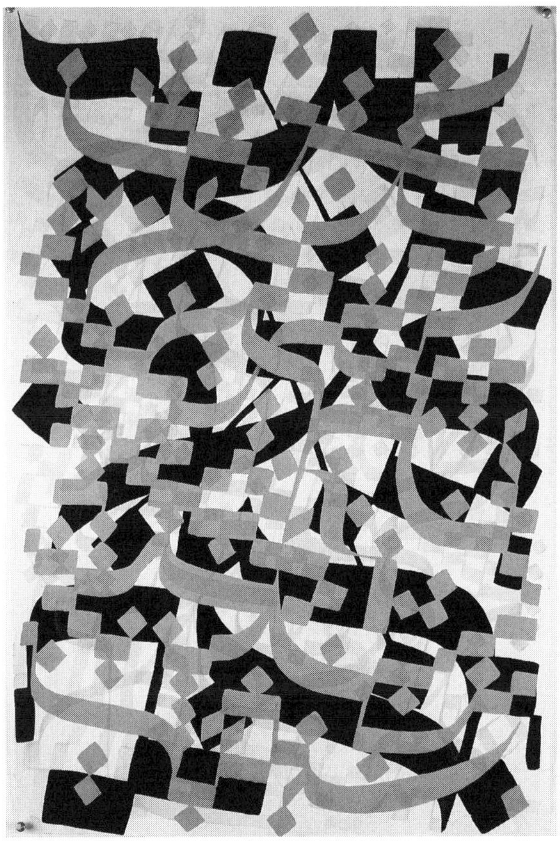

ISAAC LIN, BLACKORANGELAVANDER, 2005, house paint and ink on paper, 22 x 30" / SCHWARZORANGELAVENDEL, Dispersion und Tinte auf Papier, 56 x 76 cm.
(PHOTO: ISAAC LIN)

Isaac Lin used to draw cartoony characters like many of the older Mission School folk. Then, at the start of this year, he abandoned cartoons and began working abstractly, focusing on the qualities of calligraphic line. In his recent large-scale works, silvery surfaces are covered in intricate webs of salmon, turquoise, and teal script. A cross between Arabic calligraphy and graffiti tags, these all-over filigrees look as if they've arrived in a hurry and won't be going away anytime soon. I've seen his distinctive marks tagged on the sides of

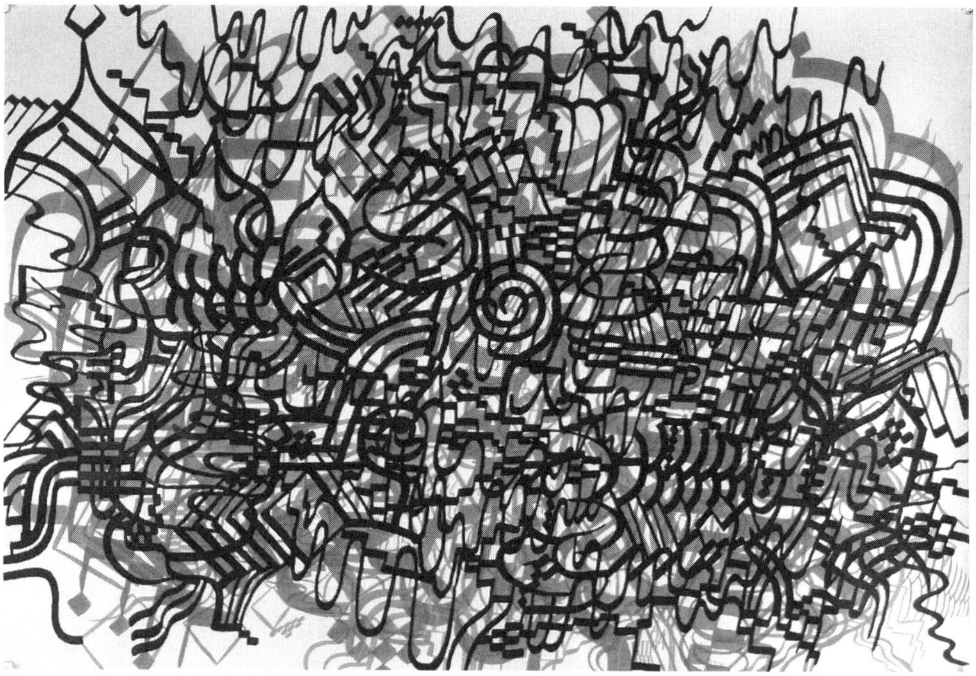

ISAAC LIN, GREYBROWNGREYBLACKBLUE, 2005, house paint and ink on paper, 26 x 40" / GRAUBRAUNGRAUSCHWARZBLAU, Dispersion und Tinte auf Papier, 66 x 101,5 cm. (PHOTO: ISAAC LIN)

neighborhood buildings too. Like Oliver's drawings, Isaac's paintings are intensely intricate, bordering on psychedelic, in their woven layers of color and varied densities of line. In contrast to the sixties retro-work that has become so trendy elsewhere, Isaac's is psychedelic, not by style, but by effect. His paintings blow your mind without making you feel like you're on Carnaby Street. In this, they resemble the work of several artists—such as Ara Peterson, Brian Chippendale, and Jim Drain—who have emerged from Providence, Rhode Island's Fort Thunder, a communal living space that generated some of the most influential music, graphic design, and visual art of the past decade. Isaac used to spend time at Fort Thunder where, unlike the almost exclusively figurative Mission School, abstraction has always been part of the mix. He was also involved with Philadelphia's Space 1026, another East Coast community with which artists of the Mission School have an invigorating dialogue.

Another thing that Fort Thunder possessed that the Mission School formerly did not was a sense of fantasy, a no-holds-barred descent into the bizarre depths of the youthful mind. Fantasy is now thriving in the Mission. Like Oliver Rosenberg, whose grandfather, Philippe Halsman, photographed Salvador Dalí floating through his studio with a splash of water and a cat, several young Mission artists are drawing lessons from the heart of surrealism. Robert Gutierrez's paintings, for example, have a lot in common with Dalí's, the important difference being that Robert is not afraid of being gay. For him, the male anatomy is like a mis-en-scène. Small-scale to begin with, Robert's compositions telescope into ever-tinier nuances, nearly microscopic scenes of sex and erotic energy. Sexuality in his paintings and drawings is a key to accessing the mysteries of time and the cosmos. To call Robert's work "Mission School" might seem to be stretching this term beyond the breaking point. He isn't a skateboarder; he is more interested in the problem of space in Paul Cézanne's *passage* than in graffiti tags. Also, his paintings and drawings are as finely rendered and detailed as a sixteenth century Dutch landscape. Yet, Robert's way of combining multiple panels of various sizes owes a debt to Barry

McGee, the interplay between figuration and pattern is reminiscent of the work of Chris Johanson, and the alternation of size, from figure to figure, in some of his paintings echoes the contrasting scale seen in Margaret Kilgallen's most successful works.

In their dreamlike quality, Robert's works have much in common with his neighbor down the street, Keegan McHargue. Though Keegan doesn't consider his work Mission School, to my eye there are many strong connections. While some critics fault the Mission School for its *faux naïveté*, Keegan is the real deal. Unschooled in art, he accomplishes his mind-bending paintings and drawings by sheer force of concentration and the blessings of an unencumbered imagination. In works that combine the multi-perspectival revelations of Cubism and the repetitive, hypnotic style of aboriginal bark painting, Keegan creates landscapes in which earth, architecture, and body merge into a single, complex, interconnected system. Keegan, in his recent work, is leaning increasingly towards abstraction and moving away from the figurative works with which he was initially identified. He gave me insight into his sense of the abstract the other day when we climbed up to his roof, located in the heart of the Mission. Pointing to downtown San Francisco, he directed my eye to a spot where a particular coincidence of buildings created what appeared to be a perfect black cubic void. A bit to the west, he located another such coincidence, an illusory, floating black triangle. These moments of pure geometry come into being as do rainbows, only through a chance alignment of physical phenomenon and a perceived being. They are simultaneously ephemeral and absolute.

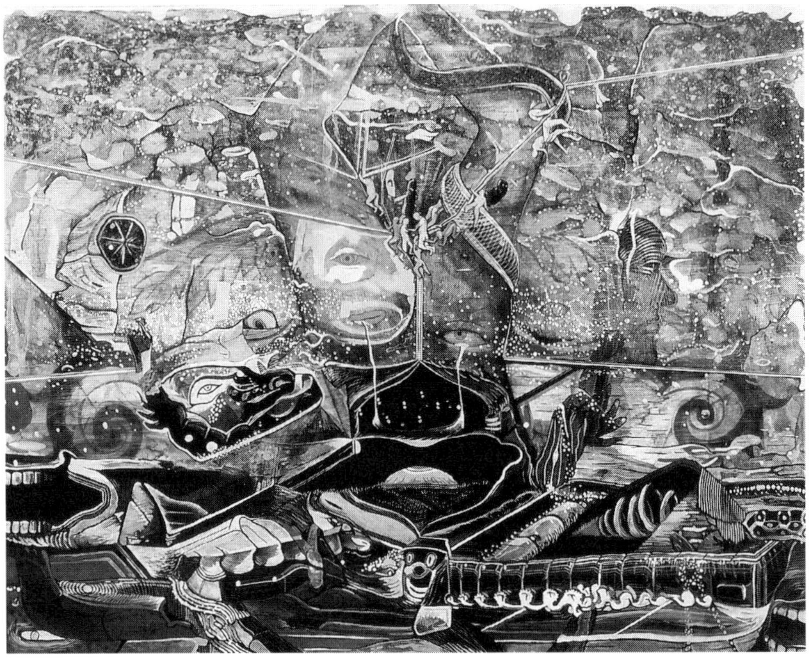

ROBERT GUTTIEREZ, ENTROPY, 2004, mixed media on panel, 16 x 20" / ENTROPIE, verschiedene Materialien auf Tafel, 40,5 x 51 cm.
(PHOTO: CHRIS PEREZ / RATIO, SAN FRANCISCO)

I remember how annoying it was in the mid-eighties when some clever art critic coined the term "Neo-Geo" to describe a type of work being made in the burgeoning East Village scene. Suddenly art that had connections to graffiti as well as to Baudrillard seemed limited and self-contained. To some people, including some of the artists I've written about here, "Mission School" is a similarly constraining term. Perhaps it is true that there is something misleading and too romantic about the notion that a neighborhood can demarcate a "school." How could this be possible in our global age? Besides, even if you like the term, you'd have to agree that one need not live in the Mission to be "Mission School." If the term has outlived its usefulness, I'd be the first to wish it on its way. Yet, for now, I feel that considering the Mission School to be an evolving and diverse collection of practices is a helpful way to trace the historical genealogies of the San Francisco scene and to make sense of this group of important emerging artists.

Was uns die Mission School *lehrt*

LAWRENCE RINDER

Während meiner Tätigkeit am Whitney Museum hatte ich mir die Strategie zurechtgelegt, niemals eine wichtige Entscheidung auf der Insel Manhattan zu treffen. Ich konnte dort, wie ich feststellte, nicht klar denken. Selbst wenn ich wirklich eine gute Idee zu haben glaubte, wie konnte ich mir sicher sein, dass sie die meine war? Wenn ich also eine wichtige Entscheidung zu treffen hatte, etwa in Bezug auf die Organisation einer grossen Ausstellung und wer darin aufzunehmen sei, pflegte ich mit der Fähre nach Hoboken oder Jersey City überzusetzen und einfach den Tag lang herumzuwandern. Manchmal nahm ich auch mein Fahrrad mit in die U-Bahn nach Queens und fuhr solange herum, bis mir das ganze Geschwätz in Manhattan aus dem Sinn gegangen war. Noch besser ist es natürlich, den Grossraum New York ganz hinter sich zu lassen, wobei ich nicht von den Hamptons auf Long Island rede, denn dort kommt

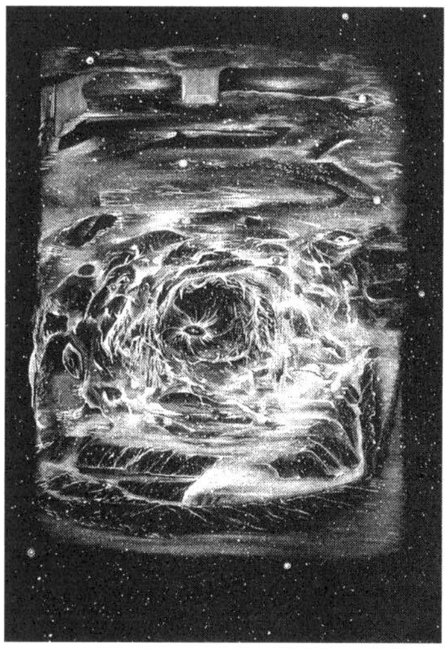

ROBERT GUTTIEREZ, ANDROMEDA, 2004, graphite and colored pencil on paper, 11 3/4 x 8 1/4" / Graphit und Farbstifte auf Papier, 30 x 21 cm. (PHOTO: CHRIS PEREZ / RATIO, SAN FRANCISCO)

man sich mitunter wie auf der 26. Strasse in Manhattan vor. Nein, man muss wirklich fort.

Also zog ich nach San Francisco um. Allerdings erzeugt die Stadt San Francisco, wie sich herausstellte, ihre eigene Art von geistiger Behinderung. Sagt einem in New York alle Welt, was man denken soll, so ist in San Francisco das genaue Gegenteil der Fall, das heisst, keiner sagt einem etwas vor. Ohne Gegenkräfte kann es leicht passieren, dass man sich in seinen eigenen Gedanken verliert. So war ich in den 90er Jahren während der ersten grossen Welle der Kunst der Mission School Kurator am Berkeley Art Museum auf der gegenüberliegenden Seite der Bucht von San Francisco, ohne irgendetwas davon mitzubekommen. Ich war zu sehr in meinen eigenen, auf New York und Los Angeles fixierten Trott verfallen, um zu bemerken, was sich unmittelbar vor meinen Augen abspielte. Ironischerweise musste ich erst fortziehen, um die Mission School mit neuen Augen zu sehen und deren Einzigartigkeit und wachsenden Einfluss zu erkennen.

Man mag für kindliche Figuren, Blockbuchstaben und Ausstellungen im Salonstil wenig übrig haben, aber so hat das Ganze angefangen und inzwischen ist es überall. Auch nach dem Fortgang von Chris Johanson, diesem Meister der Mission School, der inzwischen in Portland lebt (wo Immobilien

LAWRENCE RINDER ist Dean of Graduate Studies am California College of the Arts in San Francisco.

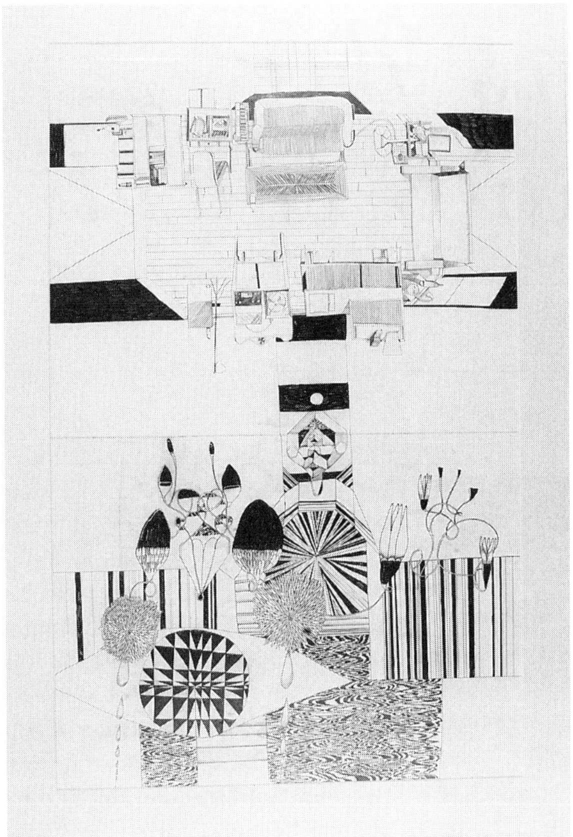

KEEGAN McHARGUE, VARIATIONS ON TWO, 2003, graphite on paper, 44 x 33" /
VARIATIONEN AUF ZWEI, Graphit auf Papier, 112 x 84 cm. (PHOTO: KEEGAN McHARGUE)

preiswert sind), und nach dem Tod eines weiteren legendären Talents, Margaret Kilgallen, im Jahr 2001 wächst und gedeiht die Mission School weiterhin. Seit meiner Rückkehr nach San Francisco habe ich verschiedene junge Künstlerinnen und Künstler kennen gelernt, die im Viertel leben oder sich dort aufhalten und die in unterschiedlichem Masse auf dem Bisherigen aufbauen und die Mission School kollektiv in neue Richtungen führen. Während dem Rest der Welt vielleicht allmählich dämmert, welche Bedeutung der Mission School vor einem Jahrzehnt zukam, legen diese Künstler ein Schaffen vor, das verschiedenste Einflüsse aufnimmt und gleichzeitig mit seinen ganz eigenen Stilarten und Themen die Szene neu belebt.

Die Mission School wurde im Mission District von San Francisco gegründet, einem Einwandererviertel (dessen Einwohnerschaft früher vorwiegend irischer Abstammung war und sich heute aus Mexikanern und Zentralamerikanern zusammensetzt) nahe dem Standort der in der spanischen Kolonialzeit errichteten Mission San Francisco de Asís. Das Missionsgebäude ist tatsächlich bis heute erhalten: Ein kleiner Adobebau mit rotem Ziegeldach. Während des Dotcom Booms stand das Viertel kurz davor, einer Luxussanierung zum Opfer zu fallen, seither jedoch haben sich die Dinge wieder mehr oder weniger normalisiert. Wenn man heute durch das Viertel geht, erblickt man Taquerias, herumstreifende Mariachi-Kapellen, Bars, Antiquariate, Trödelläden, reich verzierte und verwitterte viktorianische Häuser, Gärten, Autoreparaturwerkstätten, katholische Schulen und Dutzende leuchtend bunter Malereien auf Mauern und Fassaden. Der Kunst der Mission School wird oft eine Nähe zur Strasse und zum Alltagsleben nachgesagt, tatsächlich liegt sie in einem der wärmsten Teile des für seine kühle Witterung berüchtigten San Francisco, wo Leute unter freiem Himmel zusammenkommen.

Oliver Halsman Rosenberg bewohnt ein Ladenlokal in der 24. Strasse, wo er zusammen mit seinem Partner Clint Taniguchi eine Einrichtung namens Triple Base führt, die gleichzeitig als Galerie, Performanceraum und Gemeindezentrum fungiert. Triple Base erfreut sich vermutlich einer grösseren Bekanntheit im Viertel als in der Kunstszene von San Francisco. Oliver und Clint lassen oft die Tür offen und widmen sich gemeinsam mit Nachbarn, die zufällig vorbeikommen, der künstlerischen Arbeit. Oliver sagte mir, er glaube, dass die Mission School eine Menge mit dem Viertel zu tun habe, nicht weil Künstler der Mission School das darstellten, was sie um sich herum sähen, sondern weil die besondere Mannigfaltigkeit der Strukturen und Muster im Viertel die scharfe Beobachtung und Detailgenauigkeit anregen, die für Werke der Mission School kennzeichnend sei. Olivers Zeichnungen bestechen, wie viele künstlerische Arbeiten, die ich hier in jüngerer Zeit gesehen habe, durch die Qualität der Darstellung. Die Vorliebe der Mission School für das Handwerkliche ist offenkundig. Den KünstlerInnen liegt an einer hochwertigen Ausführung, auf die sie entsprechend viel Zeit verwenden. Olivers aus komplizierten Mustern aufgebaute Zeichnungen, angeregt von Wolken, Muscheln, Bäumen und den ornamentalen Fassaden der viktorianischen Häuser im Viertel, entstehen dadurch, dass er auf Papier die runden Flecken einfängt, die platzende Blasen machen, und diese anschliessend koloriert und zeichnerisch herausarbeitet. Die Muster sind zu Gebilden arrangiert, die auf natürliche und mathematische Grundformen wie etwa die Doppelhelix, die Fibonacci-Spirale oder das Möbiusband zurückgehen.

Isaac Lin zeichnete bisher, wie viele ältere Mission-School-Künstler, comicartige Figuren, bis er Anfang dieses Jahres in einer Abkehr von den Comics abstrakt zu arbeiten und sich dabei vor allem auf die Eigenschaften des kalligraphischen Strichs zu konzentrieren begann. In seinen jüngsten, grossformatigen Arbeiten sind silbrige Oberflächen überzogen mit komplizierten Gespinsten aus lachs-, türkis- und olivfarbener Schrift. Diese filigranen *Allover*, Mitteldinger zwischen arabischer Kalligraphie und Graffiti-Tags, erwecken den Eindruck, als wären sie urplötzlich auf der Bildfläche erschienen und als würden sie nicht so bald wieder verschwinden. Ich habe auch Gebäudemauern im Viertel gesehen, die mit seinen unverwechselbaren Zeichen versehen waren. Isaacs Gemälde sind, wie Olivers Zeichnungen, ungemein kompliziert, fast schon psychedelisch, in ihrem Gewebe aus Farbschichten und unterschiedlich dichten Liniengeflechten. Im Unterschied zu den Sechziger-Neuaufgüssen, die inzwischen andernorts Mode sind, sind Isaacs Arbeiten nicht kraft ihres Stils psychedelisch, sondern kraft ihrer Wirkung. Seine Malereien wirken bewusstseinserweiternd, ohne dass man sich wie auf der Carnaby Street in London vorkommt. In dieser Hinsicht ähneln sie dem Werk einer Reihe von Künstlerinnen und Künstler – wie Ara Peterson, Brian Chippendale und Jim Drain –, die aus der Fort-Thunder-Kommune in Providence im Bundesstaat Rhode Island hervorgegangen sind, der Keimzelle einiger der einflussreichsten Werke der Musik, des graphischen Designs und der bildenden Kunst des vergangenen Jahrzehnts. Isaac war zeitweise in Fort Thunder, wo das Abstrakte, anders als bei der nahezu ausschliesslich figurativen Mission School, von jeher zum Ganzen dazugehörte. Er hatte auch Verbindungen zu Space 1026 in Philadelphia, einer weiteren Gruppierung von der Ostküste, mit der die Künstler der Mission School in einem belebenden Dialog stehen.

Noch etwas anderes, das Fort Thunder wohl, die Mission School dagegen bisher nicht besass, war ein Sinn für das Phantastische, ein hemmungsloses Abtauchen in die bizarren Tiefen des jugendlichen Geistes. Das Phantastische erlebt jetzt bei der Mission School eine Blüte. Wie Oliver Rosenberg, dessen Grossvater, der Photograph Philippe Halsman, eine Aufnahme von Salvador Dalí machte, auf der er mit einem Wasserspritzer und einer Katze durch sein Atelier zu treiben scheint, ziehen verschiedene junge Mission-Künstler Anregungen aus dem Surrealismus. So haben etwa die Gemälde von Robert Gutierrez viel mit denen Dalís gemein, mit dem wichtigen Unterschied freilich, dass Robert keine Angst vor dem Schwulsein hat. Für ihn ist die männliche Anatomie wie eine Inszenierung. Seine schon an sich kleinformatigen Bilder konzentrieren sich auf immer winzigere Nuancen, nahezu mikroskopische Darstellungen von Sex und erotischer Energie. Die Sexualität ist in seinen Gemälden und Zeichnungen ein Schlüssel zu den Mysterien der Zeit und des Kosmos. Es mag zu weit gegriffen erscheinen, Roberts Werk als «Mission School» zu bezeichnen. Er ist gewiss kein Skateboarder: Ihn interessiert das Raumproblem bei Paul Cézannes *passage* mehr als Graffititags. Seine Gemälde und Zeichnungen stehen zudem in Sorgfalt und Detailgenauigkeit einem niederländischen Landschaftsgemälde des 16. Jahrhunderts in nichts nach. Gleichwohl deutet die Art und Weise, wie Robert mehrere Tafeln unterschiedlichen Formats miteinander

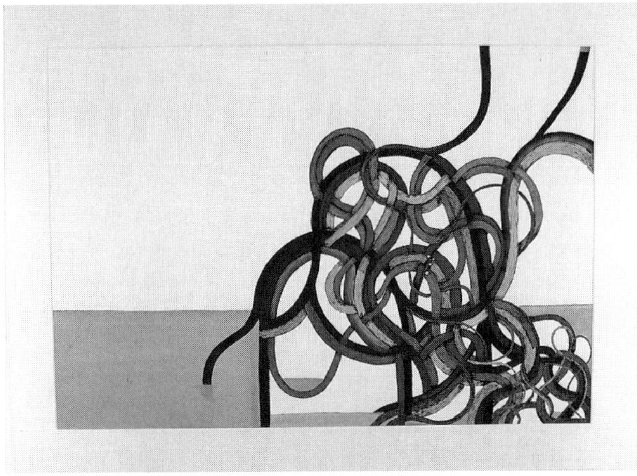

KEEGAN McHARGUE, CONCEPTUAL TANGLE, 2005, gouache on paper, 36 x 46" / KONZEPTUELLES GEWIRR, Gouache auf Papier, 91,5 x 117 cm. (PHOTO: KEEGAN McHARGUE)

kombiniert, auf den Einfluss von Barry McGee hin, das Wechselspiel zwischen Figuration und *pattern painting* erinnert an das Werk von Chris Johanson und in dem Massstabwechsel von einer Figur zur nächsten auf manchen seiner Gemälde klingen die Massstabkontraste an, die die gelungensten Werke Margaret Kilgallens kennzeichnen.

In ihrem Traumcharakter haben Roberts Werke viel mit denen seines in der gleichen Strasse lebenden Nachbarn Keegan McHargue gemein. Obwohl Keegan selbst sein Werk nicht als «Mission School» versteht, gibt es in meinen Augen zahlreiche Verbindungen. Während manche Kritiker der Mission School ihr falsche Naivität vorhalten, ist Keegan ein unverfälschtes Original. Der künstlerisch Ungeschulte realisiert seine bewusstseinsverändernden Gemälde und Zeichnungen einzig kraft seiner Konzentration und einer unbeschwerten Phantasie. In Werken, die die aus der Mehrfachperspektive gewonnenen Offenbarungen des Kubismus mit dem repetitiven, hypnotischen Stil der Baumrindenmalereien der australischen Ureinwohner verbinden, schafft Keegan Landschaften, in denen Erde, Bauwerke und Körper zu einem einzigen vielschichtigen, zusammenhängenden Ganzen zusammenfliessen. In seinem jüngsten Werk tendiert Keegan in einer Abkehr vom Figurativen, das man anfangs mit ihm verband, immer mehr zur Abstraktion. Er gab mir neulich einen Einblick in sein abstraktes Denken, als wir zum Dach seines mitten im Mission-Viertel gelegenen Gebäudes hinaufstiegen. Er deutete in Richtung Downtown San Francisco und lenkte meinen Blick auf eine Stelle, an der eine besondere Zufallsanordnung von Gebäuden etwas ergab, das wie eine perfekte würfelförmige schwarze Leere aussah. Etwas weiter westlich ortete er eine weitere Zufallsfigur, ein illusorisches, schwebendes schwarzes Dreieck. Diese Momente purer Geometrie ergeben sich, genauso wie Regenbogen, nur dank des zufälligen Zusammenfallens von einem materiellen Phänomen und etwas Wahrgenommenem. Sie sind gleichzeitig flüchtig und absolut.

Ich erinnere mich, wie ärgerlich es war, als Mitte der 80er Jahre irgendein kluger Kritiker die Bezeichnung «Neo-Geo» für eine bestimmte Art von Kunst prägte, die damals in der aufkeimenden Szene des East Village in Manhattan entstand. Mit einem Mal wirkte Kunst, die gleichermassen mit Graffiti wie mit Jean Baudrillard zu tun hatte, beschränkt und auf sich selbst bezogen. In den Augen mancher, darunter auch einiger der Künstler, auf die ich mich beziehe, ist «Mission School» ein ähnlich einengender Begriff. Vielleicht stimmt es, dass die Vorstellung, ein Stadtviertel könne einer Kunstrichtung den Namen geben, etwas Irreführendes und allzu Romantisches an sich hat. Wie ist so etwas in unserem globalen Zeitalter denkbar? Ausserdem muss man nicht im Mission Viertel wohnen, um der Mission School anzugehören. Sollte der Begriff ausgedient haben, so wäre ich der Erste, der sich von ihm verabschieden würde. Einstweilen jedoch glaube ich, dass die Betrachtung der Mission School als einer Ansammlung verschiedener, in Entwicklung begriffener Formen künstlerischer Praxis, für das Verständnis dieser Gruppe bedeutender aufstrebender Künstler, sinnvoll ist – auch im Hinblick auf die Zurückverfolgung der historischen Wurzeln der Kunstszene in San Francisco.

(Aus dem Englischen von Bram Opstelten)

CUMULUS

Aus Europa

IN JEDER AUSGABE VON PARKETT PEILT EINE CUMULUS-WOLKE AUS AMERIKA UND EINE AUS EUROPA DIE INTERESSIERTEN KUNSTFREUNDE AN. SIE TRÄGT PERSÖNLICHE RÜCKBLICKE, BEURTEILUNGEN UND DENKWÜRDIGE BEGEGNUNGEN MIT SICH – ALS JEWEILS GANZ EIGENE DARSTELLUNG EINER BERUFLICHEN AUSEINANDERSETZUNG.

IN DIESEM BAND ÄUSSERN SICH LAWRENCE RINDER, DEAN OF GRADUATE STUDIES AM CALIFORNIA COLLEGE OF THE ARTS IN SAN FRANCISCO, UND CHRISTY LANGE, IN BERLIN LEBENDE AUTORIN.

EINE GESCHICHTE, DIE ICH GLAUBEN MÖCHTE

CHRISTY LANGE

Ich bin in einem Museum, habe Kopfhörer auf und verfolge die Unterhaltung zweier Menschen, die durch die Salzwüste von Utah fahren, auf der Suche nach dem Stoff, aus dem die Mythen sind – Robert Smithsons berühmter Erdskulptur SPIRAL JETTY (1970). Das Gespräch, das sich zwischen der Künstlerin und ihrem Begleiter abspielt, ist so banal, dass es schon an Langeweile grenzt. Ich fahre auf dieser Audioreise mit und bin auf dem Autorücksitz gefangen. Die beiden wechseln sich darin ab, die Wegbeschreibung, die man ihnen gegeben hat, falsch zu deuten. Mich ödet die stockende Unterhaltung und das lahme Geplänkel an, und ich sehe die Gesprächsfetzen geradezu im heissen Wüstenwind durch das Fenster davonflattern, während das imaginäre Auto eine imaginäre Staubwolke hinter sich herzieht.

Wenn sie auf die in der Wegbeschreibung erwähnten, nicht besonders auffälligen Orientierungspunkte treffen, sind sie unsicher, ob das, was sie sehen, tatsächlich den Angaben entspricht: Ist wirklich dieses verrostete Auto oder dieses struppige Gebüsch gemeint? Ich versuche währenddessen, meine Erinnerungen an mir aus Büchern bekannte Luftaufnahmen des Kunstwerks mit ihren Beschreibungen der unwirtlichen Wüstenlandschaft in Einklang zu bringen. Aber ich verlasse mich darauf, dass die Künstlerin mich hinführt, wenn auch nur mit Worten und einer unsicheren Suchfahrt. Ich erachte dies als passende Metapher für das untergegangene, schwer fassbare Kunstwerk, nach dem sie sucht.

Ich hörte Tacita Deans TRYING TO FIND THE SPIRAL JETTY (1997) in der Ausstellung «Documentary Creations», in der Werke zu sehen waren, in denen mit dokumentarischen Stilmitteln fiktive Situationen konstruiert wurden. Ein zweiter Blick auf den Ausstellungstitel gab leider vorzeitig das Geheimnis der einzelnen Werke preis, und auch der theoretische Standpunkt der Künstler – dass Dokumentarwerke uns täuschen können und Künstler ebenso – wurde in Mitleidenschaft gezogen. Mir war nicht einmal die Entdeckung gegönnt, dass das, was ich vor mir sah, nicht so war, wie es schien.

Wie sich herausstellte, bin ich also gar nie im Auto in der Salzwüste von Utah gewesen. Ich war in meiner Vorstellung dort, aber auch das ist zweifelhaft. Meine Reisebegleiter waren dort, aber sie haben das Kunstwerk nie gefunden; stattdessen rekonstruierte die Künstlerin das letzte Stück der Reise durch überzeugende Schauspielerei und den Einsatz von Geräuschemachern für die Klangeffekte. Man hat mich also buchstäblich und auch im übertragenen Sinn in die Irre geführt. «Documentary Creations» geht davon aus, dass Erfindung und Täuschung Teil des künstlerischen Prozesses sind und umgekehrt alle Kunstwerke getreue Dokumente ihrer eigenen Entstehung, selbst wenn ihr Inhalt möglicherweise erfunden ist. Aber obschon Deans Geschichte nur teilweise wahr und das Gespräch im Auto halb erfunden war, darf ihre Aufzeichnung nicht danach beurteilt werden, wie wahrheitsgetreu sie ist. Irgendeiner Version der Geschichte muss ich Vertrauen schenken. Ich hoffe nur, dass ich die richtige Wahl getroffen habe.

Ich befinde mich in einem anderen Museum, in einer anderen Ausstellung über dokumentarische Werke und sehe mir ein anderes Kunstwerk an. Es handelt sich um ein Video, das in einer offenbar unterirdischen Fabrik aufgenommen wurde. Der Fabrikraum ist mit schweren Maschinen voll gestellt, die komplex wirken, aber nichts Hightechmässiges an sich haben. Die Aufnahmen sind roh, doch faszinierend: Ein massiver Baumstamm wird auf eine Maschine gerollt und dann in streichholzgrosse Stücke zerkleinert, die von einer anderen Maschine in Tausende von senkrechten Reihen angeordnet werden. Die Gegenwart des Filmers wird mir nur dann bewusst, als ein Arbeiter ostentativ sein Hemd aufknöpft oder seine Muskeln spielen lässt, während er die Ausschuss-Streichhölzer auf dem Boden zusammenkehrt. Zu Anfang scheint Mircea Cantors DOUBLE HEAD MATCHES (2002) zuverlässig die Arbeitsbedingungen in einer rumänischen Fabrik und den raffinierten Prozess der Streichholzherstellung zu dokumentieren.

Dieser Eindruck ändert sich erst mit dem letzten Schritt im Fertigungsprozess, bei dem die Streichhölzer in eine rote Phosphormischung getaucht werden. Diese delikate Arbeit wird durch Nahaufnahmen der manikürten Fingernägel der Frauen dokumentiert,

---

CHRISTY LANGE ist Autorin und lebt in Berlin.

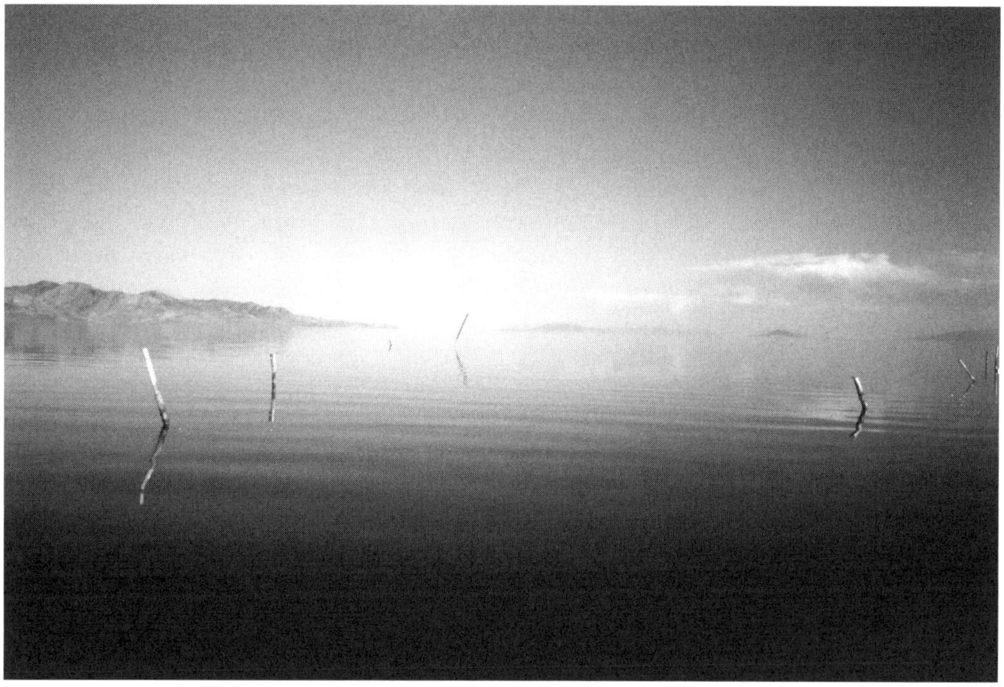

TACITA DEAN, ROZEL POINT, GREAT SALT LAKE, UTAH, 1997–1999, slide projection (work related to / Werk vergleichbar mit TRYING TO FIND THE SPIRAL JETTY) / Diaprojektion. (PHOTO: FRITH STREET GALLERY, LONDON AND MARIAN GOODMAN GALLERY NEW YORK, PARIS)

die in einem Raum arbeiten, der eher einem Künstleratelier gleicht als einer Fabrik. Nachdem die Streichhölzer am einen Ende eingetaucht worden sind, werden sie umgedreht und auch noch am anderen Ende eingetaucht. Diese überraschende Wendung lenkt meine Aufmerksamkeit auf das Endprodukt – das merkwürdige doppelköpfige Streichholz –, das mich in seiner eigentümlichen Absurdität daran erinnert, dass hinter der Kamera ein Künstler steht, der die Dinge manipuliert. Das Video verliert rasch an Objektivität und Unschuld und wird zu einer Mischung aus Dokumentation eines präzisen manuellen Arbeitsprozesses und Aufzeichnung über die Entstehung eines Kunstwerks. Der Künstler hat nicht gelogen, aber vielleicht eine andere Geschichte erzählt, als ich zuerst angenommen hatte.

Cantors Video und andere in der Ausstellung «The Need to Document» vertretene Werke bedienen sich des dokumentarischen Stils, der in «Documentary Creations» in Frage gestellt wurde. Hier erwacht ein neues Bewusstsein für die Existenz authentischer (wenn auch nicht unbedingt akkurater oder objektiver) Versionen eines Ereignisses: in Photographien von Immigranten, in Geschichten, die venezolanische Aktivisten erzählen, und in Gemälden, die auf Schnappschüssen beruhen. Seltsamerweise lassen diese Werke jedoch darauf schliessen, dass es sich beim Bedürfnis, etwas zu dokumentieren, nicht um einen starken Drang handelt, unserem mangelhaften Gedächtnis entgegenzuwirken, sondern allenfalls um eine kulturelle Gewohnheit, einen Reflex oder gar ein Privileg. Die Fähigkeit, Geschichten aufzuzeichnen und zu erzählen und dabei die strengen Normen des Journalismus zu umgehen, scheint ein Luxus zu sein, den nur Künstler sich leisten können. Im Vergleich zu den Journalisten scheint ihr Einflussbereich jedoch äusserst klein zu sein. Erfundene Dokumente hätten in der wirklichen Welt echte Konsequenzen, in der Kunstgalerie bleiben sie folgenlos.

Natürlich gibt es auch Ausnahmen. Der polnische Künstler Artur Zmijewski beispielsweise treibt den dokumentarischen Stil bewusst auf die Spitze. In REPETITION (2005) versuchte er, das *Stanford Prison Experiment* nachzustellen, bei dem gewöhnliche Menschen während einer zweiwöchigen Beobachtungsdauer in die Rollen von Gefangenen und Gefängniswärtern schlüpften. Obschon das ursprüngliche Experiment von 1971 noch aus der Zeit vor dem Reality-Fernsehen stammt (und furchtbar schief lief), verwendet Zmijewskis aktualisierte Version alle Reality-TV-Tricks, die den Zuschauer zu fesseln vermögen: ein Goldfischglas oder Rattenkäfig, in dem ganz normale Menschen gefangen sind und beobachtet werden; das potenzielle voyeuristische Vergnügen eines sozialen Experiments, das die tiefsten Abgründe der menschlichen Natur zum Vorschein bringen kann; der Triumph des untypischen Helden; und die seltenen, aber rettenden Momente, wenn mitten im Alltäglichen Anmut aufscheint, so zum Beispiel, als sich ein Gefangener von einem anderen den Kopf rasieren lässt. Und natürlich gibt es ein ergreifendes Ende: Die ernannten Wärter und Gefangenen bewahren trotz der Umstände ihre Würde, verzichten vorzeitig auf ihre Bezahlung, legen die angenommenen Rollen ab und reichen sich als «echte» Personen die Hände.

Zu schade, dass ich so misstrauisch bin und vermute, dass der Künstler das Ganze mit einem vorbereiteten Drehbuch und überzeugenden Schauspielern inszenierte, auch wenn er mittendrin als Leiter des Experiments auf dem Bildschirm erschien und versuchte, die rebellischen Teilnehmer zum Bleiben zu überreden. Dennoch wollte ich beim Zuschauen glauben, dass die Figuren, die der Künstler einsetzte, trotz der Künstlichkeit der Versuchsanordnung tatsächlich über dessen Manipulationen triumphierten, indem sie eine echte Verwandlung durchmachten. Schwer zu sagen, ob es Zmijewskis Intention war, sie dazu anzustacheln, oder ob sie einfach ahnungslos mitmachten. Doch selbst wenn Zmijewski das Ganze inszenierte und mit Schauspielern in ein paar Stunden auf einer Fernsehbühne drehte, wäre es deswegen keinesfalls weniger authentisch oder irgendwie konstruierter. Vielleicht werde ich im Bahnhof gegenüber meinem Wohnhaus in Berlin auf etwas «Echtes» stossen, wo ausgerechnet im Durchgang zwischen dem Asia Snack und dem Dunkin' Donuts die Ausstellung «World-Press-Photo» vorübergehend Station macht. Ich kann ihr nicht ausweichen, da sie mir jeden Morgen den Weg durch den Bahnhof versperrt; so bleibe ich stehen und schaue mir die Sache an. Seltsamerweise drängt es mich dazu, jedes Photo zu betrachten und jede Bildunterschrift zu lesen, denn ich fühle mich erleichtert, dass ich die Bilder ansehen kann, ohne sie beurteilen oder entziffern zu müssen. Die Photographien zeigen Sportwettkämpfe (einen Beinamputierten, der in ein olympisches Schwimmbecken springt, während seine Prothesen am Beckenrand zurückbleiben), Naturkatastrophen (eine Frau, die neben dem aufgedunsenen, madenübersäten Arm eines Tsunami-Opfers im Sand betet), Kriege (einen irakischen Gefangenen, dessen Personalien behelfsmässig mit Klebeband an seinen Kopf geklebt sind). Ich möchte mich von der Möglichkeit überzeugen lassen, dass diese Bilder eine wahre Geschichte erzählen könnten – dass es nicht viel mehr zu wissen gibt. Aber ich bin unsicher, wie ich sie einordnen soll: als Kunstwerke oder als eindeutig dokumentarische Bilder.

Mein «Lieblingsphoto» (mir fällt gerade kein besserer Ausdruck ein) stammt von Daniel Aguilar und wurde vom Vordersitz eines Autos aufgenommen. Der Photograph muss sich umgedreht haben, um die Szene auf dem Rücksitz zu photographieren. In der klaustrophobischen Enge des Autos sehen wir einen haitianischen Soldaten, der gegen das Rückfenster lehnt und direkt in die Kamera blickt. Sein eines Bein ist ganz ausgestreckt, und er hält mit seinem dicksohligen Lederstiefel den Kopf eines Mannes aufrecht, der lebendig aussieht, obschon er ein Loch im Kopf hat und ein blutiges Hemd wie eine Krawatte um den Hals geschlungen trägt. Die Arroganz des Soldaten ist offensichtlich: Während er dem Mann ins Gesicht tritt, saugt er an etwas, was aussieht wie eine Plastiktüte voll Saft. Von draussen pressen sich zahlreiche Arme und Hände von Schaulustigen gegen das Autofenster. Einerseits erscheint das Auto als sichere Zuflucht vor dem draussen tobenden Chaos. Andererseits gehören zu seinen Insassen ein Soldat mit einem roten Barett, der einen Toten ins Gesicht tritt, der

Tote und ein Photograph, der das Ganze dokumentiert und sich dabei fast zum Komplizen macht.

Doch die Geschichte bleibt undurchsichtig – ich werde nie erfahren, ob der Soldat den Mann gerade exekutiert hat oder ob er einfach versucht, den Toten zu stützen, damit er nicht auf ihn fällt. Ebenso wenig werde ich je den Standpunkt des Photographen kennen, von jenem seines Kameraobjektivs einmal abgesehen. Es besteht ein grosser Unterschied zu den inszenierten Dokumentarwerken, die ich von Künstlern gesehen habe, deren freie Interpretationen von aktuellen Ereignissen mittlerweile anmuten, als seien sie aus einer ziemlich luxuriösen Entfernung zustande gekommen. So ist beispielsweise der Konflikt zwischen Autorität und Opfer bei Zmijewski nicht einer wahren Geschichte entnommen, während Aguilars Bild einer fortdauernden Erzählung entstammt. Wie sinnvoll wäre es zu behaupten, dass es sich beim Bild des Photojournalisten nicht um eine «echte» Darstellung des unmittelbaren Ereignisses oder dessen politischen Umfelds handelt? Bei der Arbeit des Photographen steht tatsächlich etwas auf dem Spiel. Da muss etwas Wahres daran sein.

Ich bin wieder zu Hause und blättere in einem Buch – einem dicken Photoarchiv, das Seite um Seite nichts anderes enthält als zufällig angeordnete Familienschnappschüsse immer desselben Mädchens. ALL IMAGES OF AN ANONYMOUS PERSON (2005), die von Carsten Höller und Miriam Bäckström zusammengestellte und als Kunstwerk konzipierte Photosammlung, ist eine umfassende Dokumentation von ersten Bädern, Rendez-vous, Geburtstagen, Urlauben und Wehwehchen; sie enthält lückenlos alle Bilder, die das bisherige Leben des Mädchens illustrieren. Beim Durchblättern wächst in mir das Gefühl, sie zu kennen, doch das ist eine Illusion. Dennoch beginne ich unwillkürlich, eine Lebensgeschichte für sie zu konstruieren, in die ich abgewandelte Geschichten aus meinem eigenen Leben einfliessen lasse: Verschwindet ihr Vater aus den Familienphotos, weil er hinter der Kamera steht, oder weil er die Familie verlassen hat oder gestorben ist? Gibt es den Freund noch, dem sie so nahe zu stehen schien?

Obschon das anonyme Mädchen auf nahezu allen Photos glücklich aussieht, geht das Buch doch sehr zu Herzen. Zwar erkenne ich vertraute Posen, Situationen und kulturelle Bezüge, aber mir fehlt unendlich viel echtes Wissen. Ich erfahre nur, wie sie vor der Kamera aussah – die langen Gliedmassen, die sich mit der Zeit in eine Model-Figur verwandeln, missglückte Campingurlaube, Kostümfeste, Schneemänner und erste Flugreisen. Die Photographien versuchen etwas Authentisches einzufangen, aber ich bin damit konfrontiert, dass ich auf ihre Echtheit vertraue und dabei sicher weiss, dass sie falsch sind. Dies macht ihren Anblick so schmerzlich.

All Images of an Anonymous Person scheint endlich ein echter Beweis für das Bedürfnis nach Dokumentation zu sein. Und doch erzählen die Künstler diese wahre Geschichte, ohne sie tatsächlich zu erzählen – sie haben lediglich die Bilder veröffentlicht. Die von einem Amateurphotographen stammenden Aufnahmen sprechen mich in einer Bildsprache an, die ich ebenfalls spreche, die aber anscheinend nicht um der Kunst willen verwendet wird; vielleicht werde ich nie wieder dem Anspruch so nahe kommen, ein Dokument mit meinem eigenen Bild der dargestellten Sache in Einklang zu bringen. Der Titel «anonyme Person» könnte irreführend sein, denn ich erfahre sehr viel über dieses Mädchen; oder vielleicht ist er passend, denn letzten Endes verraten mir diese Bilder nichts. Ich möchte die Geschichte glauben, weil sie die Geschichte eines anderen Menschen ist, aber ich kenne nur einen Teil davon. Ein Werk, das authentisch aussieht und klingt, wird nie als solches offenbart.

(Übersetzung: Irene Aeberli)

Hinweis der Redaktion: Die Ausstellung «Documentary Creations» fand im Kunstmuseum Luzern statt (26. 2. – 29. 5. 2005), «The Need to Document» im Kunsthaus Baselland (19. 3. – 1. 5. 2005) und in der Halle für Kunst Lüneburg (3. 4. – 29. 5. 2005).

Die Legende zu der Photographie von Daniel Aguilar lautet: «Ein Mann, der wegen mehrfachen Mordes im Auftrag der Aristide-Partei unter Verdacht steht, wird von einem Aufständischen in Petit Goave, 50 km südlich von Port-au-Prince, in Schach gehalten, 3. März 2004».

Die Photographie ist unter folgender Internetadresse ersichtlich:
www.stern.de/unterhaltung/fotografie/?id=536433&nv=fs&cp=4

"A STORY I WANT TO BELIEVE"

CHRISTY LANGE

I am in a museum, wearing headphones, listening to a conversation between two people as they ride through the Utah desert looking for the stuff myths are made of—Robert Smithson's famous SPIRAL JETTY (1970). The conversation, which takes place between the artist and her companion, is banal to a point of total boredom. I am on an audio road trip stuck in the back seat of a car. While the pair takes turns misinterpreting the directions they've been given, I grow frustrated with their faltering conversation and their lame banter, which I can almost feel blowing in the hot breeze out the window, as an imaginary cloud of dust engulfs our imaginary car.

As they encounter the unremarkable landmarks described in their directions, they become unsure if what they are reading corresponds to what they're seeing; could that be the right rusted car or neglected tangle of bushes? Meanwhile, I have to reconcile my memories of the aerial photographs of the Jetty that I've seen in books with their descriptions of the inhospitable desert on land. But I rely on the artist to get me there, even if only through her own words and stumbling navigations. It seems an appropriate metaphor for the submerged and elusory artwork for which she looks.

I heard Tacita Dean's TRYING TO FIND THE SPIRAL JETTY (1997) in "Documentary Creations," an exhibition that singled out works that construct fictional situations using documentary styles. But with a second glance at the exhibition's title, the secret of each piece is prematurely divulged, and the artists' theoretical stance—that documents can deceive us, and so can artists—seems compromised. I'm not even granted the moment of discovering that what I see in front of me is not what I think it is.

So, as it turns out, I was never in the car in the desert in Utah. I have been there in my imagination, but that too is not to be trusted. My companions were there, but they never found the Jetty; instead, the artist reconstructed the last bit of the journey using convincing acting and employing Foley artists to create sound effects. I have been literally and figuratively taken for a ride. According to the premise of "Documentary Creations," fabrication and deception are part of the artistic process and, conversely, all artworks are faithful documents of their own making, even if their subject matter is fabricated. But even though Dean's story was only partially true, and the conversation half-constructed, the record of it

---

CHRISTY LANGE is a writer living in Berlin.

can't be judged by its veracity. I have to place my faith in some version of the events. I just hope I chose correctly.

I am in another museum, looking at another artwork, in another exhibition about documents. It's a video, filmed in a factory, which appears to be located underground. The place is filled with heavy machinery—complex, but not exactly hi-tech. The footage is raw but captivating: a massive log is rolled on top of a machine and then shredded into matchstick-sized bits, while another machine sorts the sticks into thousands of vertical rows. The only time I'm aware of the documentarist's presence is when a worker flagrantly unbuttons his shirt or flexes his muscles as he rakes the rejected matches from the floor. At first, Mircea Cantor's DOUBLE-HEADED MATCHES (2002) seems to reliably report the working conditions in a Romanian factory and the rarefied process of making matches.

That is, until the last step in the process, when the matches are dipped into a red phosphorous mixture. This delicate maneuver is documented with close-ups of manicured fingernails of women, who are working in what looks like an artist's studio, rather than a factory. Once the matches have been dipped on one side, they are turned around and dipped on the other. This unexpected twist draws my attention toward the final product—the curious double-headed match—which, in its absurdity, reminds me that an artist is behind the camera manipulating what is being made. Objectivity and innocence quickly drain out of this recording, and the video falls somewhere between a document of a precise manual process and a record of the making of an artwork. The artist wasn't lying, but perhaps telling a different story than I had first assumed.

Cantor's video, and other pieces included in "The Need to Document" faithfully employ the documentary style that was questioned in "Documentary Creations." In this show, a renewed sense of the existence of authentic (though perhaps not accurate or objective) versions of events emerges: in photographs by immigrants, in stories related by Venezuelan activists, and in paintings made from snapshots. Oddly though, these works suggest that the need to document is not a profound urge to counteract our flawed memories, but a cultural habit, a reflex, or even a privilege. The ability to record and relate stories in ways that eschew strict codes (such as that of journalism), appears to be a luxury afforded only to artists. But compared to journalists, their radius of influence seems marginally small. Fabricated documents in the real world would have real consequences, but in the art gallery, they have none.

There are, of course, exceptions. Polish artist Artur Zmijewski deliberately raises the stakes of the documentary style. In REPETITION (2005), he attempts to replicate the *Stanford Prison Experiment*, in which ordinary people adopted the roles of prisoners and guards for a two-week observation period. Though the original 1971 experiment predated reality television (and went horribly wrong), Zmijewski's updated version adopts all the tricks of reality TV that make for compelling viewing: a rat-cage situation in which ordinary people are trapped and observed; the potential voyeuristic pleasure of a social experiment that could bring out the worst in human nature; the triumph of the unlikely hero; and the rare but lifesaving mundane moments that are transformed into grace, like when one prisoner agrees to let another shave his head. And, of course, it features the poignant ending, when the hired guards and prisoners choose their dignity over their circumstances, and prematurely surrender their payment, shed their adopted roles, and shake hands as their "real" selves.

Too bad I am so cynical I assumed that the artist constructed the whole thing with the help of a prepared script and convincing actors, even when he appeared on-screen as the producer of the event, in the middle of his own script, trying to convince his mutinous participants to stay on. Nevertheless, while watching, I wanted to believe that the artists' subjects actually triumphed over his manipulation by undergoing a genuine transformation, despite the artificiality of their arrangement. It was hard to tell if Zmijewski's intention was to challenge them to do so, or whether they were simply his unwitting collaborators. Still, if Zmijewski scripted the whole thing and shot it with actors on a sound stage in a few hours, it would be no less authentic, and no more contrived.

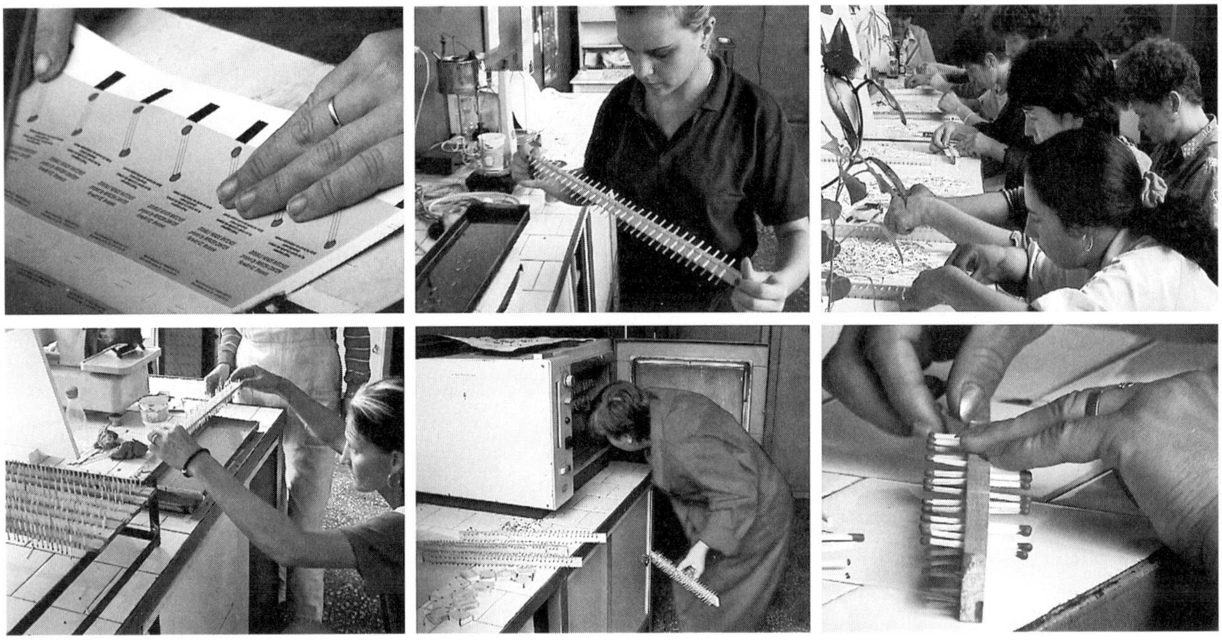

MIRCEA CANTOR, DOUBLE HEAD MATCHES, 2002–2003, video, 20.000 boxes produced manually at a match factory in Romania / Video, 20.000 Schachteln in Rumänien manuell hergestellter Streichhölzer.
(PHOTO: THE ARTIST AND YVON LAMBERT PARIS, NEW YORK)

Maybe I'll stumble upon something "real" in the train station across the street from my apartment in Berlin, where, curiously, The World Press photo competition has been temporarily erected in the corridor between the Asia Snack and the Dunkin' Donuts. I can't avoid it since it obstructs my morning commute through the station, so I stop and look and, strangely, I'm compelled to look at every photo and read every caption because I'm relieved to be able to view them without having to judge or decipher them. The photographs depict sports competitions (an amputee diving into an Olympic swimming pool while his prosthetic legs lay sprawled at the water's edge), natural disasters (a woman praying in the sand beside the bloated, maggot-covered arm of a tsunami victim), wars (a captured Iraqi prisoner with his personal information crudely duct-taped to his head). I want to surrender to the possibility that these images could be telling a true story—that there is not much more to know. But I am not sure how to judge them, neither as artworks nor as straight documents.

What I call my favorite photograph (for lack of a better word) is one taken by Daniel Aguilar from the front seat of a car in which he must have twisted around to photograph what was behind him. In the claustrophobic space of this automobile, a Haitian soldier is seen leaning against the back window, facing the camera. His leg is completely outstretched and the bottom of his thick-heeled leather boot props up the face of a man, who looks alive, but for the hole in his head, and the bloody shirt tied around his neck like a necktie. The arrogance of the soldier is apparent as he kicks this man in the face, while sucking on something that looks like a plastic bag filled with juice. Meanwhile, outside the car, the limbs and hands of several onlookers are pressed against the windows. On the one hand the car seems a safe haven from the chaos outside. On the other hand, its passengers include a red-bereted soldier kicking a dead man's face, and the photographer documenting it, who has nearly implicated himself as a conspirator.

Yet the story remains ambiguous—I'll never know whether the soldier has just executed the man, or whether he is simply trying to prop the body up to keep it from slumping over him. Nor will I know the photographer's viewpoint, other than that of his camera's lens. It's a long way from the staged documents I've seen by artists, whose loose interpretations of current events now seem like they've been taken from a rather luxurious distance. Zmijewski's clash between authority and victim, for instance, is not snapped from any true-story perspective, but Aguilar's image is taken from a persisting narrative. How productive would it be to say the photojournalist's depiction is not a "real" portrayal of the immediate event or the surrounding political situation? The game the photographer plays has real stakes. There must be some truth in that.

I'm back at home flipping through the pages of a book—a thick photographic archive containing nothing but page after page of randomly ordered family snapshots of the same girl. Compiled as an artwork by Carsten Höller and Miriam Bäckström, ALL IMAGES OF AN ANONYMOUS PERSON (2005) is a thorough record of first baths, dates, birthdays, vacations and ailments—namely, every single picture that documents the girl's life thus far. Looking through it, I get the feeling that I know her, but I don't. Nevertheless I begin to unwittingly construct a life story for her, transferring my own life stories onto hers: Does her father disappear from the family photographs because he is the one behind the camera, or because he left the family, or died? Is the boyfriend, she seemed so close to, still around?

Though the anonymous girl looks happy in nearly every photograph, the book is still a heart-wrenching collection of artifacts. Even though I recognize familiar poses, situations, and cultural references, I am still left with a gaping void of real knowledge. I only learn about what she looked like in front of the camera—her long limbs growing to have model-like proportions, failed camping trips, fancy dress parties, the building of snowmen, and first plane flights. The photographs attempt to capture something authentic but I am faced with my faith in their truthfulness and my certain knowledge of their falsehood. This is what makes them so painful to look at.

ALL IMAGES OF AN ANONYMOUS PERSON seems finally to be real evidence of a need to document. And yet the artists tell this true story without telling it—they only published the images. The photographs, taken by an amateur photographer, speak to me in a visual language that I speak too, but not one that appears to be employed in the interest of art; maybe this is the closest I'll come to reconciling a document with my own image of what it represents. The title "Anonymous Person" might be misleading because I learn so much about this girl; it might be apt because these images finally tell me nothing. I want to believe in the story because it is someone else's story but I'm left with only partial knowledge of it. Something that looks and sounds authentic is never revealed to be so.

Editor' note: The exhibition "Documentary Creations" was presented at the Museum of Fine Art, Lucerne (26 Feb. – 29 May 2005) and "The Need to Document" at the Kunsthaus Baselland (19 Mar. – 1 May 2005) and at the Halle für Kunst Lüneburg (3 April – 29 May 2005).

The caption for the photograph by Daniel aguilar reads:
"A Haitian suspected of being a multiple assassin for exiled president Jean Bertrand Aristide's Lavalas party is detained in Petit Goave, Haiti some 50 kms. south of Port-au-Prince, March 3, 2004."

The photograph can be viewed online at: www.stern.de/unterhaltung/fotografie/?id=536433&nv=fs&cp=4

COMPLETE YOUR PARKETT LIBRARY
VERVOLLSTÄNDIGEN SIE IHRE PARKETT-BIBLIOTHEK

OUT OF PRINT / VERGRIFFEN: **NO. 1** ENZO CUCCHI, **2** SIGMAR POLKE, **3** MARTIN DISLER, **4** MERET OPPENHEIM, **5** ERIC FISCHL, **6** JANNIS KOUNELLIS, **7** BRICE MARDEN, **8** MARKUS RAETZ, **9** FRANCESCO CLEMENTE, **10** BRUCE NAUMAN, **12** ANDY WARHOL, **13** REBECCA HORN, **16** ROBERT WILSON, **17** FISCHLI/WEISS, **18** ED RUSCHA, **19** JEFF KOONS, MARTIN KIPPENBERGER, **20** TIM ROLLINS&K.O.S., **22** CHRISTIAN BOLTANSKI, JEFF WALL, **25** KATHARINA FRITSCH, **26** GÜNTHER FÖRG, PHILIP TAAFFE, JAMES TURRELL, **27** LOUISE BOURGEOIS, ROBERT GOBER, **29** CINDY SHERMAN, JOHN BALDESSARI, **30** SIGMAR POLKE, **31** DAVID HAMMONS, MIKE KELLEY, **35** GERHARD RICHTER, **38** ROSS BLECKNER, MARLENE DUMAS, **39** FELIX GONZALEZ-TORRES, WOLFGANG LAIB, **45** MATTHEW BARNEY, SARAH LUCAS, ROMAN SIGNER

For out-of-print issues you can register your name and address with Parkett and you will be notified, if your issue(s) become(s) available on the secondary market / Für vergriffene Bände nimmt der Verlag gerne Ihren Suchauftrag entgegen und macht Ihnen bei allfälliger Verfügbarkeit im Handel ein Angebot.

COLLABORATIONS

PARKETT – 20 YEARS OF ARTISTS' COLLABORATIONS
MIRJAM VARADINIS, ED.
KUNSTHAUS ZÜRICH
"A RARE BEHIND-THE-SCENES LOOK AT ONE OF THE ART WOLRD'S MOST RESPECTED ART MAGAZINES" (D.A.P., NEW YORK)
248 PAGES, 22 COLOR PAGES, 1 COLOR POSTER
248 SEITEN, DAVON 22 IN FARBE 1 FARBPOSTER
€ 32 / USA: **$ 39** / **CHF 45**
PLUS POSTAGE / ZZGL. VERSANDKOSTEN

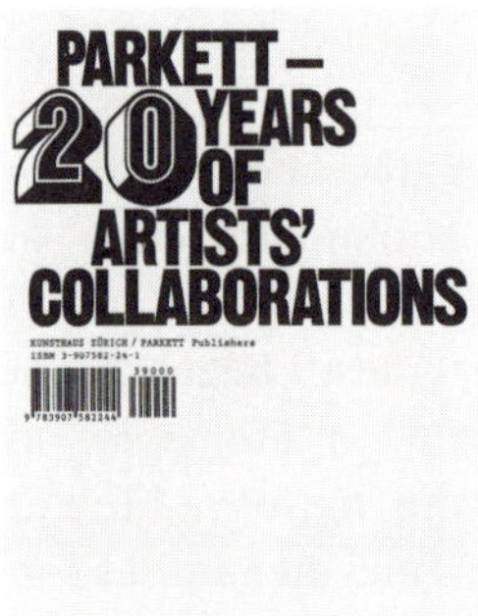

ISBN 3-907582-24-1

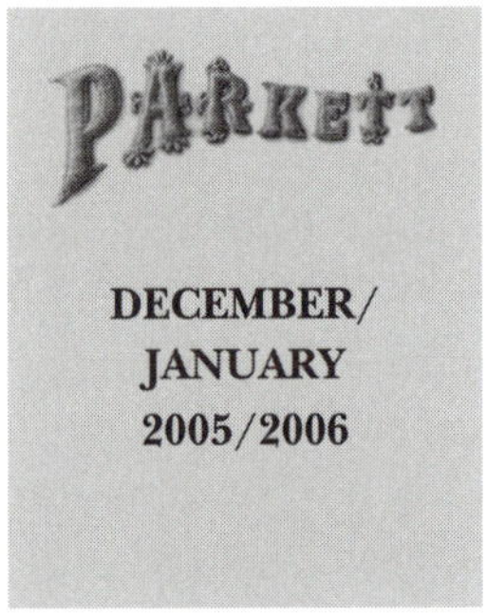

No. 75 - ISBN 3-907582-35-7

KAI ALTHOFF
GLENN BROWN
DANA SCHUTZ

RICHARD SERRA
BERNARD FRIZE
KATHARINA GROSSE
FOSTER, NESIN, VISCHER, BAKER
SIEGEL & MATTICK, KANTOR, FALGUIERES
VOLK, OBRIST, KURZMEYER
BRIELMAIER: **WANGECHI MUTU**
SHAW: **JOCKUM NORDSTRÖM**
THOMPSON: **JEREMY DELLER**
BOOGERD: **LUCY MCKENZIE**
VEGH: **COREY MCCORKLE**
LES INFO: NERI ON TRISHA BROWN
CUMULUS AMERICA: LARRY RINDER
CUMULUS EUROPA: CHRISTY LANGE

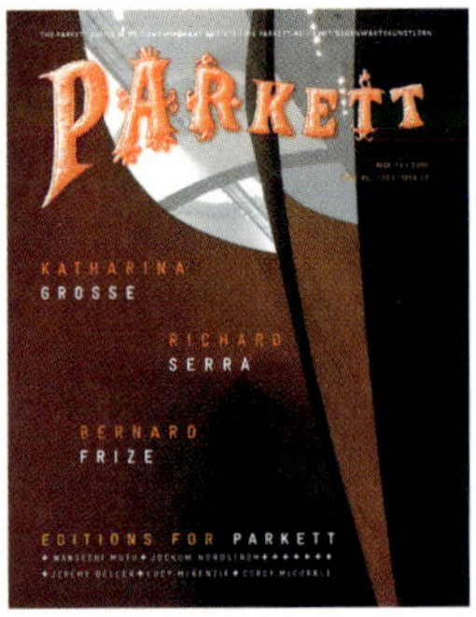

No. 74 - ISBN 3-907582-34-9

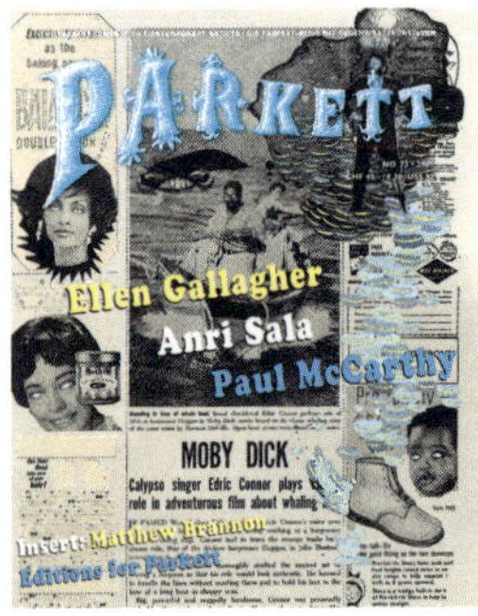

No. 73 - ISBN 3-907582-33-0

ELLEN GALLAGHER
ANRI SALA
PAUL McCARTHY
CLIFF, OKRI, NICHOLS GOODEVE
GODFREY, COOKE, VERWOERT
RELYEA, SIGLER & McCARTHY
INSERT: **MATTHEW BRANNON**
A. ROSENBERG: **JASON DODGE**
R. GOLDBERG: **TANIA BRUGUERA**
T. BEZZOLA: **HARALD SZEEMANN**
CUMULUS AMERICA: DEBRA SINGER
CUMULUS EUROPA: NATAŠA PETREŠIN
BALKON: F. STROUN ON **STEVEN PARRINO**

MONICA BONVICINI
URS FISCHER
RICHARD PRINCE
REBENTISCH, LERUP, HEISER
RICHARDSON, RUF, WEISSMAN
BLAIR, FOGLE, GINGERAS, PÉCOIL
INSERT: **LOREDANA SPERINI**
A. FRANKE: **MATTHEW BUCKINGHAM**
D. KURJAKOVIC: **SILVIE DEFRAOUI**
M. GLÖDE: **CHRISTIAN JANKOWSKI**
CUMULUS: S. SMITH, H. R. REUST
20 YEARS OF PARKETT: ESSAY BY BORIS GROYS
ARTISTS' PAGES, SPECIAL COLLABORATION:
ALEX KATZ IN CONVERSATION WITH
ENA SWANSEA & BRUCE HAINLEY

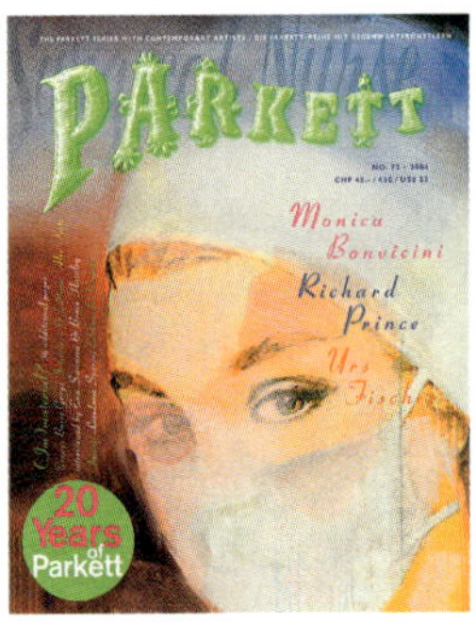

No. 72 - ISBN 3-907582-32-2

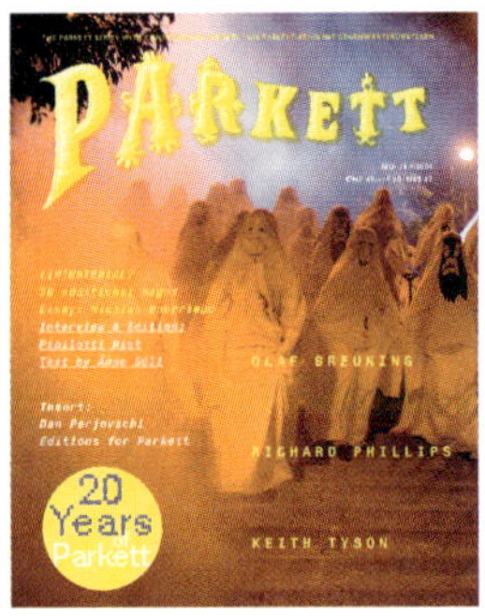

No. 71 - ISBN 3-907582-31-4

OLAF BREUNING
RICHARD PHILLIPS
KEITH TYSON
WAHLER, RODRIGUEZ, JETZER
DIEDERICHSEN, KOETHER, RATTEMEYER
ARCHER, WAGNER/TYSON, REUST
INSERT: **DAN PERJOVSCHI**
V. KATZ: **KIKI SMITH**, M. NICOL: **WALTER PFEIFFER**, F. McKEE: **FIONA BANNER**
CUMULUS: P. BIANCHI, W. BAERWALDT
BALKON: KLAUS THEWELEIT
20 YEARS OF PARKETT: ESSAY BY NICOLAS BOURRIAUD; ARTISTS' PAGES; SPECIAL COLLABORATION: **PIPILOTTI RIST**
ÄNNE SÖLL; CONVERSATION / GESPRÄCH

CHRISTIAN MARCLAY
WILHELM SASNAL
GILLIAN WEARING
SHERBURNE, SCHAFFNER, VERGNE
DAILEY, SZYMCZYK, JANSEN; CAMERON
BURN, WEARING/RABINOWITZ
INSERT: **NIC HESS**
GREG HILTY: **REBECCA WARREN**
D. VAN DEN BOOGERD: **AERNAUT MIK**
LES INFOS: C. WOOD ON **MARK LECKEY**
CUMULUS: C. THEA, G. SCHOR
BALKON: TINEKE REIJNDERS
20 YEARS OF PARKETT: ESSAY BY
JOHANNA BURTON, ARTISTS' PAGES
SPECIAL COLLABORATION: **FRANZ WEST**

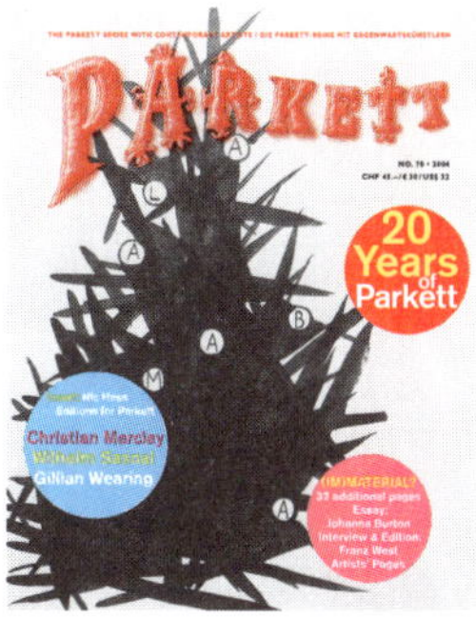

No. 70 - ISBN 3-907582-20-9

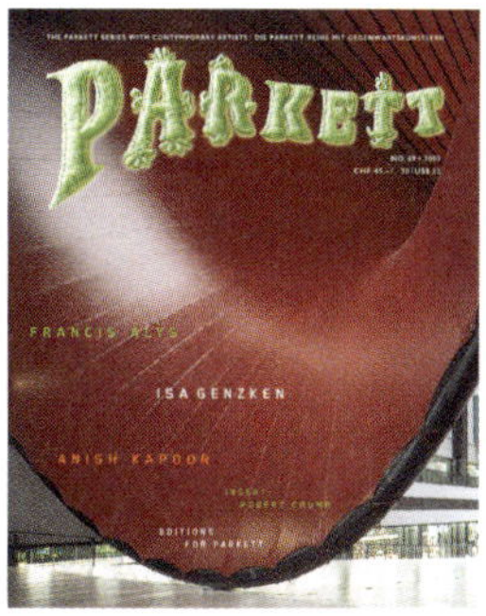

No. 69 - ISBN 3-907582-19-5

FRANCIS ALŸS
ISA GENZKEN
ANISH KAPOOR
SCOTT, ANTON, STORR, HEISER
LEE, KRAJEWSKI, BRYSON
FORSTER, WARNER
INSERT: **ROBERT CRUMB**
KAISER: **AMELIE VON WULFFEN**
COMER: **SWETLANA HEGER**
INQUIRY: CONSENSUS/KONSENS
CUMULUS AMERICA: J. PEARSON
CUMULUS EUROPE: E. TRONCY
BALKON: SERGIO RISALITI

FRANZ ACKERMANN
EIJA-LIISA AHTILA
DAN GRAHAM
FOGLE, DECTER, STANGE, ILES, ELFVING
KOCH, GUAGNINI/SCHNEIDER, MACDONALD
DI BARTOLOMEO, ROSENBERG MILLER
INSERT: **JONATHAN MONK**
D. KURJAKOVIC: **BOJAN SARCEVIC**
H. U. OBRIST: **BERNARD FRIZE**
G. JANSEN: **DIRK SKREBER**
LES INFOS: J. MURPHY
CUMULUS: C. RABINOWITZ, J. HOFFMANN
BALKON: HANS RUDOLF REUST

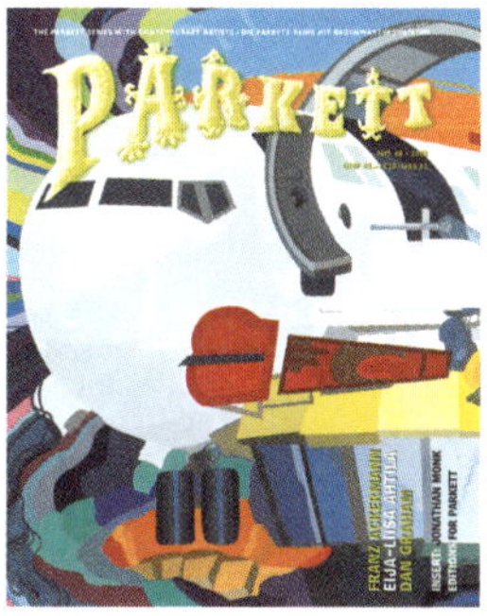

No. 68 - ISBN 3-907582-18-7

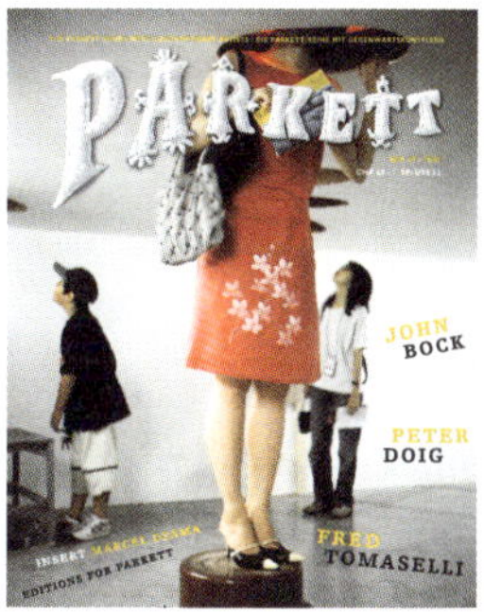

No. 67 - ISBN 3-907582-17-9

JOHN BOCK
PETER DOIG
FRED TOMASELLI
HOFFMANN, BIRNBAUM, AVGIKOS
BONAVENTURA, FUCHS, RUF
CAMERON, RONDEAU, PINCHBECK
INSERT: **MARCEL DZAMA**
T. SELVARATNAM: **SIMON STARLING**
S. OMLIN: **HANNE DARBOVEN**
VISCHER/HERZOG: SCHAULAGER BASEL
LES INFOS: H. BÖHME ON **WANG FU**
CUMULUS: FIRSTENBERG, KERSTING
BALKON: DANIELE MUSCIONICO

ANGELA BULLOCH
DANIEL BUREN
PIERRE HUYGHE
REBENTISCH, WILSON, PRINZHORN
RORIMER, GINGERAS, BUREN/HUYGHE
MILLAR, OBRIST, HOBBS
T. NICHOLS GOODEVE/G. BRUNO
E. DIMENDBERG: **ALLAN SEKULA**
LES INFOS: ROBERTO OHRT ON
MONICA BONVICINI
CUMULUS AMERICA: NATO THOMPSON
CUMULUS EUROPA: GREG HILTY

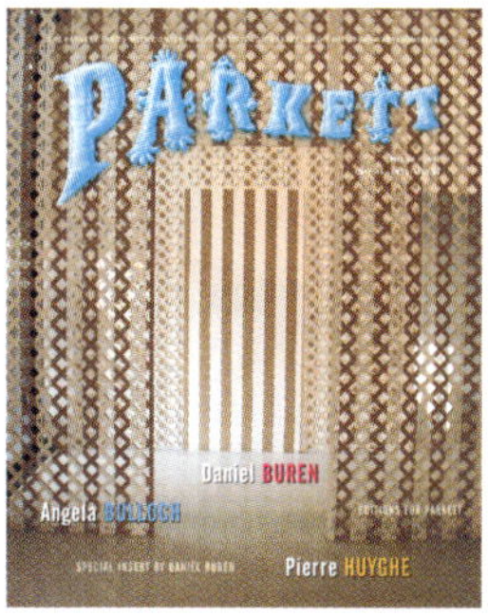

No. 66 - ISBN 3-907582-16-0

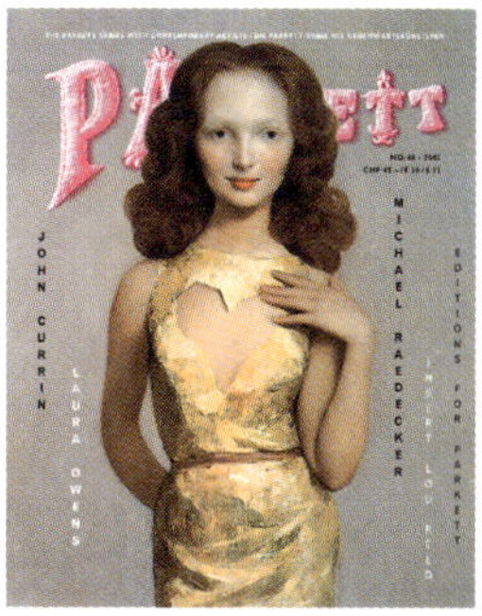

No. 65 - ISBN 3-907582-15-2

JOHN CURRIN
LAURA OWENS
MICHAEL RAEDECKER
SEWARD, VAN DE WALLE, BERG
FERGUSON, THOMSON, WEISSMAN
VERSCHAFFEL, MYERS, EGGERS
INSERT: **LOU REED**
KURT W. FORSTER: **JEFF WALL**
STORR: **DIETER ROTH & D. IANNONE**
K. BITTERLI: **HUBBARD/BIRCHLER**
LES INFOS: CHRISTINA VÉGH
CUMULUS: O. WESTPHALEN, T. HAHN
BALKON: SHEENA WAGSTAFF

OLAFUR ELIASSON
TOM FRIEDMAN
RODNEY GRAHAM
BLOM, MORGAN, CAMERON, MATSUI
WATERS/FRIEDMAN, COOKE, HALE
INSERT: **AMY SILLMAN**
VÉRONIQUE D'AUZAC:
XAVIER VEILHAN
INTERVIEW:
A.M. HOMES: **CHRIS VERENE**
HAKAN NILSSON: **ANNIKA LARSSON**
INQUIRY/UMFRAGE:
LEARNING FROM "DOCUMENTA"

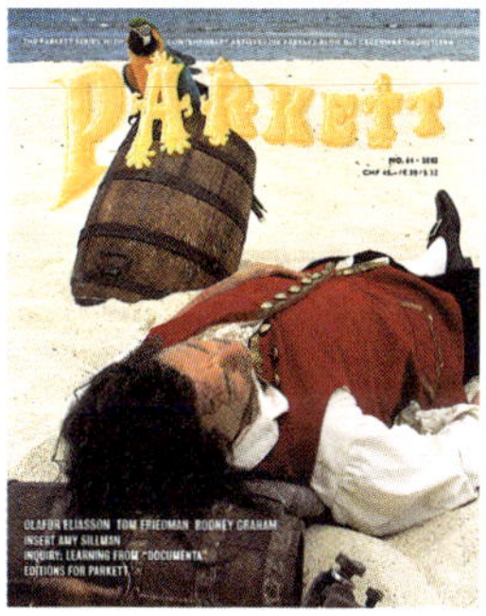

No. 64 - ISBN 3-907582-14-4

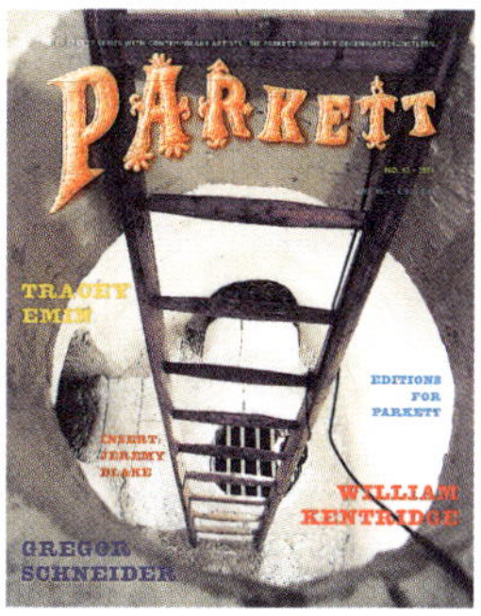

No. 63 - ISBN 3-907582-13-6

TRACEY EMIN
WILLIAM KENTRIDGE
GREGOR SCHNEIDER
BARBER, MUIR, PREECE
GUNNING, STEWART, GOLDBERG
PUVOGEL, LOOCK
INSERT: **JEREMY BLAKE**
CLAUDIA SPINELLI: **FABRICE GYGI**
RAINER FUCHS: **KATHARINA GROSSE**
ADRIAN DANNATT: **THE THREE**
CUMULUS: CHRISTIAN RATTEMEYER
DANIEL BIRNBAUM
BALKON: MICHAEL OPPITZ

JOHN WESLEY
TACITA DEAN
THOMAS DEMAND
MILLAR, CARABELL, SCHWARZ
NORDEN, KÖNIG/STOCKEBRAND
HAINLEY, SEARLE, RUBY, HEISER
INSERT: **G. STEINER & J. LENZLINGER**
PHILIP URSPRUNG: **ALLAN KAPROW**
RUSSELL FERGUSON: **GLEN WILSON**
EDWARD A. SCHEER: **MIKE PARR**
LES INFOS: DAVID GREENBERG
CUMULUS: G. CARMINE, S. DIETZ

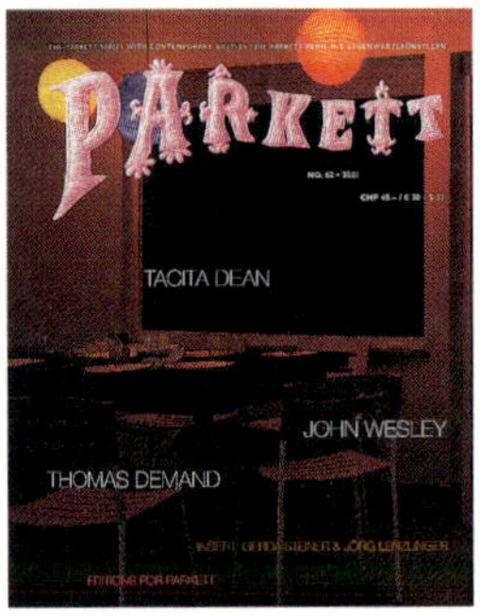

No. 62 - ISBN 3-907582-12-8

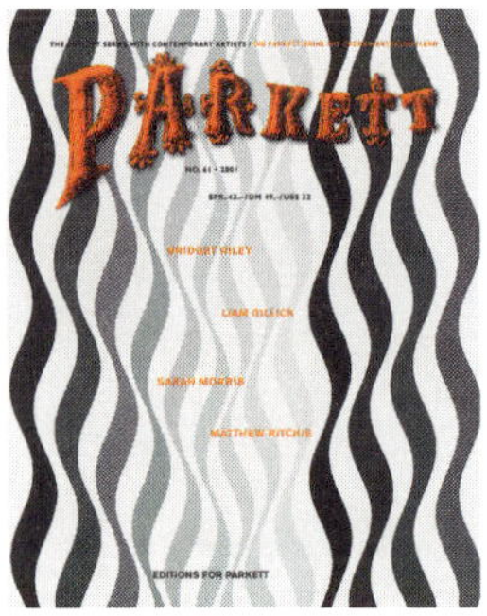

No. 61 - ISBN 3-907582-11-X

BRIDGET RILEY
LIAM GILLICK
SARAH MORRIS
MATTHEW RITCHIE
KUDIELKA, HICKEY
GILLICK, STEMMRICH, WOLLEN
NICHOLS GOODEVE, KLEIN
PRINZHORN, RABINOWITZ
GALISON/JONES, MARCUS
ELISABETH KLEY: **PAUL LINCOLN**
CUMULUS: O. ENWEZOR, M. WARNER
BALKON: STELLA ROLLIG

CHUCK CLOSE
DIANA THATER
LUC TUYMANS
PROSE, CLOSE/PEYTON, SHIFF
CLOSE/CURIGER, ARRHENIUS
HASLINGER, GILBERT-ROLFE
HOPTMAN, MOSQUERA, REUST
INSERT: **SHIRANA SHAHBAZI**
GREG HILTY: **JEREMY DELLER**
HOWARD SINGERMAN: **DAVID BUNN**
LES INFOS: T. DE DUVE—INTERVIEW
CUMULUS: F. WARD, H. U. RECK

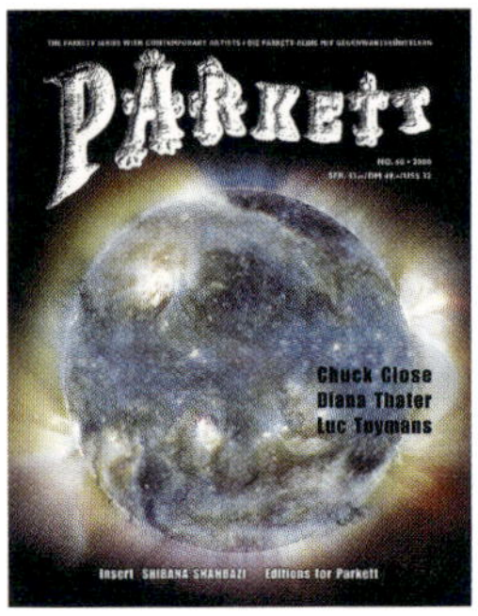

No. 60 - ISBN 3-907582-10-1

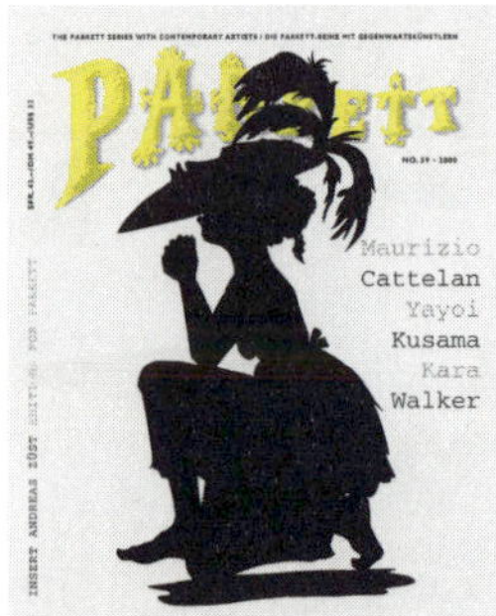

No. 59 - ISBN 3-907582-09-8

MAURIZIO CATTELAN
YAYOI KUSAMA
KARA WALKER
BOURRIAUD, GINGERAS, BONAMI
PANHANS-BÜHLER, MATSUI, POLLOCK
DUBOIS SHAW, JANUS, WALKER
INSERT: **ANDREAS ZÜST**
VINCENT KATZ
E. BRONFEN: **ANNETTE MESSAGER**
JAN AVGIKOS: **ANNA GASKELL**
LES INFOS: ALI SUBOTNICK
CUMULUS: M. ROWELL, L. FÖLDENYI
BALKON: MICHELLE NICOL

JAMES ROSENQUIST
SYLVIE FLEURY
JASON RHOADES
RUSSELL, KOONS/ROSENQUIST
HULTEN, FELIX, GLENN, LOBEL
DANNATT, RUF, KOETHER, FERGUSON
ORTH, SCHEIDEMANN/HERMANN
INSERT: **HENRY BOND**
G. WILLIAMS: **JANE & LOUISE WILSON**
S. ZIZEK, PAUL D. MILLER & CHRIS OFILI
LES INFOS: ANNA HELWING
CUMULUS: D. ROBBINS, H. TEERLINCK
BALKON: KNUT EBELING

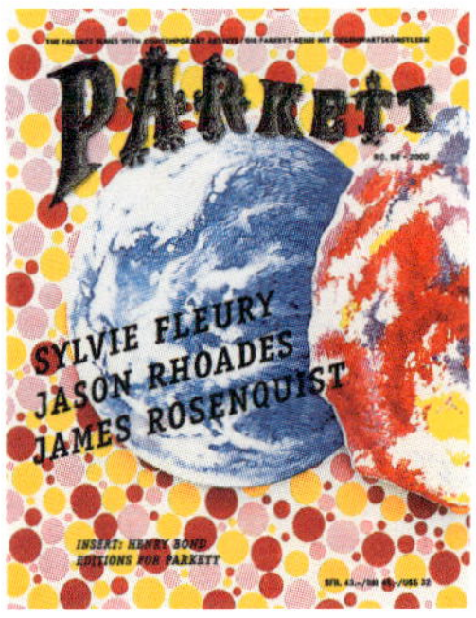

No. 58 - ISBN 3-907582-08-X

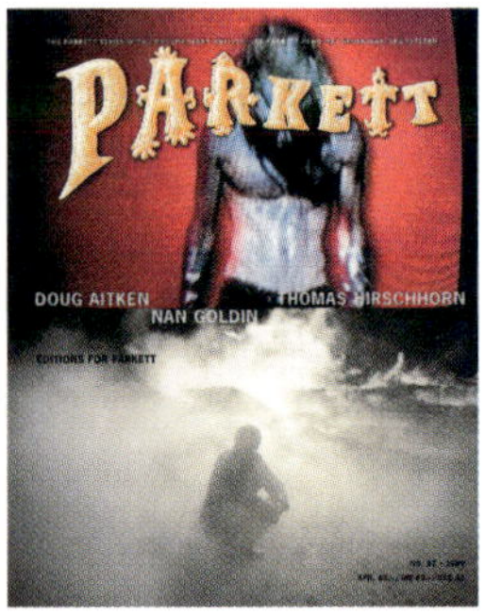

No. 57 - ISBN 3-907582-07-1

DOUG AITKEN
NAN GOLDIN
THOMAS HIRSCHHORN
ROBERTS, BONAMI, VAN ASSCHE
LEBOVICI, DANTO, LIEBMANN
FRIIS-HANSEN, HAKERT, EISENBERG
FLECK, GINGERAS, VERGNE, STEINWEG
D. GREENBERG: **DONALD BAECHLER**
ANDREA KROKSNES: **LOUISE LAWLER**
LIONEL BOVIER: **JOHN MILLER**
LES INFOS: RUDOLF SCHMITZ
CUMULUS: H.U. OBRIST, C. BUTLER
BALKON: J. STEINER/ANNELISE COSTE

ELLSWORTH KELLY
VANESSA BEECROFT
JORGE PARDO
KELLEIN, FER, MAURER, RIMANELLI
BRYSON, TAZZI, SEWARD, AVGIKOS
FERGUSON, VÉGH, VAN WINKEL
FRANGENBERG, BUSH
GREG HILTY: **CERITH WYN EVANS**
THOMAS Y. LEVIN: **CHRISTIAN MARCLAY**
LYNNE COOKE: **DIANA THATER**
LES INFOS: DIANE LEWIS
CUMULUS: A. DANNATT, P. NEDOMA

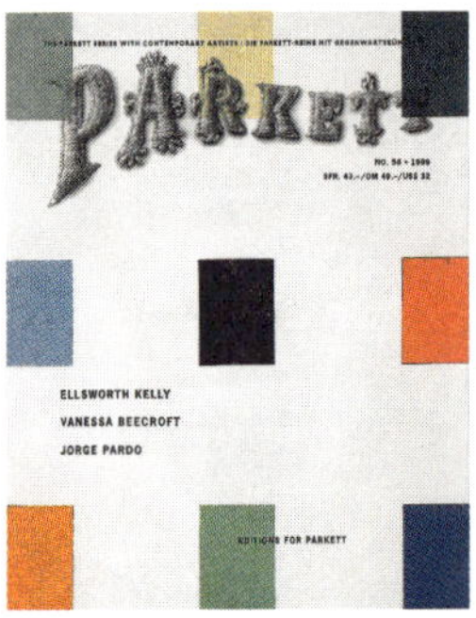

No. 56 - ISBN 3-907582-06-3

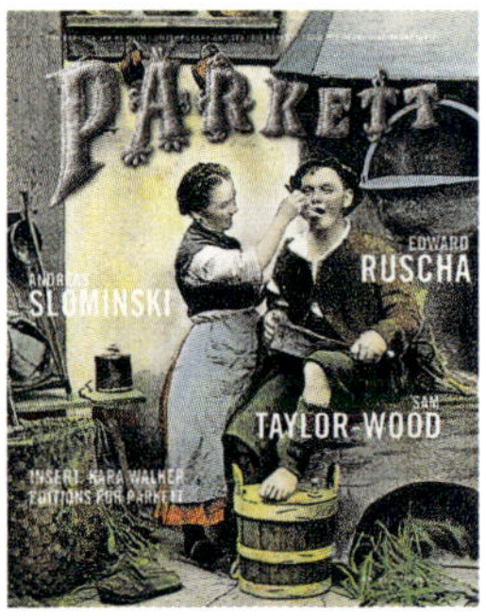

No. 55 - ISBN 3-907582-05-5

EDWARD RUSCHA
ANDREAS SLOMINSKI
SAM TAYLOR-WOOD
PERRONE, HIGGIE, SINGERMAN
SCHENKER, SCANLAN, SPECTOR, FREY
HEYNEN, GROYS/FUNCKE/HOFFMANN
BRONFEN, BONAMI, LAJER-BURCHARTH
INSERT: **KARA WALKER**
BORIS GROYS: **PAVEL PEPPERSTEIN**
RUDOLF SCHMITZ: **ALEXANDER KLUGE**
BEATRIX RUF: **EIJA-LIISA AHTILA**
CUMULUS: M. NICOL, S. ROLNIK

RONI HORN
MARIKO MORI
BEAT STREULI
SCHORR, GUNNARSSON, GOROVOY, LEWIS
SPECTOR, BRYSON, NAKAZAWA, NICHOLS
GOODEVE, STALS, DANTO, AMANO, SMITH
INSERT: **MATTHEW RITCHIE**
VINCENT KATZ: **ALEX KATZ**
H. BREDEKAMP: **STEPHAN VON HUENE**
PAUL D. MILLER: **SHIRIN NESHAT**
LES INFOS:
OKWUI ENWEZOR & WILLIAM KENTRIDGE
CUMULUS: VALÉRIA PICCOLI, MARIA LIND

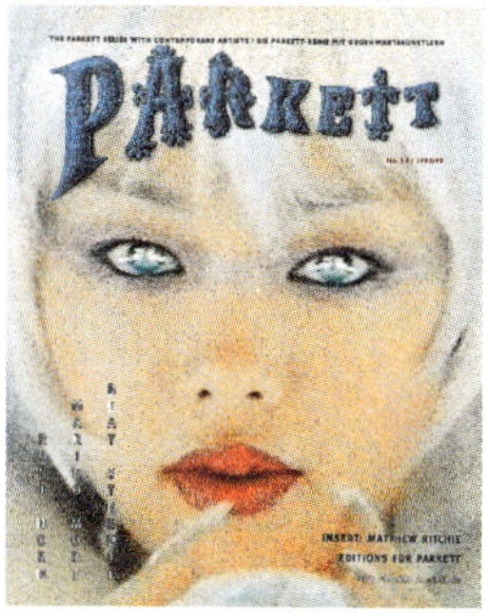

No. 54 - ISBN 3-907582-04-7

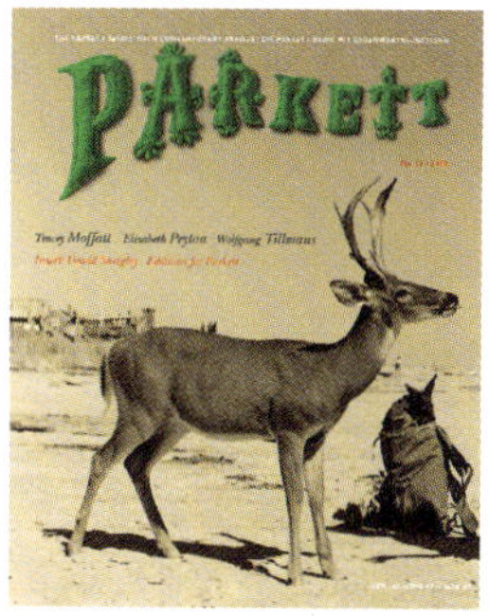

No. 53 - ISBN 3-907582-03-9

TRACEY MOFFATT
ELIZABETH PEYTON
WOLFGANG TILLMANS
MARTIN, LAJER-BURCHARTH, RIMANELLI
PILGRIM, URSPRUNG, LIEBMANN, MATSUI
WAKEFIELD, BUDNEY, NESBITT, ZIEGLER
INSERT: **DAVID SHRIGLEY**
C. BERNARD: **JOHAN GRIMONPREZ**
BERNARD MARCADÉ: **ROBERT GOBER**
LES INFOS DE L'ENFER: V. LIEBERMANN
CUMULUS: BLESSING, AUPETITALLOT
BALKON: STEINER/MAGNAGUAGNO

KAREN KILIMNIK
MALCOLM MORLEY
UGO RONDINONE
SCHORR, BÜRGI, JUNCOSA
MORLEY, LEBENSZTEJN, BONAMI
VERWOERT, HOPTMAN
INSERT: **THOMAS BAYRLE**
ED WHITE: **JEAN MICHEL OTHONIEL**
NEVILLE WAKEFIELD: **RICHARD SERRA**
GILDA WILLIAMS: **GILLIAN WEARING**
R. GRESKOVIC: **MERCE CUNNINGHAM**
CUMULUS: WALKER, KURZMEYER
BALKON: CECILIA VICUÑA

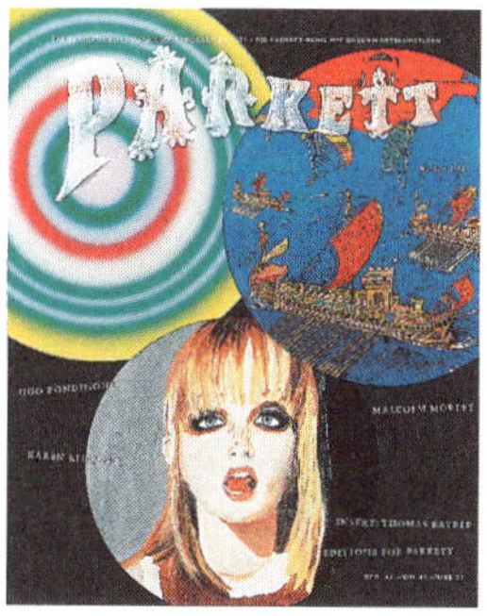

No. 52 - ISBN 3-907582-02-0

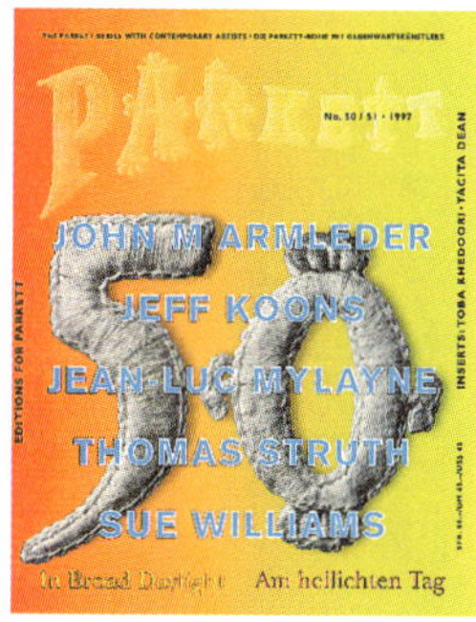

50/51 - ISBN 3-907582-00-4

JOHN M ARMLEDER, JEFF KOONS
JEAN-LUC MYLAYNE
THOMAS STRUTH, SUE WILLIAMS
DI PIETRANTONIO, BOVIER, MUNIZ
SEWARD, LOERS, NICHOLS GOODEVE
COOKE, DION, ARNAUDET, MYLAYNE
CURIGER, LINGWOOD,OKUTSU, BRYSON
SCHJELDAHL, NESBIT, DANNATT, CAMHI
INSERTS: **TOBA KHEDOORI, TACITA DEAN**
ONFRAY: **H. RIGAUD,** NICOL: **SAM SAMORE**
MURPHY, VAN DER WALLE, STEINER
KURT W. FORSTER: **FRANK GEHRY**
CUMULUS: COLEMAN, BIRNBAUM

LAURIE ANDERSON
DOUGLAS GORDON
JEFF WALL
FLOOD, BEZZOLA, FERGUSON
GILLICK/GORDON, BRYSON
PONTBRIAND, SCHORR, ANDERSON
BURCKHARDT, BUDNEY
INSERT: **SILVIA BÄCHLI**
COLIN DE LAND: **JOHN WATERS**
ROBERT STORR: **SEYDOU KEITA**
D. SALVIONI: **CLEGG & GUTTMANN**
CUMULUS: KITTELMANN, MEYER

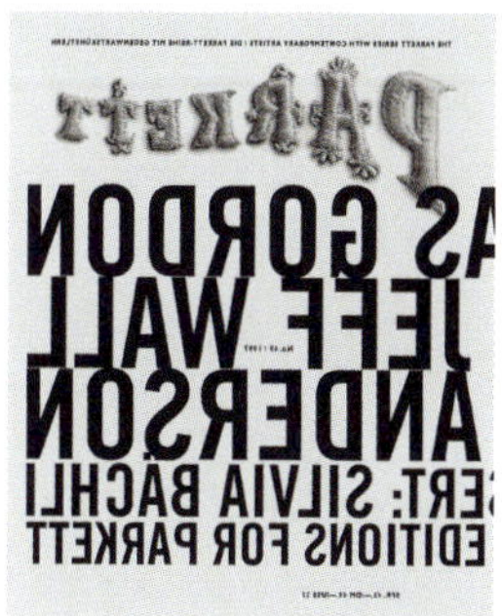

No. 49 - ISBN 3-907509-99-4

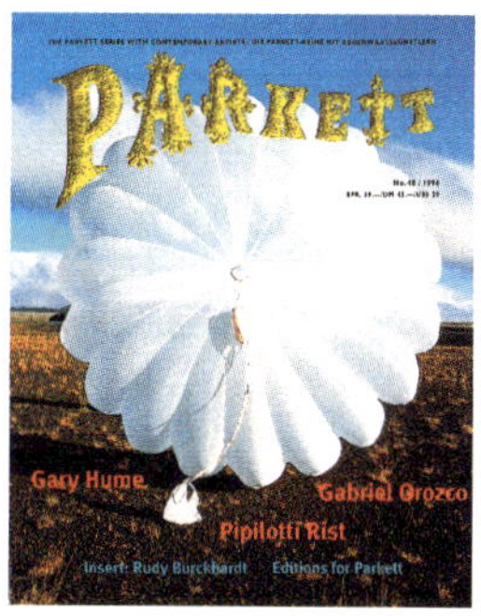

No. 48 - ISBN 3-907509-98-6

GARY HUME
GABRIEL OROZCO
PIPILOTTI RIST
BOVIER, MUIR, FOGLE, BONAMI
DE ZEGHER, SPECTOR, URSPRUNG
BABIAS, COLOMBO, ANDERSON
INSERT: **RUDY BURCKHARDT**
V. KATZ: **RUDY BURCKHARDT**
MARK VAN DER WALLE:
CHARLES LONG & STEREOLAB
FAYE HIRSCH: **BRUCE CONNER**
CH. DOSWALD: **IAN ANÜLL**
CUMULUS: LEGGAT, SCHNEIDER

TONY OURSLER
RAYMOND PETTIBON
THOMAS SCHÜTTE
COOKE, RICHARD, NERI
LEWIS, GROYS, ALS, RUGOFF
GOODEVE, SEARLE, MARI, REUST
WAKEFIELD, LOOCK, JANUS
INSERT: **ZOE LEONARD & CHERYL DUNYE**
JURI STEINER: **EMMA KUNZ**
M. WECHSLER: **CHRISTOPH RÜTIMANN**
SUSAN MORGAN: **DIANE ARBUS**
CUMULUS: PRINCENTHAL, BOVIER/CHERIX

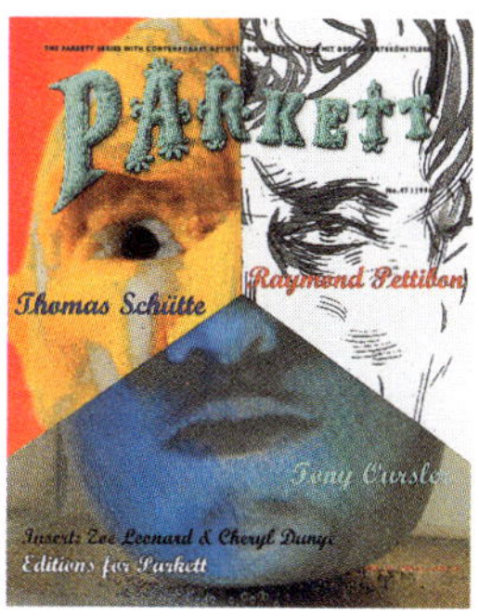

No. 47 - ISBN 3-907509-97-8

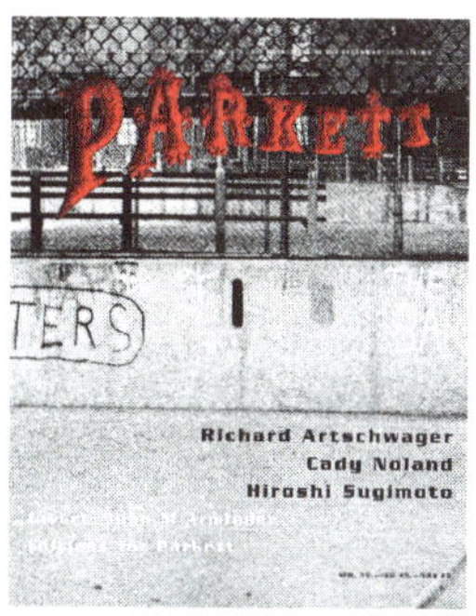

No. 46 - ISBN 3-907509-96-X

RICHARD ARTSCHWAGER
CADY NOLAND
HIROSHI SUGIMOTO
DEITCHER, SCHAFFNER, FORSTER
MUNIZ, ARMSTRONG, RELYEA
BOGDAN, GOODEVE, NICKAS
BRYSON, RUGOFF, DENSON
INSERT: **JOHN M ARMLEDER**
ROLAND WÄSPE: **ERWIN WURM**
D. BIRNBAUM: **ÖYVIND FAHLSTRÖM**
LES INFOS DU PARADIS: ROBERT FLECK
CUMULUS: MILLER, VETTESE
BALKON: MARTIN HELLER

VIJA CELMINS
ANDREAS GURSKY
RIRKRIT TIRAVANIJA
PRINCENTHAL, LEWIS, SILVERTHORNE
SHIFF, CRIQUI, BURCKHARDT, WAKEFIELD
SCHORR, MELO, GILLICK, FLOOD, STEINER
INSERT: **HANS DANUSER**
LES INFOS: LIAM GILLICK / DOUGLAS GORDON
LYNNE COOKE, DAVID DEITCHER
DANIEL KURJAKOVIC: **MARIE JOSÉ BURKI**
NAN GOLDIN: **PETER HUJAR**
NOEMI SMOLIK: **ANDREAS SLOMINSKI**
JASON SIMON: **MARK DION**
LUK LAMBRECHT: **MARK LUYTEN**

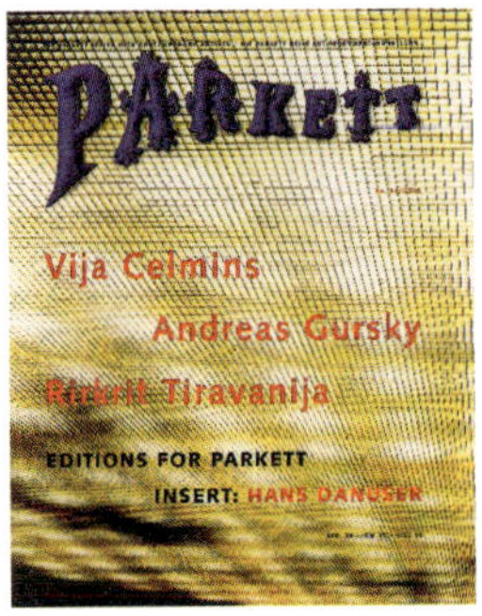

No. 44 - ISBN 3-907509-94-3

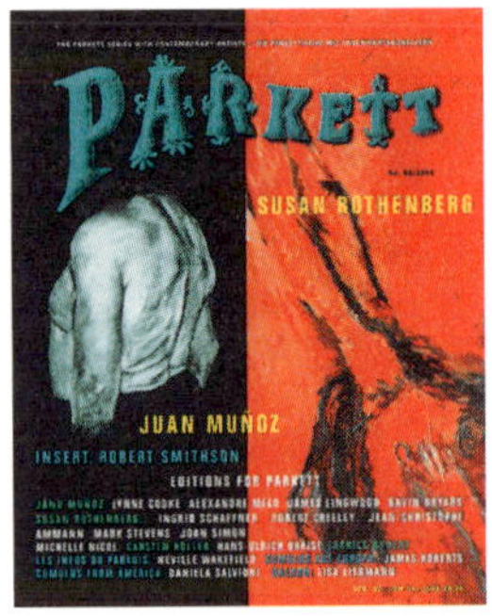

No. 43 - ISBN 3-907509-93-5

JUAN MUÑOZ
SUSAN ROTHENBERG
LYNNE COOKE, ALEXANDRE MELO
JAMES LINGWOOD, GAVIN BRYARS
ROBERT CREELEY, INGRID SCHAFFNER
JEAN-CHRISTOPHE AMMANN
MARK STEVENS, JOAN SIMON
INSERT: **ROBERT SMITHSON**
NEVILLE WAKEFIELD
MICHELLE NICOL: **CARSTEN HÖLLER**
H.U. OBRIST: **FABRICE HYBERT**

LAWRENCE WEINER
RACHEL WHITEREAD
B. ADAMS, F. RICHARD
D. SCHWARZ, D. SALVIONI
E. LEFFINGWELL, L. RELYEA
N. WAKEFIELD, R. SCHMITZ
T. FAIRBROTHER, S. WATNEY
INSERT: **NAN GOLDIN**
VINCE LEO: **ROBERT FRANK**
C. RITSCHARD: **MARKUS RAETZ**

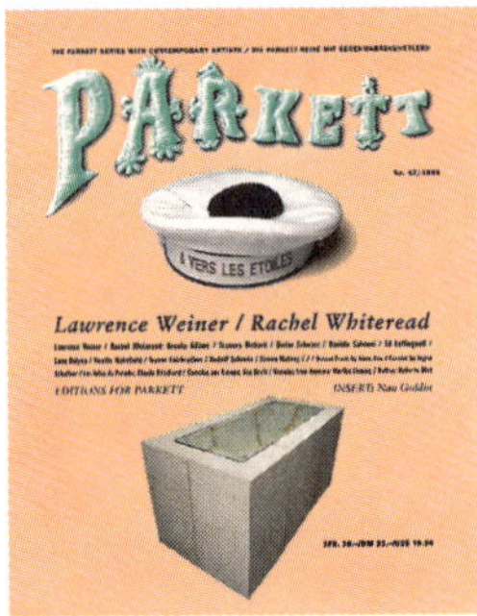

No. 42 - ISBN 3-907509-92-7

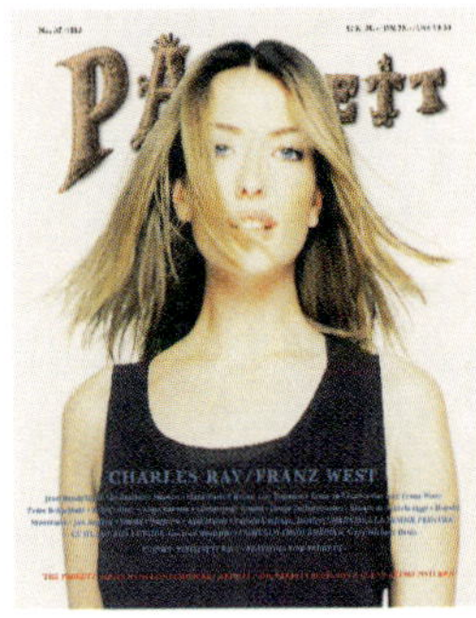

No. 37 - ISBN 3-907509-87-0

CHARLES RAY
FRANZ WEST
K. KERTESS, CH. KNIGHT
P. SCHJELDAHL, R. STORR
J. AVGIKOS, A. HUBER
M. PRINZHORN, E. SCHLEBRÜGGE
HARALD SZEEMANN
D. ZACHAROPOULOS
INSERT: **PIPILOTTI RIST**
JEAN BAUDRILLARD
HANS RUDOLF REUST: **LUC TUYMANS**
PARKETT INQUIRY:
CHERCHEZ LA FEMME PEINTRE

ILYA KABAKOV
RICHARD PRINCE
BORIS GROYS, ROBERT STORR
JAN THORN-PRIKKER
CLAUDIA JOLLES, EDMUND WHITE
SUSAN TALLMAN, DANIELA
SALVIONI, KATHY ACKER
INSERT: **TATSUO MIYAJIMA**
GUDRUN INBODEN: **ASTA GRÖTING**
LYNNE COOKE: **GARY HILL**
PATRICK McGRATH: **STEPHEN ELLIS**

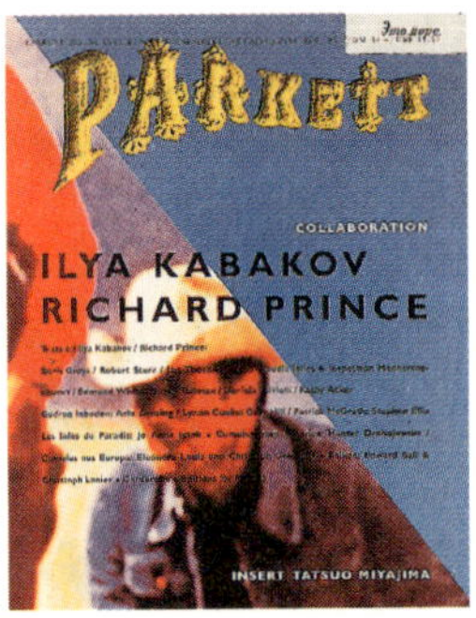

No. 34 - ISBN 3-907509-84-6

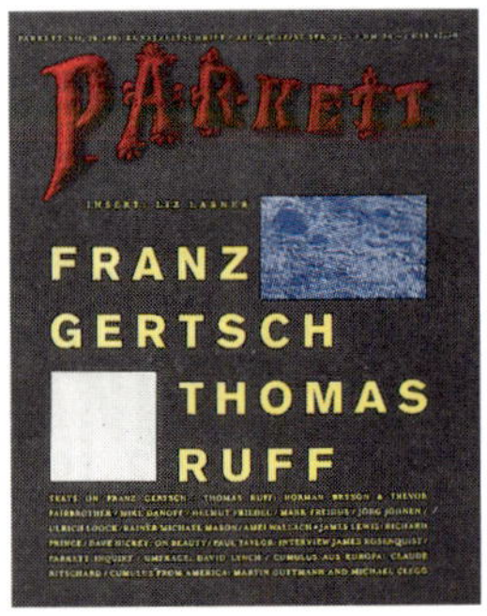

No. 28 - ISBN 3-907509-78-1

FRANZ GERTSCH
THOMAS RUFF
H. FRIEDEL, U. LOOCK
I. MICHAEL DANOFF
A. WALLACH. R. M. MASON
M. FREIDUS, J. JOHNEN
T. FAIRBROTHER/N. BRYSON
INSERT: **LIZ LARNER**
JAMES LEWIS: **RICHARD PRINCE**
DAVID HICKEY: **THE INVISIBLE DRAGON/DER UNSICHTBARE DRACHEN**
P. TAYLOR: **JAMES ROSENQUIST**

ALEX KATZ
JOHN RUSSELL, BROOKS ADAMS
DAVID RIMANELLI, FRANCESCO
CLEMENTE, MICHAEL KRÜGER
RICHARD FLOOD, PATRICK FREY
CARL STIGLIANO, BICE CURIGER
GLENN O'BRIEN
INSERT: **WILLIAM WEGMAN**
LISA LIEBMAN: **ROBERT GOBER**
JACQUELINE BURCKHARDT:
GIULIO ROMANO

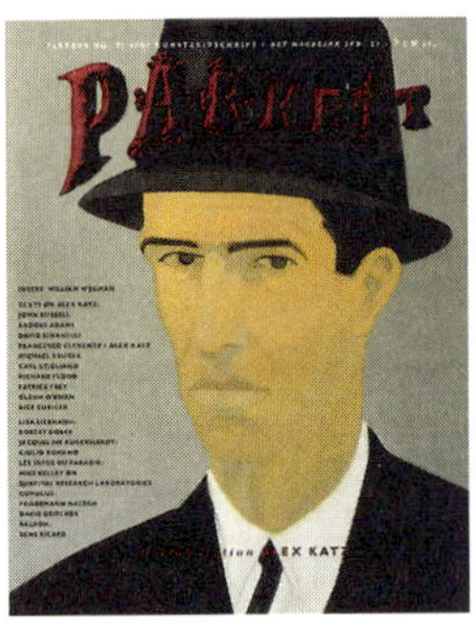

No. 21 - ISBN 3-907509-71-4

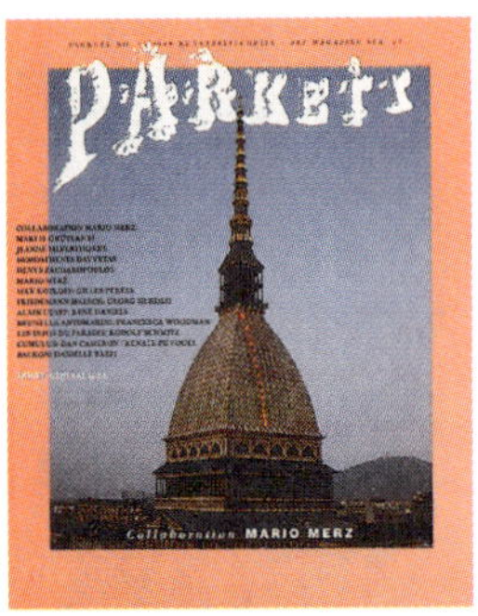

No. 15 - ISBN 3-907509-65-X

MARIO MERZ
MARLIS GRÜTERICH, JEANNE
SILVERTHORNE, DEMOSTHENES
DAVVETAS, HARALD SZEEMANN
DENYS ZACHAROPOULOS
INSERT: **GENERAL IDEA**
MAX KOZLOFF: **GILLES PERESS**
FRIEDEMANN MALSCH:
GEORG HEROLD
BRUNELLA ANTOMARINI:
FRANCESCA WOODMAN

ARTISTS' EDITIONS FOR PARKETT SUBSCRIBERS
WWW.PARKETTART.COM

74

The PARKETT Series is created in collaboration with artists, who contribute an original work available exclusively to the subscribers in the form of a signed limited SPECIAL EDITION. The available works are also reproduced in each PARKETT issue.

Each SPECIAL EDITION is available by order from any one of our offices in New York or Zurich. Just fill in the details below and send this card to the office nearest you. Once your order has been processed, you will be issued with an invoice and your personal edition number. Upon receipt of payment, you will receive the SPECIAL EDITION. (Please note that supply is subject to availability. PARKETT does not assume responsibility for any delays in production of SPECIAL EDITIONS. Postage is not included.)

☐ As a subscriber to PARKETT, I would like to order the following Special Edition(s), signed and numbered by the artist.

PARKETT No.	ARTIST	NAME:
PARKETT No.	ARTIST	ADDRESS:
PARKETT No.	ARTIST	CITY:
PARKETT No.	ARTIST	STATE/ZIP:
PARKETT No.	ARTIST	COUNTRY:
PARKETT No.	ARTIST	PHONE:

☐ I have indicated my way of payment on the reverse side of this form.

Send this form to the PARKETT office nearest you:

PARKETT PUBLISHERS 155 AV. OF THE AMERICAS NEW YORK, NY 10013 PHONE (212) 673-2660 FAX (212) 271-0704

PARKETT VERLAG QUELLENSTRASSE 27 CH-8031 ZÜRICH TELEFON +41-44-271 81 40 FAX +41-44-272 43 01

Visit our website: www.parkettart.com

KÜNSTLEREDITIONEN FÜR PARKETT-ABONNENTEN
WWW.PARKETTART.COM

74

Die PARKETT-Buchreihe entsteht in Zusammenarbeit mit Künstlern, die eigens für die Abonnenten einen Originalbeitrag in Form einer limitierten und signierten EDITION gestalten. Diese Editionen sind auch in der Zeitschrift abgebildet und können mit dieser Bestellkarte in jedem unserer Büros in Zürich, Frankfurt oder New York bestellt werden. Sie erhalten dann Ihre persönliche Editionsnummer und eine Rechnung. Sobald wir Ihre Zahlung erhalten haben, schicken wir Ihnen Ihre Edition(en). Lieferung solange Vorrat. PARKETT übernimmt keine Verantwortung für allfällige Verzögerungen bei der Herstellung der Vorzugsausgaben. Versandkosten und MwSt (Schweiz) nicht inbegriffen.

☐ Ich bin PARKETT-Abonnent(in) und bestelle folgende EDITION(EN), nummeriert und vom Künstler signiert:

PARKETT Nr.	KÜNSTLER/IN	NAME:
PARKETT Nr.	KÜNSTLER/IN	STRASSE:
PARKETT Nr.	KÜNSTLER/IN	PLZ/STADT:
PARKETT Nr.	KÜNSTLER/IN	LAND:
PARKETT Nr.	KÜNSTLER/IN	TEL.:

☐ Meine Zahlungsweise habe ich auf der Rückseite angegeben.

Senden Sie die Bestellkarte an das PARKETT-Büro in Ihrer Nähe:

PARKETT VERLAG QUELLENSTRASSE 27 CH-8031 ZÜRICH TELEFON +41-44-271 81 40 FAX +41-44-272 43 01

PARKETT PUBLISHERS 155 AV. OF THE AMERICAS NEW YORK, NY 10013 PHONE (212) 673-2660 FAX (212) 271-0704

Besuchen Sie unsere Website: www.parkettart.com

PARKETT

SUBSCRIBE, COMPLETE OR SEND A GIFT SUBSCRIPTION TO THE BEST BOOK SERIES ON CONTEMPORARY ARTISTS – WWW.PARKETTART.COM

☐ I wish to subscribe to the PARKETT Series, starting with issue no. ______

☐ I wish to send a gift subscription, starting with issue no. ______ (a gift card in my name will be sent to the recipient):

- ☐ for 1 year (3 issues) at US $ 80 (USA/Canada), € 82 (Europe), € 98 (Rest of the World)
- ☐ for 2 years (6 issues) at US $ 145 (USA/Canada), € 150 (Europe), € 188 (Rest of the World)
- ☐ for 3 years (9 issues) at US $ 205 (USA/Canada), € 212 (Europe), € 278 (Rest of the World)
- ☐ for 1 year (3 issues) at the special student discount (US $ 65 for USA/Canada, € 67 for Europe). A copy of my student ID is enclosed.

Postage included. All prices subject to change.

☐ I wish to complete my PARKETT library and order the following issue(s):

No. ______

at € 30 each (up to no. 43: € 20; no. 44–48: € 28), postage not included. Within the USA & Canada $ 32 (up to no. 43: $ 22.50; no. 44–48: $ 29), add postage: $ 5 (USA), $ 10 (Canada). (Sold out: No. 1–10, 12, 13, 16, 17, 19, 22, 25, 26, 27, 29–31, 35, 36, 38, 45).

☐ I wish to order _____ copies of the PARKETT Postcard Set with Text Booklet on MoMA Show. 146 color postcards, booklet with 2 essays, color reproductions, 64 p., packed in a box, 6¼ x 4¾ x 2⅜", € 32 (USA $ 39) per set, plus postage.

☐ I wish to order _____ copies of "PARKETT – 20 Years of Artists' Collaborations," providing "a rare behind-the-scenes look at one of the art world's most respected art magazines." 248 p., 22 color pages, 1 color poster, € 32 (USA $ 39), plus postage.

NAME: ______

ADDRESS: ______

CITY: ______

STATE/ZIP/COUNTRY: ______

TEL.: ______ FAX: ______

E-MAIL: ______

GIFT RECIPIENT: ______

ADDRESS: ______

CITY: ______

STATE/ZIP: ______

COUNTRY: ______

☐ Charge my Visa Card ☐ Mastercard ☐ AMEX

Card No. ______ Expiration date ______

☐ Payment enclosed (US check or money order) ☐ Bill me

DATE ______

SIGNATURE ______

Send this form to the PARKETT office nearest you:

PARKETT PUBLISHERS 155 AV. OF THE AMERICAS NEW YORK, NY 10013 PHONE (212) 673-2660 FAX (212) 271-0704

PARKETT VERLAG QUELLENSTRASSE 27 CH-8031 ZÜRICH TELEFON +41-44-271 81 40 FAX +41-44-272 43 01

Visit our website: www.parkettart.com

PARKETT

ABONNIEREN, VERVOLLSTÄNDIGEN ODER VERSCHENKEN SIE DIE UMFASSENDSTE BUCHREIHE ÜBER GEGENWARTSKÜNSTLER – WWW.PARKETTART.COM

74

☐ Ich abonniere die PARKETT-Reihe ab Nr. ______

☐ Ich verschenke ein PARKETT-Abonnement ab Nr. ______ (Der/die Beschenkte erhält eine Geschenkkarte in meinem Namen)

- ☐ für 1 Jahr (3 Bände) zu: € 78 (Deutschland), CHF 116.– (Schweiz), € 82 (übriges Europa)
- ☐ für 2 Jahre (6 Bände) zu: € 140 (Deutschland), CHF 216.– (Schweiz), € 150 (übriges Europa)
- ☐ für 3 Jahre (9 Bände) zu: € 200 (Deutschland), CHF 312.– (Schweiz), € 212 (übriges Europa)
- ☐ für 1 Jahr (3 Bände) zum Studenten-Sonderpreis (Deutschland: € 65 /Schweiz: CHF 96.– / übriges Europa: € 67). Eine Kopie meines gültigen Studentenausweises lege ich bei.

Preise einschliesslich Versandkosten. Preisänderungen vorbehalten.

☐ Ich möchte meine PARKETT-Bibliothek vervollständigen und bestelle die folgenden noch erhältliche(n) Ausgabe(n):

Nr. ______

zu je € 30 / CHF 45.– (bis Nr. 43: € 20 / CHF 30.–; Nr. 44–48: € 28 / CHF 39.–), zzgl. Versandkosten (vergriffen: Nr. 1–10, 12, 13, 16, 17, 19, 22, 25, 26, 27, 29–31, 35, 36, 38, 45).

☐ Ich bestelle _____ Ex. des aktualisierten PARKETT-Postkarten-Sets mit Textbüchlein zur MoMA-Ausstellung. 146 Farbpostkarten, Büchlein mit zwei Texten, Farbabb., 64 S., in bunter Schachtel, 16 x 12 x 6 cm. € 32 / CHF 45.– pro Set, zzgl. Versandkosten.

☐ Ich bestelle _____ Ex. «Parkett – 20 Years of Artists' Collaborations», das neue Buch, das «Einblick hinter die Kulissen der weltweit hoch geschätzten Kunstzeitschrift gewährt». 248 S., dt./engl., 22 Farbseiten, 1 Farbposter, € 32 / CHF 45.–, zzgl. Versandkosten.

NAME: ______

STRASSE: ______

PLZ/STADT: ______

LAND: ______

TEL.: ______ FAX: ______

E-MAIL: ______

BESCHENKTE(R): ______

STRASSE: ______

PLZ/STADT: ______

LAND: ______

☐ Ich zahle mit Visa ☐ Eurocard/Mastercard ☐ AMEX

Karten Nr. ______ Gültig bis ______

☐ Mein Scheck über CHF/€ ______ liegt bei.

☐ Bitte senden Sie mir eine Rechnung.

DATUM ______

UNTERSCHRIFT ______

Senden Sie die Bestellkarte an das PARKETT-Büro in Ihrer Nähe:

PARKETT VERLAG QUELLENSTRASSE 27 CH-8031 ZÜRICH TELEFON +41-44-271 81 40 FAX +41-44-272 43 01

PARKETT PUBLISHERS 155 AV. OF THE AMERICAS NEW YORK, NY 10013 PHONE (212) 673-2660 FAX (212) 271-0704

Besuchen Sie unsere Website: www.parkettart.com

Each volume of PARKETT is created in collaboration with artists, who contribute an original work specially made for the readers of PARKETT. The works are available in a signed and numbered Special Edition. Prices are subject to change. Postage is not included.

EDITIONS FOR PARKETT

Jeder PARKETT-Band entsteht in Collaboration mit Künstlern, die eigens für die Leser von PARKETT Originalbeiträge gestalten. Diese Vorzugsausgaben sind als nummerierte und signierte Editionen erhältlich. Preisänderungen vorbehalten. Versandkosten und MwSt. (Schweiz) nicht inbegriffen.

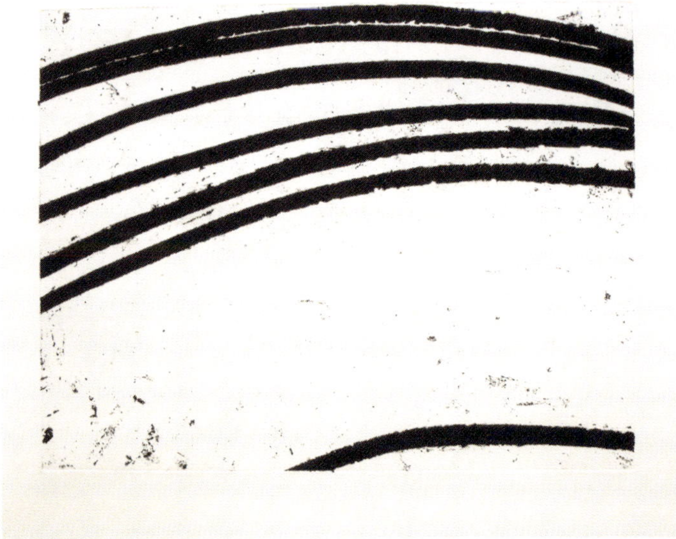

PARKETT 74

RICHARD SERRA

BILBAO 1, 2005

Etching, paper size 22 3/4 x 27 1/2",
Image size 17 3/4 x 23 1/2", printed by Gemini G.E.L.,
Los Angeles, CA
Edition of 35, signed and numbered
$ 3000 / € 2500

Radierung, Blattformat 45 x 60 cm,
Papierformat 58 x 70 cm, gedruckt bei Gemini G.E.L.,
Los Angeles, CA
Auflage 35, signiert und nummeriert
CHF 3800 / € 2500

WAVE UPON WAVE, A SPECTRUM LEAVES THE CONFINES OF THE PAPER, AND ESCAPES INTO AN INFINITY OF WEIGHTLESSNESS.

WELLLE UM WELLE
VERLÄSST DAS SPEKTRUM DAS BLATT,
BEFREIT VON DER SCHWERE.

PARKETT 74

KATHARINA GROSSE

ROCK, 2005

Carrara Marmor (7 - 10 kg), Acryl, Unikat
je ca. 20 x 10 x 14 cm
Auflage: 55 / XXV, signiertes und nummeriertes Zertifikat
CHF 2700 / € 1800

Carrara marble (15 - 20 lbs), acryl, each unique
ca. 8 x 4 x 5 1/2"
Edition of 55 / XXV, signed and numbered certificate
$ 2250 / € 1800

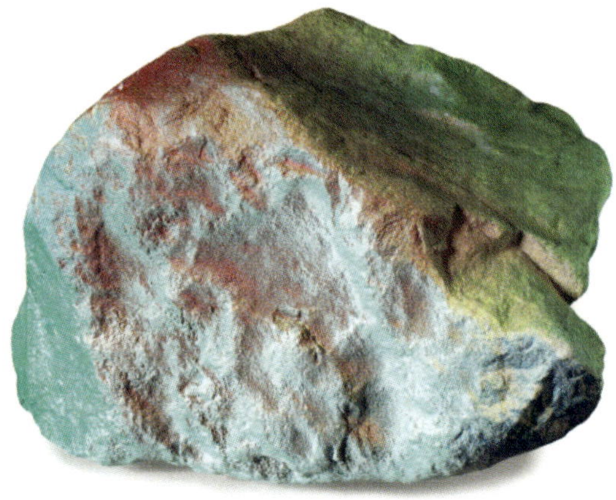

PERFECTLY PACKAGED: COLOR COMES FULL CIRCLE, EMBRACING AND CONCEA-LING ONE OF ART'S OLDEST AND MOST EXQUISITE MATERIALS.

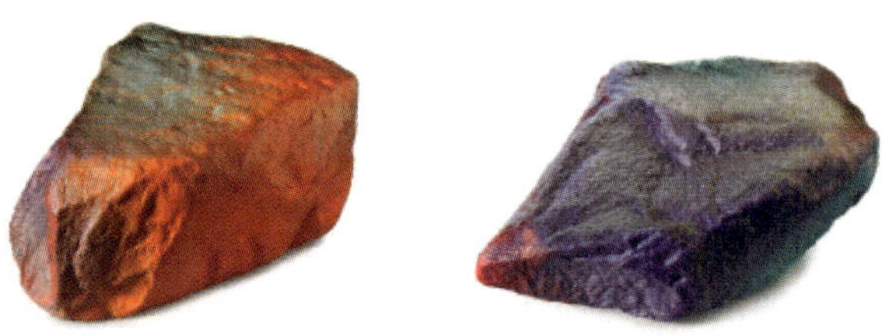

EIN KOMET SCHLUG EIN IN CARRARA,
IM HERZEN SO WEISS UND AUSSEN:
DAS LEUCHTEN FERNER WELTEN.

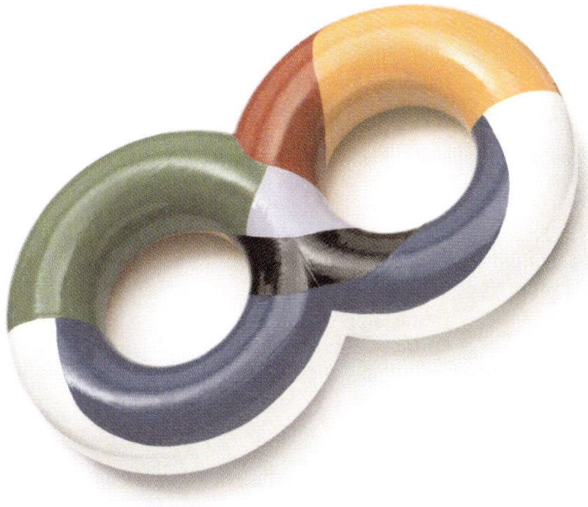

PARKETT 74

BERNARD FRIZE

PERCY JOHN HEAWOOD

CONJECTURE, 2005

Double torus cast in Polyurethane, painted in eight synthetic resin colors, The number of colors sufficient for map coloring on the surface of a double torus is given by the Heawood conjecture. All eight colors share a common border with each other.

10 x 3 1/2 x 1 3/4", 2.75 lbs, Production by Kunstgiesserei Felix Lehner, St. Gall, Switzerland

Edition of 45 / XXV, signed und numbered certificate

$ 2500 / € 2000

Doppel Torus, gegossen in Polyurethan, bemalt mit acht Kunstharzfarben. Der Mathematiker Heawood vermutete, dass zur Kartenbemalung eines Torus acht Farben so platziert werden können, dass sie je eine gemeinsame Grenze haben.

24 x 8 x 4 cm, 1,25 kg, Produktion: Kunstgiesserei Felix Lehner, St. Gallen.

Auflage 45 / XXV, signiertes und nummeriertes Zertifikat

CHF 3000 / € 2000

THE RECIPE: EIGHT COLORS, SEVEN BORDERS,
AND CHANCE UNDER CONTROL;
FOR ONCE, SALVATION IS IMMANENT.

STEHEND SAGT ES: ACHT.
LIEGEND SEUFZT ES: UNENDLICH,
DIES DIE KARTOGRAPHIERTE HARMONIE.

ANNIVERSARY EDITION PARKETT 70

FRANZ WEST

2 X 20 JAHRE PARKETT, 2004

Büchergestell. Armierungsstahl, Plexiglas, vier Räder, 120 x 60 x 30 cm.

Auflage: 99, signiertes und nummeriertes Zertifikat.

CHF 4400 / € 2900

2 X 20 YEARS OF PARKETT, 2004

Bookshelf. Reinforcing steel, Plexiglas, four wheels, 47 1/4 x 23 5/8 x 11 13/16".

Edition of 99, signed and numbered certificate.

$ 3500 / € 2900

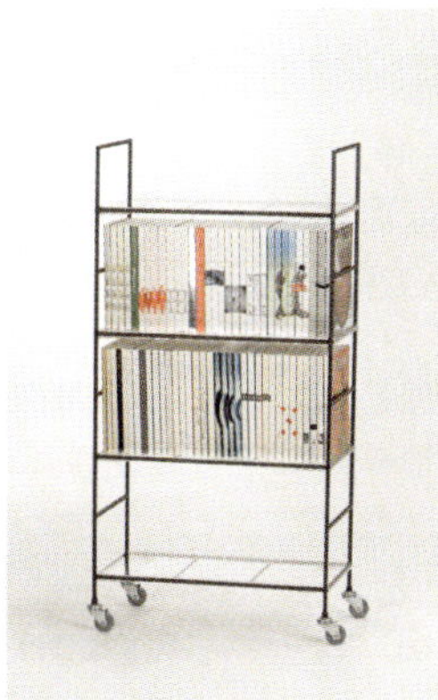

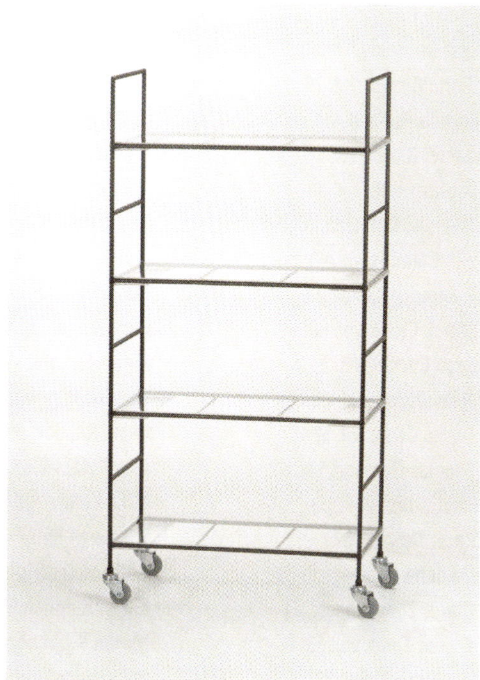

THIS WHEELED COMPANION TO THE GLOBETROTTER'S "POUCH FOR PARKETT" (1993) WILL HOUSE ALL THE VOLUMES OF PARKETT THROUGH 2024.

NACH DEM SACKERL FÜR UNTERWEGS FOLGT DIE BEWEGLICHE «LIBRAIRIE EN APPARTEMENT» MIT PLATZ FÜR ALLE PARKETT-BÄNDE BIS 2024.

PARKETT

ARTISTS' MONOGRAPHS & EDITIONS / KÜNSTLERMONOGRAPHIEN & EDITIONEN

FOR AVAILABILITY SEE NEXT PAGE / LIEFERBARKEIT SIEHE FOLGENDE SEITE

Franz Ackermann, vol. 68
Eija-Liisa Ahtila, vol. 68
Doug Aitken, vol. 57
Kai Althoff, vol. 75
Francis Alÿs, vol. 69
Laurie Anderson, vol. 49
John Armleder, vol. 50/51
Richard Artschwager, vol. 23, vol. 46
John Baldessari, vol. 29
Stephan Balkenhol, vol. 36
Matthew Barney, vol. 45
Georg Baselitz, vol. 11
Vanessa Beecroft, vol. 56
Ross Bleckner, vol. 38
John Bock, vol. 67
Alighiero e Boetti, vol. 24
Christian Boltanski, vol. 22
Monica Bonvicini, vol. 72
Louise Bourgeois, vol. 27
Olaf Breuning, vol. 71
Glenn Brown, vol. 75
Angela Bulloch, vol. 66
Daniel Buren, vol. 66
Sophie Calle, vol. 36
Maurizio Cattelan, vol. 59
Vija Celmins, vol. 44
Francesco Clemente, vol. 9 & 40/41
Chuck Close, vol. 60
Enzo Cucchi, vol. 1
John Currin, vol. 65
Tacita Dean, vol. 62
Thomas Demand, vol. 62
Martin Disler, vol. 3
Peter Doig, vol. 67
Marlene Dumas, vol. 38
Olafur Eliasson, vol. 64
Tracey Emin, vol. 63
Urs Fischer, vol. 72
Eric Fischl, vol. 5
Peter Fischli / David Weiss, vol. 17, 40/41
Sylvie Fleury, vol. 58
Günther Förg, vol. 26 & 40/41
Tom Friedman, vol. 64
Katharina Fritsch, vol. 25
Bernard Frize, vol. 74
Ellen Gallagher, vol. 73
Isa Genzken, vol. 69
Franz Gertsch, vol. 28
Gilbert & George, vol. 14
Liam Gillick, vol. 61
Robert Gober, vol. 27
Nan Goldin, vol. 57
Felix Gonzalez-Torres, vol. 39
Douglas Gordon, vol. 49
Dan Graham, vol. 68
Rodney Graham, vol. 64
Katharina Grosse, vol. 74
Andreas Gursky, vol. 44
David Hammons, vol. 31
Thomas Hirschhorn, vol. 57
Damien Hirst, vol. 40/41
Jenny Holzer, vol. 40/41
Rebecca Horn, vol. 13 & 40/41
Roni Horn, vol. 54
Gary Hume, vol. 48
Pierre Huyghe, vol. 66
Ilya Kabakov, vol. 34
Anish Kapoor, vol. 69
Alex Katz, vol. 21, 72
Mike Kelley, vol. 31
Ellsworth Kelly, vol. 56
William Kentridge, vol. 63
Karen Kilimnik, vol. 52
Martin Kippenberger, vol. 19
Imi Knoebel, vol. 32
Jeff Koons, vol. 19, 50/51
Jannis Kounellis, vol. 6
Yayoi Kusama, vol. 59
Wolfgang Laib, vol. 39
Sherrie Levine, vol. 32
Sarah Lucas, vol. 45
Christian Marclay, vol. 70
Brice Marden, vol. 7
Paul McCarthy, vol. 73
Mario Merz, vol. 15
Tracey Moffatt, vol. 53
Mariko Mori, vol. 54
Malcolm Morley, vol. 52
Sarah Morris, vol. 61
Juan Muñoz, vol. 43
Jean-Luc Mylayne, vol. 50/51
Bruce Nauman, vol. 10
Cady Noland, vol. 46
Meret Oppenheim, vol. 4
Gabriel Orozco, vol. 48
Tony Oursler, vol. 47
Laura Owens, vol. 65
Jorge Pardo, vol. 56
Raymond Pettibon, vol. 47
Elizabeth Peyton, vol. 53
Richard Phillips, vol. 71
Sigmar Polke, vol. 2, 30 & 40/41
Richard Prince, vol. 34, 72
Michael Raedecker, vol. 65
Markus Raetz, vol. 8
Charles Ray, vol. 37
Jason Rhoades, vol. 58
Gerhard Richter, vol. 35
Bridget Riley, vol. 61
Pipilotti Rist, vol. 48, 71
Matthew Ritchie, vol. 61
Tim Rollins & K.O.S., vol. 20
Ugo Rondinone, vol. 52
James Rosenquist, vol. 58
Susan Rothenberg, vol. 43
Thomas Ruff, vol. 28
Edward Ruscha, vol. 18 & 55
Anri Sala, vol. 73
Wilhelm Sasnal, vol. 70
Gregor Schneider, vol. 63
Thomas Schütte, vol. 47
Dana Schutz, vol. 75
Richard Serra, vol. 74
Cindy Sherman, vol. 29
Roman Signer, vol. 45
Andreas Slominski, vol. 55
Beat Streuli, vol. 54
Thomas Struth, vol. 50/51
Hiroshi Sugimoto, vol. 46
Philip Taaffe, vol. 26
Sam Taylor-Wood, vol. 55
Diana Thater, vol. 60
Wolfgang Tillmans, vol. 53
Rirkrit Tiravanija, vol. 44
Fred Tomaselli, vol. 67
Rosemarie Trockel, vol. 33
James Turrell, vol. 25
Luc Tuymans, vol. 60
Keith Tyson, vol. 71
Kara Walker, vol. 59
Jeff Wall, vol. 22 & 49
Andy Warhol, vol. 12
Gillian Wearing, vol. 70
Lawrence Weiner, vol. 42
John Wesley, vol. 62
Franz West, vol. 37, 70
Rachel Whiteread, vol. 42
Sue Williams, vol 50/51
Robert Wilson, vol. 16
Christopher Wool, vol. 33

vol.	Collaboration		
75	Kai Althoff		
	Glenn Brown		
	Dana Schutz		
74	Bernard Frize	m	e
	Katharina Grosse	m	e
	Richard Serra	m	e
73	Ellen Gallagher	m	
	Paul McCarthy	m	
	Anri Sala	m	e
72	Monica Bonvicini	m	e
	Urs Fischer	m	
	Richard Prince	m	
71	Olaf Breuning	m	e
	Richard Phillips	m	e
	Keith Tyson	m	e
70	Christian Marclay	m	e
	Wilhelm Sasnal	m	e
	Gillian Wearing	m	e
69	Francis Alÿs	m	
	Isa Genzken	m	e
	Anish Kapoor	m	
68	Franz Ackermann	m	e
	Eija-Liisa Ahtila	m	e
	Dan Graham	m	e
67	John Bock	m	e
	Peter Doig	m	e
	Fred Tomaselli	m	
66	Angela Bulloch	m	e
	Daniel Buren	m	e
	Pierre Huyghe	m	e
65	John Currin	m	
	Laura Owens	m	e
	Michael Raedecker	m	e
64	Olafur Eliasson	m	
	Tom Friedman	m	
	Rodney Graham	m	
63	Tracey Emin	m	e
	William Kentridge	m	
	Gregor Schneider	m	
62	Tacita Dean	m	e
	Thomas Demand	m	
	John Wesley	m	e
61	Liam Gillick	m	
	Sarah Morris	m	e
	Bridget Riley	m	
	Matthew Ritchie	m	e
60	Chuck Close	m	
	Diana Thater	m	e
	Luc Tuymans	m	e
59	Maurizio Cattelan	m	
	Yayoi Kusama	m	
	Kara Walker	m	
58	Sylvie Fleury	m	
	Jason Rhoades	m	
	James Rosenquist	m	
57	Doug Aitken	m	e

vol.	Collaboration		
57	Nan Goldin	m	
	Thomas Hirschhorn	m	
56	Vanessa Beecroft	m	
	Ellsworth Kelly	m	
	Jorge Pardo	m	e
55	Edward Ruscha	m	
	Andreas Slominski	m	
	Sam Taylor-Wood	m	
54	Roni Horn	m	e
	Mariko Mori	m	
	Beat Streuli	m	
53	Tracey Moffatt	m	
	Elizabeth Peyton	m	
	Wolfgang Tillmans	m	
52	Karen Kilimnik	m	e
	Malcolm Morley	m	e
	Ugo Rondinone	m	e
50/51	John Armleder	m	
	Jeff Koons	m	e
	Jean-Luc Mylayne	m	
	Thomas Struth	m	
	Sue Williams	m	
49	Laurie Anderson	m	e
	Douglas Gordon	m	
	Jeff Wall	m	
48	Gary Hume	m	
	Gabriel Orozco	m	
	Pipilotti Rist	m	
47	Tony Oursler	m	
	Raymond Pettibon	m	
	Thomas Schütte	m	e
46	Richard Artschwager	m	
	Cady Noland	m	
	Hiroshi Sugimoto	m	
45	Matthew Barney		
	Sarah Lucas		
	Roman Signer		e
44	Vija Celmins	m	
	Andreas Gursky	m	
	Rirkrit Tiravanija	m	e
43	Juan Muñoz	m	
	Susan Rothenberg	m	
42	Lawrence Weiner	m	e
	Rachel Whiteread	m	
40/41	Francesco Clemente	m	
	Fischli/Weiss	m	
	Günther Förg	m	
	Damien Hirst	m	
	Jenny Holzer	m	
	Rebecca Horn	m	
	Sigmar Polke	m	
39	Felix Gonzalez-Torres		
	Wolfgang Laib		
38	Ross Bleckner		
	Marlene Dumas		

vol.	Collaboration		
37	Charles Ray	m	
	Franz West	m	e
36	Stephan Balkenhol		
	Sophie Calle		
35	Gerhard Richter		
34	Ilya Kabakov	m	
	Richard Prince	m	
33	Rosemarie Trockel	m	
	Christopher Wool	m	
32	Imi Knoebel	m	
	Sherrie Levine	m	
31	David Hammons		
	Mike Kelley		
30	Sigmar Polke		
29	John Baldessari		
	Cindy Sherman		
28	Franz Gertsch	m	
	Thomas Ruff	m	
27	Louise Bourgeois		
	Robert Gober		
26	Günther Förg		
	Philip Taaffe		
25	Katharina Fritsch		e
	James Turrell		
24	Alighiero e Boetti	m	
23	Richard Artschwager	m	
22	Christian Boltanski		
	Jeff Wall		
21	Alex Katz	m	
20	Tim Rollins + K.O.S.	m	
19	Martin Kippenberger		
	Jeff Koons		
18	Ed Ruscha		
17	Fischli/Weiss		
16	Robert Wilson		
15	Mario Merz	m	
14	Gilbert & George	m	
13	Rebecca Horn		
12	Andy Warhol		
11	Georg Baselitz	m	
10	Bruce Nauman		
9	Francesco Clemente		
8	Markus Raetz		
7	Brice Marden		
6	Jannis Kounellis		
5	Eric Fischl		
4	Meret Oppenheim		
3	Martin Disler		
2	Sigmar Polke		
1	Enzo Cucchi		

m = available monograph / erhältliche Monographie, e = available edition / erhältliche Edition
Delivery subject to availability at time of order / Lieferung solange Vorrat

PARKETT IN BOOKSHOPS (Selection)

PARKETT IS AVAILABLE IN 500 LEADING ART BOOKSHOPS AROUND THE WORLD. FOR FURTHER INFORMATION CONTACT:
PARKETT GIBT ES IN 500 FÜHRENDEN KUNSTBUCHHANDLUNGEN AUF DER GANZEN WELT. FÜR WEITERE INFORMATIONEN WENDEN SIE SICH BITTE AN:
PARKETT VERLAG, QUELLENSTRASSE 27, CH-8031 ZÜRICH, TEL. +41-1 271 81 40, FAX 272 43 01, WWW.PARKETTART.COM;
PARKETT, 155, AVENUE OF THE AMERICAS, 2ND FLOOR, NEW YORK, N.Y. 10013, PHONE +1 (212) 673-2660, FAX 271 0704, WWW.PARKETTART.COM

NORTH & SOUTH AMERICA, ASIA, AUSTRALIA

DISTRIBUTOR / VERTRIEB
D.A.P. (DISTRIBUTED ART PUBLISHERS)
155 AVENUE OF THE AMERICAS,
2ND FLOOR,
NEW YORK, NY 10013

USA

AUSTIN, TX
BOOK PEOPLE
603 N. LAMAR

BEACON, NY
DIA: BEACON
3 BEEKMAN STREET

BERKELEY, CA
BERKELEY ART MUSEUM
2625 DURANT AVENUE

CODY'S BOOKS
2454 TELEGRAPHE AVENUE

BEVERLY HILLS, CA
RIZZOLI
9501 WILSHIRE BOULEVARD

BOSTON, MA
INSTITUTE OF CONTEMPORARY ART
955 BOYLSTON STREET

TRIDENT BOOKSELLERS
338 NEWBURY STREET

BUFFALO, NY
TALKING LEAVES
3158 MAIN STREET

CAMBRIDGE, MA
MIT PRESS BOOKSTORE
292 MAIN STREET

CHICAGO, IL
ART INSTITUTE OF CHICAGO
104 S. MICHIGAN

MUSEUM OF CONTEMPORARY ART
220 EAST CHICAGO AVENUE

QUIMBY'S
1854 W. NORTH AVENUE

SMART MUSEUM OF ART
5550 S. GREENWOOD AVENUE

CINCINNATI, OH
CONTEMPORARY ARTS CENTER
115 E. 5TH STREET

COLUMBUS, OH
COLUMBUS MUSEUM OF ART
372 COMMONS MALL

WEXNER CENTER BOOKSTORE
30 W. 15TH STREET

CORAL GABLES, FL
BOOKS & BOOKS
296 ARAGON ROAD

HOUSTON, TX
BRAZOS BOOKSTORE
2421 BISSONNET

CONTEMPORARY ARTS MUSEUM
5216 MONTROSE BOULEVARD

MENIL COLLECTION
1520 SUL ROSS

HUNTINGTON, WV
HUNTINGTON MUSEUM OF ART
2033 MCCOY ROAD

LOS ANGELES, CA
BOOK SOUP
8818 SUNSET BOULEVARD/
3333 BRISTOL ST.

MUSEUM OF CONTEMPORARY ART
250, S. GRAND

LOS ANGELES, CA
UCLA / ARMAND HAMMER MUSEUM OF ART
10899 WILSHIRE BOULEVARD

MIAMI, FL
BOOKS & BOOKS
296 ARAGON AVENUE, CORAL GABLES

MUSEUM OF CONTEMPORARY ART
770 N.E. 125TH STREET NORTH MIAMI

MIAMI BEACH, FL
BASE, 939, LINCOLN ROAD

MINNEAPOLIS, MN
THE WALKER ART CENTER BOOKSTORE
VINELAND PLACE

NEW YORK, NY
MUSEUM OF MODERN ART
11 WEST 53RD STREET

NEW MUSEUM OF CONTEMPORARY
ART STORE
556 WEST 22ND STREET

RIZZOLI
454 WEST BROADWAY

SAINT MARK'S BOOKSTORE
31 3RD AVENUE

COLISEUM BOOKS INC.
11 WEST 42ND STREET

OAKLAND, CA
DIESEL, A BOOKSTORE
5433 COLLEGE AVENUE

OAK PARK, MI
BOOK BEAT LTD.
26010 GREENFIELD

OMAHA, NE
JOSLYN ART MUSEUM
2200 DODGE STREET

PHILADELPHIA, PA
AVRIL 50
3406 SANSOM STREET

WATERSTONE BOOKSELLERS
2191 HORNIG ROAD

PITTSBURGH, PA
CARNEGIE INSTITUTE
4400 FORBES AVENUE

PORTLAND, OR
POWELL'S BOOKS
7 NW 9TH STREET

PROVIDENCE, NY
ACCIDENT OR DESIGN
128 N. MAIN STREET

RHODE ISLAND SCHOOL OF DESIGN
2 COLLEGE STREET, 1765

SAN ANTONIO, TX
SLOAN / HALL SAN ANTONIO
5930 BROADWAY

SAN FRANCISCO, CA
A CLEAN WELL LIGHTED PLACE
601 VAN NESS AVENUE

CITY LIGHTS BOOKSHOP
261 COLUMBUS AVENUE

SF MUSEUM OF MODERN ART,
MUSEUMBOOKS
151 3RD STREET, 1ST FLOOR

ST. LOUIS, MO
LEFT BANK BOOKS
399 NORTH EUCLID

SANTA MONICA, CA
ARCANA
1229 3RD STREET PROMENADE

BERGAMOT BOOKSTORE
2525 MICHIGAN AVENUE, G-5B

HENNESSEY & INGALLS BOOKS
214 WILSHIRE BLVD

ST. PAUL, MN
HUNGRY MIND BOOKSTORE
1648 GRAND AVENUE

SEATTLE, WA
UNIVERSITY BOOKSTORE
4326 UNIVERSITY WAY

WASHINGTON D.C.
NATIONAL GALLERY OF ART
6TH STREET & CONSTITUTION
AVENUE, NW

CANADA / KANADA

MONTREAL
OLIVIERI LIBRAIRIE BOOKSTORE
185 STREET CATHERINE WEST

TORONTO
ART GALLERY OF ONTARIO
317 DUNDAS STREET WEST

ART METROPOLE
788 KING STREET WEST

DAVID MIRVISH BOOKS ON ART
596 MARKHAM STREET

VANCOUVER
VANCOUVER ART GALLERY
750 HORNBY STREET

AUSTRALIA / AUSTRALIEN

DARLINGHURST
EAST SYDNEY BOOKSTORE
THE DOME, THE ELAN BUILDING
1 KINGS CROSS ROAD

SYDNEY
MUSEUM OF CONTEMPORARY ART
140 GEORGE STREET,
CIRCULAR QUAY NORTH

GLEE BOOKS
191 GLEBE POINT ROAD, GLEBE

NEW ZEALAND / NEUSEELAND

AUCKLAND
MAGAZZINO SUBSCRIPTION
P.O. BOX 905909

ASIA / ASIEN

JAPAN

TOKYO
AOYAMA BOOK CENTRE, SHIBUYA-KU
COSMOS AOYAMA GARDEN FLOOR B2F
5-53-97, JINGUMAE

ART & BOOKS
2-1-13-307
TAKANAWA, MINATO-KU

EOS ART BOOKS
DOMILE KITA 108
1-10-21 KICHIJOJI-KITAMACHI

SINGAPORE / SINGAPUR

PAGE ONE BOOKSTORE
20 KAKI BUKIT VIEW TECHPARK

CHINA

TAIPEI
ARTLAND BOOKS CO., LTD.
B1 122 JEN AI RD., SEC3

GREAT BRITAIN / GROSSBRITANNIEN

DISTRIBUTOR / VERTRIEB
CENTRAL BOOKS
99, WALLIS ROAD
LONDON E9 5LN

BIRMINGHAM
IKON GALLERY
1 OOZELLS SQUARE

BRIGHTON
BORDERS BOOKSHOP
CHURCHILL SQUARE SHOPPING CENTRE

BRISTOL
ARNOLFINI BOOKSHOP
16 NARROW QUAY

CARDIFF
CHAPTER ARTS CENTRE
MARKET ROAD

CARLISLE
CASTLE THE STORE
LONDON ROAD

LONDON
ARTWORDS BOOKSHOP
RIVINGTON STREET

BORDERS BOOKSHOP
120 CHARING CROSS ROAD

BORDERS BOOKSHOP
203–207 OXFORD STREET

BORDERS BOOKSHOP
N1 CENTRE ISLINGTON

CAMDEN ARTS CENTRE
ARKWRIGHT ROAD

HAYWARD GALLERY
SOUTH BANK

IAN SHIPLEY BOOKSHOP
70 CHARING CROSS ROAD

INSTITUTE OF CONTEMPORARY ARTS
12 CARLTON HOUSE TERRACE
THE MALL

SERPENTINE GALLERY
KENSINGTON GARDENS

TATE MODERN
BANKSIDE

WHITECHAPEL ART GALLERY
80 WHITECHAPEL HIGH STREET

OXFORD

MODERN ART OXFORD
30 PEMBROKE STREET

SCOTLAND / SCHOTTLAND

EDINBURGH

SCOTTISH GALLERY OF MODERN ART
75 BELFORD ROAD

IRELAND / IRLAND

CORK

LEWIS GLUCKSMAN GALLERY
UNIVERSITY COLLEGE

DUBLIN

DOUGLAS HYDE GALLERY
TRINITY COLLEGE

GERMANY / DEUTSCHLAND

DISTRIBUTOR / VERTRIEB

GVA VERLAGSSERVICE GÖTTINGEN
PF 2021
D-37010 GÖTTINGEN

BERLIN

BÜCHERBOGEN AM SAVIGNYPLATZ
STADTBAHNBOGEN 593

GALERIE 2000 KUNSTBUCHHANDLUNG
KNESEBECKSTRASSE 56/58

WIENS LADEN & VERLAG
LINIENSTRASSE 158 (HOF)

BIELEFELD

THALIA UNIVERSITÄTSBUCHHANDLUNG
FILIALE PHÖNIX, OBERNTORWALL 23

BREMEN

BEIM STEINERNEN KREUZ GMBH
BEIM STEINERNEN KREUZ 1

DRESDEN

WEISSLACK
LUISENSTRASSE 52

DÜSSELDORF

LITERATUR BEI RUDOLF MÜLLER
NEUSTRASSE 38

WALTHER KÖNIG BUCHHANDLUNG
HEINRICH-HEINE-ALLEE 15

FRANKFURT

KUNST-BUCH, KUNSTHALLE SCHIRN
RÖMERBERG 7

WALTHER KÖNIG BUCHHANDLUNG
DOMSTRASSE 6

HAMBURG

HELMUT VON DER HÖH BUCHHANDLUNG
GROSSE BLEICHEN 21

SAUTTER + LACKMANN BUCHHANDLUNG
ADMIRALITÄTSTRASSE 71/72

HANNOVER

MERZ KUNSTBUCHHANDLUNG
KURT-SCHWITTERS-PLATZ

HERFORD

PROVINZBUCHLADEN GMBH
HAEMMELINGER STRASSE 22

KARLSRUHE

HANS MENDE BUCHHANDLUNG
KARLSTRASSE 76

ZENTRUM FÜR KUNST &
MEDIENTECHNOLOGIE
MUSEUMSSHOP, LORENZSTRASSE 19

KÖLN

WALTHER KÖNIG BUCHHANDLUNG
EHRENSTRASSE 4

KIOSK-BUCH-EVENT GMBH
IM MEDIAPARK 7

MÜNCHEN

HANS GOLTZ BUCHHANDLUNG
FÜR BILDENDE KUNST
TÜRKENSTRASSE 54

ILKA KÖNIG BUCHHANDLUNG
MAXIMILIANSTRASSE 35

L. WERNER BUCHHANDLUNG
RESIDENZSTRASSE 18

NÜRNBERG

WALTHER KÖNIG BUCHHANDLUNG
LUITPOLDSTRASSE 5

STUTTGART

LIMACHER BUCHHANDLUNG
KÖNIGSTRASSE 28 / KÖNIGSBAU

SPAIN / SPANIEN

BARCELONA

LAIE – CAIXAFÒRUM
MARQUES DE COMILLAS 6–8

LAIE – CCCB (CENTRE DE CULTURA
CONTEMPORÀNIA DE BARCELONA)
MONTALEGRE 5

MADRID

MUSEO NACIONAL REINA SOFIA
C/ SANTA ISABEL, 52

FRANCE / FRANKREICH

PARIS

CENTRE POMPIDOU, FLAMMARION 4
26, RUE JACOB

GALERIE NATIONALE DU JEU DE PAUME
1, PLACE DE LA CONCORDE

LIBRAIRIE DU MUSÉE D'ART MODERNE
9, RUE GASTON DE SAINT-PAUL

CHRISTOPH DAVIET-THERY,
LIVRES & EDITIONS D'ARTISTES
10, RUE DUCHEFDELAVILLE

COLETTE
213, RUE SAINT-HONORÉ

ITALY / ITALIEN

MILANO

A&M BOOKSTORE
30, VIA TADINO

ROMA

GALLERIA NAZIONALE D'ARTE MODERNA
131, VIA DELLE BELLE ARTI

GALLERIA PRIMO PIANO
203, VIA PANISPERNA

NORWAY / NORWEGEN

OSLO

THE NATIONAL MUSEUM OF
CONTEMPORARY ART
BANKPLASSEN 4 / SKATTEFOG

PORTUGAL

LISBOA

MODULO CENTRO DIFUSOR DE ARTE
CALÇADA DOS MESTRES 34 A–B

PORTO

MODULO CENTRO DIFUSOR DE ARTE
AV. BOAVISTA 854

SWEDEN / SCHWEDEN

STOCKHOLM

KULTURHUSET KONSTIG
MEDIA & KONSTBOKHANDEL
SERGELS TORG 3

MODERNA MUSEET
SKEPPSHOLMEN

GÖTEBORG

GÖTEBORGS KONSTMUSEUM
GÖTAPLATSEN / AVENYN

TURKEY / TÜRKEI

ISTANBUL

ROBINSON CRUSOE BOOKS PUSULA
PRODUCTIONS
389 ISTIKAL CADDESI BEYOGLU

NETHERLANDS, BELGIUM AND LUXEMBURG

DISTRIBUTOR / VERTRIEB

IDEA BOOKS
NIEUWE HERENGRACHT 11
NL-1011 RK AMSTERDAM

NETHERLANDS / NIEDERLANDE

AMSTERDAM

ART BOOK
VAN BAERLESTRAAT 126

ATHENAEUM NIEUWSCENTRUM
SPUI 14–16

EINDHOVEN

MOTTA
BERGSTRAAT 35

GRONINGEN

SCHOLTENS / WRISTERS BOOKSHOP
FULDENSTRAAT 20

HAARLEM

ATHENAEUM
GED. OUDE GRACHT 70

HENGELO

BROEKHUIS
WEMENSTRAAT 45

MAASTRICHT

DE TRIBUNE
KAPOENSTRAAT 8

BELGIUM / BELGIEN

ANTWERPEN

COPYRIGHT BOOKSHOP
NATIONALSTRAAT 28A

BRUXELLES

PEINTURE FRAICHE
10, RUE DU TABELLON

TROPISMES LIBRAIRIES
GALERIE DES PRINCES 11

GENT

COPYRIGHT BOOKSHOP
JACOBIJNENSTRAAT 8

LUXEMBOURG / LUXEMBURG

LUXEMBOURG

CASINO LUXEMBOURG
41, RUE NOTRE-DAME

SWITZERLAND / SCHWEIZ

DISTRIBUTOR / VERTRIEB

SCHEIDEGGER & CO. C/O AVA
CENTRALWEG 16
CH-8910 AFFOLTERN A. A.

BASEL

FONDATION BEYELER
BASELSTRASSE 77, RIEHEN

GALERIE STAMPA
SPALENBERG 2

JÄGGI BUCHHANDLUNG
FREIE STRASSE 32

KUNSTHALLE BASEL
KLOSTERGASSE 5

BERN

STAUFFACHER BUCHHANDLUNG
IM KUNSTMUSEUM
HODLERSTR. 12

LUZERN

ORELL FÜSSLI / RÄBER BÜCHER & MEDIEN
FRANKENSTRASSE 7–9

GENÈVE

LIBRAIRIE PAYOT
5, RUE DE CHANTEPOULET

MENDRISIO

GABRIELE CAPELLI LIBRERIA
ARCHITETTURA
4, VIA NOBILI BOSIA

ST. GALLEN

RÖSSLITOR BÜCHER
WEBERGASSE 5

ZÜRICH

CALLIGRAMME BUCHHANDLUNG
HÄRINGSTRASSE 4

HOWEG BUCHHANDLUNG
WAFFENPLATZ 1

KUNSTGRIFF BUCHHANDLUNG
LIMMATSTRASSE 270

KUNSTHAUS ZÜRICH
HEIMPLATZ 1

KUNSTKIOSK
LIMMATQUAI 31

ORELL FÜSSLI KRAUTHAMMER
MARKTGASSE 12

ORELL FÜSSLI BUCHHANDLUNG
FÜSSLISTRASSE 4

SEC 52 BUCHHANDLUNG
JOSEFSTRASSE 52

E X H I B I T I O N S

ZÜRICH

ELISABETH KAUFMANN	Müllerstrasse 57 8004 Zürich Tel./Fax 043 322 01 15 www.elisabethkaufmann.com info@elisabethkaufmann.com	WALTER DAHN «Coming around again»	**25.8.–15.10.2005**
		Art Cologne	**28.10.–1.11.2005**
		JOS NÄPFLIN	**11.11.–22.12.2005**
GALERIE LELONG	Predigerplatz 10–12 8001 Zürich Tel. 044 251 11 20 www.galerie-lelong.com galerie.lelong@dplanet.ch	DAVID NASH	**bis 5.11.2005**
		Art Cologne	**28.10.–1.11.2005**
		Focus Utopia: THOMAS FEUERSTEIN	**November–Januar 2006**
LUTZ & THALMANN	Wettingerwies 2B 8001 Zürich Tel. 044 262 76 00 www.lutz-thalmann.com galerie@lutz-thalmann.com	HOWARD HODGKIN «Small Paintings»	**7.10.–12.11.2005**
MAI 36 GALERIE	Rämistrasse 37 8001 Zürich Tel. 044 261 68 80 www.mai36.com mail@mai36.com	THOMAS RUFF	**7.10.–12.11.2005**
		Frieze Art Fair London	**21.10.–24.10.2005**
		RÉMY ZAUGG	**18.11.–14.1.2006**
		Art Basel Miami Beach	**1.12.–4.12.2005**
MARK MÜLLER	Gessnerallee 36 8001 Zürich Tel. 044 211 81 55 www.markmueller.ch mail@markmueller.ch	JUDY MILLAR «Her eyes are hell» Guestroom: MICHAEL GÜNZBURGER «Allmend»	**24.8.–15.10.2005**
		RETO BOLLER Guestroom: «Surprise»	**22.10.–17.12.2005**
GALERIE RÖMERAPOTHEKE	Langstrasse 136 8004 Zürich Tel. 043 317 17 80 www.roemerapotheke.ch gallery@roemerapotheke.ch	JOHN PULE (NZ)	**25.8.–22.10.2005**
		AQUA REELL	**11.11.–7.1.2006**
BOB VAN ORSOUW	Limmatstrasse 270 8005 Zürich Tel. 044 273 11 00 www.bobvanorsouw.ch mail@bobvanorsouw.ch	ERIK PARKER	**8.10.–19.11.2005**
		Frieze Art Fair London	**21.10.–24.10.2005**
		TERESA HUBBARD/ ALEXANDER BIRCHLER «troop»	**26.11.–14.1.2006**
		Art Basel Miami Beach	**1.12.–4.12.2005**

E X H I B I T I O N S

ANNEMARIE VERNA	Neptunstrasse 45 8032 Zürich Tel. 044 262 38 20 www.annemarie-verna.ch office@annemarie-verna.ch	Salon d'Automne	**6.9.–15.10.2005**
		ROBERT MANGOLD New Paintings & Works on Paper	**25.10.–14.1.2006**
NICOLA VON SENGER	Bleicherweg 45 8002 Zürich Tel. 044 201 88 10 www.nicolavonsenger.com info@nicolavonsenger.com	MARTIN PARR: Swissness	**26.8.–15.10.2005**
		Fiac Paris	**6.10.–10.10.2005**
		GIANNI MOTTI	**22.10.–24.12.2005**
		Art Basel Miami Beach Sektion: Art Nova	**1.12.–4.12.2005**
JAMILEH WEBER	Waldmannstrasse 6 8001 Zürich Tel. 044 252 10 66 www.jamilehweber.com info@jamilehweber.com	JAHANGUIR samsara – Paintings and Sculptures	**27.8.–8.10.2005**
		Art Basel Miami Beach	**1.12.–4.12.2005**
		JOEL SHAPIRO Sculptures	**22.10.–26.11.2005**
BRIGITTE WEISS	Müllerstrasse 67 8004 Zürich Tel. 044 241 83 35 www.likeyou.com/brigitteweiss brigitteweiss@bluewin.ch	GRAEME TODD	**bis 29.10.2005**
		Art Forum Berlin	**29.9.–3.10.2005**
		DAVID CHIEPPO	**November/Dezember 2005**

BASEL

NICOLAS KRUPP	Erlenstrasse 15 4058 Basel Tel. 061 683 32 65 www.nicolaskrupp.com nic@nicolaskrupp.com	MARC BAUER	**3.9.–29.10.2005**
		Fiac Paris	**6.10.–10.10.2005**
		MARGRET BLÖNDAL + WALTER SWENNEN	**5.11.–24.12.2005**
		PETER FRIEDL	**6.1.–18.2.2006**

BERN

KABINETT BERN	Gerechtigkeitsgasse 72–74 3011 Bern Tel. 031 312 35 01 www.kabinett.ch bern@kabinett.ch	MARCEL GÄHLER	**12.11.–10.1.2006**

ST. GALLEN

WILMA LOCK	Schmiedgasse 15 9000 St. Gallen Tel. 071 222 62 52 wilmalock@freesurf.ch	MARK FRANCIS (GB) New Paintings	**14.9.–19.11.2005**

KATHARINA GROSSE

Bergen Kunsthall, Norway
Sep 2 – Oct 10, 2005

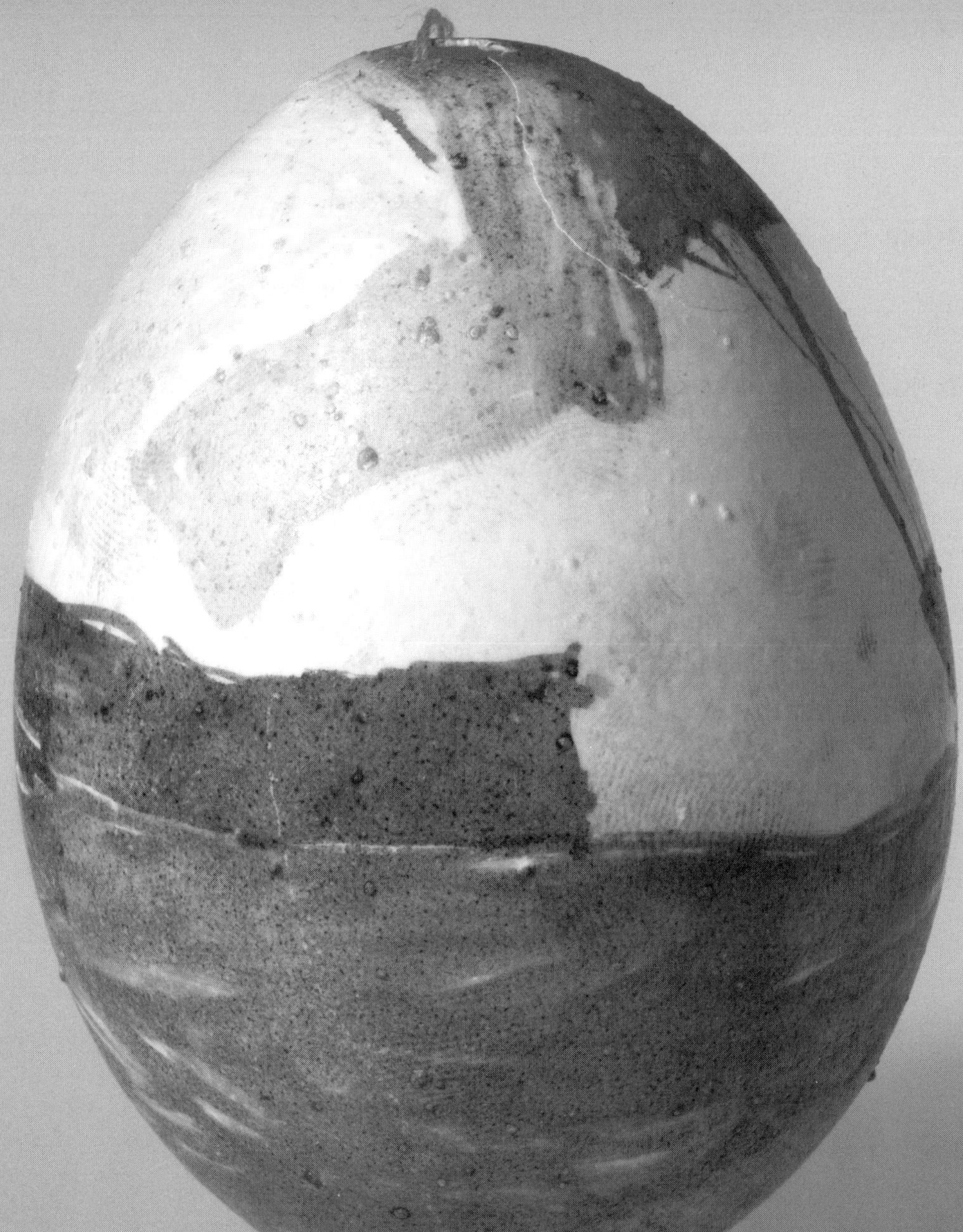

Bemaltes Hühnerei | 1973 | felt-tip pen on blown-out chicken egg

Galerie Conrads · Düsseldorf · www.galerieconrads.de
Christopher Grimes Gallery · Santa Monica · www.cgrimes.com
Barbara Gross Galerie · Munich · www.artnet.com/gross.html
Galerie Mark Müller · Zurich · www.markmueller.ch
Galerie nächst St. Stephan · Vienna · www.schwarzwaelder.at

RICHARD SERRA

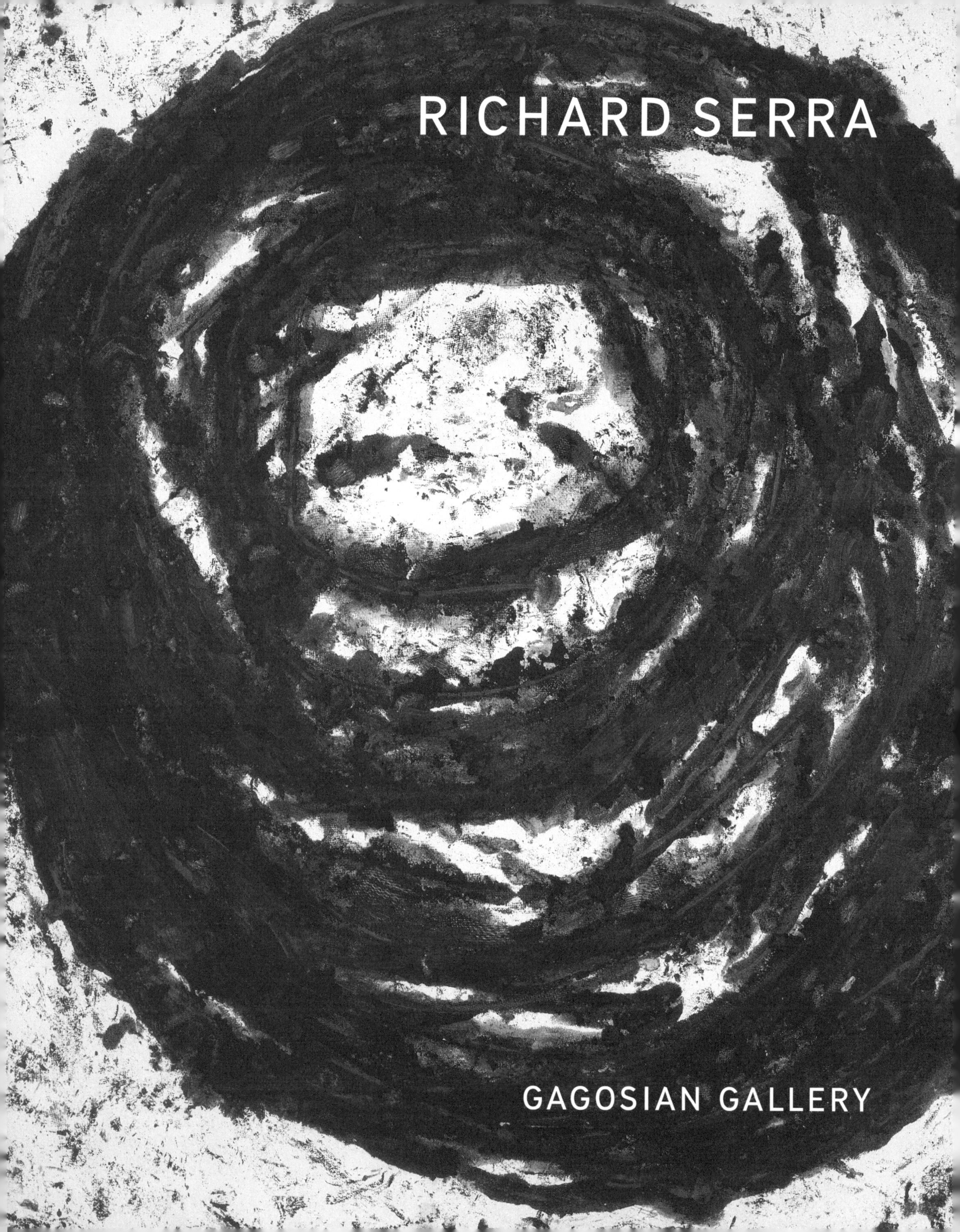

GAGOSIAN GALLERY

BERNARD FRIZE

represented by

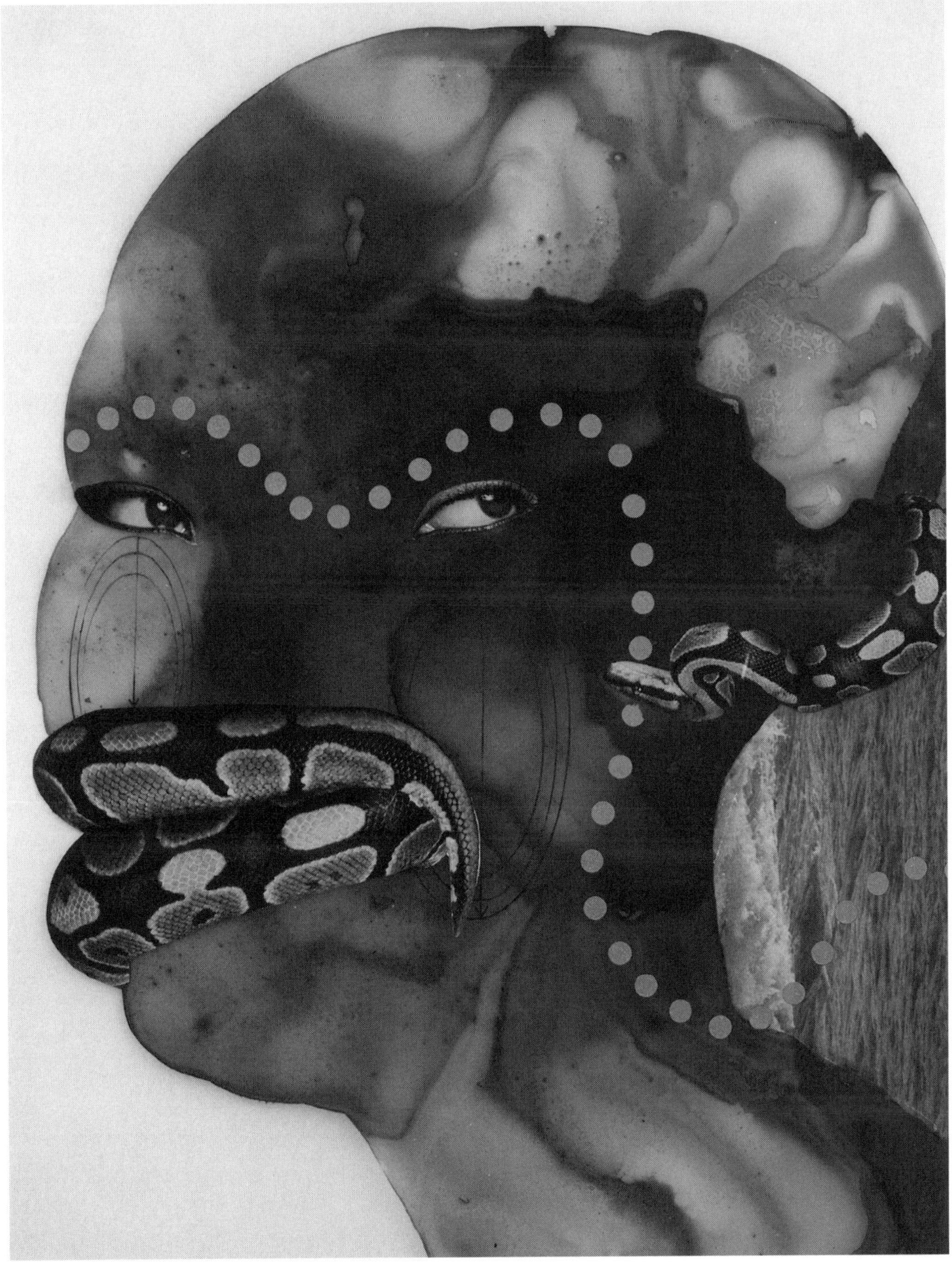

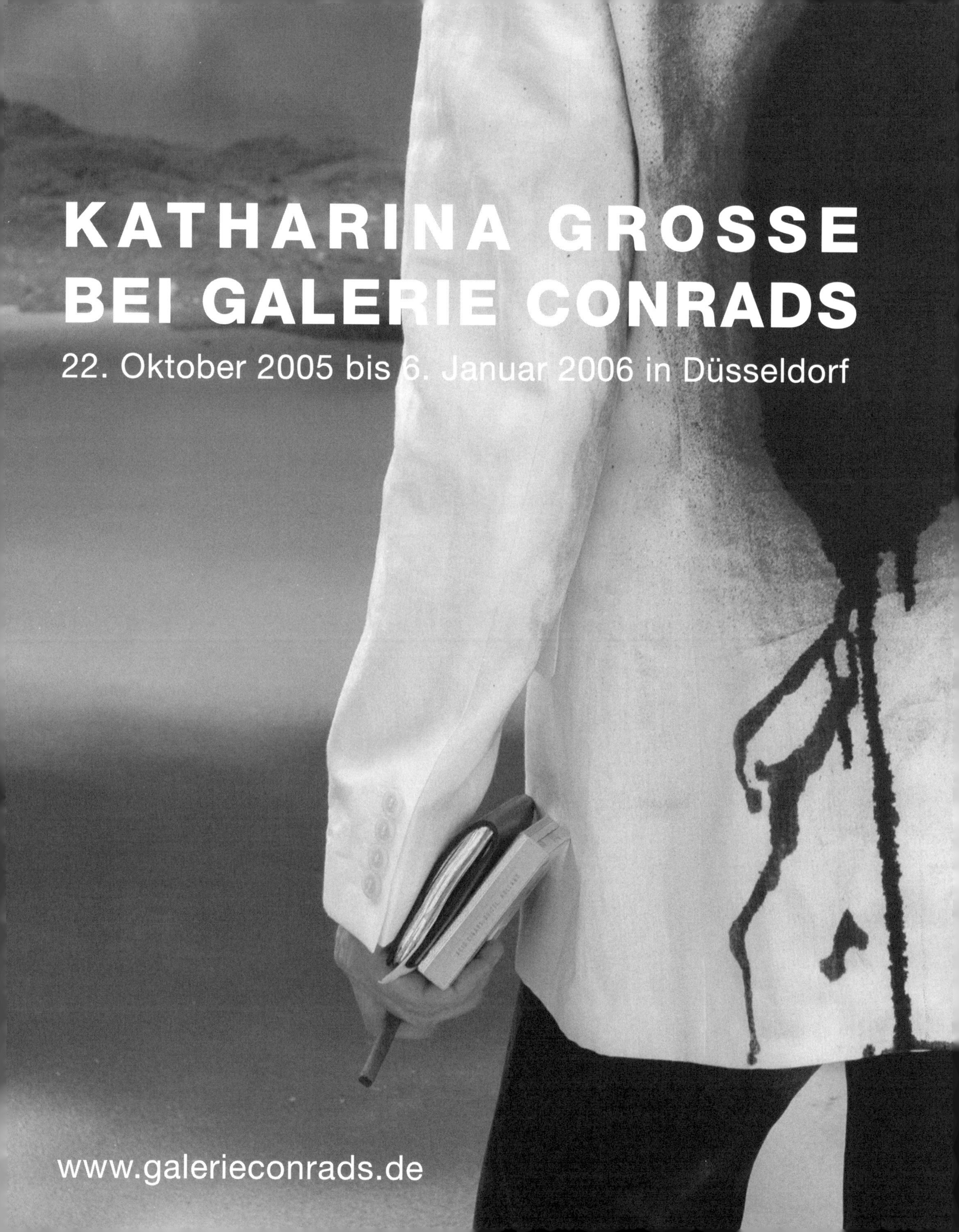
KATHARINA GROSSE
BEI GALERIE CONRADS
22. Oktober 2005 bis 6. Januar 2006 in Düsseldorf
www.galerieconrads.de

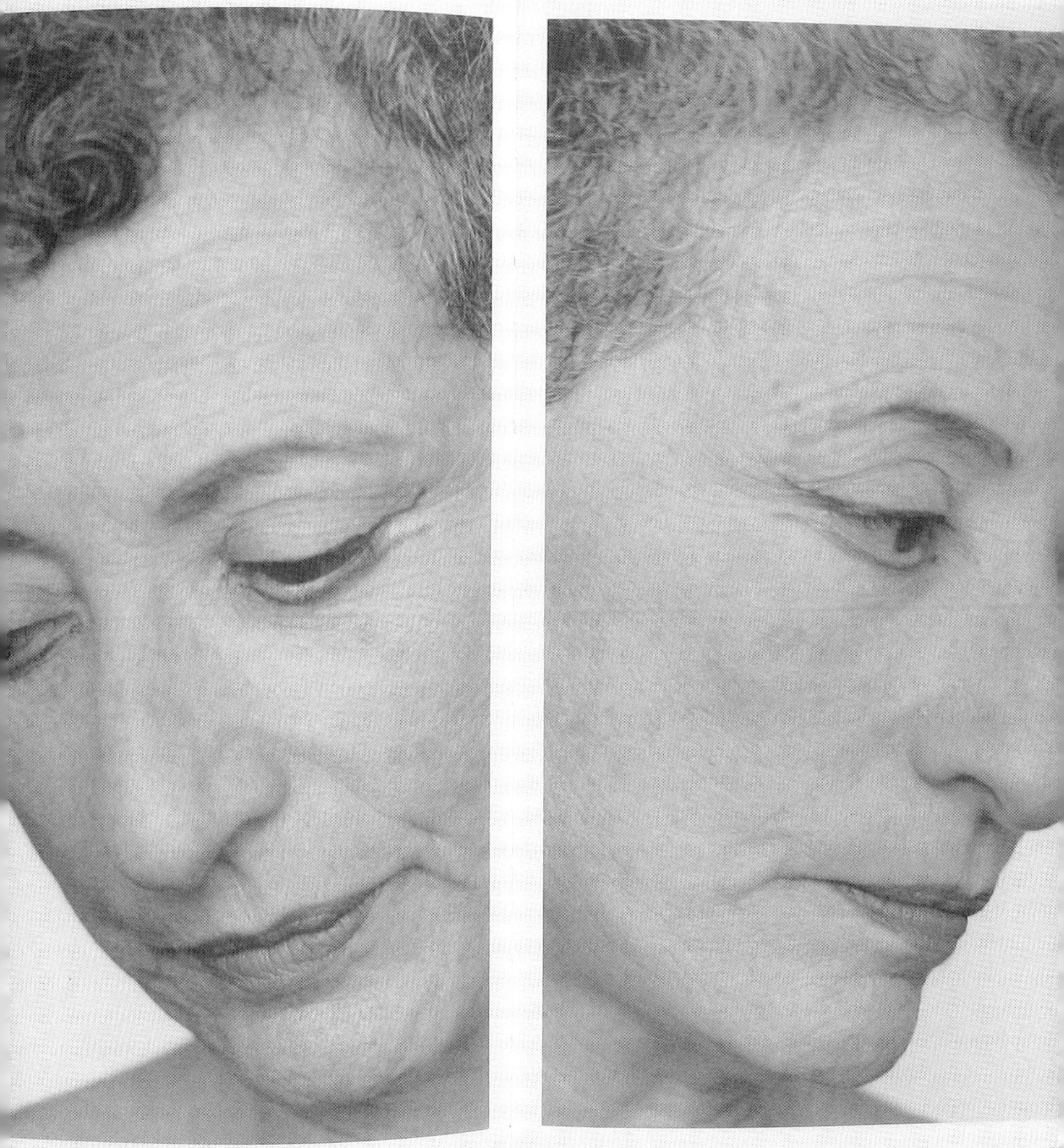

RONI HORN, PAGES FROM "INDEX CIXOUS, CIX PAX" 2005

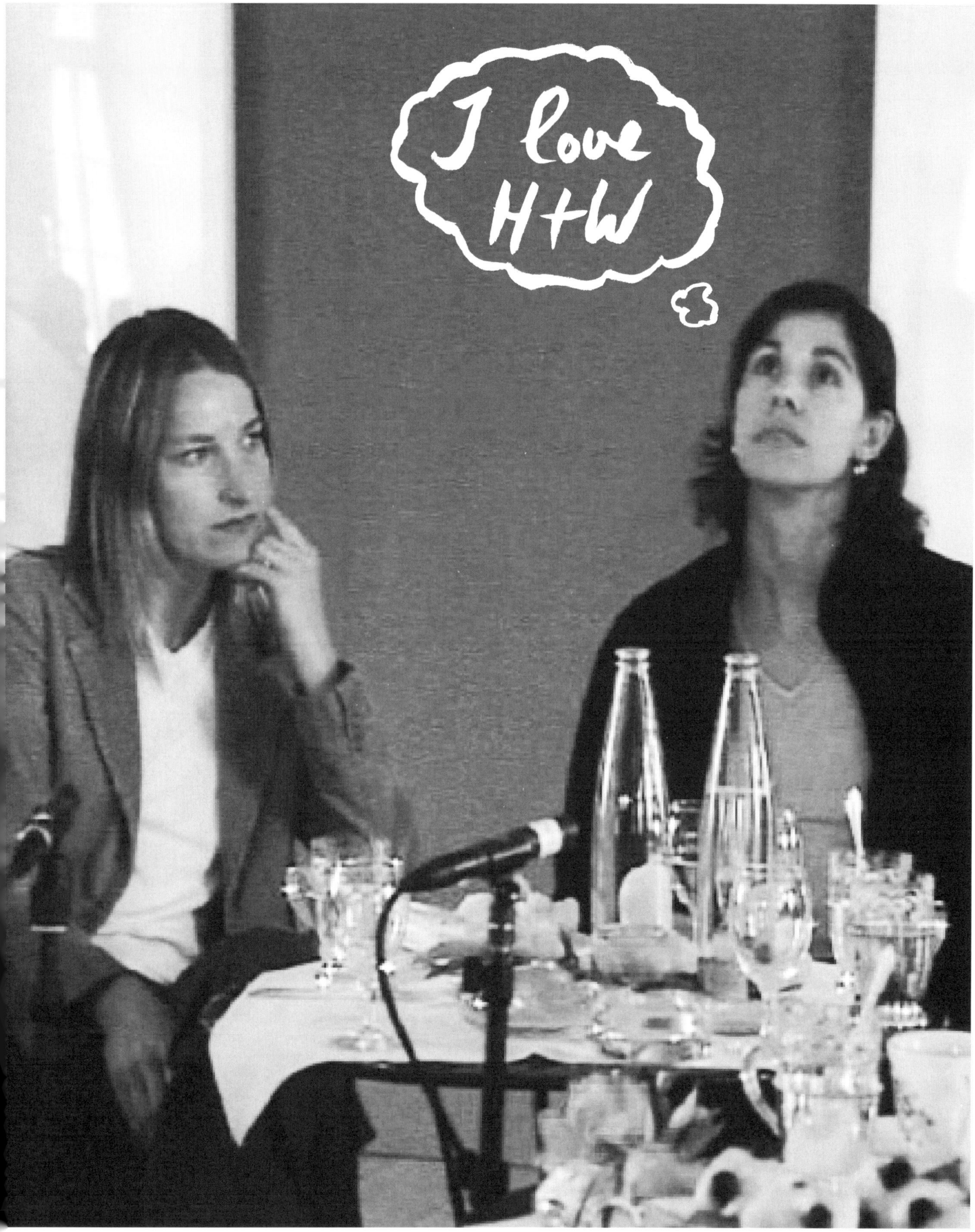
I love
H+W

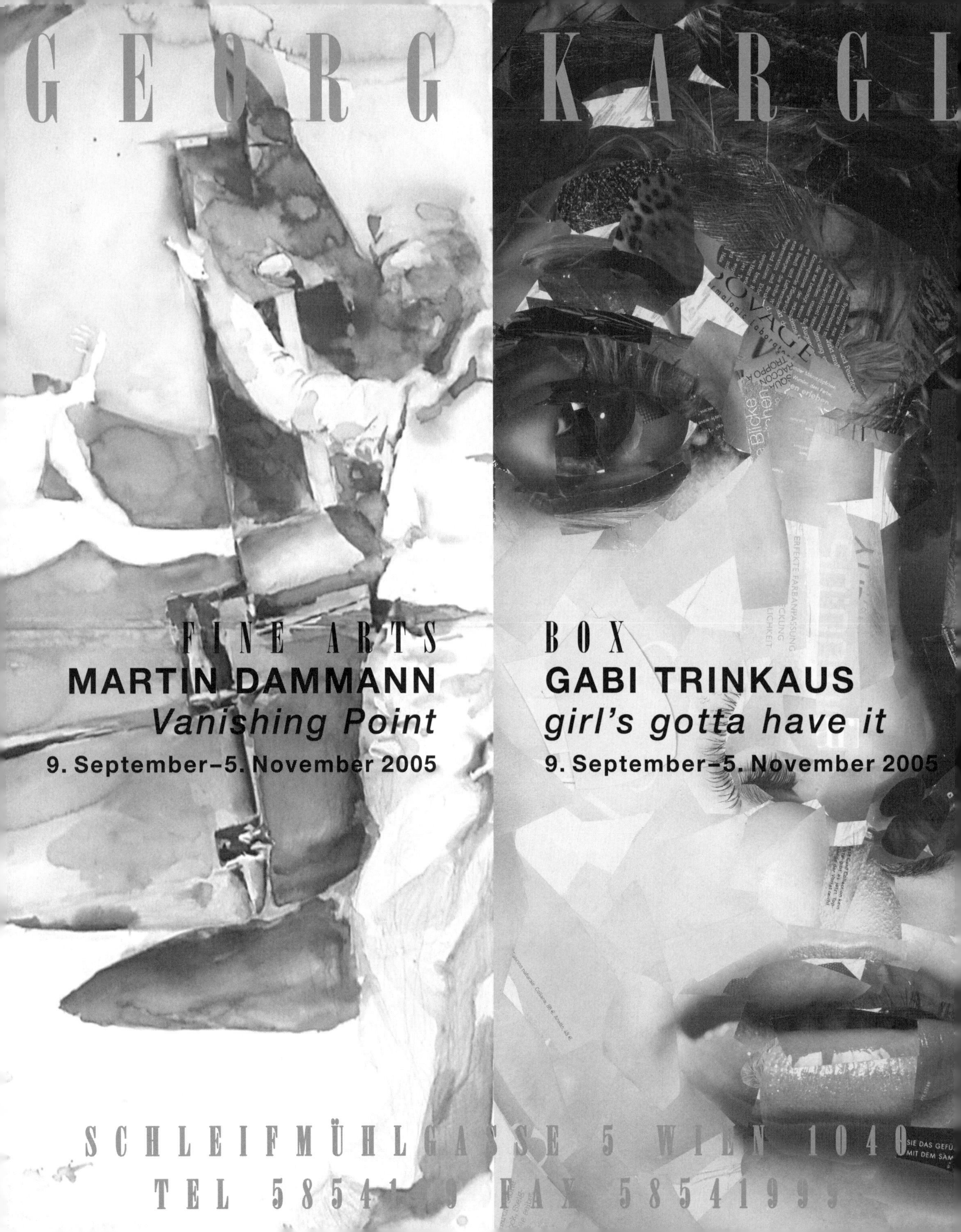
GEORG KARGL
FINE ARTS
MARTIN DAMMANN
Vanishing Point
9. September–5. November 2005
BOX
GABI TRINKAUS
girl's gotta have it
9. September–5. November 2005
SCHLEIFMÜHLGASSE 5 WIEN 1040

ALEXANDER APÓSTOL
JOSÉ MANUEL BALLESTER
SERGIO BELINCHÓN
DANIELE BUETTI
MERLIN CARPENTER
NAIA DEL CASTILLO
FILIPA CÉSAR
SALVADOR CIDRÁS
JOSÉ DAMASCENO
RICHARD DEACON
PIA FRIES
CURRO GONZÁLEZ
IÑAKI GRACENEA
ALEX HARTLEY
IGOR & SVETLANA KOPYSTIANSKY
GUILLERMO KUITCA
ABIGAIL LANE
MAIDER LÓPEZ
JORGE MACCHI
MIQUEL MONT
FELICIDAD MORENO
MATTHIAS MÜLLER
JOAQUÍN PACHECO
FERNANDO RENES
JAMES RIELLY
LAURIE SIMMONS
RUI TOSCANO
DARÍO URZAY
PETER ZIMMERMANN

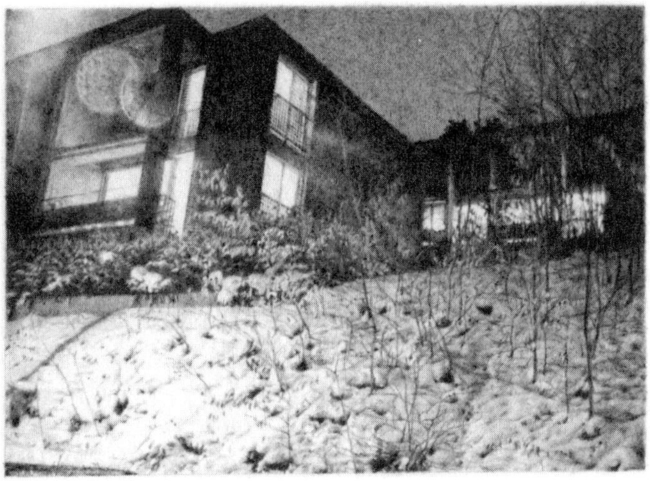

Marcel Gähler

12 November 2005 – 10 January 2006

Kabinett Bern

Gerechtigkeitsgasse 72-74
CH-3011 Bern
T +41 31 312 35 01
F +41 31 312 35 22
bern@kabinett.ch

spiel.04 10.09. > 09.10.2005

Christian Boltanski
Renate Brandt | Lars Brandt
Wincenty Dunikowski-Duniko
Kinga Dunikowski | Akira Komoto
Natalia LL | Jerzy Olek

Installation_Photo

spiel.05 15.10. > 26.11.2005

Wincenty Dunikowski-Duniko

Points of no Return

brot.undspiele

brot.undspiele galerie | Gartenstraße 2 10115 Berlin | offen/open Di/Tue - Fr 11 - 13 & 15 - 18, Sa 14 - 19
http://brot.undspiele.com | info@brot.undspiele.com | Tel. +49 (0)177 388 38 76

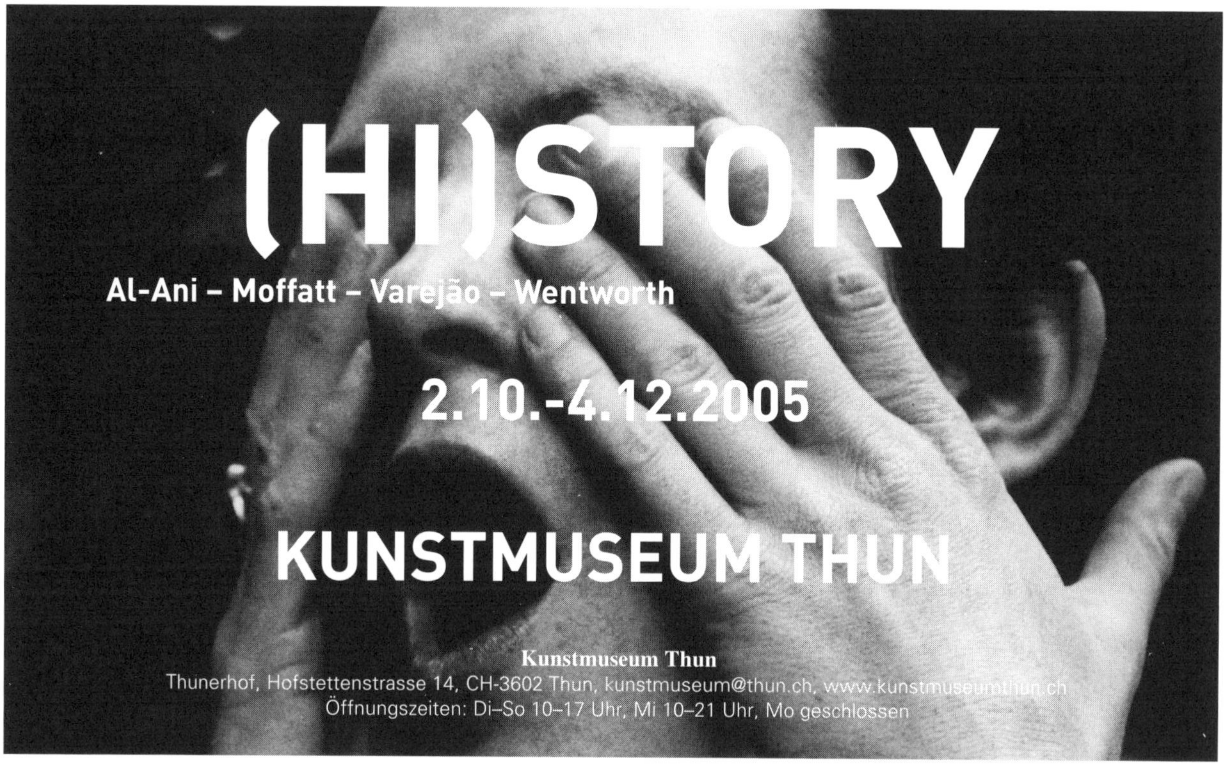
(HI)STORY
Al-Ani – Moffatt – Varejão – Wentworth
2.10.-4.12.2005
KUNSTMUSEUM THUN
Kunstmuseum Thun
Thunerhof, Hofstettenstrasse 14, CH-3602 Thun, kunstmuseum@thun.ch, www.kunstmuseumthun.ch
Öffnungszeiten: Di–So 10–17 Uhr, Mi 10–21 Uhr, Mo geschlossen

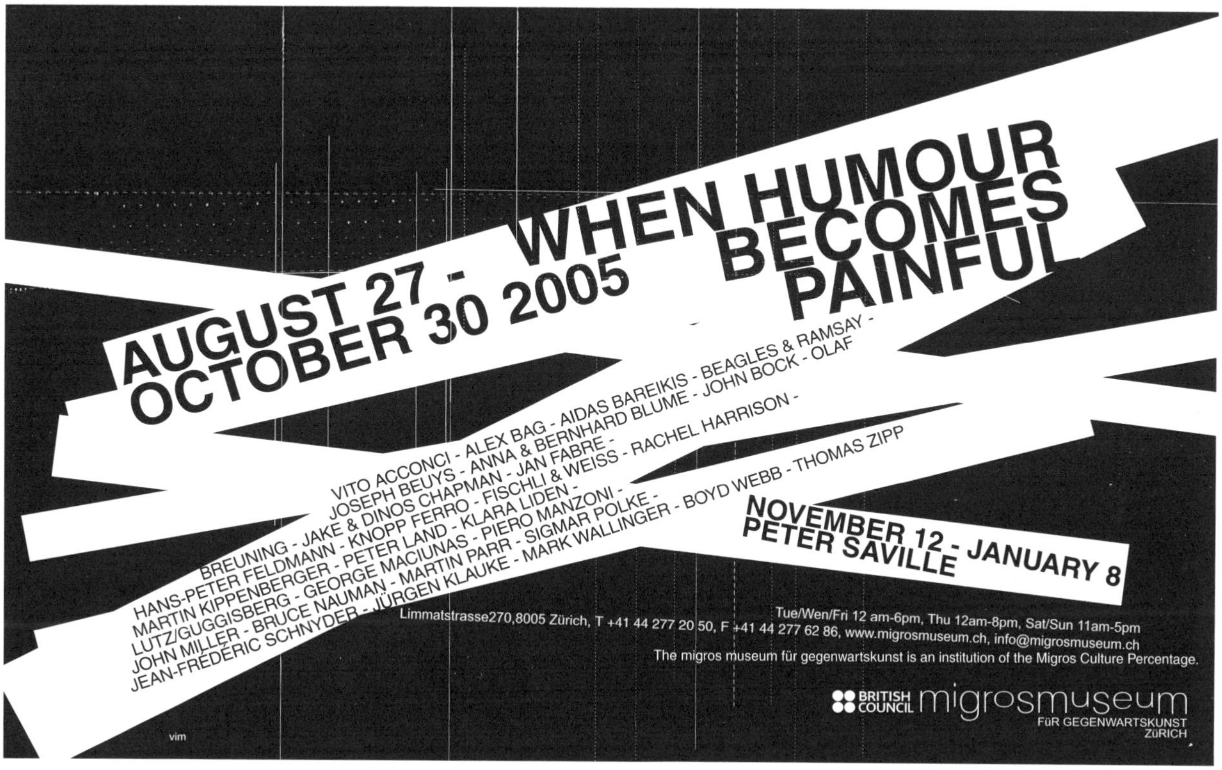
WHEN HUMOUR
BECOMES
PAINFUL
AUGUST 27 -
OCTOBER 30 2005
VITO ACCONCI - ALEX BAG - AIDAS BAREIKIS - BEAGLES & RAMSAY -
JOSEPH BEUYS - ANNA & BERNHARD BLUME - JOHN BOCK - OLAF
BREUNING - JAKE & DINOS CHAPMAN - JAN FABRE -
HANS-PETER FELDMANN - KNOPP FERRO - FISCHLI & WEISS - RACHEL HARRISON -
MARTIN KIPPENBERGER - PETER LAND - KLARA LIDEN -
LUTZ/GUGGISBERG - GEORGE MACIUNAS - PIERO MANZONI -
JOHN MILLER - BRUCE NAUMAN - MARTIN PARR - SIGMAR POLKE -
JEAN-FRÉDÉRIC SCHNYDER - JÜRGEN KLAUKE - MARK WALLINGER - BOYD WEBB - THOMAS ZIPP
NOVEMBER 12 - JANUARY 8
PETER SAVILLE
Tue/Wen/Fri 12 am-6pm, Thu 12am-8pm, Sat/Sun 11am-5pm
Limmatstrasse270,8005 Zürich, T +41 44 277 20 50, F +41 44 277 62 86, www.migrosmuseum.ch, info@migrosmuseum.ch
The migros museum für gegenwartskunst is an institution of the Migros Culture Percentage.
BRITISH COUNCIL
migrosmuseum
FüR GEGENWARTSKUNST
ZüRICH
vim

Art | 37 | Basel | 14 – 19 | 6 | 06

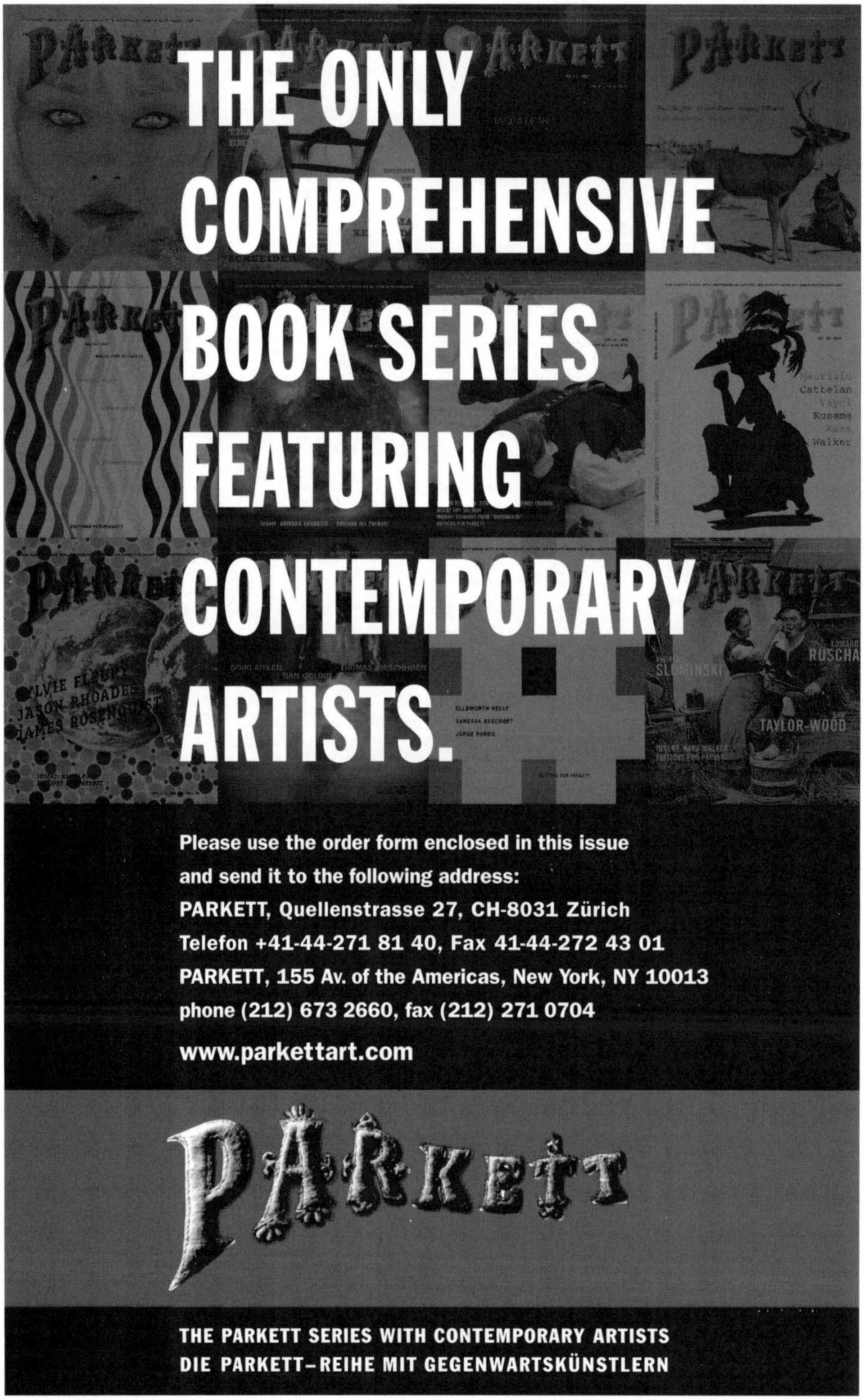
THE ONLY COMPREHENSIVE BOOK SERIES FEATURING CONTEMPORARY ARTISTS.
Please use the order form enclosed in this issue and send it to the following address:
PARKETT, Quellenstrasse 27, CH-8031 Zürich
Telefon +41-44-271 81 40, Fax 41-44-272 43 01
PARKETT, 155 Av. of the Americas, New York, NY 10013
phone (212) 673 2660, fax (212) 271 0704
www.parkettart.com
PARKETT
THE PARKETT SERIES WITH CONTEMPORARY ARTISTS
DIE PARKETT-REIHE MIT GEGENWARTSKÜNSTLERN

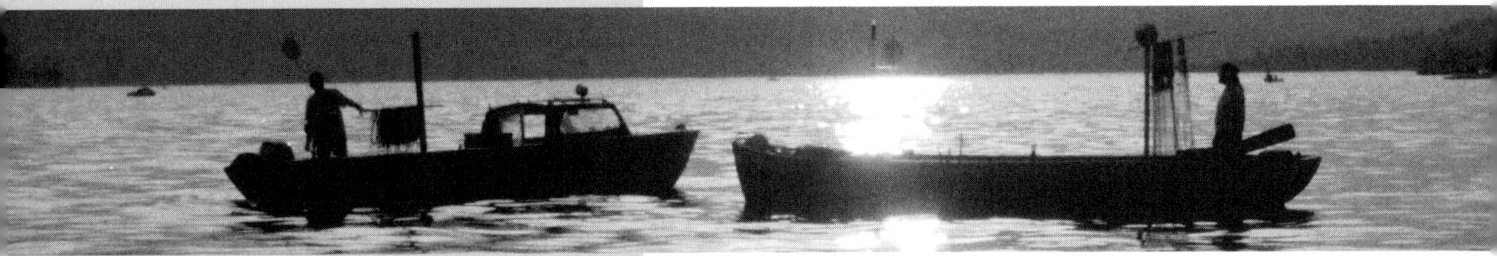

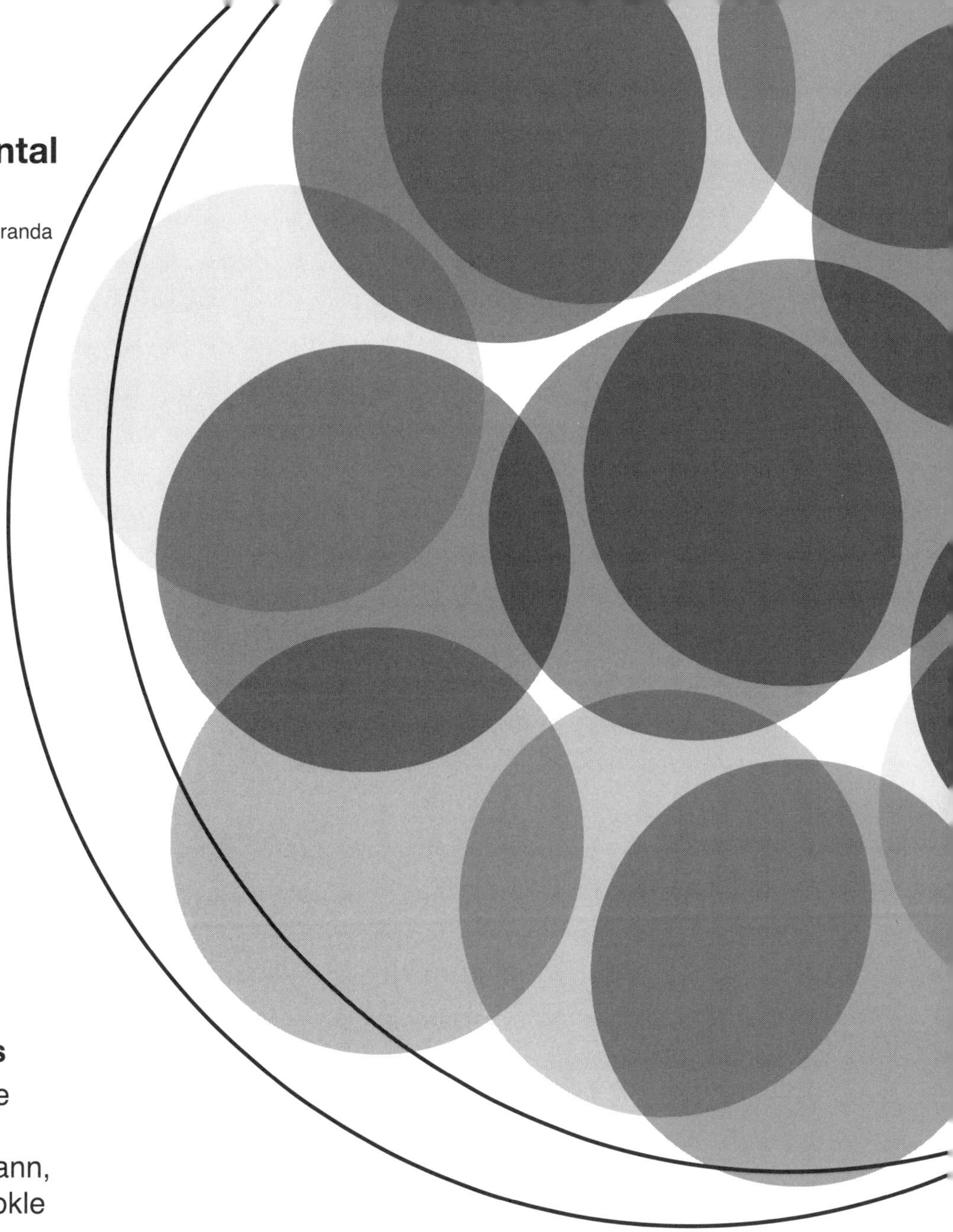

www.maxmuseo.ch

max huber

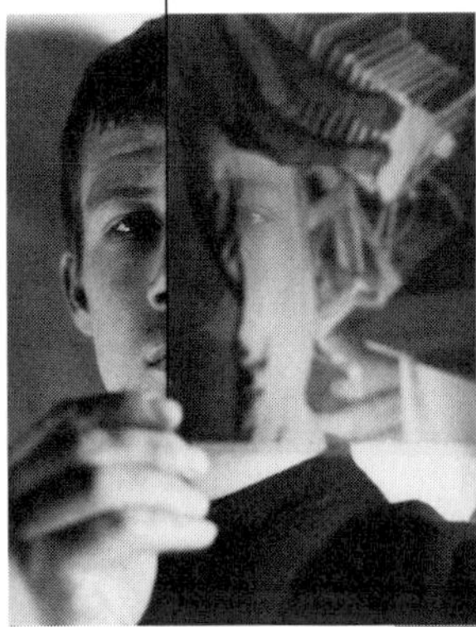

via dante alighieri 6 – 6830 chiasso – svizzera

maxMuseo

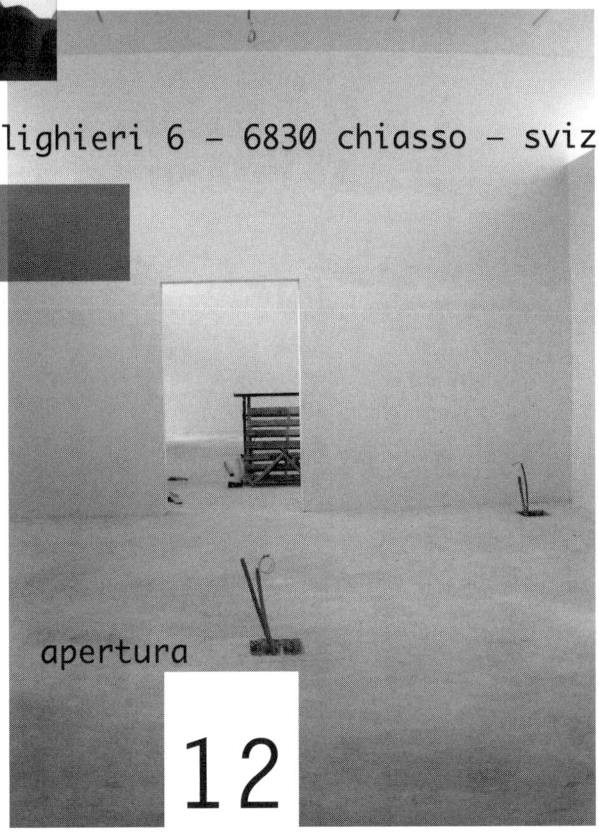

apertura

12

XI

05

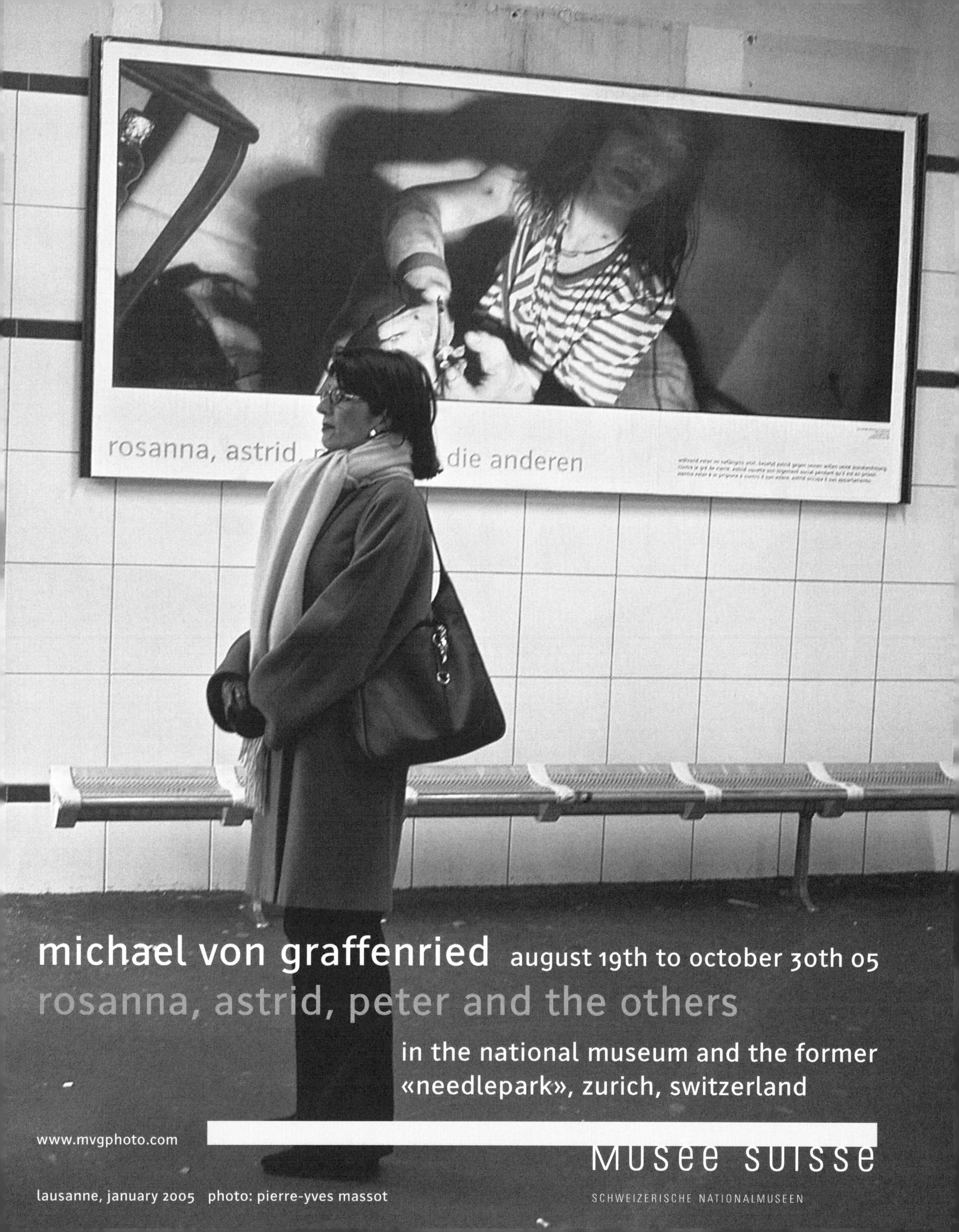
michaël von graffenried august 19th to october 30th 05
rosanna, astrid, peter and the others
in the national museum and the former «needlepark», zurich, switzerland
www.mvgphoto.com
Musee suisse
SCHWEIZERISCHE NATIONALMUSEEN
lausanne, january 2005 photo: pierre-yves massot

SI FALL PROGRAM

SI EXHIBITIONS:

TRACKING SUBURBIA
PETER FISCHLI / DAVID WEISS, URS LÜTHI, BORIS REBETEZ AND JEAN-FRÉDÉRIC SCHNYDER/ CURATED BY PAUL TANNER. EXHIBITION IN COLLABORATION WITH ETH, ZURICH.
SEPT 13 - OCT 22 2005

DO YOU LIKE STUFF?
DAVID ADAMO, MIKE BOUCHET, BARB CHOIT, BETH HOWE, DANIEL LEFCOURT, FRANK OLIVE, MARK ORANGE, GRAHAM PARKER AND RUDY SHEPHERD / CURATED BY GABRIELLE GIATTINO
SEPT 13 - OCT 22 2005

BRUNO PEINADO
NOV 21 2005 - JAN 14 2006

SI PERFORMANCE/DANCE:

THE MECHANICS OF ETIQUETTE
PERFORMANCE CONCEIVED BY ANNA CRAYCROFT AND FELICIA BALLOS.
AUG 31 2005

24H INCIDENTAL
A ONE-DAY PERFORMANCE EVENT FEATURING JOHN ARMLEDER, PETER COFFIN, JASON DODGE, ELMGREEN & DRAGSET, ANIKA ERIKSSON, PIERO GOLIA, CARSTEN HÖLLER, KARL HOLMQUIST, KOO JEONG-A, AND OTHERS TBC / CURATED BY JORDAN WOLFSON.
NOON NOV 5 - NOON NOV 6, 2005 / IN COLLABORATION WITH THE PERFORMA 05 BIENNIAL

SI BENEFIT EVENING AND AUCTION:

HONOREE: THOMAS BECHTLER.
SPECIAL TRIBUTE: MANOR ART PRIZE AND ITS FOUNDER PHILIPPE NORDMANN.
LIVE AUCTION CONDUCTED BY SIMON DE PURY.
NOVEMBER 11 2005

SI

SWISS INSTITUTE - CONTEMPORARY ART,
495 BROADWAY 3RD FLOOR / NEW YORK NY 10012
TUESDAY - SATURDAY 11 A.M. - 6 P.M. / p 212 925 2035 / f 212 925 2040
www.swissinstitute.net / info@swissinstitute.net

a kind of magic

mit/with: Agnes Martin, Dale Chihuly, Bill Viola, Kiki Smith, Rosemary Laing, Stefan Banz, Carsten Höller, Victorine Müller, Berni Searle, Lori Hersberger, Xie Nanxing, Nicoletta Stalder

Kunstmuseum Luzern Museum of Art Lucerne
www. kunstmuseumluzern.ch

6 August – 27 November 2005

Janine Antoni
Patty Chang
Gregory Crewdson
Rineke Dijkstra
Anna Gaskell
Loretta Lux
Sally Mann

Robert Mapplethorpe
Tracey Moffatt
Catherine Opie
Thomas Struth
Hellen van Meene
Gillian Wearing

Contemporary Photography and Video from the collection of the Guggenheim Museum

Zeitgenössische Fotografie und Videokunst aus der Sammlung des Guggenheim Museum

FAMILY PICTURES

28.9 – 23.12.2005

GALLERIA GOTTARDO

una fondazione per la cultura della
eine Kulturstiftung der
a cultural foundation of **BANCA DEL GOTTARDO**

Tuesday
2pm – 5pm
Wednesday – Sunday
11am – 5pm
Closed Mondays
Entry free

Dienstag
14.00 – 17.00 Uhr
Mittwoch bis Sonntag
11.00 – 17.00 Uhr
Montag geschlossen
Eintritt frei

Viale Stefano Franscini 12
6900 Lugano
Switzerland

phone +41 91 808 1988
galleria@gottardo.com
www.galleria-gottardo.org

Institutional Patron
of the
Solomon R. Guggenheim
Foundation

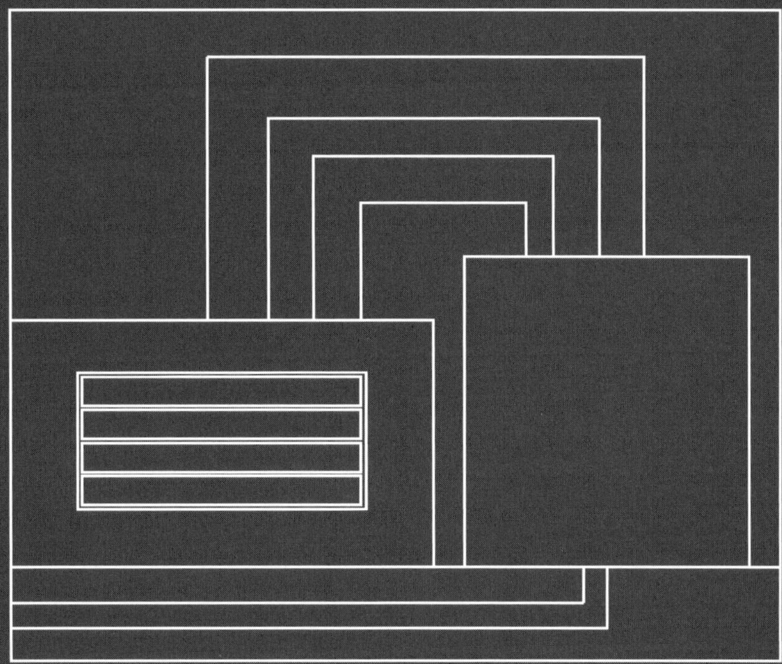

OLIVIER MOSSET

THE BIENNALE PAINTINGS

SEPTEMBER – OKTOBER

alex brown

15_09_05–22_10_05

5 rue de la muse

Exhibition in collaboration with Feature Inc., New York

BFAS
Blondeau Fine Art Services

5 rue de la Muse
1205 Geneva _ Switzerland
T +41 (0)22 544 95 95
F +41 (0)22 544 95 99
philippe@bfasblondeau.com

■ exhibition
THU-FRI 14h-18h30
SAT 11h-17h
■ office
MON-FRI 9h-12h30 / 14h-18h30

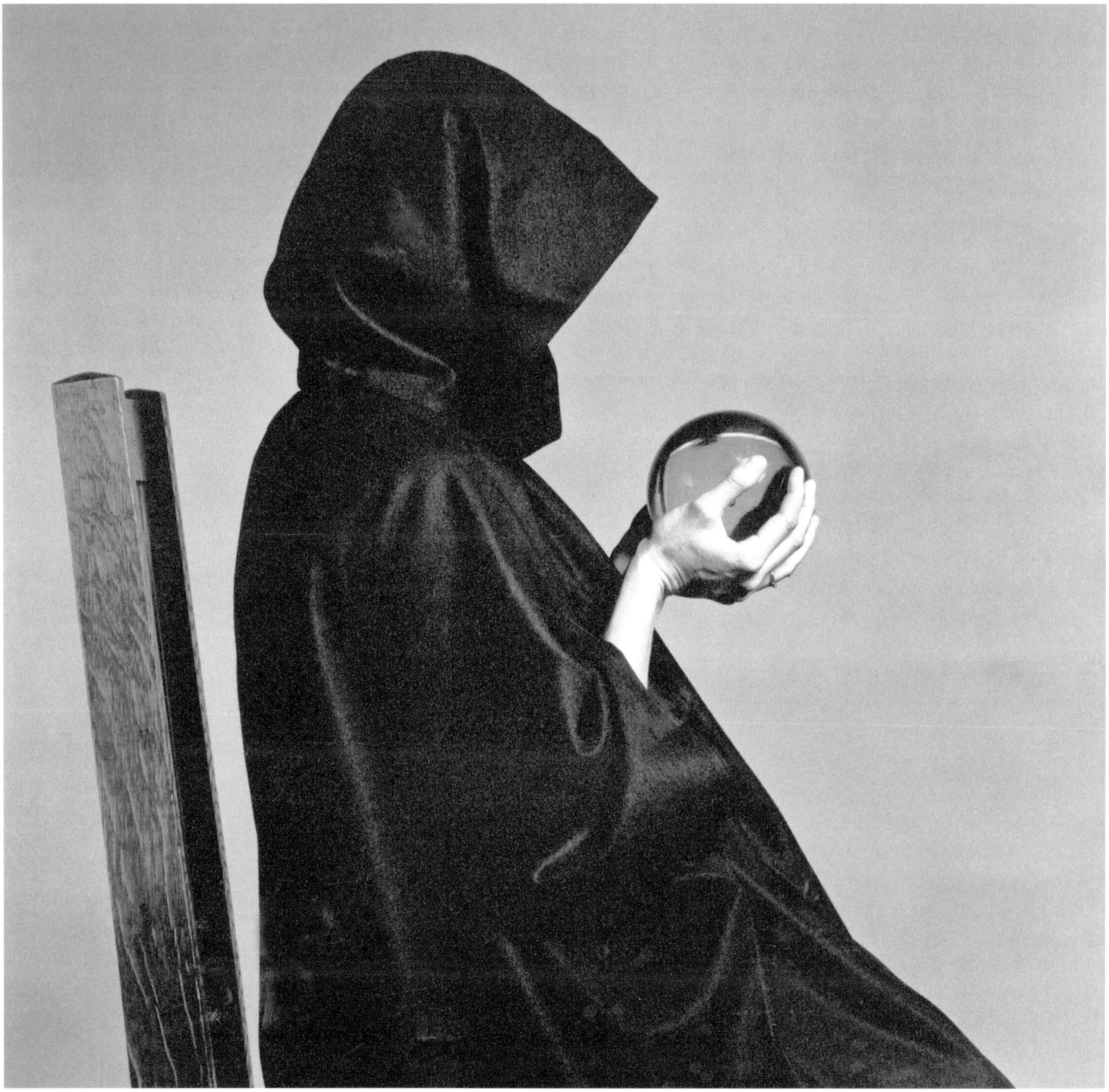

HAUNCH OF VENISON

LONDON

6 Haunch of Venison Yard
off Brook Street
London W1K 5ES
England

T+ 44 (0) 20 7495 5050
F+ 44 (0) 20 7495 4050
london@haunchofvenison.com
www.haunchofvenison.com

Kienholz
7 October — 9 November

Pedro Cabrita Reis
17 November — 17 December

ZÜRICH

Lessingstrasse 5
8002 Zürich
Switzerland

T + 41 (0) 43 422 8888
F + 41 (0) 43 422 8889
zurich@haunchofvenison.com
www.haunchofvenison.com

Jorge Pardo
19 October — 19 November

Ian Monroe
24 November — 23 December

ART FAIRS

Art Forum Berlin
29 September — 3 October
Hall 20, Stand 136

Frieze Art Fair
21 — 24 October
Stand F16

Art Cologne
28 October — 1 November
Hall 10.2, Stand A14

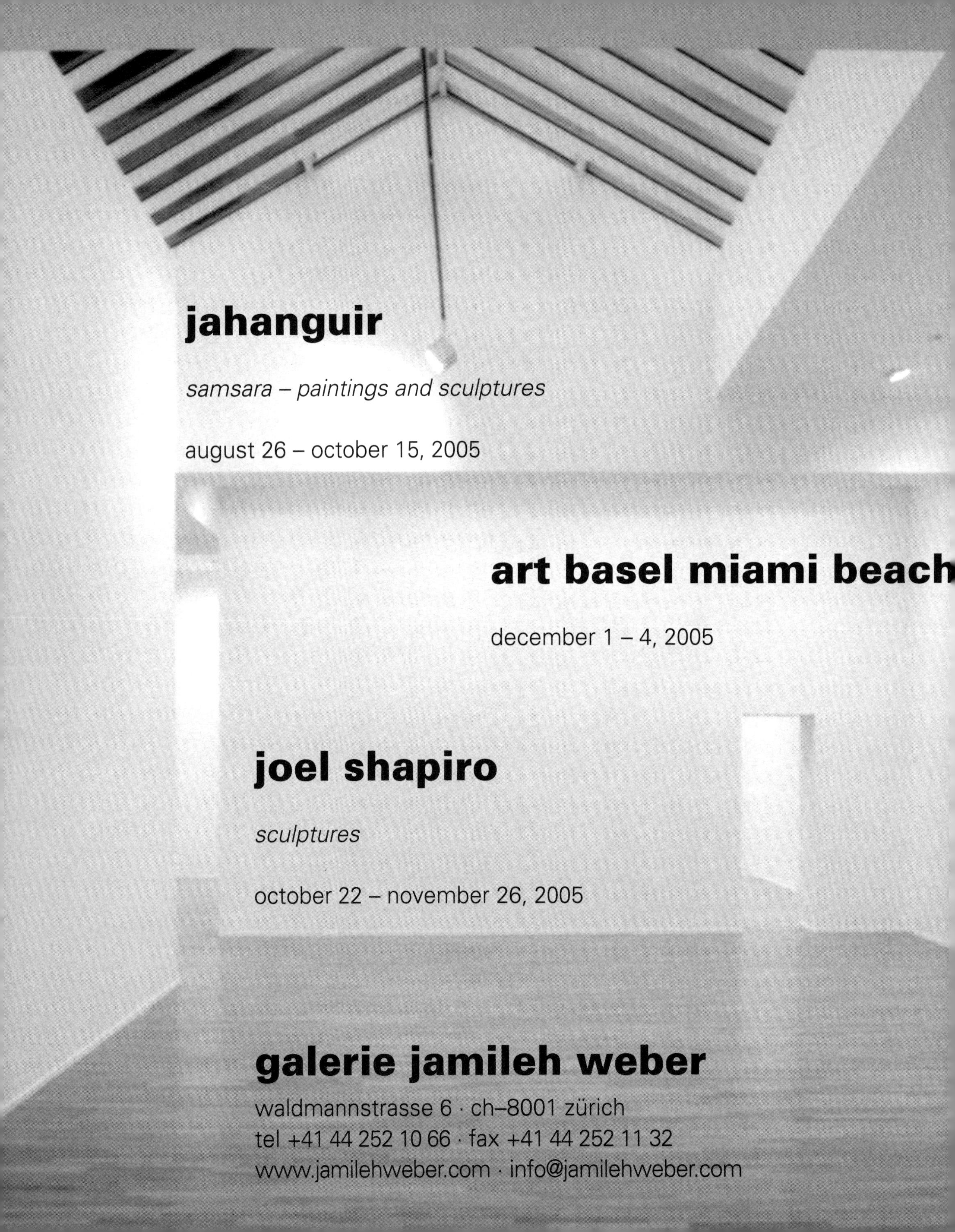
jahanguir
samsara – paintings and sculptures
august 26 – october 15, 2005
art basel miami beach
december 1 – 4, 2005
joel shapiro
sculptures
october 22 – november 26, 2005
galerie jamileh weber
waldmannstrasse 6 · ch–8001 zürich
tel +41 44 252 10 66 · fax +41 44 252 11 32
www.jamilehweber.com · info@jamilehweber.com